EVANGELII GAUDIUM EM QUESTÃO

Aspectos bíblicos, teológicos e pastorais

PUC
RIO

REITOR
Pe. Josafá Carlos de Siqueira, SJ

VICE-REITOR
Pe. Francisco Ivern Simó, SJ

VICE-REITOR PARA ASSUNTOS ACADÊMICOS
Prof. José Ricardo Bergmann

VICE-REITOR PARA ASSUNTOS ADMINISTRATIVOS
Prof. Luiz Carlos Scavarda do Carmo

VICE-REITOR PARA ASSUNTOS COMUNITÁRIOS
Prof. Augusto Luiz Duarte Lopes Sampaio

VICE-REITOR PARA ASSUNTOS DE DESENVOLVIMENTO
Prof. Sergio Bruni

DECANOS
Prof. Paulo Fernando Carneiro de Andrade (CTCH)
Prof. Luiz Roberto A. Cunha (CCS)
Prof. Luiz Alencar Reis da Silva Mello (CTC)
Prof. Hilton Augusto Koch (CCBM)

Joel Portella Amado
Leonardo Agostini Fernandes
(orgs.)

EVANGELII GAUDIUM EM QUESTÃO

Aspectos bíblicos, teológicos e pastorais

Prefácios

Cardeal Orani João Tempesta, O.Cist.
Grão Chanceler da PUC-Rio

Pe. Josafá Carlos de Siqueira, SJ
Reitor da PUC-Rio

Dados Internacionais de Catalogação na Publicação (CIP)

(Câmara Brasileira do Livro, SP, Brasil)

Evangelii Gaudium em questão : aspectos bíblicos, teológicos e pastorais / Joel Portella Amado, Leonardo Agostini Fernandes, (orgs.). – São Paulo : Paulinas ; Rio de Janeiro : PUC-Rio, 2014. – (Coleção fronteiras)

Vários autores.
ISBN 978-85-356-3806-6

1. Bíblia 2. Documentos papais 3. Encíclicas papais 4. Francisco, Papa, 1936- 5. Pastoral – Cristianismo 6. Teologia I. Amado, Joel Portella. II. Fernandes, Leonardo Agostini.

14-07656   CDD-262.91

Índice para catálogo sistemático:

1. Evangelii Gaudium : Leitura comentada : Documentos papais : Igreja Católica   262.91

1ª edição – 2014
1ª reimpressão – 2014

PAULINAS

Direção-geral: *Bernadete Boff*

Conselho Editorial: *Dr. Afonso M. L. Soares*
Dr. Antonio Francisco Lelo
Maria Goretti de Oliveira
Dr. Matthias Grenzer
Dra. Vera Ivanise Bombonatto

Editores responsáveis: *Vera Ivanise Bombonatto e*
Afonso M. L. Soares

Coordenação de revisão: *Marina Mendonça*

Revisão: *Sandra Sinzato e Patrícia Hehs*

Gerente de produção: *Felício Calegaro Neto*

Projeto gráfico: *Jéssica Diniz Souza*

PUC-Rio

Conselho Editorial: *Augusto Sampaio*
Cesar Romero Jacob
Fernando Sá
Hilton Augusto Koch
José Ricardo Bergmann
Luiz Alencar Reis da Silva Mello
Luiz Roberto Cunha
Miguel Pereira
Paulo Fernando C. de Andrade

Revisão de originais: *Débora Fleck*

Nenhuma parte desta obra poderá ser reproduzida ou transmitida por qualquer forma e/ou quaisquer meios (eletrônico ou mecânico, incluindo fotocópia e gravação) ou arquivada em qualquer sistema ou banco de dados sem permissão escrita da Editora. Direitos reservados.

Paulinas
Rua Dona Inácia Uchoa, 62
04110-020 – São Paulo – SP (Brasil)
Tel.: (11) 2125-3500
http://www.paulinas.com.br – editora@paulinas.com.br
Telemarketing e SAC: 0800-7010081
© Pia Sociedade Filhas de São Paulo – São Paulo, 2014

Editora PUC-Rio
Rua Marquês de S. Vicente, 225
Projeto Comunicar – Casa Editora / Agência
Gávea – Rio de Janeiro – RJ – 22453-900
Telefax: (21)3527-1760/1838
http://www.puc-rio.br/editorapucrio – edpucrio@puc-rio.br
© Editora PUC-Rio, Rio de Janeiro, 2014

SUMÁRIO

Apresentação 9

PREFÁCIOS

Algumas interpelações da *Evangelii Gaudium* 13
CARDEAL ORANI JOÃO TEMPESTA, O.Cist.

Evangelii Gaudium: a esperança de uma nova primavera na Igreja 23
PE. JOSAFÁ CARLOS DE SIQUEIRA, SJ

ELEMENTOS INTRODUTÓRIOS

Evangelii Gaudium: alguns aspectos para sua leitura 27
JOEL PORTELLA AMADO

O anúncio do Evangelho na atualidade:
uma introdução à *Evangelii Gaudium* 33
ABIMAR OLIVEIRA DE MORAES

PARTE I
ASPECTOS BÍBLICOS

A alegria na *Evangelii Gaudium*: aspectos relevantes da teologia
do Antigo e Novo Testamento 51
MARIA DE LOURDES CORRÊA LIMA

Fundamentos bíblicos da *Evangelii Gaudium* 63
ISIDORO MAZZAROLO

Os pobres como "critério-chave de autenticidade"
eclesial (*EG* 195) 75
WALDECIR GONZAGA

"O culto da verdade... ao redor da Palavra de Deus"........................ 97
LEONARDO AGOSTINI FERNANDES

A homilia à luz da *Evangelii Gaudium*..117
LUIZ FERNANDO RIBEIRO SANTANA

PARTE II
ASPECTOS TEOLÓGICOS

O ser humano, centro da *Evangelii Gaudium*................................. 135
LÚCIA PEDROSA-PÁDUA

Anunciar com alegria: aspectos espirituais da *Evangelii Gaudium*......147
ALFREDO SAMPAIO COSTA

A novidade do Cristianismo na *Evangelii Gaudium* 163
JOSÉ OTÁCIO OLIVEIRA GUEDES

Dimensão cristológica da *Evangelii Gaudium*................................. 173
PAULO CEZAR COSTA

Linhas eclesiológicas da *Evangelii Gaudium* 181
MARIO DE FRANÇA MIRANDA

Cantar com Francisco! Provocações eclesiológicas a partir
da *Evangelii Gaudium* 195
CESAR KUZMA

Contornos éticos na *Evangelii Gaudium*: "Primeirear,
envolver-se, acompanhar, frutificar e festejar" (*EG* 24)................ 209
CÁSSIA QUELHO TAVARES

PARTE III
ASPECTOS PASTORAIS

A dimensão social da *Evangelii Gaudium*...................................... 227
PAULO FERNANDO CARNEIRO DE ANDRADE

"Fragilidade" e gênio: o lugar da mulher na *Evangelii Gaudium*....... 235
MARIA CLARA LUCCHETTI BINGEMER

Evangelii Gaudium: contribuições para as questões contemporâneas... 245
LUÍS CORRÊA LIMA

Aspectos ecumênicos da *Evangelii Gaudium*...................................251
MARIA TERESA DE FREITAS CARDOSO

A catequese hoje: reflexões teológico-pastorais
a partir da *Evangelii Gaudium* 263
ABIMAR OLIVEIRA DE MORAES

Missão e missiologia a partir da *Evangelii Gaudium* 277
LEONARDO AGOSTINI FERNANDES

Sobre os autores 309

SIGLAS E ABREVIATURAS

AA	*Apostolicam Actuositatem*
AAS	*Acta Apostolicae Sedis*
AG	*Ad Gentes*
Ateo	Revista Atualidade Teológica
CA	*Centesimus Annus*
CD	*Christus Dominus*
CEF	Conférence des Évêques de France
CELAM	Conferência Episcopal Latino-americana
CfL	*Christifidelis Laici*
CNBB	Conferência Nacional dos Bispos do Brasil
CR	Catequese Renovada
CT	*Catechesi Tradendae*
DAp	Documento de Aparecida
DCE	*Deus Caritas Est*
DGC	Diretório Geral para a Catequese
DH	*Dignitatis Humanae*
DP	Documento de Puebla
DV	*Dei Verbum*
ECE	*Ex Corde Ecclesiae*
EG	*Evangelii Gaudium*
EN	*Evangelii Nuntiandi*
ES	*Ecclesiam Suam*
GS	*Gaudium et Spes*
IM	*Inter Mirifica*
JMJ	Jornada Mundial da Juventude
LF	*Lumen Fidei*
LG	*Lumen Gentium*
LXX	Bíblia grega Septuaginta
NA	*Nostra Aetate*
NMI	*Novo Millennio Ineunte*
OA	*Octogesima Adveniens*
PCB	Pontifícia Comissão Bíblica
PDV	*Pastores Dabo Vobis*
RM	*Redemptoris Missio*
SC	*Sacrosanctum Concilium*
SRS	*Sollicitudo Rei Socialis*
TaNaK	Bíblia Hebraica
UR	*Unitatis Redintegratio*
USCCB	United States Conference of Catholic Bishops
UUS	*Ut Unum Sint*
VD	*Verbum Domini*

APRESENTAÇÃO

O Papa Francisco, na Exortação Apostólica *Evangelii Gaudium*, recolhe os resultados da XIII Assembleia Geral Ordinária do Sínodo dos Bispos (7 a 28 de outubro de 2012), que tratou sobre a Nova Evangelização para a transmissão da fé cristã. Pode-se dizer que estes resultados são os bons frutos que o Papa Francisco, com seu toque pessoal, transformou em indicação dos caminhos que a Igreja deve percorrer nos próximos anos (*EG* 1). É o documento chave que abre as portas do seu pontificado e apresenta o seu programa de pastor universal.

A *EG* revela e denota que o conhecimento da tradição bíblico-teológica, dos problemas antigos e emergentes, das discussões válidas e dos desafios pastorais, passou pelo crivo do coração de um pastor bom, que soube escolher, selecionar e elaborar o que é útil e fundamental para os seus interlocutores. Estes não são tratados como meros sujeitos depositários de um saber que se torna um dever moral, mas como colaboradores em diversos níveis, pois o testemunho cristão, na Igreja, não comporta alto ou baixo escalão. O Papa Francisco possui um profundo conhecimento tanto das dificuldades da Igreja como dos destinatários e das suas necessidades.

O texto foi elaborado num modo e num tom paterno, capaz de refletir sobre as tensões positivas e provocadoras de reação, afastando qualquer forma de comodismo ou de indiferentismo. Quem se aproxima da *EG* percebe, quase de imediato, que ela possui uma elaboração distinta do que o Povo de Deus está acostumado a ter nas mãos e diante dos olhos.

O Papa quer ser ouvido e para isso, desde o início do seu pontificado, tem demonstrado a sua capacidade de ouvir os diferentes tipos de interlocutores. A *EG*, por isso, exige ser lida com grande e redobrada atenção. Sua teologia flui da vida de quem fez da sua experiência pastoral o veículo de uma comunicação aberta, de um diálogo direto com os que estão dentro e fora da Igreja. De fato, a *EG* possui como característica singular o método dialógico, pelo qual cada realidade acenada, acentuada ou tratada passou a ser julgada por aquilo que de melhor é capaz de produzir ou que representa de bom, justo e válido para a Igreja e para a sociedade.

A *EG* pode ser comparada a uma árvore bela e frondosa, que vai apreciada nos seus diferentes níveis; desde a raiz, passando pelo tronco,

Apresentação

os galhos, as folhas até chegar aos seus frutos, que em muitos casos já estão maduros e prontos para alimentar a vida dos destinatários. Estes, como Igreja, encontram-se presentes no mundo inteiro, inseridos em diferentes culturas que não são uma ameaça à sua estrutura e unidade, mas permitem que ela testemunhe a beleza e a alegria do Evangelho através da pluralidade e da singularidade de cada povo que o acolheu e dele fez a sua regra de vida.

Se, por um lado, o cristianismo e a sua doutrina devem ser julgados por aquilo que possuem de melhor, por outro, as informações se tornam importantes e pertinentes na medida em que formam e ajudam a defender e a promover a dignidade da pessoa humana. Não é possível separar o anúncio do Evangelho da promoção social, pois não se trata de salvar só a alma ou só o corpo, mas a totalidade do ser humano, criado à imagem e semelhança de Deus. Esta é a marca do Documento de Aparecida na *EG* e com ela de uma Igreja viva e em movimento, renovadora e reconciliadora; de uma Igreja em saída, de portas abertas (*EG* 20; 24; 27; 46), centrada em Jesus Cristo e na sua entrega aos pobres (*EG* 97), porque impelida pelo Espírito Santo (*EG* 261).

O presente livro reúne diversas contribuições e reflexões sobre a *EG*. Estas foram divididas em três partes, de acordo com as perspectivas abordadas.

Na primeira parte, são oferecidas cinco reflexões que contemplam diferentes aspectos bíblicos, pois: "A Palavra possui, em si mesma, uma tal potencialidade, que não a podemos prever. O Evangelho fala da semente que, uma vez lançada à terra, cresce por si mesma, inclusive quando o agricultor dorme (cf. Mc 4,26-29). A Igreja deve aceitar esta liberdade incontrolável da Palavra, que é eficaz a seu modo e sob formas tão variadas que muitas vezes nos escapam, superando as nossas previsões e quebrando os nossos esquemas" (*EG* 22).

Na segunda parte, são oferecidas sete reflexões que abordam temas teológicos, destacados para mostrar que a teologia presente na *EG* é exercício de viva comunhão com Deus, com o próximo e com a criação. Os temas teológicos abordados revelam que, em nossos dias, um dos principais desafios evangelizadores está no fato de como a Igreja tem falado de Jesus Cristo. É do seu relacionamento com Jesus Cristo que a Igreja recebe o estímulo para ser, no mundo, um sinal vivo e eficaz da graça e do amor de Deus. A reflexão teológica que a *EG* propõe para o mundo concentra-se no que é essencial e no que manifesta o serviço à fé pela caridade.

Na terceira parte, o horizonte contemplado é o da perspectiva pastoral. Nesta, são apresentadas seis reflexões em que o papa recorda que a Igreja, por meio da sua ação missionária e catequética, vai ao encontro do ser humano em suas necessidades concretas. Manifesta-se o sentido social da fé em Deus que, em Jesus Cristo, resgata a dignidade da sua sublime criatura. Na sua relação com o mundo, o discípulo missionário apresenta as razões da sua esperança com alegria e entusiasmo, procurando o bem do próximo.

Este livro não quer ser um comentário exaustivo à *EG*, mas uma pequena contribuição que o corpo docente do Departamento de Teologia da PUC-Rio, a partir das interpelações presentes na *EG* e apresentadas pelo Cardeal Orani João Tempesta, O.Cist., quer oferecer a todos os que, de boa vontade, se interessarem pelo seu conteúdo e pelas suas salutares provocações. Boa leitura!

Os organizadores

ALGUMAS INTERPELAÇÕES DA *EVANGELII GAUDIUM*[1]

Cardeal Orani João Tempesta, O.Cist.
Arcebispo de São Sebastião do Rio de Janeiro
Grão Chanceler da PUC-Rio

INTRODUÇÃO

> Um diálogo é muito mais do que a comunicação de uma verdade.
> Realiza-se pelo prazer de falar e pelo bem concreto que se comunica
> através das palavras entre aqueles que se amam.
> É um bem que não consiste em coisas,
> mas nas próprias pessoas que mutuamente se dão no diálogo
> (*EG* 142).

A escolha deste trecho da *Evangelii Gaudium*, para abrir a minha mensagem, corresponde a algo que me parece muito significativo nesta Exortação Apostólica do papa Francisco: a primazia do diálogo. Na realidade, a *EG* é um diálogo que se prolonga por todo o texto, durante o qual o papa conversa com seus leitores.

A conversa se define claramente pelo parágrafo acima. O papa nos ensina a verdade sob seus muitos aspectos ligados à vivência concreta e cotidiana da evangelização. Podemos sentir no estilo do texto o sabor da comunicação amorosa que ele nos dedica com alegria e zelo paterno. Somos, assim, convidados a nos entreter num diálogo de mútua e amorosa doação.

A ação evangelizadora da Igreja é realizada pelo próprio Jesus agindo em nós e nos acompanhando, de modo que os valores por ele pregados podem penetrar em todas as culturas, em todos os modos de vida, em todas as sociedades e, assim, o agir de Cristo pela sua Igreja penetra no

---

[1] Conferência proferida na abertura do ano letivo 2014 do Departamento de Teologia da PUC-Rio, 11 de março de 2014.

Algumas interpelações da Evangelii Gaudium

coração do mundo e o transforma, possibilitando a todos nós participar já, aqui na terra, das coisas reservadas para o alto.

Observando a estrutura do texto, verificamos que o Papa nunca assume a postura didática de identificar os problemas para, em capítulos posteriores, apresentar soluções. Aliás, ele mesmo frisa que "não se deve esperar do magistério papal uma palavra definitiva ou completa sobre todas as questões que dizem respeito à Igreja e ao mundo." (*EG* 16) Na medida em que ele descreve as situações e atitudes contrárias à evangelização, vai também propondo novos caminhos. Propõe caminhos; não dá respostas prontas.

Ainda assim, o número de propostas é imenso; a dimensão da obra delineada claramente supera a capacidade humana, tanto que, neste momento, não me seria possível deter-me nas suas particularidades. Porém, o Papa não é um visionário. Embora não apresente soluções predefinidas, isto não significa que nos propõe uma utopia.

Através da dinâmica própria do texto, ele segue descrevendo os problemas, exorta-nos a uma tomada de consciência e compromisso: "Cada cristão e cada comunidade há de discernir qual é o caminho que o Senhor lhe pede, mas todos somos convidados a aceitar esta chamada: sair da própria comodidade e ter a coragem de alcançar todas as periferias que precisam da luz do Evangelho" (*EG* 20).

ALGUMAS ENTRE MUITAS INTERPELAÇÕES

Foi-me solicitado recordar as interpelações dessa primeira Exortação Apostólica do Papa Francisco. Tenho clareza de que apenas apresentarei algumas das inúmeras interpelações que esta Exortação nos faz. Ao longo desta manhã de abertura do Ano Acadêmico nesta Universidade, vários questionamentos já foram levantados, devendo ser assumidos e enfrentados com o mesmo vigor que a Exortação pede aos homens e mulheres de fé e a todos que sonham com uma Igreja em missão e um mundo mais humano, justo e fraterno.

Desde que recebi o convite para estar aqui, algumas questões ficaram em minha mente. Quis buscar o significado desta Exortação pós-sinodal para o Brasil, para o Rio de Janeiro, cidade e arquidiocese, e – não há como fugir – para esta universidade católica.

PRIMEIRA: NÃO SE MUNDANIZAR

Em sua Exortação, o papa fala da Igreja e do mundo. O Papa se preocupa com a Igreja e com o mundo. Preocupa-se com as limitações humanas da Igreja e com o sofrimento das pessoas, especialmente dos pobres. O Papa se preocupa com um mundo fechado em torno da soberania das leis do mercado, a ponto de sequer olhar os pobres. Ele também se preocupa com uma Igreja que, deixando-se *mundanizar*, encobre-se em desculpas e justificativas para não viver efetivamente sua vocação a serviço do Reino de Deus. A ideia de mundanização é do próprio Papa, no n. 98 da Exortação Apostólica.

Vivemos num tempo de grandes transformações! As compreensões, até pouco tempo válidas, perderam sua força para transmitir as tradições às novas gerações e ajudá-las a encontrar um sentido para a vida. O Papa se refere a este período especialmente no n. 52 da Exortação Apostólica. Ele reconhece os avanços tecnológicos, mas recorda que a maior parte da humanidade permanece sem acesso ao mínimo necessário para viver como filhos e filhas de Deus. Nós, cristãos e cristãs, não somos os únicos neste mundo cada vez mais plural. Isso, porém, não nos isenta da responsabilidade de manifestar clara e firmemente a proposta de Jesus.

SEGUNDA: POSTURA DO IR

É por isso que o Papa Francisco, em sua Exortação Apostólica *Evangelii Gaudium*, como também nos demais pronunciamentos, interpela tanto a Igreja. Na linha da Conferência de Aparecida, da qual o então Cardeal Bergoglio foi presidente da comissão de redação, a Igreja necessita ser cada vez mais uma *Igreja do ir*, do ir ao encontro das pessoas, nas mais diversas situações, nas mais distantes periferias; ir ao encontro das culturas, em sua diversidade e, de algum modo, ir ao encontro de si mesma, no sentido de purificar-se do que venham a ser marcas históricas não condizentes com o que o Senhor Jesus quis para sua Igreja.

Esta interpelação maior é a base para compreender as demais. Ela diz respeito à Igreja em seu conjunto e, neste conjunto, a cada batizado e batizada em particular. Somos todos interpelados a *primeirear* (*EG* 24), a sair de nossas zonas de conforto, de nossas velocidades de cruzeiro, para assumir as turbulências da vida, à semelhança de Jesus Cristo, que, sendo de condição divina, não se fechou em si mesmo, mas se esvaziou até a morte, e morte de cruz (cf Fl 2,5). Somos interpelados a tomar a iniciativa, a agir à semelhança do próprio Deus que nos amou primeiro. Assim como o núcleo da nossa fé tanto nos alerta para o fato de que a iniciativa é de Deus, também deve ser assim a nossa postura diante da vida: tomar a iniciativa. A *Igreja do ir* implica pessoas do ir, comunidades e instituições do ir. Implica postura sempre aberta aos novos desafios, em contínua atitude de saída, êxodo, missão. Ninguém tem o direito de se fechar em si mesmo. Não podemos fechar nossas janelas para a missão. Não podemos baixar nossas cortinas para as graves situações que afligem este mundo, pois o Cristo Bom Pastor, o Cristo que tem compaixão das ovelhas sem pastor (cf. Mc 6,34) haverá de nos cobrar por isso (cf. Mt 25,31-46).

Por sua vez, este *primeirear* tem uma identidade bem concreta. Refiro-me à afirmação do amor de Deus que chega a todos e a cada ser humano, especialmente aos que, em consequência dos diversos sofrimentos desta vida, não se percebem participantes deste amor. Tomar a iniciativa significa reconhecer, proclamar e colaborar para que sejam, cada vez mais, implementados os valores a que o Papa Francisco se refere na *EG*: justiça, solidariedade e bem comum. Sugiro que se tome a *EG* 53 como uma interpelação ampla, dirigida a todos, independente de crença, etnia, gênero ou qualquer outra condição.

TERCEIRA: O BRASIL

É a partir dessa ideia central que tenho compreendido as interpelações da Exortação Apostólica para o Brasil. Nosso país necessita crescer e, nesse crescimento, é chamado a participar dos processos universais, na relação com os países, em busca sempre de uma ordem internacional alicerçada na paz entre os povos, na justiça e no bem comum. A *EG* interpela o Brasil a ser um país onde a lógica do dinheiro não seja o critério último para os projetos econômicos, onde a lógica econômica se compreenda integrada com a lógica social e com a lógica que preserva a pessoa e a vida. Interessante observar que não estou afirmando novidades. Todos nós sabemos disso. Antigo é esse sonho. Se, contudo, ainda hoje, torna-se necessário repetir, é porque não estamos caminhando como deveríamos. É preciso acelerar o passo.

Terra de imensa diversidade, o Brasil tem, em seu povo, sua maior riqueza. Ao final da missa do domingo do consistório, ao me despedir do Papa, ouvi dele um recado que tenho incessantemente repetido: "Diga aos brasileiros que são uns ladrões. Eles roubaram meu coração. E souberam roubar muito bem". Ora, se somos um povo que chega aos corações, como não enxergar na *EG* uma forte interpelação a ser um povo que, pelo firme exercício da democracia e da paz, testemunha a possibilidade de um mundo mais fraterno, mais justo e mais solidário? A *EG* interpela o Brasil na medida em que nos convida, governados e governantes, a construirmos juntos uma pátria sem diferenças sociais tão agudas, uma pátria onde a corrupção não se sinta segura para agir livremente e onde ninguém se canse de acreditar que isso é possível.

Já há alguns meses, temos assistido aqui e acolá diversos protestos por melhorias nas condições de vida. Lamento que alguns desses protestos terminem em situações de grande violência, com a destruição de locais e, pior, com agressões a pessoas, inclusive morte, como foi o caso, por exemplo, do cinegrafista Santiago Andrade. A violência nunca é a solução. A solução se encontra no fortalecimento das instituições democráticas ordinárias, em um país onde o povo não precise ir às ruas para reivindicar o que, pela graça de Deus, lhe pertence de direito. A solução se encontra também na clareza quanto ao quê e ao como reivindicar.

A Arquidiocese do Rio de Janeiro está vivendo um Ano da Caridade. Esta foi uma das felizes intuições que os católicos cariocas tiveram ao construir o 11º Plano de Pastoral. Dentre as propostas para este ano, encontra-se também a certeza de que estamos num tempo muito propício para fortalecermos em nossa cidade e em nosso país a concretização deste sonho que não é nosso, mas do próprio Deus.

QUARTA: O RIO DE JANEIRO

Para o Rio de Janeiro, cidade e arquidiocese, enxergo as mesmas interpelações que o Santo Padre Francisco apresenta para o Brasil e demais nações. Nossa cidade é um polo social e cultural. Tudo o que acontece no Rio de Janeiro tem repercussão muito rápida. É projetado para todo o mundo praticamente em tempo real. Com isso, a responsabilidade por ser carioca, por ser cristão carioca torna-se grande, pois necessitamos ser notícias do Reino de Deus, precisamos provocar notícias do Reino de Deus. Na *EG* 53, o Santo Padre manifesta seu desconforto com os critérios da maioria das notícias. Sei que existem notícias de gente solidária, de entidades que se dedicam a fazer o bem, de vitórias sobre as injustiças e as corrupções. Penso, contudo, que devamos fortalecer em nós ainda mais a consciência do Rio de Janeiro como irradiador de valores. Eu não considero o Rio de Janeiro acima das demais cidades. Apenas reconheço aquilo que historicamente o Rio de Janeiro tem sido.

Leio e releio a *EG* 71 a 75, parágrafos nos quais o Santo Padre se refere às cidades e à cultura urbana. Vejo ali inúmeras interpelações. Gostaria de, em meio a tudo o que o Santo Padre indica, recordar que estamos para celebrar os 450 anos de nossa cidade. Será, sem dúvida, um momento de festa. Deve, contudo, ser igualmente um tempo para olharmos atentamente para esta cidade e vermos o que nela pode ser implementado para que ela se torne uma Cidade Maravilhosa não apenas nas belezas naturais e mais ainda em seu povo. Esta cidade precisa ser maravilhosa também na capacidade de viver e testemunhar a concórdia, a paz, a reconciliação, a justiça, o bem comum e tudo mais a que o papa se refere na Exortação Apostólica. Ao cantarmos um dos versos do hino da cidade, recordemos que o autor da música já indica esse desejo de bênção: "Jardim florido de amor e saudade, terra que a todos seduz, que Deus te cubra de felicidade, ninho de sonho e de luz". No fundo dos corações existe o desejo de que a paz reine em nossas fronteiras e que estas terras abençoadas pelo Cristo Redentor realmente sejam um lugar de vida digna para todos.

QUINTA: A NOSSA UNIVERSIDADE

Por fim, enxergo na *EG* uma forte interpelação às universidades católicas. Trago esta interpelação à PUC-Rio por acreditar que estamos diante de uma instituição cuja história e a contribuição para o Brasil, e mesmo para outros países, têm sido muito grande. Nos últimos anos, a PUC-Rio, a nossa PUC, tem obtido excelentes pontuações no *ranking* das universidades, destacando-se na excelência do ensino e da pesquisa. Deus abençoe alunos, professores e demais funcionários por isso.

É, pois, com essa certeza, a de que a PUC-Rio tem condições de concretizar seu lema, testemunhando que nada é pesado ou impossível para quem tem asas, que recordo o que o papa Francisco mencionou na *EG* a respeito das universidades católicas. O Santo Padre menciona as universidades em dois números, 65 e 134. Nestes dois parágrafos, ele vincula a missão das instituições católicas de ensino, e especialmente das universidades, à ética da solidariedade com a preocupação pelos excluídos, "pelos mais indigentes" (*EG* 65), com forte colaboração na missão mediadora para a construção da paz, da concórdia, da preservação do meio ambiente, da defesa da vida e dos direitos humanos e civis (*EG* 65).

No entanto, o Santo Padre não se curva diante de um ufanismo irreal, surdo às questões de nosso tempo. Ao contrário, no mesmo n. 65, ele nos questiona a respeito de nossa coragem e nosso empenho quando se trata de enfrentar questões que "suscitam menor acolhimento público", questões que nos colocam contra a corrente, na contramão da mentalidade predominante. O papa convoca as universidades católicas a colaborarem na geração de credibilidade e predisposição para a acolhida do Evangelho e suas implicações existenciais, nos mais variados campos: econômico, social, político e cultural, entre outros. O grande desafio para as universidades católicas será sempre ultrapassar a condição de mais uma instituição de ensino superior no conjunto competitivo do mercado educacional.

As universidades existem para que seus alunos tenham condições de entrar no mercado de trabalho. Mas as universidades *católicas* existem para que seus alunos tenham condições de entrar no mercado de trabalho motivados pela ética do Evangelho. É assim que compreendo a interpelação do Santo Padre no sentido de que as universidades católicas sejam locais de evangelização.

Às universidades católicas, o Santo Padre pede que, sendo espaços para a criatividade, o diálogo e a integração entre ciência e fé, entre os avanços científicos e a ética, ajudem as novas gerações a pensar de maneira crítica, deixando – aqui, eu retorno ao lema da PUC – as asas levarem para mais alto que as lógicas do mercado. O compromisso por um mundo menos discriminador é uma condição indispensável nos projetos das universidades católicas. Como locais de diálogo por excelência, elas têm condições de contribuir muito na busca do bem comum, segundo a Doutrina Social da Igreja. Assim já se manifestava São João Paulo II (canonizado em 27 de abril de 2014), através da Constituição Apostólica *Ex Corde Ecclesiae*, de 1990.

Além de ser espaço de diálogo, creio que duas outras interpelações devam ser aqui destacadas a partir da *EG*. Em primeiro lugar, gostaria de mencionar algo que, de modo silencioso, a PUC-Rio já faz e, com isso, não pode deixar de merecer elogios. Sei o quanto as portas desta casa estão abertas a alunos que, se não fosse o tratamento que recebem, não teriam condições de estudar aqui. Mesmo em meio às dificuldades, é importante que uma universidade católica, como lembrava a já mencionada *Ex Corde Ecclesiae*, torne o ensino superior acessível a todos, mas especialmente aos privados do acesso (cf. *ECE* 34).

Em segundo lugar, quero louvar todo o esforço que a Pastoral Universitária tem feito para colaborar na integração entre a fé e a vida. E, diante desse reconhecimento, devo me unir ao Santo Padre no convite a caminharmos sempre mais. O Papa convida "todos a serem ousados e criativos nesta tarefa de repensar os objetivos, as estruturas, o estilo e os métodos evangelizadores". Isso vale para todas as comunidades, para todos os cristãos e cristãs, para a Pastoral Universitária e, é claro, para mim também.

CONCLUSÃO

Neste cinquentenário do Concílio Vaticano II, vemos como a Igreja prossegue se renovando, numa dinâmica que ecoa até os nossos dias e que deverá prosseguir neste novo milênio.

Sempre que procuramos voltar à fonte e recuperar o frescor original do Evangelho, despontam novas estradas, métodos criativos, outras formas de expressão, sinais mais eloquentes, palavras cheias de renovado significado para o mundo atual. Na realidade, toda a ação evangelizadora autêntica é sempre "nova" (*EG* 11).

Assim, chegamos ao irrenunciável compromisso concreto, que é fruto da autêntica evangelização e que o Papa considera sob a forma de duas questões fundamentais neste momento da história, e que irão determinar o futuro da humanidade: a inclusão social dos pobres e a questão da paz e do diálogo social (*EG* 185).

Para nós, Arquidiocese do Rio de Janeiro, que iniciamos o Ano da Caridade, esta preocupação é particularmente forte. Este é o momento propício para refletirmos sobre como intensificar e renovar nossa atuação social, à luz do Evangelho, e colocarmo-nos "em saída" para a concretização de nossos projetos, como ensina o Papa.

Finalmente, gostaria de convidar a todos a prosseguir nossa caminhada pessoal e comunitária imbuídos do "sentido de mistério", do qual nos fala o Papa (*EG* 279), e "que consiste em saber, com certeza, que a pessoa que se oferece e entrega a Deus por amor, seguramente será fecunda (cf. Jo 15,5)". Esta certeza impregna nossa vontade e fortalece nossos passos, na confiança sem reservas nas mãos de Deus quanto ao futuro e aos resultados de nosso trabalho. Que possamos realizá-lo segundo o modelo de nossa Mãe, a Estrela da Evangelização, pois "há um estilo mariano na atividade evangelizadora da Igreja. Porque sempre que olhamos para Maria, voltamos a acreditar na força revolucionária da ternura e do afeto" (*EG* 288).

Diante de tudo isso, somos interpelados, a partir de Jesus Cristo e na alegria do encontro com ele, mas também na força do Espírito Santo, a agirmos de forma missionária para que, de fato, o mundo seja evangelizado, e assim tenhamos as pessoas vivendo a vida nova em Cristo, a Igreja sendo a verdadeira comunidade dos filhos e filhas de Deus congregada no Espírito Santo, e a sociedade deixando de ser a civilização do mundo para ser a cidade de Deus, a civilização do amor.

EVANGELII GAUDIUM:
A ESPERANÇA DE UMA NOVA PRIMAVERA NA IGREJA

Pe. Josafá Carlos de Siqueira, SJ

Reitor da PUC-Rio

Depois de um inverno rigoroso de escândalos, acusações, difamações e divulgações na imprensa de fatos ocorridos no seio da Igreja, muitas vezes acompanhados de um exagero midiático que visava denegrir a imagem da milenar instituição, feita por homens e mulheres, e assistida pelo Espírito Santo, a Igreja Católica contempla agora um período primaveril com a eleição do Papa Francisco. Seu modo jesuítico de ser, de amar a Igreja e viver como contemplativo na ação, tem dado provas que somente resgatando a alegria do Evangelho conseguiremos dar o testemunho dos valores e princípios da sabedoria da Boa-Nova.

Quando lemos a Exortação Apostólica *Evangelii Gaudium*, temos a sensação que o papa Francisco põe a Igreja num movimento de saída, apontando para os desafios presentes e futuros, e deixando um pouco de lado a trivialidade de alguns acontecimentos que, embora preocupantes na Igreja, não são os mais relevantes na sua nobre missão evangelizadora. Este movimento de saída supõe conversão, abertura, encontro e diálogo com as diferenças que se encontram nas fronteiras e periferias da vida. Com uma preocupação mais pastoral do que doutrinal, o papa procura resgatar a alegria que move aqueles que foram contagiados pela Palavra de Jesus, convidando-os a quebrar as barreiras do clericalismo, do pragmatismo não acolhedor, da formação distanciada da vida, da postura de funcionário que cumpre tarefas sem dar testemunho da relação entre fé e vida, entre outras questões.

Com seu estilo claro, provocante, inspirador e livre interiormente, o Papa Francisco coloca em sua primeira Exortação Apostólica quatro coisas que fazem parte da tradição da Igreja, a saber: a) o protagonismo dos pobres, o que supõe uma Igreja mais pobre e para os pobres; b) a riqueza da colegialidade e a valorização da pluralidade, visibilizada na Exortação Apostólica pelas citações das conferências episcopais; c) o diálogo inter-religioso e intercultural; d) a crítica aos contra valores da sociedade, opostos ao espírito do Evangelho.

Evangelii Gaudium: a esperança de uma nova primavera na Igreja

Ler o texto da *Evangelii Gaudium* no contexto de uma universidade católica implica estarmos abertos para refletir, aprofundar e colocar em prática estes princípios inspiradores e desafiadores. As quatro coisas que podemos e devemos tornar realidade em nossa instituição são: 1) dar continuidade a nossa política de inclusão socioeducativa, fazendo com que os alunos pobres possam ter acesso ao ensino superior de qualidade; 2) apoiar e aprofundar o diálogo inter-religioso e intercultural, envolvendo não só as pessoas que já fazem parte do rebanho, mas também aquelas que estão fora e que desejam participar de forma diferente, respeitosa e solidária; 3) valorizar e não abrir mão do papel crítico da universidade, onde a convivência com a pluralidade de ideias, opções e concepções, permite pensar, conviver e refletir com uma abertura universal aos problemas que inquietam a sociedade e a Igreja. Não podemos esquecer que a autonomia e a liberdade são atributos inexoráveis da universidade, onde a busca da verdade se dá no diálogo permanente com as diferenças, e no caso da universidade católica, na necessária afirmação do *ethos* cristão, vivida e compartilhada no diálogo com outros *ethos*; 4) prosseguir em nossas reflexões e ações em prol da causa socioambiental, metas de nossa Agenda Ambiental Institucional. Neste particular, vamos encontrar na *Evangelii Gaudium*, no capítulo 4 sobre a dimensão social da evangelização, números 215 e 216, um apelo que o sumo pontífice faz sobre os seres frágeis e indefesos da Criação, incluindo os humanos e não humanos, subjugados pelos interesses econômicos, ou pelo uso indiscriminado dos mesmos. O santo padre lembra-nos que não somos meramente beneficiários, mas guardiões das demais criaturas. A visão sistêmica do mundo nos possibilita perceber que o Criador nos criou intimamente relacionados com todo o mundo que nos cerca, sendo que os desvios como a desertificação e extinção de espécies representam uma doença e uma mutilação na obra criacional. A destruição de nossas paisagens e ecossistemas deixam sinais negativos que afetam não apenas a vida presente, mas também as futuras gerações. O Papa expressa a sua lamentação profética e solidária com os bispos das Filipinas, mostrando os contrastes do que era no passado a relação humana com os seres vivos naquele território e, paradoxalmente, o que é atualmente esta realidade depois dos processos depredatórios e poluentes. O Pontífice encerra, no número 216, convidando-nos, como São Francisco de Assis, a sermos cristãos que cuidam da fragilidade do povo e do mundo das criaturas em que vivemos.

Concluo estes breves comentários na esperança de que o pensamento de abertura e diálogo do Papa Francisco, expresso na alegria do Evangelho, nos estimule e dê um novo alento ao mundo universitário, obra apostólica que está no coração da própria Igreja – *Ex Corde Ecclesiae*.

EVANGELII GAUDIUM EM QUESTÃO

ELEMENTOS INTRODUTÓRIOS

ELEMENTOS
INTRODUTÓRIOS

EVANGELII GAUDIUM:
ALGUNS ASPECTOS PARA SUA LEITURA

Joel Portella Amado

As reflexões de hoje a respeito da Exortação Apostólica *Evangelii Gaudium* fazem parte do empenho da Igreja no sentido de assimilar uma novidade: não apenas a Exortação Apostólica em si, mas também o que tem significado o pontificado do Papa Francisco. Como reflexão inicial, devo apresentar a proposta de uma chave de leitura para a *Evangelii Gaudium*.

O ESTILO LITERÁRIO

Acostumados a um estilo mais formal, próprio dos documentos oficiais, temos nos alegrado com o que se tem denominado *estilo pastoral* da Exortação, uma espécie de conversa entre o pai e os filhos, com metáforas, neologismos (*EG* 24: *primeirear*) e expressões coloquiais. Nem por isso, e ao contrário, talvez exatamente por isso, a *Evangelii Gaudium* esteja recebendo um acolhimento tão significativo. São recursos pedagógicos que o Papa utiliza para convidar à leitura e, com isso, desinstalar e mesmo nos desafiar. Embora sempre exista o risco de acharmos que se trata apenas de mais um documento que logo vai para as estantes e bibliotecas, não creio que devamos passar muito rapidamente pela Exortação.

UM HORIZONTE AMPLO

Contextualmente, a Exortação Apostólica deve ser assimilada a partir de duas relações. A primeira, entre a própria Exortação e o pontificado do Papa Francisco. A segunda, entre o pontificado do papa Francisco e o atual momento do mundo e da Igreja. Essa dupla relação me parece ser um bom caminho para se começar a compreender a *Evangelii Gaudium*, que, a meu ver, não é um documento a mais no conjunto de documentos deste pontificado. Ela é uma espécie de Constituição (no sentido jurídico do termo) do papado de Francisco. Pode-se bem aplicar a imagem do farol a nos orientar no que devemos ser e fazer nos próximos anos em meio às turbulências próprias de nosso tempo.

CRÍTICAS E REJEIÇÕES

É claro que sempre existirão rejeições à Exortação e a tudo aquilo que ela representa. Internamente, as rejeições têm decorrido da dificuldade em distinguir o que efetivamente pertence ao núcleo do Evangelho daquilo que é marca histórico-cultural. Não se trata de julgamentos, mas sabemos o quanto a hipervalorização de coisas antigas pode encobrir acomodações e privilégios. Não é fácil, no dizer do Evangelho, arrancar o olho ou cortar a mão (Mt 5,29-30).

Externamente, as rejeições têm se voltado para o capítulo 2 (*EG* 53-54), que trata dos rumos econômicos, políticos e sociais do mundo. De modo especial, a imprensa laica e alguns estudiosos das ciências econômicas têm apresentado críticas ásperas a esta parte da Exortação, acusando o Papa Francisco de obsoleto, socialista ou comunista. Isso porque ele denuncia clara e diretamente o domínio absoluto das leis do mercado sobre a dignidade das pessoas, vendo neste domínio a origem das exclusões e do sofrimento de muita gente.

Com a exceção destes dois pontos – repito – a *Evangelii Gaudium* tem recebido elogios de diversos setores, que, de algum modo, se veem ali retratados. Reconhecem nas palavras da Exortação muito do que esperam para a Igreja e para o mundo de hoje. As demais contribuições apresentarão detalhes e expectativas.

O CORAÇÃO DA EXORTAÇÃO APOSTÓLICA

Os primeiros comentadores da Exortação variam ao indicar qual seria o seu coração. Alguns indicam o n. 2, que se refere ao consumismo, ao individualismo e às sequelas deixadas pela frieza das leis do mercado.

Outros colocam o acento no n. 49, no qual o Papa Francisco opta claramente por uma "Igreja acidentada e ferida, enlameada por ter saído pelas estradas", em lugar de "uma Igreja doente por estar fechada na comodidade e se agarrar às próprias seguranças". Portanto, uma Igreja missionária. Outros, também marcados pela perspectiva missionária, têm destacado o n. 27, que trata da reforma das estruturas eclesiais a fim de que sejam mais missionárias. Outros, enfim, têm optado por identificar o coração da Exortação no que chamam de *conversão do papado*, na medida em que, no n. 32, o Papa Francisco indica a descentralização como urgência.

A meu ver, para se identificar o coração da *EG*, não se pode separar o autor da Exortação de sua história de vida e, nesta história, não se pode deixar de lado a Conferência de Aparecida, na qual o então cardeal Jorge Mario Bergoglio foi o presidente da comissão de redação. Se queremos entender o Papa Francisco, precisamos olhar para o Documento de Aparecida. Se queremos ampliar os horizontes de Aparecida, podemos olhar para a *Evangelii Gaudium* e, com ela, para os demais escritos e atitudes do Papa Francisco.

A Conferência de Aparecida, como bem sabemos, foi uma reunião eclesial que oficializou para a Igreja o que temos chamado de *mudança de época* (DAp 33ss). É um documento que se insere nessa realidade que vem sendo apresentada por algumas expressões próprias do atual linguajar evangelizador: nova evangelização, conversão pastoral, estado permanente de missão etc. Esta foi a finalidade do Sínodo que deu origem à *Evangelii Gaudium*. A peculiaridade está no fato de que o Papa Francisco não se restringiu a reiterar as conclusões do Sínodo de 2012 a respeito da Nova Evangelização, expressas pelos padres sinodais nas conclusões e na mensagem final. É claro que o Papa Francisco não desprezou as conclusões sinodais. Ele as potencializou, inserindo um forte toque pessoal, reunindo, no conteúdo e na linguagem da Exortação, palavras e propostas que vêm marcando seu pontificado desde o momento do anúncio, em 13 de março de 2013.

Temos, portanto, uma Exortação na linha do que tem sido a preocupação da Igreja desde o final do século XX. Essa preocupação vem sendo mencionada – para listar os mais destacáveis – nos inúmeros documentos de João Paulo II, notadamente a *Novo Millennio Ineunte*, com seu *Duc in altum*, de Bento XVI, o Motu Próprio *Porta Fidei*, com destaque para o n. 2, e a Encíclica *Lumen Fidei*, que recolhe as contribuições de Bento XVI e inicia a proposta de Francisco.

RECOMEÇAR A PARTIR DE JESUS CRISTO E DA IGREJA

Trata-se, portanto, de colocar toda a Igreja no núcleo da proposta da Conferência de Aparecida, a qual indica recomeçar a partir de Jesus Cristo, praticamente sem dar coisa alguma por descontada (DAp 12; 41; 549). O desafio para a Igreja em seu conjunto, para as Igrejas Particulares de antiga evangelização, mas também para as Igrejas de evangelização mais recente, consiste em apresentar a pessoa e a mensagem de Jesus Cristo, com todas as consequências existenciais que isto significa. Há uma proposta para a Igreja e uma proposta para o mundo.

No entanto, na medida em que a experiência da fé é sempre mediada, o desafio da nova evangelização atinge muito diretamente a Igreja. Esta é que vem sendo desafiada no seu modo de viver, testemunhar e anunciar Jesus Cristo e o Reino de Deus. Aliás, raramente a questão pastoral é Jesus Cristo. A questão diz respeito geralmente à Igreja. É por isso que eu leio a *Evangelii Gaudium* como um documento dirigido à Igreja e sobre a Igreja. É um chamado de atenção da Igreja para que se reconheça como mediação (indispensável) para a fé, uma mediação que talvez não esteja sendo cumprida de forma adequada na sua missão e na sua função.

UMA IGREJA QUE É SERVA DO REINO E LUZ PARA O MUNDO

O papa não estabelece uma ruptura entre o que ele pensa para a Igreja e o que ele pensa para o mundo. Ele pensa a Igreja no mundo, uma Igreja que, sendo serva, servidora, não se preocupa apenas ou primordialmente com as questões que são suas, que lhe são específicas, mas uma Igreja que se pensa a partir de sua missão, que é ser serva catalisadora do Reino de Deus (*EG* 114; 176).

É por isso que o papa coloca, no mesmo documento, questões que poderiam ser catalogadas como internas à Igreja e outras que poderiam ser catalogadas como específicas do mundo. Com isso, o Papa rompe com as concepções dualistas entre Igreja e mundo. Ele não funde as duas realidades. Ele respeita a autonomia de cada uma, mas insiste em chamar a atenção da Igreja para as realidades que estão atingindo este mundo em que vivemos. O Papa respeita a autonomia das realidades temporais, mas insiste em não deixar que empurrem a Igreja para as sacristias. Ao analisar a condição desumana do mercado, o Papa insiste que as leis econômicas, diante da lógica do Reino de Deus, não têm soberania excludente diante de uma ética da vida.

Trata-se, portanto, de um duplo chamado de atenção. Para a Igreja, a Exortação é uma forte advertência contra as três desgraças atuais: teologia do pano, a liturgia da fumaça e a pastoral dos prodígios. Essas metáforas se referem, por certo, a preocupações maiores com a forma do que com o conteúdo. Mas, também, trata-se de uma advertência muito forte em relação a um mundo que, de tão marcado pela modernidade, apregoa a autonomia ou independência absoluta das leis econômicas em relação a uma ética que brota de uma realidade maior que a imediatez do mercado; um mundo que apregoa de tal modo a autonomia do sujeito em sua individualidade que chega a gerar o narcisismo e outras posturas sectárias.

Não se trata de compreender esta relação em termos de retorno à cristandade, no sentido de que tudo deva ser, impositivamente, do modo como a Igreja aspira. Trata-se de, em primeiro lugar, não deixar a Igreja se fechar nela mesma. Em segundo lugar, não deixar que o mundo se feche nele mesmo. Em terceiro lugar, de interpelar este mundo a partir do testemunho da Igreja. E, em quarto lugar, de interpelar a Igreja (pessoas e instituições) a ouvir o clamor de um mundo violento, descrente e excludente. Esse é, a meu ver, o coração da *Evangelii Gaudium*, motivo pelo qual o Papa Francisco toca em assuntos à primeira vista tão diferentes e nem sempre integrados.

PONTO DE PARTIDA: DEIXARMO-NOS INTERPELAR

Como vimos, a Exortação apresenta muitas questões a respeito da vida interna da Igreja. A interpelação é um caminho de duas mãos. Assim como interpelamos, precisamos nos deixar interpelar e, na medida em que o tesouro do Reino de Deus é guardado em vasos de barro (cf. 2Cor 4,7), o Papa sabe da urgência em não deixar que o vaso assuma o lugar do tesouro e, fazendo isso, acabe por não permitir o acesso a ele.

Se a Igreja quer ter voz profética, ela precisa inicialmente olhar para si mesma e reconhecer que a força de suas palavras está na capacidade do seu testemunho. Ao tratar das questões internas à vida da Igreja, o Papa Francisco se preocupa com a força testemunhal da Igreja que, ao clamar por determinadas situações, precisa demonstrar e testemunhar que tais situações podem acontecer e produzir resultados de vida e de paz. Por isso,

Evangelii Gaudium: alguns aspectos para sua leitura

encontramos um dos textos mais pesados para a Igreja: "Deus nos livre de uma Igreja mundana sob as vestes espirituais ou pastorais" (*EG* 97).

São inúmeras as referências à postura individual dos cristãos. Contra a acomodação (*EG* 83) e o pessimismo (*EG* 84), o Papa indica a esperança (*EG* 86) e a "revolução da ternura" (*EG* 88). Para a correção da inveja, do ciúme (*EG* 100) e da prepotência (*EG* 94), o Papa reconhece que ele mesmo não tem as respostas para todas as questões (*EG* 16). Diante das disputas internas (*EG* 98ss), o papa indica "o testemunho de comunidades autenticamente fraternas e reconciliadas" (*EG* 100).

Por isso, também, o destaque à dignidade batismal, ao laicato (*EG* 102), especialmente das leigas (*EG* 103). Para a excessiva centralização burocratizante, que, segundo ele, só serve para complicar a vida da Igreja, o Papa indica a descentralização (*EG* 16). E, nesta descentralização, emergem a importância das Igrejas locais e o diálogo ecumênico, como condições de testemunho e serviço (*EG* 42; 199). E, assim, em boa parte da Exortação, o Papa vai mencionando situações de contratestemunho, para, ao final, perguntar: "a quem queremos evangelizar com esses comportamentos?" (*EG* 100).

PARA INTERPELAR EM FAVOR DOS POBRES

Uma Igreja assim transformada poderá, então, interpelar sem medo de ser interpelada e perder acomodações. Poderá repetir São João Crisóstomo e dizer que "não fazer os pobres participar dos seus próprios bens é roubá-los e tirar-lhes a vida. Não são nossos, mas deles, os bens que aferrolhamos" (*EG* 57). Poderá exortar "a uma solidariedade desinteressada e a um regresso da economia e das finanças a uma ética propícia ao ser humano" (*EG* 58).

CONCLUSÃO

São, enfim, 288 parágrafos, divididos em cinco capítulos, concluídos com uma oração à Virgem Maria, Mãe da Evangelização. Em seu conjunto, a Exortação, espécie de carta-magna do pontificado de Francisco, foge do dualismo que separa Igreja e mundo, coloca a Igreja em estado de missão, não para recuperar privilégios ou, numa espécie de guerra santa pós-moderna, reaver fiéis que se foram, mas para servir ainda mais ao Reino de Deus.

O ANÚNCIO DO EVANGELHO NA ATUALIDADE: UMA INTRODUÇÃO À *EVANGELII GAUDIUM*

Abimar Oliveira de Moraes[1]

Do ponto de vista pastoral, o início do século XX foi marcado pelo entusiasmo causado, principalmente, pelos movimentos litúrgico, bíblico, catequético e ecumênico. As informações que temos é que as igrejas estavam cheias e o número de frequentadores superava a metade da população em várias nações. Contudo, no final da década de 1950, quando ninguém ainda pensava num Concílio, notou-se uma crise no processo de transmissão da fé, medida, principalmente, na dificuldade de acompanhamento aos jovens.

A análise da vida pastoral daquele período demonstra-nos que é simplesmente errado afirmar que somente após o Concílio ou, ainda mais, por causa dele, o processo de transmissão da fé começou a não funcionar, razão pela qual chegamos à crise atual.

As causas da crise remontam a fatores históricos antigos, a opções teológico-pastorais tomadas para responder a exigências de um tempo passado e, portanto, são muito mais profundas do que a celebração de um Concílio na década de 1960 ou, em outras palavras, não foram criadas nos últimos cinquenta anos.

Um dos fatores que podemos elencar é a pouca atenção que demos, ao longo de muito tempo, a crianças e jovens, por acreditar, profundamente que uma espécie de "catecumenato social" estava em ato. Pensava-se que os cristãos adultos e os núcleos familiares estavam realizando a transmissão da fé cristã às novas gerações. Talvez, o que o Pós-Concílio nos fez perceber é que tal transmissão não estava acontecendo e o resultado inevitável é a constatação de que não crescemos, mas diminuímos.

---

[1] Este capítulo foi realizado com a valiosa e fundamental cooperação do Rev. Pe. Emerson Marcelo Ruiz, scj, mestrando do Programa de Pós-Graduação em Teologia da PUC-Rio, a quem apresentamos sinceros agradecimentos pela partilha de ideias e conhecimentos que permitiram a elaboração deste trabalho.

O anúncio do Evangelho na atualidade: uma introdução à Evangelii Gaudium

Devemos acostumar-nos com esta ideia: uma época está atualmente acabando. Trata-se de um processo doloroso, no curso do qual devemos nos despedir de tantas coisas que nos eram familiares. Mudanças pastorais similares acontecem continuamente na história da Igreja. Podemos citar, por exemplo, o tempo da reforma protestante ou o fim da velha Igreja de estado, no início do século XIX. Foi justamente nesse início do século XIX que nasceu o hodierno sistema pastoral de dioceses e paróquias, de associações eclesiais e de ativas congregações religiosas (muitas femininas).

Diante dessa situação pastoral, o Papa João XXIII, em 1962, em seu discurso inaugural do Concílio advertia:

No exercício cotidiano do nosso ministério pastoral ferem nossos ouvidos sugestões de almas, ardorosas sem dúvida no zelo, mas não dotadas de grande sentido de discrição e moderação. Nos tempos atuais, elas não veem senão prevaricações e ruínas; vão repetindo que a nossa época, em comparação com as passadas, foi piorando; e portam-se como quem nada aprendeu da história, que é também mestra da vida, e como se no tempo dos Concílios Ecumênicos precedentes tudo fosse triunfo completo da ideia e da vida cristã, e da justa liberdade religiosa. Mas parece-nos que devemos discordar desses profetas da desventura, que anunciam acontecimentos sempre infaustos, como se estivesse iminente o fim do mundo. No presente momento histórico, a Providência está-nos levando para uma nova ordem de relações humanas, que, por obra dos homens e o mais das vezes para além do que eles esperam, se dirigem para o cumprimento de desígnios superiores e inesperados; e tudo, mesmo as adversidades humanas, dispõe para o bem maior da Igreja (João XXIII, 1962: 2-4).

Neste significativo discurso inaugural, João XXIII falava da Providência que nos está levando para uma nova realidade, para o cumprimento de desígnios superiores e inesperados para o bem maior da Igreja. Mais do que em palavras românticas, ingênuas e irreais, o Papa fundamentava sua visão do *aggiornamento* pastoral da Igreja, na esperança cristã, confiando ao Concílio Vaticano II (prestes a iniciar) a missão de "tracejar" caminhos para o futuro da vivência pastoral da fé cristã.

O Concílio Vaticano II, em sua Constituição Pastoral sobre a Igreja no mundo de então, decretava que estávamos diante de uma época pastoral que se dirigia, dolorosamente, em direção ao seu fim:

A humanidade vive hoje uma fase nova da sua história, na qual profundas e rápidas transformações se estendem progressivamente a toda a terra. Provocadas pela inteligência e atividade criadora do homem, elas reincidem sobre o mesmo homem, sobre os seus juízos e desejos individuais e coletivos, sobre os seus modos de pensar e agir, tanto em relação às coisas como às pessoas. De tal modo que podemos já falar duma verdadeira transformação social e cultural, que se reflete também na vida religiosa (*GS* 4).

Este cenário faz com que o escopo do Concílio seja aquele de colocar a Igreja nas "estradas" da evangelização do mundo contemporâneo. As quatro constituições conciliares (e não só), em modo próprio, exprimem a mesma ideia de base, isto é: como a Igreja deve exercer a sua missão principal e prioritária de anunciar o Evangelho de maneira renovada e eficaz.

É óbvio que o clima de euforia e entusiasmo vivido às vésperas e na "primeira hora" pós-conciliar não se sustentaram por muito tempo. Muitas esperanças depositadas no Concílio não foram realizadas. Isto não significa que o Concílio foi um grande engano ou uma grande desilusão. Uma das interpretações teológico-pastorais equivocadas é aquela de pensarmos que com o Concílio e com as reformas pós-conciliares a crise da transmissão da fé às novas gerações estaria superada. Pouco depois da conclusão do Vaticano II, constatamos que a realização (em termos teológicos: a recepção) do Vaticano II, colocar-nos-ia num processo longo, difícil e complexo. De fato, na história da Igreja, os períodos pós-conciliares foram sempre períodos altamente controversos.

Neste caminho longo, a *Evangelii Nuntiandi* apresentou-se como uma espécie de "bússola" e propôs-nos a recuperação do ardor evangelizador como principal tarefa do Pós-Concílio e da consequente transformação do cenário pastoral. Fazendo eco às palavras de seu predecessor, Paulo VI afirmava:

> (...) *neste décimo aniversário de encerramento do II Concílio do Vaticano,* cujos objetivos se resumem, em última análise, num só intento: tornar a Igreja do século XX mais apta ainda para anunciar o Evangelho à humanidade do mesmo século XX. (...) Para dar uma resposta válida às exigências do Concílio que nos interpelam, é absolutamente indispensável colocar-nos bem diante dos olhos um patrimônio de fé que a Igreja tem o dever de preservar na sua pureza intangível, ao mesmo tempo que o dever também de o apresentar aos homens do nosso tempo, tanto quanto isso é possível, de uma maneira compreensível e persuasiva (*EN* 2-3).

O contexto pastoral que precedeu o texto da Exortação era o da primeira crise pós-conciliar. Vivíamos um dos primeiros momentos preocupantes para a renovada ação evangelizadora, quando Paulo VI escreveu:

Evangelizar constitui, de fato, a graça e a vocação própria da Igreja, a sua mais profunda identidade. Ela existe para evangelizar, ou seja, para pregar e ensinar, ser o canal do dom da graça, reconciliar os pecadores com Deus e perpetuar o sacrifício de Cristo na santa missa, que é o memorial da sua morte e gloriosa ressurreição (*EN* 14).

Paulo VI entendia que a evangelização é o processo total mediante o qual a Igreja anuncia o Evangelho do Reino de Deus, dando testemunho do novo modo de ver e ser inaugurado por Jesus Cristo. Um processo de *educação* na/da fé daqueles que se converteram ao Evangelho, de *celebração* na comunidade dos fiéis da presença do Senhor Jesus e do dom do seu Espírito e de *transformação* da ordem temporal, à luz da força do Evangelho:

> A evangelização, por tudo o que dissemos é uma diligência complexa, em que há variados elementos: renovação da humanidade, testemunho, anúncio explícito, adesão do coração, entrada na comunidade, aceitação dos sinais e iniciativas de apostolado (*EN* 24).

Tal Exortação Apostólica não ressoou em vão, mas teve profundas consequências pastorais (principalmente na América Latina e nos demais países do Terceiro Mundo). A partir da *Evangelii Nuntiandi* a evangelização tornou-se uma palavra programática e temática inspiradora de diversos projetos pastorais.

É a recuperação do ardor evangelizador que, inclusive, guia o pontificado de João Paulo II. Por esta razão, na conclusão do ano jubilar, falando sobre o programa pastoral do Terceiro Milênio, o Papa polonês apresentou a evangelização como um "partir de Cristo", recomeçar um "programa já existente" que é Cristo e sua Boa-Nova:

> Sendo assim, não se trata de inventar um "programa novo". O programa já existe: é o mesmo de sempre, expresso no Evangelho e na Tradição viva. Concentra-se, em última análise, no próprio Cristo, que temos de conhecer, amar, imitar, para nele viver a vida trinitária e com ele transformar a história até à sua plenitude na Jerusalém celeste. É um programa que não muda com a variação dos tempos e das culturas, embora se tenha em conta o tempo e a cultura para um diálogo verdadeiro e uma comunicação eficaz. Este programa de sempre é o nosso programa para o terceiro milênio (*NMI* 29).

É dentro desse contexto que foi realizado o último sínodo dos bispos (2012), no pontificado de Bento XVI e que teve como tema "A Nova Evangelização para a transmissão da fé cristã". Após a renúncia de Bento XVI e eleição de Francisco, a comunidade católica recebe a conclusão deste trabalho sinodal na forma da Exortação Apostólica *Evangelii Gaudium*.

Neste momento, gostaríamos de dedicar nossa atenção à estrutura do texto e à identificação das fontes sobre as quais a Exortação construiu sua linha de reflexão.

A ESTRUTURA DO TEXTO

A Exortação Apostólica *Evangelii Gaudium* é composta por 288 parágrafos, apresentando-se como um texto extenso, complexo e denso. Desde sua introdução, se impõe como um texto que "possui um significado programático e tem consequências importantes" (*EG* 25). Sob certos aspectos, podemos dizer que *Evangelii Gaudium* será a pauta do pontificado de Francisco.

A introdução apresenta os eixos fundamentais de toda a Exortação: a alegria de evangelizar (*EG* 1-13) e a nova etapa evangelizadora (*EG* 14-18). Embora Francisco queira deter-se sobre sete questões (*EG* 17), o texto se organiza em cinco capítulos.[2]

O primeiro capítulo, intitulado "A transformação missionária da Igreja" fala da conversão pastoral da Igreja. Propondo a passagem de uma Igreja voltada para si para uma Igreja "em saída" (*EG* 20-24). A renovação acontece a partir do coração do Evangelho (*EG* 34-39) para que alcance urgentemente todas as instâncias pastorais: o papado, o episcopado, o clero, as paróquias, as instituições eclesiais, os teólogos etc. (*EG* 25-33). Neste capítulo, a Igreja é apresentada como uma mãe de coração aberto (*EG* 46-49).

O segundo capítulo – "Na crise do compromisso comunitário" – pode ser chamado de o capítulo dos "nãos"[3] e dos "sins".[4] É composto por duas partes: "Alguns desafios do mundo atual" (*EG* 52-74) e "Tentações dos

---

[2] "Aqui escolhi propor algumas diretrizes que possam encorajar e orientar, em toda a Igreja, uma nova etapa evangelizadora, cheia de ardor e dinamismo. Neste quadro e com base na doutrina da Constituição Dogmática *Lumen Gentium*, decidi, entre outros temas, me deter amplamente sobre as seguintes questões: a) A reforma da Igreja em saída missionária. b) As tentações dos agentes pastorais. c) A Igreja vista como a totalidade do povo de Deus que evangeliza. d) A homilia e a sua preparação. e) A inclusão social dos pobres. f) A paz e o diálogo social. g) As motivações espirituais para o compromisso missionário" (*EG* 17).

[3] No texto, o pontífice diz "não" à economia de exclusão (*EG* 53-54), à idolatria do dinheiro (*EG* 55-56), ao dinheiro que não serve (*EG* 57-58), à desigualdade social (*EG* 59-60), ao desânimo egoísta (*EG* 81-83), ao pessimismo (*EG* 84-86), ao mundanismo espiritual (*EG* 93-97) e à guerra (*EG* 98-101).

[4] Francisco diz "sim" à inculturação da fé (*EG* 68-70), às culturas urbanas (*EG* 71-75), à espiritualidade missionária (*EG* 78-80) e às novas relações em Cristo (*EG* 87-92).

O anúncio do Evangelho na atualidade: uma introdução à Evangelii Gaudium

agentes de pastorais" (*EG* 76-109). Na primeira parte, são apresentados alguns desafios ao anúncio do Evangelho: o de um sistema econômico de exclusão, o da desigualdade social, o da enculturação da fé, com especial atenção, às culturas urbanas emergentes. A segunda parte é uma profética crítica aos vícios que atingem os "agentes pastorais".

No terceiro capítulo, intitulado "O anúncio do Evangelho", a evangelização é apresentada como obra de todo o Povo de Deus em missão (*EG* 111-121), realizada através da piedade popular (*EG* 122-126), da pregação informal (*EG* 127-129), da diversidade carismática (*EG* 130-131), do diálogo com o mundo acadêmico-científico (*EG* 132-134), da homilia (*EG* 135-159) e da catequese (*EG* 160-175).

"A dimensão social da Evangelização" é o título do quarto capítulo. Ele está em conexão com a primeira parte do terceiro capítulo e aborda as implicações comunitárias e sociais do anúncio do Evangelho hoje (*EG* 177-185). São tratados temas como o lugar dos pobres na evangelização (*EG* 186-216), o bem comum (*EG* 217-237) e o diálogo como único caminho para a construção da paz (*EG* 238-257). A opção pelos pobres e a crítica aos sistemas de poder ocupam um lugar central nesse capítulo.

O último capítulo, denominado "Evangelizadores com espírito", trata da espiritualidade dos evangelizadores (*EG* 262-283). Vários temas são abordados: oração, vida espiritual, alegria e fecundidade do cristão, acompanhamento espiritual, encontro, diálogo e anúncio, mas é possível notar que missão e vida espiritual estão vitalmente unidas. Caso contrário, se tornam estéreis (*EG* 266).

AS FONTES DA EXORTAÇÃO

Uma pesquisa no texto e nas suas notas revela-nos muitos personagens que servem de fonte e estabelecem uma interlocução com o pensamento da Exortação.[5] Como não deveria deixar de ser, com frequência, Francisco cita os quatro últimos pontífices: João Paulo II (mais de 40 vezes) Bento XVI e Paulo VI (mais de 20 vezes cada um) e João XXIII (três vezes).

Outra fonte é a experiência pastoral do próprio pontífice. A Exortação traz muitas coisas que já havíamos ouvido. Neste sentido, pode-se afirmar que *Evangelii Gaudium* foi gestada em homilias, entrevistas,

---

[5]   Cf. Sbardelotto, 2013.

pregações, catequeses e audiências de Francisco. Ela recolhe, portanto, reflexões de boa parte de sua caminhada espiritual e pastoral.[6]

Além disso, lança mão da riqueza espiritual e teológica de diversos santos e uma santa: Tomás de Aquino (14 citações), Agostinho, João da Cruz, João Crisóstomo, Francisco de Assis, Irineu de Lião, Pedro Fabro, Teresa de Lisieux, Isaac da Estrela, Cirilo de Alexandria e Juan Diego.

Também faz referência a teólogos e professores contemporâneos: o teólogo ítalo-alemão Romano Guardini (duas vezes),[7] Georges Bernanos, Cardeal Newman, Henri de Lubac, Ismael Quiles[8] e Vítor Manuel Fernández.[9] Mais que uma lista, estes nomes se apresentam como balizas teológicas, pastorais e espirituais da vida pessoal do Papa Francisco e, consequentemente, desta exortação programática. Contudo, o que intentamos neste momento dedicado às fontes da Exortação é analisar a relação que pode ser estabelecida entre a *Evangelii Gaudium*, o precedente magistério universal e das igrejas locais, o sínodo de 2012 e a experiência pessoal do papa portenho.

Iniciamos por observar que *Evangelii Gaudium* fundamenta-se, sobretudo, na eclesiologia da *Lumen Gentium*. Sobre tal fundamentação, Francisco é explícito, ao dizer: "Neste quadro e com base na doutrina da Constituição Dogmática *Lumen Gentium*, decidi, entre outros temas, me deter amplamente sobre as seguintes questões (...)" (*EG* 17).

A Constituição Dogmática sobre a Igreja é citada sete vezes. São menções que apontam para alguns elementos vertebrais da eclesiologia conciliar. No número 32, citando *LG* 23, a Exortação fala do imprescindível papel das Conferências Episcopais. No parágrafo 112, citando *LG* 1,

---

[6]   Por exemplo, quando fala da mulher ele afirma: "com efeito, uma mulher, Maria, é mais importante do que os Bispos" (*EG* 104). Ele já havia utilizado esta expressão na entrevista coletiva que fez no voo de retorno da *Jornada Mundial da Juventude*, Rio 2013. Outra expressão, "os evangelizadores contraem assim o 'cheiro de ovelha', e estas escutam a sua voz" (*EG* 24), foi uma das primeiras que marcaram o início de seu pontificado. "Prefiro uma Igreja acidentada, ferida e enlameada, por ter saído pelas estradas, a uma Igreja enferma pelo fechamento e a comodidade de se agarrar às próprias seguranças" (*EG* 49) é, também, outra imagem já utilizada ainda enquanto cardeal de Buenos Aires e, por exemplo, mencionada no discurso aos catequistas no Ano da Fé de 2013 (Francisco, 2013).

[7]   Nos anos 1980, o então padre Jorge Mario Bergoglio iniciou uma tese de doutorado sobre Romano Guardini, na Universidade de Filosofia e Teologia Sankt Georgen, em Frankfurt, na Alemanha.

[8]   Ismael Quiles (1906-1993) foi um jesuíta espanhol que desenvolveu seu ministério na Argentina. Grande filósofo de conhecimento enciclopédico, foi professor de Jorge Mario Bergoglio.

[9]   Vítor Manuel Fernández é bispo e reitor da Pontifícia Universidade Católica da Argentina.

O anúncio do Evangelho na atualidade: uma introdução à Evangelii Gaudium

apresenta a belíssima imagem conciliar da Igreja como sacramento universal de salvação oferecido por Deus a todo o gênero humano. No parágrafo seguinte, citando *LG* 9, a Exortação recorda que Deus convoca os seres humanos como povo e não como seres isolados. No número 119, citando *LG* 12, apresenta o *sensus fidei* do povo de Deus, como o "instinto da fé" que ajuda a discernir o que vem realmente de Deus. No parágrafo 130, citando *LG* 12, fala dos carismas como fonte de renovação e edificação da Igreja. No número 252, citando *LG* 16, recorda a raiz "abraãmica" que une os fiéis cristãos com os fiéis islâmicos. Por fim, no parágrafo 287, cita o capítulo conclusivo da Constituição Dogmática (*LG* 52-69), no qual Maria nos é apresentada pelo Concílio como a mulher da fé que nutre sua vida e sua caminhada no crer em Deus, tornando-se, assim, o ícone da índole escatológica de todo o Povo de Deus.

Além desta forte referência à Constituição Dogmática sobre a Igreja, ao longo da Exortação Pós-Sinodal, os outros textos do magistério conciliar citados são: a *Gaudium et Spes* (*EG* 113 e 115 [neste parágrafo são três as citações]), o *Unitatis Redintegratio* (*EG* 26, 36 e 244), a *Dei Verbum* (*EG* 40 e 175), o *Christus Dominus* (*EG* 30), o *Inter Mirifica* (*EG* 167) e o *Ad Gentes* (*EG* 251). Das quatro Constituições Conciliares, "espinhas dorsais" do Vaticano II, a única não citada é a *Sacrosanctum Concilium*, ainda que a Exortação se debruce diversas vezes sobre os temas da liturgia e dos sacramentos.[10]

Outra fonte do romano pontífice é a quase homônima *Evangelii Nuntiandi*, de Paulo VI, citada 15 vezes: *EG* 10 (*EN* 80), 12 (*EN* 7), 123 (*EN* 48 [citada duas vezes]), 146 (*EN* 78 [citada duas vezes]), 150 (*EN* 76), 151 (*EN* 75), 154 (*EN* 63 e 43 [citada duas vezes]), 156 (*EN* 40), 158 (*EN* 43), 176 (*EN* 17) e 181 (*EN* 29). Inspirado na Exortação de papa Montini, Francisco confirma que a evangelização é ação de toda a Igreja e da Igreja toda, isto é, sua identidade mais profunda (*EN* 14) e a tarefa responsável por fazer crescer o Reino de Deus entre a humanidade.

A maior de todas as suas fontes é o próprio Sínodo de 2012. Francisco colhe "a riqueza dos trabalhos do Sínodo" para expressar suas preocupações neste momento concreto da obra evangelizadora da Igreja (*EG* 16) e convidar a Igreja a avançar no caminho de uma conversão pastoral e missionária, "que não pode deixar as coisas como estão" (*EG* 25). De fato, as *propositiones* do Sínodo são as fontes mais citadas por

---

[10] Veja-se, por exemplo, a parte do terceiro capítulo da *Evangelii Gaudium* dedicada à homilia e à preparação da pregação (*EG* 135-159).

Francisco, totalizando 31 ocasiões (*EG* 14, 16, 28 [duas vezes], 29, 30 [duas vezes], 33, 61, 73, 92, 105, 112-113, 132-134, 164, 166-167, 175, 201, 239, 242, 245, 251, 255, 257, 262, 287).[11] *Evangelii Gaudium*, contudo, sem deixar de estar em sintonia com o Sínodo que a precedeu, não é uma Exortação "Pós-Sinodal" (foi omitido do título oficial), mas apresenta-se como uma Exortação programática do pontificado do Papa Bergoglio.

Talvez, em virtude de sua preocupação com a descentralização e a catolicidade (*EG* 16), uma peculiar fonte da Exortação são as Conferências Episcopais e as Exortações Apostólicas Pós-Sinodais redigidas por João Paulo II por ocasião dos sínodos continentais em preparação do Jubileu de 2000. Este é um elemento inovador no texto magisterial.[12] Ao longo da *Evangelii Gaudium*, o pontífice busca dialogar com os episcopados, citando vários documentos de suas Conferências nacionais e continentais. A Exortação dialoga e fala através dos bispos da América Latina e Caribe (*EG* 10, 15, 25, 103, 115, 122-124, 181 e 198), da Ásia (*EG* 62, 110, 122 e 171), da Oceania (*EG* 27, 115 e 117),[13] da África (*EG* 62, 116, 118), dos Estados Unidos (*EG* 64 e 220), da França (*EG* 66 e

---

[11]   O XIII Sínodo dos Bispos apresentou 58 *propositiones* ao papa Bento XVI. Destas, 31 *propositiones* foram explicitamente citadas por Francisco (são apresentadas as proposições 1, 4, 6-9, 11, 13-14, 16-17, 20, 25-27 [a *propositio* 26 citada duas vezes], 30, 36, 38, 41-42, 44-45, 51-56 e 58). Até antes deste Sínodo o texto das proposições não era divulgado; contudo, a Sala de Imprensa da Santa Sé apresentou uma versão, em língua inglesa, para permitir o trabalho da imprensa que cobria o Sínodo dos Bispos (In: < http://www.vatican. va/news_services/press/sinodo/documents/bollettino_25_xiii-ordinaria-2012/02_inglese/ b33_02.html > [acessado em 12/03/2014]). É interessante a comparação com outras exortações apostólicas para vermos como *Evangelii Gaudium* em seus 288 parágrafos faz, proporcionalmente, pouco "uso" do Sínodo: *Verbum Domini* de Bento XVI, com 124 parágrafos, faz 97 referências às proposições do Sínodo que a precedeu (*VD*); e *Pastore Dabo Vobis* de João Paulo II, com 82 parágrafos, apresenta 85 citações das *propositiones* (*PDV*).

[12]   Sobre esta questão basta uma rápida análise de outros textos do magistério universal da Igreja para percebemos que não fazem nenhuma alusão aos textos magisteriais produzidos pelas Conferências Episcopais nacionais ou continentais. Neste sentido, verificar as já citadas *Pastore Dabo Vobis* (João Paulo II) e *Verbum Domini* (Bento XVI).

[13]   Com relação ao CELAM, Francisco cita duas vezes a Conferência de Puebla (*EG* 115 e 122) e 13 vezes a Conferência de Aparecida. Sobre Aparecida falaremos adiante. De Puebla ele retira a famosa definição de cultura (*DP* 386-387) e a compreensão de que a piedade/religiosidade popular "é uma forma ativa com que o povo se evangeliza continuamente a si próprio" (*DP* 450). Interessante notar que as duas referências encontram-se no terceiro capítulo sobre o anúncio do Evangelho e são usadas para sustentar a tese de que tal anúncio é tarefa de todo o povo que deve se entender como protagonista, construtor da cultura e agente da evangelização. Tal tese (que norteou muitas reflexões e, principalmente, práticas pastorais em nosso continente latino-americano desde Puebla) encontra agora, no magistério de Francisco, a confirmação, a consolidação e a ampliação de sua urgência e relevância para o presente e o futuro da evangelização.

174), do Brasil (*EG* 191), das Filipinas (*EG* 215), do Congo (*EG* 230), da Índia (*EG* 250) e do Oriente Médio (*EG* 255).

Dentre as conferências dos episcopados citadas, uma se destaca (não somente quantitativamente). Trata-se da V Conferência do Episcopado Latino-americano e Caribenho, realizada em Aparecida. Como já mencionamos, em 13 ocasiões a *Evangelii Gaudium* cita explicitamente o Documento de Aparecida (EG 10, 15, 25, 103, 123-124, 181 e 198).

Além desta alusão explícita, há muitas expressões, oriundas de Aparecida, que brotam quase que espontaneamente na *Evangelii Gaudium*: "discípulos missionários" (*EG* 24, 119-121 e 175),[14] "comunidade de comunidades" (*EG* 28)[15] e "conversão pastoral" (*EG* 25, 27 e 32). Em síntese, podemos dizer que Aparecida ajuda a Exortação a assumir como sua a crítica da pastoral como "simples" administração (*EG* 25).

A EVANGELIZAÇÃO HOJE: DESAFIOS E PERSPECTIVAS À LUZ DA *EG*

Após analisarmos a estrutura do texto e as suas principais fontes magisteriais, podemos dizer que a Exortação Apostólica *Evangelii Gaudium* faz-nos refletir sobre como o desafio pastoral da evangelização não é tarefa simples. Vivemos numa época que coloca em crise todas as formas consolidadas de transmissão (de conteúdos, valores, formas de vida etc.) sobre a qual se apoiava a relativa estabilidade da era pastoral precedente. Encontramo-nos num momento pastoral em que está em crise não somente a evangelização, com seus objetos, processos e itinerários de transmissão da fé, mas a própria ideia de transmissão (Kaës, 2003: 16).

Paradoxalmente, é esta crise da ideia de transmissão que permite à Exortação interrogar-se sobre o que entendemos por transmissão e,

---

[14]   O termo é amplamente citado em Aparecida, sendo, inclusive, usado como tema geral de toda a Conferência: "Discípulos e missionários de Jesus Cristo, para que nele todos os povos tenham a vida" (Jo 14,6). Mais tarde, encontraremos a evolução da reflexão e a adoção da expressão mais "técnica" e apropriada, "discípulos missionários", à qual o Papa Bergoglio faz referência.

[15]   *Evangelii Gaudium* aborda o tema da paróquia sob a ótica da renovação eclesial (*EG* 28). Dentro deste contexto é que nos é apresentada a expressão "comunidade de comunidades" que, contudo, já aparecia no *Instrumentum Laboris* do Sínodo de 2012 (Sínodo dos Bispos, 2012: 107).

sobretudo, como é importante a passagem *de geração em geração* da confissão e do testemunho, dos valores e das crenças da fé cristã.[16]

> Todos têm direito de receber o Evangelho. Os cristãos têm o dever de o anunciar, sem excluir ninguém, e não como quem impõe uma nova obrigação, mas como quem partilha uma alegria, indica um horizonte estupendo, oferece um banquete apetecível. A Igreja não cresce por proselitismo, mas "por atração" (*EG* 14).

Partindo destas palavras, sinteticamente, poderíamos afirmar que um processo de evangelização autêntico será aquele capaz de envolver e dialogar com a racionalidade (cabeça), a afetividade (coração) e a operacionalidade (mãos e pés) da pessoa humana. A evangelização deve conseguir harmonizar a explicação da doutrina ou os *conteúdos da fé cristã*, com a preocupação na tradução em *comportamentos éticos* que brotam da paixão/atração pela pessoa do Senhor Jesus Cristo. Sem esta harmonia, parece-nos que a autêntica evangelização não pode acontecer, pois a totalidade da pessoa humana não estará contemplada.

A finalidade de uma autêntica evangelização é aquela de construir um *universo simbólico* interpretativo da realidade, onde a pessoa humana seja capaz de produzir uma visão positiva e entusiasta de si mesma, dos outros, do mundo, da história e de Deus.

Evangelii Gaudium lança algumas luzes sobre o sentido e as possibilidades de "evangelizar" no contexto contemporâneo. Sobre o sentido e as possibilidades de (em uma sociedade pequena ou grande) transmitir de uma geração à outra, de maneira viva e radiante, oralmente (*EG* 145), com a escritura (*EG* 174-175), com os modos de agir (*EG* 176-258), com as técnicas e com as artes (*EG* 169-173), a Boa-Nova do Evangelho de Jesus Cristo.

Nesta ótica, a Exortação apresenta-nos um sentido de "evangelizar" que é rico e diversificado e que pode assim ser expresso:

> O bem tende sempre a comunicar-se. Toda a experiência autêntica de verdade e de beleza procura, por si mesma, a sua expansão; e qualquer pessoa que viva uma libertação profunda adquire maior sensibilidade face às necessidades dos outros. E, uma vez comunicado, o bem radica-se e desenvolve-se. Por isso, quem deseja viver com dignidade e em plenitude, não tem outro caminho senão reconhecer o outro e buscar o seu bem. Assim, não nos deveriam surpreender frases de São Paulo como estas: "O amor de Cristo nos absorve completamente" (2Cor 5,14); "Ai de mim, se eu não evangelizar!" (1Cor 9,16) (*EG* 9).

---

[16] É claro que sabemos estar diante de um paradoxo que nos exige "transmitir o intransmissível" (Theobald, 2010).

Encontrando-se num tempo fecundo de crise (no sentido literal do termo) e de tensões que é, ao mesmo tempo, um tempo de aprendizado (Routhier, 2007: 20-21), a Igreja, do ponto de vista da sua práxis pastoral, está sendo convocada a passar por uma transformação que deverá produzir significativas modificações no seu ser (*EG* 20-24) e agir (*EG* 25-33).

Neste contexto, verifica-se um dúplice e paradoxal fenômeno: de um lado torna-se cada vez mais claro que a fé cristã manifesta seu vigor e sua verdade quando é "sal" e "fermento" da vida das pessoas, quando se torna capaz de ser chave interpretativa e orientadora na *verdade* de Jesus Cristo, que é o centro do Evangelho (*EG* 34-39); do outro, a condição e a sensibilidade modernas fazem com que uma parcela da população ocidental considere a fé cristã como pouco incidente na vida cotidiana, exigindo-nos atenção e respeito das limitações humanas de nossos contemporâneos (*EG* 40-45).

Concentrando-nos neste segundo fenômeno, parece que a linha que liga a transmissão da fé cristã e a vivência cotidiana esteja se deteriorando ou, até mesmo, rompendo (Salmann, 2000: 5). Sabemos que esta não é uma situação ocasional, mas o resultado de uma série de processos de longa data e que já se radicaram e tornaram-se incisivos em nossos tempos.

Isto não significa que a situação da fé cristã na história atual deva ser interpretada em chave de declínio. Olhando para a história da existência cristã vemos que ela viveu e vive sempre na história efetiva, onde é capaz de selar "alianças" ou viver conflitos com as culturas, influenciando-as e sendo influenciada por elas. Sendo assim, a situação atual, apesar de toda a sua problemática e os seus riscos, revela-se como um novo *kairós*. É neste cenário que o desafio da evangelização torna-se decisivo para a revitalização da fé cristã e para a consequente revisão do processo de sua transmissão.

Evangelii Gaudium diagnostica a complexidade, a pluralidade e variedade extrema de nossa situação pastoral. Existe a secularização, isto é, a remoção de Deus da vida pública; existe a mentalidade racional, instrumental e técnica que, do ponto de vista prático, está orientada para o sucesso econômico e para o consumismo; existe o relativismo e o indiferentismo etc.

Mas existe, também, um novo interesse pela espiritualidade e uma extraordinária disponibilidade; existe, em nossas paróquias e dioceses, um laicato maduro, constituído por mulheres e homens de boa vontade.

A situação pastoral, portanto, não é desesperadora. Mas o novo não acontece automaticamente. Devemos compreender este momento, acolhê-lo e configurar ativamente o nosso futuro. A Igreja precisa de uma renovação. Em termos bíblicos, devemos conceber, acolher e plasmar a hora presente como um *kairós*, como um tempo que nos foi doado por Deus. Só assim, a crise, muitas vezes com uma semântica negativa, pode tornar-se uma crise no sentido grego originário: um tempo de mutação e câmbio.

O anúncio do Evangelho no mundo atual deve ser entendido em chave de reproposição da mensagem cristã, colocando, novamente, de maneira criativa, nas questões do nosso tempo. Isto não significa promover uma campanha de reconquista de posições passadas ou de uma revitalização de modelos historicamente superados. Mas, trata-se de propor a fé no hoje para a construção do amanhã, e de ser, mediante a renovação da vida cristã (e de suas expressões institucionais), fermento para a renovação da humanidade. Evangelizar hoje é, portanto, apresentar a resposta cristã a uma nova situação.

CONCLUSÃO

Lendo a Exortação Apostólica percebemos que para avançarmos é preciso tornar às origens. O passo à frente não é um salto no escuro, não é correr atrás de uma utopia qualquer, mas trata-se de voltar às fontes, de refletir sobre nossas origens: o Evangelho da alegria.

Os dois trilhos que sustentam o texto são a pastoral e a espiritualidade, ou, se quisermos, a missão e a mística. Trata-se de um texto escrito por um "pastor místico" que não tem temor de expor suas crenças e esperanças, abrindo seu coração na pretensão de que também o leitor assim o faça.

Os conteúdos abordados pela *Evangelii Gaudium* exigirão um longo e paciente prazo de recepção. Tal recepção não pode ser de tipo meramente doutrinal, mas o grande desafio será o de acolhermos tais conteúdos, em nossa prática pastoral. Traduzindo-os na vivência da fé cristã pessoal, comunitária e institucional. Esta recepção exige renovação de mentes, de práticas pastorais e de estruturas eclesiásticas, em vista da imprescindível missão evangelizadora no mundo atual.

Não existe transmissão da fé onde o universo simbólico não for tocado, seja aquele que exprime o humano, seja aquele que exprime o divino. Assistimos a um necessário câmbio de paradigmas no âmbito de nossa missão evangelizadora, que podemos sintetizar do seguinte modo.

O paradigma, típico das Igrejas de longa tradição, centralizado na pedagogia do ensino e no esforço em propor a doutrina cristã através da explicação dos seus conteúdos, está em crise. Nas sociedades em mudança, a "doutrina" cristã não basta. Razão pela qual da pedagogia do ensino devemos passar à *pedagogia do aprendizado*.

Em tal pedagogia, a tarefa primária é a da experiência da fé. Não existindo mais o suporte da família e da sociedade, é necessário oferecer a quem for introduzido na vida cristã a oportunidade de fazer experiência junto a quem já é cristão. Nesta passagem de pedagogia, a evangelização acontece, sobretudo, através do envolvimento na comunidade cristã, povo de Deus em caminho dentro da história (*EG* 111-134).

Estamos num momento histórico complexo, em que não podemos mais propor a ação evangelizadora dentro de um horizonte de cristandade. As solicitações sacramentais, traços de um "catecumenato social" já em profunda crise e derrocada, não podem nos iludir. A pedagogia evangelizadora atual deve ser uma *pedagogia de iniciação*, que predispõe o cristão a viver a Páscoa de Cristo em sua própria existência.

Evangelizar, portanto, é iniciar, consciente de que o processo iniciático tem a grande capacidade de plasmar o universo simbólico da pessoa. Não através da comunicação de conteúdos doutrinais e nem mesmo somente através de um conjunto de ritos e celebrações comunitárias festivas, mas experimentando um processo total mediante o qual o Evangelho do Reino de Deus torna-se *fundamento* do novo modo de ver e ser daquele que abraçou a fé cristã.

A Igreja, mãe de coração aberto (*EG* 46-49) deve acompanhar esta dinâmica iniciática e, através dela, deve autocompreender-se como templo do Espírito, o Único e Verdadeiro iniciador que sopra na liberdade e gera na novidade.

> Em qualquer forma de evangelização, o primado é sempre de Deus, que quis chamar-nos para cooperar com ele e impelir-nos com a força do seu Espírito. (...) Esta convicção permite-nos manter a alegria no meio de uma tarefa tão exigente e desafiadora que ocupa inteiramente a nossa vida. Pede-nos tudo, mas ao mesmo tempo dá-nos tudo (*EG* 12).

REFERÊNCIAS BIBLIOGRÁFICAS

BENTO XVI. *Exortação Apostólica Pós-Sinodal Verbum Domini sobre a Palavra de Deus na vida e na missão da Igreja.* Brasília: CNBB, 2010.

CELAM. *Documento de Aparecida*: texto conclusivo da V Conferência Geral do Espiscopado Latino-americano e do Caribe. Brasília/São Paulo: CNBB/Paulus/Paulinas, 2008.

_____. *Evangelização no presente e no futuro da América Latina.* Conclusões da III Conferência Geral do Episcopado Latino-americano em Puebla. São Paulo: Paulinas, 1998.

CONCÍLIO VATICANO II. Constituição Dogmática *Lumen Gentium* sobre a Igreja. In: VIER, F. (Org.). *Compêndio do Vaticano II.* Petrópolis: Vozes, 1998, pp. 37-117.

_____. Constituição Pastoral *Gaudium et Spes* sobre a Igreja no mundo de hoje. In: VIER, F. (Org.). *Compêndio do Vaticano II.* Petrópolis: Vozes, 1998, pp. 141-256.

FRANCISCO. Discorso ai partecipanti del Congresso Internazionale sulla Catechesi, 27 de setembro de 2013. Disponível em: <www.vatican.va>. Acesso em: 2/10/2013.

_____. *Exortação Apostólica Evangelii Gaudium sobre o anúncio do Evangelho no mundo atual.* São Paulo: Paulinas, 2013.

JOÃO PAULO II. Carta Apostólica *Novo Millennio Ineunte* no início do novo milênio. São Paulo: Paulinas 2001.

_____. Exortação Apostólica Pós-Sinodal *Pastore dabo Vobis* sobre a formação dos sacerdotes nas circunstâncias atuais. Disponível em: <www.vatican.va>. Acesso em: 9/3/2014.

JOÃO XXIII. Discurso de Sua Santidade na abertura solene do Concílio, 11 de outubro de 1962. Disponível em: <www.vatican.va>. Acesso em: 10/3/2014.

KAËS, R. *Transmission de la vie psychique entre générations.* Paris: Dunod, 2003.

PAULO VI. *Exortação Apostólica Evangelii Nuntiandi sobre a evangelização no mundo contemporâneo.* São Paulo: Paulinas, 1986.

ROUTHIER, G. *La chiesa dopo il concilio.* Magnano: Ed. Qiqajon-Comunità di Bose, 2007.

SALA DE IMPRENSA DA SANTA SÉ. Synodus Episcoporum Bulletin, 27 de outubro de 2012. Disponível em: <http://www.vatican.va/news_services/press/sinodo/documents/bollettino_25_xiii-ordinaria-2012/02_inglese/b33_02.html>. Acesso em: 12/3/2014.

Salmann, E. *Presenza di spirito*. Il cristianesimo come gesto e come pensiero. Padova: Messagero, 2000.

SBARDELOTTO, M. Um estilo evangelizador: o horizonte eclesial da Evangelii gaudium. Disponível em: <http://www.ihu.unisinos.br/noticias/526339-um-estilo-evangelizador-o-horizonte-eclesial-da-evangelii-gaudium>. Acesso em: 4/12/2013.

SÍNODO DOS BISPOS, XIII Assembleia Geral Ordinária. A Nova Evangelização para a transmissão da fé cristã. *Instrumentum Laboris*. Disponível em: <http://www.vatican.va/roman_curia/synod/documents/rc_synod_doc_20120619_instrumentum-xiii_po.html>. Acesso em: 12/3/2014.

Theobald, C. *Trasmettere un Vangelo di libertà*. Bologna: EDB, 2010.

EVANGELII GAUDIUM EM QUESTÃO

PARTE I
ASPECTOS BÍBLICOS

PARTE I.
ASPECTOS BÍBLICOS

A ALEGRIA NA *EVANGELII GAUDIUM*: ASPECTOS RELEVANTES DA TEOLOGIA DO ANTIGO E NOVO TESTAMENTO

Maria de Lourdes Corrêa Lima

INTRODUÇÃO

Primeira Exortação Apostólica do Papa Francisco, a *Evangelii Gaudium* (*EG*) coloca a alegria como fator chave para o anúncio e o testemunho do Evangelho em nossa época. O Evangelho é, etimologicamente, e sobretudo em seu conteúdo, mensagem de alegria, que deve ser vivenciada primeiramente pelos cristãos, para poder ser comunicada a outros. A vivência e o anúncio da alegria contrastam grandemente, chama a atenção o papa, com a atenção voltada para o mundo atual, tão fortemente marcado pela desesperança, pelo individualismo e pelo comodismo. A cultura hodierna convive com o grande risco de se fechar no quadro de uma vida sem verdadeira alegria (*EG* 2). Pois a alegria profunda, gratificante, exige outra fonte e outros motivos. Embora a Exortação Apostólica refira-se numerosas vezes à Sagrada Escritura, são seus os parágrafos 4 e 5 que, de modo particular, apresentam os dados bíblicos referentes ao tema da alegria. Contribuir para uma mais profunda consideração dos elementos indicados pelo santo padre nestes parágrafos, alguns dos quais são retomados no decorrer do Documento, é o escopo do presente trabalho. Para explorar a riqueza da mensagem bíblica a que o santo padre se refere, colocaremos em evidência alguns dos textos por ele indicados, abrindo também para a consideração de outros textos afins, que colaboram para o significado da alegria neles expressa. Os dois momentos iniciais tratarão aspectos centrais do tema em passagens do Antigo Testamento e em sua relação com a Pessoa de Jesus Cristo: o motivo da alegria e sua relação com Deus. O terceiro momento se concentrará sobre o tema na perspectiva da recepção e comunicação da alegria por parte da comunidade cristã.

Renuncia-se aqui a um estudo técnico. Embora a presente reflexão se baseie na análise exegética das passagens bíblicas, sublinha fundamentalmente os elementos de sua mensagem em vista do tema da Exortação Apostólica.

A ALEGRIA DO POVO:
ALEGRIA POR UM EVENTO, POR UMA PRESENÇA

Alguns estudiosos da Escritura põem em evidência que o tema da alegria é próprio da fé judaica e cristã e as distingue das outras perspectivas religiosas dos tempos bíblicos (Spicq, 1996: 498-499). Parte significativa da literatura hoje conhecida das culturas do antigo oriente próximo em tempos bíblicos é, de fato, marcada pelo pessimismo, pela desilusão ou mesmo pela angústia existencial e religiosa.

[1]No Antigo Testamento, ao contrário, embora se possa encontrar uma obra como o livro do Qohélet, único no teor de seus questionamentos e das soluções apresentadas, o tom dominante é muito diverso. Mesmo que sejam descritas as vicissitudes históricas do povo de Israel, tantas vezes marcadas por elementos negativos, a alegria é um dos temas fortes que permeiam escritos de variada índole. Chama a atenção, de início, o número de verbos e nomes que pertencem a este campo semântico: conta-se ao todo com 13 verbos e 27 nomes (Garofalo, 1994: 646). Muitas vezes é referida a alegria pelos eventos humanos, como uma colheita abundante, a vitória numa batalha, a coroação de um novo rei, a vida familiar (cf. Sl 4,8; 126,5-6; 1Sm 18,6; 1Rs 1,40; Dt 12,7). Mas são especialmente ricos de sentidos os textos que mencionam a alegria do indivíduo ou da comunidade em relação a Deus, a seus feitos salvíficos e à sua própria presença.

Também no Novo Testamento o tema da alegria é recorrente. São três as raízes utilizadas, que contemplam seja o contentamento interior, seja a manifestação exterior do júbilo (Garofalo, 1994: 647). Se Lucas é tido como aquele que mais colocou em evidência a alegria, também em outras tradições neotestamentárias ela ocupa um lugar significati-

---

[1] Destaca-se aqui, à guisa de exemplo, na Suméria, o escrito *O indivíduo e o seu deus pessoal;* no Egito antigo, a obra de índole sapiencial *Diálogo do desesperado com sua alma;* no antigo reino babilônico, o *Poema do justo sofredor* e o *Diálogo de um sofredor com o seu amigo* (cf. Pritchard, 1992: 589-591. 405-407. 596-600. 601-604).

vo.[2] O Novo Testamento começa com um alegre anúncio. O "alegra-te" que o anjo dirige a Maria é motivado pela presença do Senhor nela ("o Senhor está contigo": Lc 1,28), que retoma o "Emanuel", Deus conosco, garantia da presença de Deus para Israel (cf. Is 7,14). É a alegria que está ligada ao anúncio da escolha da Mãe do Messias e à concepção de Jesus (cf. Lc 1,31). O nascimento de Jesus será, nesta linha, qualificado como "grande alegria" (cf. Lc 2,10).[3] Lucas pode aqui estar, implicitamente, contrapondo a palavra do anjo ao nascimento de imperadores romanos, que também recebem o título de "salvador" (cf. Lc 2,11) e dos quais se espera uma época de progresso e paz. No entanto, o cenário veterotestamentário pode também estar no cenário de fundo (Fitzmyer, 1981: 204) e, pela radicação da mensagem evangélica, em grande parte, na terminologia judaica bíblica, é possível que ofereça a referência mais significativa (cf. Jz 3,9.15; 1Sm 10,19; Is 45,15.21). O nascimento de Jesus, a "grande alegria" para Israel, é apresentado, dessa maneira, como realização de uma expectativa que se enraíza na mais pura fé judaica.[4]

A ideia da alegria ligada a um nascimento, em Lc 2,10, remete particularmente aos primeiros versículos de Is 9. O profeta anuncia a mudança de um tempo de dificuldades, de violência, guerra e subjugação por estrangeiros, para um novo tempo, marcado pela alegria (v. 2) e pela paz (v. 6). O povo de Israel (Judá) se alegrará com uma imensa alegria (reafirmada quatro vezes no v. 2). São indicados três motivos para tanto. Os dois primeiros (v. 3-4) indicam o que será eliminado: os instrumentos de opressão e de guerra. O terceiro (v. 5), que por vir em último lugar ganha relevo, fala do que será realizado positivamente: o nascimento de um menino. O último agente destes acontecimentos é indicado ao final: o amor fiel e zeloso de Deus (v. 6). Este "menino" será rei da casa de Davi (v. 5-6). Ele recebe o poder e quatro títulos de realeza (Simian-Yofre, 1996: 228). Seu "nascimento", portanto, não é simplesmente sua vinda ao mundo, mas o momento em que ele é entronizado (cf. Sl 2,7) e recebe os títulos reais e pode assegurar a paz em seus domínios.

Embora sejam acentuados os motivos de índole política, Is 9 não deixa de introduzir uma motivação de outro nível. De fato, o povo deve alegrar-se "na presença de Deus" (cf. v. 2). Este detalhe indica que a

---

[2]   Cf. dentre tantas passagens, Mc 4,16; Mt 2,10; 25,21.23; Jo 3,29; 16,20-22; Gl 5,22; Fl 1,25; 3,1; 4,4; Tg 1,2; 1Pd 1,2.8; 4,13.

[3]   Citado em *EG* 23.

[4]   Cf., em Lc 2,26, a esperança do justo Simeão.

alegria por tudo o que de positivo acontece só tem sentido porque implica o reconhecimento de que Deus se faz atuante e vivo para seu povo, de que Deus "é" para seu povo (cf. Ex 3,14), enfim, de que existe uma comunhão entre Deus e Israel.

Em síntese, Is 9 radica a alegria na ação de Deus na história, através da qual as trevas são transformadas em luz (cf. Is 8,23; 9,1). Esta alegria, fruto do agir salvífico divino, implica o fim de toda situação negativa (Gerleman, 1985: 1164) e a doação de um rei justo e sábio, lugar-tenente de Deus, instrumento pelo qual a ação do Senhor atinge a humanidade. Ao mesmo tempo, é alegria que ultrapassa o dom recebido e aponta para o fato de que, nesse agir, Deus se mostra presente para o povo, *com* o seu povo.

O documento pontifício põe em relevo a ligação entre a alegria e o agir divino ao afirmar que a alegria está vinculada à salvação. É propriamente a "alegria da salvação" (*EG* 4) que provém da salvação e que é, de certa forma, o modo concreto da salvação se realizar. Este aspecto é expressivamente apresentado no texto de Is 12, também citado pelo sumo pontífice no número 4.

O texto de Is 12,1-6 dá continuidade aos prenúncios da era salvífica que são mencionados no capítulo anterior (cf. Is 11,10-16). Promete para o futuro ("naquele dia": 12,1.4) a superação do tempo da punição e a instauração da situação salvífica, o que levará ao canto de louvor e à ação de graças (vv. 1b-2.4b-6a). Um clima de júbilo e regozijo permeia todo o hino e chega ao primeiro ponto alto no v. 3, conclusão de sua primeira parte. Ocorre aí uma imagem única no Antigo Testamento: "tirar água das fontes da salvação". É possível que esteja implícito um contexto litúrgico (Wildberger, 1980: 482), se é considerado o texto de 1Sm 7,6, que menciona, no decurso de um dia penitencial, o gesto de tirar água de uma fonte e derramá-la "diante do Senhor". Nosso texto supõe, porém, mais do que um gesto penitencial. Já textos bíblicos se referem a uma fonte no templo ou em Jerusalém que traz nova vida (cf. Ez 47,1-12; Jl 4,18; Zc 14,8). Outras passagens falam do próprio Deus como "fonte da água viva" (cf. Jr 2,13; 17,13) ou "fonte da vida" (Sl 36,10; cf. ainda 110,7 e Pr 14,27). Considerado este cenário, as "fontes de salvação" podem ser identificadas com Deus. Ele prodigaliza vida abundante, é "força e canto" para o povo, é sua salvação (v. 2). Com isso, é ele o motivo por excelência da alegria de Israel: "com alegria tirareis água das fontes de salvação" (v. 3). Em outras palavras, a alegria não provém somente de favores que o povo recebe pela intervenção de Deus (v. 4-5), que, dentro do contexto imediato, refere-se à libertação de estrangeiros (cf. Is 11,13), ao retorno dos exilados (cf. Is 11,11-12) e ao domínio sobre as nações (cf. Is 11,14). Mas provém da presença e comunhão de Israel com Deus: "grande é o Santo de Israel no meio de ti" (v. 6).

É nesse sentido que se pode afirmar ser Deus o motivo da alegria do fiel: "o justo se alegra *no* Senhor" (Sl 33,21; cf. 64,11; Is 61,10; Sl 63,12; 97,8). O justo se alegra porque a palavra do Senhor é fiel, porque Deus cumpre suas promessas e realiza o direito e a justiça (cf. Sl 33,4-5). O fiel pode, assim, ter nele plena confiança (cf. Sl33,18.22). A fidelidade e retidão do agir divino, seu poder que salva, é motivo de esperança e, por isso, de alegria (cf. Sl 33,21) (Ravasi, 1993: 607).

O Novo Testamento transferirá muitas vezes este esquema para a relação entre a comunidade cristã e Jesus Cristo, particularmente a partir da perspectiva pascal. Jo 16,20-24 apresenta uma parábola que acentua a transformação da tristeza em alegria. A tristeza é devida, sobretudo, ao sofrimento pela morte de Jesus e sua ausência na vida cotidiana dos discípulos, mas abarca também as tribulações vividas pelos cristãos (cf. v. 33) (Brown, 1970: 733). A alegria retorna com a presença de Jesus glorificado, não com a eliminação das tribulações, mas pela manifestação da glória do Ressuscitado: "os discípulos se alegraram ao verem o Senhor" (Jo 20,20).

A alegria trazida pelo Ressuscitado é permanente e vence todos os obstáculos. Mesmo em meio a tribulações, a certeza da presença do Ressuscitado, a comunhão com ele, é garantia de alegria, de vitória sobre a tristeza. A Páscoa inicia o tempo da alegria plena, que não será ultrapassada. O discípulo deve ser o justo que se alegra no Senhor, aquele que acolhe Jesus em seu caminho de cruz que conduz à glória. A fidelidade da palavra de Jesus, o abandono confiante a ele é motivo de alegria.

Nesse sentido, a alegria cristã encontra-se ligada à fé, é "alegria da fé" (*EG* 8; cf. n. 6). Supõe a fé e é segurança mesmo em meio a sofrimentos e angústias.

A ALEGRIA DE DEUS: ALEGRIA PELO POVO

A Escritura, contudo, não menciona somente a alegria que o povo de Israel ou o povo cristão pode vivenciar a partir da ação e da presença de Deus. Alguns textos, embora menos numerosos, invertem a perspectiva e mostram o próprio Senhor que se alegra. Deus se alegra com a sua criação (cf. Sl 104,31), com o bem de seu povo (cf. Dt 30,9), com os fiéis (cf. Sl 147,11).

Uma passagem particularmente significativa é Sf 3,17. O santo padre a ela se refere como "o convite talvez mais tocante... que nos mostra o próprio Deus como um centro irradiante de festa e de alegria, que quer comunicar ao seu povo este júbilo salvífico" (*EG* 4). Sf 3,17 localiza-se no contexto iniciado com o v. 14, que, com quatro imperativos de diferentes verbos que expressam alegria (rejubila, grita de alegria, alegra-te, exulta), evidencia a grande intensidade de sentimento a que o povo é chamado. O versículo seguinte apresenta, primeiramente, dois motivos para o júbilo do povo: o Senhor revogou o juízo merecido e eliminou o inimigo. Estes dois motivos estão interligados na medida em que o afastamento do tempo do juízo implica a superação de qualquer ameaça, interna ou externa a Judá. Em terceiro lugar, e como ponto culminante, é apresentada a pessoa de Deus e seus predicados: por ser rei, ele protege o povo, garante o direito e luta em seu favor; por estar no meio do povo, confere a ele total segurança. Como consequência, Israel não mais precisará temer, não só nenhum mal (v. 15), mas não precisará simplesmente temer (qualquer ameaça), pois não mais deixará de ser forte e ter poder (v. 16). A presença de Deus garante tranquilidade, segurança, paz. O oráculo continua reiterando, de um lado, a presença de Deus em Israel, que sublinha o perdão concedido e o novo começo que terá lugar e, de outro, a sua ação e proteção em favor de seu povo ("um herói", ele salva) (Ávila, 2008: 62-84).

O anúncio chega ao seu clímax ao afirmar a alegria de Deus. A salvação do povo, que Deus realiza, é para o próprio Deus motivo de grande júbilo. O texto é enfático: Deus se rejubila de alegria e se regozija e exulta (quatro raízes diversas do campo semântico da alegria). A alegria de Deus, segundo o texto, encontra-se estreitamente ligada ao seu amor (v. 17) (Ávila, 2008: 85-89).

Esta compreensão é corroborada por duas outras passagens. Em Jr 32,11 Deus tem alegria por prodigalizar a salvação a Israel. Is 62,5 compara a alegria que Deus tem por seu povo com a de um noivo por sua noiva. Dessa forma, não só Deus é motivo de alegria para Israel, por sua ação e sua presença, mas ele mesmo se alegra com a obra que seu amor realiza em favor do povo, com os frutos que seu agir faz surgir. É nesse sentido que a Exortação Apostólica pode afirmar que a origem mais profunda da alegria encontra-se no amor de Deus e que nossa alegria, portanto, vem de Deus:

> (...) estas alegrias bebem na fonte do amor maior, que é o de Deus, a nós manifestado em Jesus Cristo (*EG* 7).

A nossa alegria cristã brota da fonte do seu coração transbordante (*EG* 5).

A consideração da alegria divina atestada no Antigo Testamento pode conduzir à melhor compreensão da alegria de Jesus no Novo Testamento: a "minha alegria" (Jo 15,11; 17,13) (cf. *EG* 7). O pronome possessivo ("minha") faz desta alegria algo próprio de Jesus. Para aproximarmo-nos desta alegria própria de Jesus, que ele distingue da nossa ("vossa alegria": Jo 15,11) e que, contudo, ele nos promete dar, três perspectivas podem ser consideradas.

De um lado, o texto de Lc 10,21 (cf. *EG* 5) abre um cenário significativo. Traz uma passagem, em parte paralela a Mt 11,25-27, que, pela temática e vocabulário, é muito próxima à teologia joanina. O texto é aproximado, sobretudo, a Jo 10,15 e 17,2, mas possui ressonâncias também em relação a outros textos joaninos[5] (Fitzmyer, 1985: 866-869). O contexto é o do retorno dos discípulos, que tinham sido enviados por Jesus à sua frente (cf. Lc 10,1.17). Os discípulos voltam cheios de alegria com o resultado obtido (cf. v. 17). Ao relato do êxito da missão, Jesus "exultou de alegria sob a ação do Espírito Santo" e em seguida louvou o Pai. A alegria de Jesus é motivada pelo anúncio do Evangelho que, pela ação de seus discípulos, atinge as pessoas e dá frutos. É alegria porque os pequeninos (cf. vv. 21-22) recebem a revelação do Pai (cf. *EG* 21). E é alegria "em Deus", pela ação do Espírito.

De outro lado, a alegria de Jesus pode ser considerada a partir da teologia própria ao Evangelho de João. Conforme o quarto Evangelho, duas vertentes se apresentam. Primeiramente, na perspectiva da missão. Em Jo 4,34-36, a alegria de Jesus é motivada pela obra do Pai que ele vê realizar-se nos discípulos que chegam à fé. Ele, o ceifeiro, alegra-se juntamente com o Pai, o semeador (Schnackenburg, 1980a: 519). Em Jo 11,15, Jesus se alegra por não ter estado junto a Lázaro porque isto será ocasião para a fé dos discípulos. Também aqui, é a alegria ligada à fé (cf. Jo 20,31) e, pela fé, à vida eterna.

Em segundo lugar, na perspectiva própria de Jesus, sua alegria está estreitamente ligada à glorificação que ele recebe do Pai. Ela supõe a cruz, a ressurreição e o retorno para o seio do Pai. É alegria não diretamente pelo avanço do Evangelho, mas pela glória que ele, agora, como ressuscitado, possui junto com o Pai (cf. Jo 17,1). Ao mesmo tempo, é alegria que ele quer participar aos discípulos ainda peregrinantes nesta história, na tensão escatológica entre o agora e a plenificação defini-

---

[5]   Cf. Jo 3,35; 6,65; 7,29; 13,3; 14,7.9-11; 17,25.

tiva: "que a minha alegria esteja em vós e a vossa alegria seja plena" (Jo 15,11); "que eles tenham em si a minha plena alegria" (Jo 17,13) (Schnackenburg, 1980c: 228). Este último texto põe em relevo, de um lado, que a alegria que Jesus comunica aos discípulos pode conviver com tribulações (cf. v. 11); de outro, evidencia que a escatologia já os atinge no aqui e agora, na medida em que é a alegria do Cristo glorificado que é comunicada aos discípulos. Esta alegria escatológica os capacitará a enfrentar as tribulações.

Em terceiro lugar, consideremos o cenário veterotestamentário. De uma parte, se em Jesus se cumpre plenamente o que é dito no Antigo Testamento, pode-se então reler no próprio os textos que referem a alegria do justo no Senhor, de Deus (no Novo Testamento, o Pai) como fonte última da alegria de Jesus – o que, de resto, transparece no texto de Lc 10,21, tanto pela referência ao Espírito Santo como pela oração que Jesus, em seu júbilo, dirige imediatamente ao Pai. De outra parte, pode-se reler também o texto de Sf 3,17, que tematiza a alegria de Deus por seu povo. Sem haver uma concordância terminológica exata, contudo, pela temática, estes textos podem auxiliar a compreensão da alegria de Jesus, particularmente nos textos joaninos e lucano, citados anteriormente.

A ALEGRIA QUE SE COMUNICA

Sua própria alegria, Jesus a comunica a seus discípulos (cf. Jo 15,11). Sendo "sua", por esse mesmo motivo, só ele a pode conceder. No contexto da alegoria da videira e dos ramos (cf. Jo 15,1-8), e considerando ainda a relação entre Jesus e o Pai (cf. Jo 17,13), Jo 15,11 liga esta alegria de Jesus, que ele oferece aos discípulos, à comunhão entre ele e seus fiéis. A alegria dos discípulos está na comunhão com Jesus (Schnackenburg, 1980d: 106). Ou, na perspectiva lucana, se a alegria de Jesus tem sua origem na comunhão trinitária (cf. Lc 10,21), a alegria do discípulo é participação na alegria da mesma Trindade. O Pai é revelado aos pequeninos e isto é motivo de louvor para Jesus; os pequeninos conhecem o Pai através de Jesus, pois só ele o conhece e só ele o pode dar a conhecer (cf. Lc 10,22). Como "conhecer" é mais do que um saber cognitivo, é comunhão de vida e de amor (cf. Os 4,1; 6,6; Is 53,11) (Schnackenburg, 1980b: 371), manifesta-se, na dinâmica deste texto de Lucas, uma circularidade: a ação salvífica produz alegria nos discípulos (cf. Lc 10,17), que, comunicando os bons frutos da missão, dão motivo de alegria a Jesus (cf. Lc 10,21), que se regozija em Deus ("sob a ação do Espírito Santo"), expressando esta alegria no louvor que retorna ao Pai. O Pai é a fonte da alegria e é ponto de chegada da alegria. Ele foi revelado através da ação evangelizadora dos discípulos.

A comunidade cristã vivenciará esta mesma dinâmica. O prólogo da Primeira Carta de João manifesta o movimento da tradição cristã que, originado na revelação do Filho (cf. 1Jo 1,1), é testemunhado e anunciado pelos discípulos (cf. v. 2) em vista de alargar a comunhão eclesial, que é não só vivida entre os membros da comunidade, mas tem seu fundamento na comunhão com Deus (cf. v. 3). Através deste anúncio e testemunho, a alegria dos discípulos chega a sua plena realização (Schnackenburg, 1980d: 106). É alegria primeiramente da própria comunidade que evangeliza. Sua missão, pelo acolhimento da Vida Eterna por parte dos ouvintes e a consequente comunhão eclesial (cf. 1Jo 1,2), é motivo de alegria "plena" para os discípulos. A alegria que já existe na comunidade cristã, pela comunhão com Deus, se plenifica com o acolhimento de novos irmãos, que participam também da comunhão divina. A missão é fonte de alegria para a comunidade cristã: "A alegria do Evangelho (...) é uma alegria missionária" (*EG* 21). "A alegria do Evangelho (...) enche a vida da comunidade dos discípulos" (*EG* 21).

Espelha-se aqui, de outro ângulo, a circularidade do texto de Lc 10,21: a fonte é Deus e a meta é Deus.

O mesmo texto de 1Jo 1,1-4 ilustra um outro aspecto sublinhado pela Exortação Apostólica. O santo padre chama a atenção para o fato de que o componente essencial da missão evangelizadora é a memória (cf. *EG* 13). Esta memória, afirma o Papa, é vivida na Eucaristia, no encontro dos discípulos com Jesus, mas também na transmissão da palavra de Deus. É este último aspecto da memória que está em evidência no prólogo da epístola joanina. Na missão, é transmitida a alegria do Evangelho e cresce a alegria não só nos destinatários mas nos próprios evangelizadores. Esta alegria do evangelizador é ilustrada por um pequeno trecho da Terceira Carta joanina: "Não há alegria maior para mim do que saber que meus filhos vivem na verdade" (v. 4) – ou seja, estão em Jesus, em comunhão com Deus.

> Jesus deixa-nos a Eucaristia como memória quotidiana da Igreja, que nos introduz cada vez mais na Páscoa (cf. Lc 22,19). A alegria evangelizadora refulge sempre sobre o horizonte da memória agradecida (*EG* 13).

A atividade missionária é fonte de alegria para a Igreja, pois é comunicação de um alegre anúncio, é "partilhar uma alegria que indica um horizonte estupendo" (*EG* 15). E é uma alegria profunda, duradoura, que se mantém mesmo no sofrimento, pois está ligada à fé (cf. *EG* 6). Daí a necessidade de os cristãos cultivarem em si esta alegria, para que o anúncio possa estar por ela impregnado (cf. *EG* 10).

CONCLUSÃO

Apresentada ainda nos primeiros meses de seu pontificado, a Exortação Apostólica *Evangelii Gaudium* expõe, certamente, um dos pontos centrais que o santo padre vislumbra na tarefa da Igreja. A evangelização que, neste momento da história, deve estar impregnada pela alegria do Evangelho, coloca-se como projeto a ser trilhado. A alegria que é "fonte da ação evangelizadora" (*EG* 8) é aquela que, já anunciada e preparada na revelação veterotestamentária, realiza-se plenamente na própria vida, morte e glorificação de Jesus Cristo. A alegria de Deus, já presente no Antigo Testamento, é, no Novo Testamento, alegria de Jesus que se comunica aos seus, que ele concede como seu dom próprio a seus discípulos.

É, portanto, uma alegria que exige um coração aberto para Deus, o encontro sempre renovado com Jesus e, por esse mesmo fato, o coração aberto para o próximo, onde Jesus é de modo especial encontrado (cf. *EG* 2-3). Só nesta dinâmica e na vivência comunitária desta alegria evangélica ela poderá ultrapassar as fronteiras visíveis da Igreja e comunicar-se ao mundo atual.

REFERÊNCIAS BIBLIOGRÁFICAS

AVILA, E. M. C. *A imagem de Deus em Sf 3,14-17, na mensagem de juízo do livro de Sofonias* (Dissertação de Mestrado). PUC-Rio: Departamento de Teologia, 2008.

BROWN, R. E. *The Gospel According to John (XIII-XXI)*. Garden City, NY: Doubleday, 1970.

FITZMEYER, J. A. *The Gospel According to Luke I-IX*. New York: Doubleday, 1981.

_____. *The Gospel According to Luke X-XXIV*. New York: Doubleday, 1985.

FRANCISCO. *Evangelii Gaudium (EG)*. Vaticano: Editrice Vaticana, 2013.

GAROFALO, S. Gioia. In: ROSSANO, P.; RAVASI, G.; GIRLANDA, A. *Nuovo Dizionario di Teologia Biblica*. Cinisello Balsamo (Milano): San Paolo, 1994, p. 646-650.

GERLEMAN, G. šlm, Tener suficiente. In: JENNI, E.; WESTERMANN, C. *Diccionario Teologico Manual del Antiguo Testamento*, v. 2. Madrid: Cristiandad, 1985, p. 1154-1173.

PRITCHARD, J. B. *Ancient Near Eastern Texts Relating to the Old Testament* (Third Edition with Supplement). Princeton: Princeton University Press, 1992.

SCHNACKENBURG, R. (a) *El Evangelio según San Juan*, v. 1. Barcelona: Herder, 1980.

_____. (b) *El Evangelio según San Juan*, v. 2. Barcelona: Herder, 1980.

_____. (c) *El Evangelio según San Juan*, v. 3. Barcelona: Herder, 1980.

_____. (d) *Cartas de San Juan*, v. 3. Barcelona: Herder, 1980.

SIMIAN-YOFRE, H. *Testi isaiani dell'Avvento*. Bologna: Dehoniane, 1996.

SPICQ, C. cara. In: *Theological Lexicon of the New Testament*, v. 3. Peabody, Massachusetts: Hendrickson, 1996, p. 498-499.

WILDBERGER, H. *Jesaja. Kapitel 1-12*. Neukirchen-Vluyn: NeukirchenerVerlag, 1980.

FUNDAMENTOS BÍBLICOS DA *EVANGELII GAUDIUM*

Isidoro Mazzarolo

INTRODUÇÃO

O documento, nas suas páginas iniciais, provoca no leitor um alerta sobre a realidade do anúncio do Evangelho e nisto me fez vir à mente duas frases: a primeira: "Quem viu o Reino de Deus e por ele se encantou, perdeu o direito de viver descansado"![1] A segunda: "Alegrai-vos sempre no Senhor! Repito: alegrai-vos" (Fl 4,4)!

A Boa-Nova não pode ser triste e não pode estar numa pessoa frustrada! Um aspecto muito presente em toda a Exortação é o espírito subjacente a toda a teologia e pregação paulina, tipificada nesta frase: "Anunciar o Evangelho, para mim, não é um título de honra, é, antes, um imperativo que se me impõe: Ai de mim se eu não evangelizasse!" (1Cor 9,16).

Na abertura da Exortação Apostólica encontramos muitas páginas densas de motivações bíblicas sobre a alegria, a coragem e a esperança. Não são meras, nem aleatórias, as evocações referidas ao longo do texto; com certeza, foram muito bem escolhidas e colocadas como um antídoto e balizas para confrontar as ideologias individualistas e consumistas do mundo atual (*EG* 2), que geram tendências desordenadas de busca de felicidade e prazeres superficiais.

As citações do profeta Isaías (9,2; 12,6; 40,9; 49,13) mostram a necessidade de não perder a alegria em situações de sofrimento e de penúria. De modo análogo, as evocações ao profeta Zacarias que exorta o povo à alegria diante das expectativas messiânicas: "Exulta de alegria, filha de Sião! Solta gritos de júbilo, filha de Jerusalém! Eis que o teu rei vem a ti. Ele é justo e vitorioso" (Zc 9,9).

---

[1] Conheci esta frase por meio da tradição oral, sua autoria é atribuída a São Bernardo.

Ao passar para o Novo Testamento, a primeira referência é tirada da saudação do anjo a Maria: "Alegra-te, cheia de graça, pois o Senhor está contigo" (Lc 1,28). E Maria, cheia do Espírito Santo e graça, não retém para si essa alegria e vai expandir seu júbilo com Isabel (Lc 1,41). Quer Isabel, quer Maria representam as figuras menos favorecidas na sociedade da época, mas é nelas que atuam a graça e a providência divinas. Isabel e Maria representam as categorias e situações onde a graça de Deus se apresenta para fazer transbordar o amor e a misericórdia. Maria, no seu caminho de saída para o encontro com Isabel, protagoniza um caminho novo na construção da Igreja voltada para fora, para os outros e, de modo muito particular, para os menos favorecidos.

No contexto bíblico da vida e missão de Jesus, quando se aproximavam os passos finais da missão e o início do caminho da paixão, ele dá aos discípulos algumas instruções sobre os acontecimentos que adviriam, ou seja, a paixão e os sofrimentos da cruz: "Digo-vos isso para que não vos escandalizeis" (Jo 16,1), mas, com essas palavras, eles começaram a se entristecer. Jesus, então, os conforta e exorta a não perder a alegria: "Vós haveis de estar tristes, mas a vossa tristeza há de converter-se em alegria" (Jo 16,20). "Eu vos disse tais coisas para terdes paz em mim. No mundo tereis tribulações, mas tende coragem – eu venci o mundo" (Jo 16,33). Jesus falava do sofrimento e das dores da paixão, mas não deixava de acentuar a ressurreição como trunfo e como vitória sobre o mundo e sobre a morte (cf. Mc 8,31; 9,30; 10,34).

Assim, as primeiras páginas associam as perspectivas proféticas com a hermenêutica de Jesus: não deixar-se vencer pelos acontecimentos negativos do sofrimento, da contradição e do desconforto, mas acreditar no depois. Do mesmo modo que Jesus não quer que os discípulos parem na paixão, mas se atenham à ressurreição, o Papa Francisco quer que os cristãos, de modo particular os evangelizadores "instituídos", não recuem diante dos conflitos e dos sofrimentos, mas pensem nas vitórias que deverão vir depois. Por isso, outras referências bíblicas, na Exortação, referem-se à superação do medo causado pela paixão e morte: "Ao verem o ressuscitado, encheram-se de alegria" (Jo 20,20).

Os tempos proféticos eram tempos difíceis e obscuros, mas, mesmo assim, eles não deixam a tristeza abafar a alegria de viver. O Papa Francisco está assumindo esses postulados e experiências dos profetas, bem como a pedagogia de Jesus e dos primeiros cristãos para um novo jeito de viver e anunciar o Evangelho, hoje. A sua preocupação, como ele bem explicita, é diante do quadro do desencanto de muitos cristãos:

Há cristãos que parecem ter escolhido viver uma Quaresma sem Páscoa. Reconheço, porém, que a alegria não se vive da mesma maneira em todas as etapas da vida, por vezes muito duras (...). Compreendo as pessoas que se vergam à tristeza por causa das graves dificuldades que têm de suportar, mas aos poucos é preciso permitir que a alegria da fé comece a despertar, como uma secreta, mas firme confiança, mesmo no meio das piores angústias (*EG* 6) (...). A tentação apresenta-se, frequentemente, sob forma de desculpas e queixas, como se tivesse de haver inúmeras condições para ser possível a alegria (*EG* 7).

A exagerada importância atribuída ao sofrimento pode obnubilar a alegria e a serenidade e, muitas vezes, fazer esquecer o *primeiro amor*, como a Igreja de Éfeso (Ap 2,4). Todo o sofrimento deve merecer sua justa avaliação e consideração, mas por mais que alguém esteja mergulhado nele, não pode perder a esperança de encontrar a superação e a alegria.

A fundamentação bíblica para a evangelização sonhada e solicitada pelos documentos e pelo Papa Francisco poderia partir de uma máxima paulina: "Ai de mim se eu não evangelizasse!" (1Cor 9,16; cf. *EG* 9). Anunciar o Evangelho não pode ter qualquer conotação de orgulho, vaidade ou princípio de privilégio. A evangelização exige uma partilha, um sair de si para o encontro com o outro, onde ele está e nas circunstâncias em que se encontra. "A vida se alcança e amadurece à medida que é entregue para dar vida aos outros. Isto é, definitivamente, a missão" (*EG* 10). Essa expressão é uma paráfrase da exigência de Jesus feita aos que quisessem segui-lo: "Se alguém quer vir após mim, renuncie a si mesmo, tome a sua cruz cada dia e siga-me. Pois aquele que quiser salvar a sua vida vai perdê-la, mas o que perder a sua vida por causa de mim, esse a salvará" (Lc 9,23-24).

"Um anúncio *renovado* proporciona aos crentes, mesmo tíbios ou não praticantes, uma nova alegria na fé e uma fecundidade evangelizadora" (*EG* 11). O Papa Francisco insiste no otimismo, no ânimo dos evangelizadores, por isso fala do anúncio *renovado*, atualizado, contextualizado e dinâmico. Não se pode pretender persuadir ninguém com discursos arcaicos e desmotivados. Por isso, o Deus de Jesus Cristo, que o ressuscitou, torna os seus fiéis sempre novos, ainda que sejam idosos, renova as suas forças e lhe dá asas de águia que correm sem se cansar, marcham sem desfalecer (*EG* 11).

Anunciar o Evangelho renovado é crer que Jesus Cristo precisa ser colocado cada dia mais em estradas novas, métodos criativos e sinais mais eloquentes e persuasivos aos contextos atuais. A iniciativa é sempre de Deus, pois ele nos amou primeiro (1Jo 4,19). Essa perspectiva envolve também a parênese de Paulo aos Coríntios quando, por simpatia, por ideologia ou por oposição, se formam grupos e partidos, uns ao lado de Cefas, outros de Apolo, outros de Paulo e outros, independentes, de Cristo (1Cor 1,10-16). Paulo afirma que o centro da fé e a pedra de sustento é Cristo e não o evangelizador. O evangelizador é um instrumento ou um administrador de tudo aquilo que pertence a Deus e Jesus Cristo (1Cor 4,1). E, no caminho da evangelização, todas as pessoas são importantes, pois todas elas contribuem de uma ou de outra forma para colocar fundamentos ou adornos na construção de um edifício sólido e bonito na própria casa: "Trago à memória a tua fé sem fingimento, que se encontrava já na tua avó Loide e na tua mãe Eunice" (2Tm 1,5).

Os três grandes âmbitos da *nova evangelização* (*EG* 14):

1. O âmbito da *pastoral ordinária* – ela deve estar sempre animada pelo fogo do Espírito a fim de incendiar os corações dos fiéis que frequentam regularmente a comunidade;

2. O âmbito das *pessoas batizadas, mas que não vivem as exigências do batismo* – essas pessoas são como a igreja de Laodiceia, isto é, pessoas indiferentes e apáticas aos sinais dos tempos (Ap 3,14-22);

3. O âmbito daqueles *que não conhecem Cristo ou sempre o recusaram* – todos têm direito ao conhecimento e anúncio do Evangelho. Os cristãos não podem excluir ninguém, por isso, todos são destinatários da Boa-Nova. E, nessa dimensão da globalização, surge a pergunta: Por que ainda tantos homens e mulheres não conheceram Jesus Cristo?

O Evangelho deve ser semeado constantemente e em todos os "terrenos". Os primeiros destinatários são os que ainda não o ouviram, mas aqueles que ouviram e estão praticando não podem argumentar que não precisam mais ouvir ou que sabem tudo. Não raro, cristãos leigos e até pessoas do clero afirmam que estudar a Escritura, fazer cursos de aprofundamento e participar de encontros de formação é para aqueles que ainda não estão totalmente convertidos, enquanto eles estão dispensados por já saberem tudo. Não faltam também aqueles que só se preocupam com pequenos grupos de amizade deixando a maioria das suas ovelhas à própria sorte.

UMA IGREJA "EM SAÍDA" (*EG* 20)

A evangelização é para fora, para o mundo, é um envio: "Irás aonde Eu te enviar" (Jr 1,7). As resistências e as tentações de ficar "em casa" são constantes, mas, uma vez assumida a vocação, quem determina o itinerário e as condições é quem convoca, portanto, Deus. "Ide e fazei discípulos todos os povos..." (Mt 28,19-20). Quem escolhe o campo a ser semeado é Deus e ao enviado cabe trabalhar e dar sua vida nele. Nenhum evangelizador está em grau de renunciar ou excluir ambientes ou pessoas. "Em qualquer casa em que entrardes, dizei primeiro: a paz esteja nesta casa" (Lc 10,5). "A Boa-Nova tem valor eterno e deve ser anunciada a todos os habitantes da Terra: a todas as nações, tribos, línguas e povos" (Ap 14,6).

A Igreja em saída é aquela que toma a iniciativa e não espera ser convocada. É a Igreja que se deixa conduzir pelo Espírito Santo, a exemplo da Antioquia, que entendeu ser necessário liberar dois missionários ao mundo pagão: "Separai para mim Barnabé e Saulo, para a obra à qual os destinei (...) e depois de terem orado, impuseram as mãos e os despediram" (At 13,12-13). É nessa missão e simbiose com o Espírito que os "evangelizadores contraem o 'cheiro da ovelha'" (*EG* 24). Trata-se, aqui, da sintonia entre pastor e rebanho (Jo 10,1-18) e Paulo aplica radicalmente essa estratégia. Podemos identificar cinco passos no seu método ou plano de evangelização:

1. *Visitar* as comunidades;
2. *Instituir* líderes em cada Igreja;
3. *Escrever* cartas a fim de manter a comunicação e o vínculo;
4. *Revisitar* a fim de consolidar a fé dos irmãos;
5. *Enviar* mensageiros: na impossibilidade de estar presente envia mensageiros como representantes autorizados para orientar.

Paulo e seus companheiros criam uma Igreja *em saída*, participativa, democrática, para fora, para o mundo, num processo de inculturação, inclusão, adaptação e transformação. Nessa dinâmica é que a Igreja responde às exigências dos tempos e lugares. Essa presença do pastor onde está o rebanho constrói o caminho da conversão que exige uma transformação permanente e uma adequação plurivalente dos mensageiros e das instituições. Eles precisam de sabedoria e força de fé para restaurar e erguer os que estão sob as forças antagônicas da ignorância, da violência, do medo, das afeições desordenadas e outros fatores psí-

Fundamentos bíblicos da Evangelii Gaudium

quicos ou sociais (*EG* 44). Os contextos adversos não podem sobrepor-se à missão ou ao medo:

> Tu cingirás os teus rins, levantar-te-ás e lhes dirás tudo o que eu te ordenar. Não tenhas medo deles para que não te faça ter medo deles. Quanto a mim, eis que te coloco, hoje, como uma cidade fortificada, como uma coluna de ferro, como uma muralha de bronze, diante de toda a terra: os reis de Judá, os seus príncipes, os seus sacerdotes e todo o povo da terra. Eles lutarão contra ti, mas nada poderão contra ti, porque eu estou contigo – para te libertar (Jr 1,17-19).

Sem medo, mas também despido do orgulho, da vaidade ou do autoritarismo. Na força da fé que vem de Deus, o dono da messe e da vocação, o evangelizador assume conscientemente as suas limitações e as de todos aqueles com quem se encontra em missão, *tornando-se fraco com os fracos, mas tudo para todos* (1Cor 9,22; cf. *EG* 45). Nesse ambiente, nasce a consciência de buscar aqueles que nada podem retribuir (Lc 14,14). A gratuidade e a generosidade de servir sem receber nada em troca constroem e solidificam a palavra e o anúncio. O amor e a solidariedade aos fracos que, por vezes, são os dependentes de ideologia, prisioneiros da sua autossuficiência e escravos do poder, deve ser um amor sem hipocrisia (Rm 12,9).

"As três tentações dos evangelizadores, hoje, se alimentam entre si": 1. *A acentuação do individualismo*; 2. *A crise de identidade*; 3. *O declínio do fervor*. Olhar para os pecados dos outros também desestimula e desencoraja a missão, por isso, mesmo reconhecendo os pecados, é mister olhar para os grandes exemplos de quem fez de sua vida uma entrega radical pelo Evangelho. Onde está o pecado, também está a graça da superação e transformação (Rm 5,20). Ninguém pode deixar-se vencer pelo mal, mas o mal deve ser vencido pelo bem (Rm 12,21).

Das três tentações apontadas pelo Papa Francisco, creio que a mais perigosa é a *crise de identidade*. Quando uma pessoa com a responsabilidade de ser evangelizadora tem a sua identidade distorcida, pode agir de vários modos: abusando do cargo e do ofício para se afirmar no poder e autoridade ou apenas buscando um lugar ao sol para viver como parasita.

A *evangelização das culturas* (*EG* 69) é um aspecto fundamental no anúncio do *kerygma*, mas ele apresenta um grande problema na realidade atual: a incompetência dos evangelizadores – carreirismo, orgulho, ostentação de riquezas e preguiça. O apóstolo Paulo foi um modelo de evangelizador inculturado e conseguiu produzir um corpo de evangelizadores muito abertos e capazes para dialogar com as diversas culturas e anunciar o "Deus Desconhecido", respeitando a religiosidade e tradições do local (At 17,23).

Os primeiros cristãos conheciam a filosofia, as ciências, as línguas e as religiões, por isso implantaram o Evangelho, primeiro nas metrópoles, em toda a extensão do Império Romano e depois no campo. Podemos dizer que o cristianismo primitivo era urbano e sabia dialogar com as diferenças.

Hoje, um dos grandes desafios são as metrópoles pluriculturais, multirraciais e étnicas. Nessa missão é mister olhar para os evangelizadores da primeira hora, eles também enfrentaram as grandes cidades, nas suas pluralidades e diversidades de estilos, crenças e formas. Para tanto, urge uma nova consciência na preparação para a missão, com nova linguagem e com novos símbolos e paradigmas (*EG* 71-73). O primeiro Concílio cristão também teve de discutir e criar paradigmas diferentes na evangelização dos judeus e dos pagãos (At 15,19-21). A Igreja não pode ser uma instituição estática e cristalizada no passado, mas um corpo dinâmico e *"aggiornado"*, aberto às culturas e povos.

Na vocação e missão de fazer "todas as nações discípulos" (Mt 28,18-20), a Igreja necessita ter a clarividência de que em Cristo todas as formas de divisão ou separação estão superadas, não havendo mais distinção de gênero e posição social ou cultural (Gl 3,28; Rm 10,12; Cl 3,11). Ser Igreja é ser povo, um povo com muitos rostos (*EG* 115) e, neste contexto, todo cristão é sempre *discípulo e missionário*. Discípulo, enquanto ser em permanente formação, crescimento e aperfeiçoamento; e missionário, enquanto evangelizador que transmite e testemunha a vocação que recebeu. Não há um evangelizador pronto, formado e instituído que só anuncia, e outros, com menos instrução, como eternos receptores que só escutam. Independente do grau de formação, todos são discípulos e todos são missionários no grau e forma em que se encontram (*EG* 120). Essa consciência ajuda a aproximar as distâncias e colocar mais humildade naqueles que podem ter a tentação de se sentirem superiores porque sabem, empiricamente, algo mais que os outros. Jesus ensina a humildade na missão e na pregação: "Eu te louvo, ó Pai, Senhor do céu e da terra, porque escondeste estas coisas aos sábios e aos inteligentes e as revelaste aos pequeninos" (Lc 10,21).

Fundamentos bíblicos da Evangelii Gaudium

A IMPORTÂNCIA DA HOMILIA

O Papa Francisco faz uma afirmação categórica:

A homilia é o ponto de comparação para avaliar a proximidade e a capacidade de encontro de um Pastor com o seu povo. De fato, sabemos que os fiéis lhe dão muita importância; e, muitas vezes, tanto eles como os próprios ministros ordenados sofrem: uns a ouvir e outros a pregar. É triste que assim seja (*EG* 135).

Mais triste quando se usa todo o espaço da homilia para fazer apologias de acusação ou defesa de acusações ou retórica no vazio. A qualidade da homilia depende, fundamentalmente, de dois fatores: 1. A escola teológica que os pregadores frequentaram; 2. A responsabilidade que os pregadores tiveram no período de formação. Quais foram ou quais são as motivações de quem se prepara para pregar? E, Paulo perguntaria, como irão pregar corretamente se não foram ensinados? O Papa faz referência a Paulo, mas Paulo insiste na necessidade da formação dos evangelizadores e pregadores (Rm 10,14-15). A pregação deve se revestir da afetividade materna, como a mãe que fala de modo sério e meigo ao filho até ele entender corretamente.

A homilia, mais do que uma comunicação da verdade, deve ser um diálogo edificador da proximidade. A pregação puramente moralista ou doutrinadora e também a pura exegese reduzem a comunicação entre os corações (*EG* 142). Ela deveria ter um caráter quase sacramental: "A fé surge da pregação e a pregação surge pela palavra de Cristo (Rm 10,17). Do pregador, primeiro é exigida a escuta da Palavra inspirada: "Fala, Senhor, que o teu servo escuta" (1Sm 3,9) e depois, no momento do anúncio, ter a certeza de que está agradando a Deus e não aos ouvidos dos homens (1Ts 2,4). Só a palavra meditada, contemplada e "ingerida" se torna viva e eficaz, que penetra no íntimo do ser, atinge todas as articulações, sentimentos e intenções do coração (Hb 4,12; cf. *EG* 150).

"A pregação inculturada consiste em transmitir a síntese da mensagem evangélica e não ideais ou valores soltos" (*EG* 143). Por isso, o Papa Francisco insiste: "A preparação da pregação é uma tarefa tão importante que convém dedicar-lhe um tempo longo de estudo, oração, reflexão e criatividade pastoral" (*EG* 145). E nesse caminho, a preparação para a homilia se torna uma grave responsabilidade dos ministros da pregação. A homilia deve revelar intimidade com a Palavra a qual possui duas dimensões: o conhecimento linguístico e exegético; e a aproximação do coração dócil e orante (*EG* 149). Podemos ilustrar essa insistente parênese do Papa com uma máxima bíblica: "Quem prega deve devorar a Palavra ou o Livro" (Ex 3,3; Ap 10,10). Nos lábios é sempre doce, mas no estômago é sempre amargo porque quem anuncia nem sempre agrada aos homens, mas a Deus e, muitas vezes, acarreta sofrimentos (1Ts 2,4). Nessa perspectiva, o pregador deve se colocar como receptor da mensagem anunciada, pois ele também é destinatário da mesma mensagem a fim de que não se aplique a crítica de Jesus aos "pretensiosos mestres, muito exigentes com os outros que ensinavam a Palavra de Deus, mas não se deixavam iluminar por ela: 'Atam fardos pesados e insuportáveis e colocam-nos aos ombros dos outros, mas eles não põem nem um dedo para os deslocar'" (Mt 23,4; cf. *EG* 150). Se a Palavra não penetra nas entranhas de quem anuncia, com certeza também não produzirá efeito nos ouvintes.

Uma advertência do Papa Francisco: "Há palavras próprias da teologia ou da catequese, cujo significado não é compreensível para a maioria dos cristãos" (*EG* 158).

Aí está a crítica aos que fazem da sua linguagem um caminho do paradoxo da evangelização: comunicação que não comunica e não edifica! A linguagem deve atender à realidade do público para não ser um "falar ao vento". Pregadores que usam a linguagem que aprenderam nas faculdades e que o povo não entende, e usam essa linguagem para manifestar que sabem ou para camuflar suas limitações. É preciso adaptar-se à linguagem dos ouvintes e, para tanto, é mister escutar muito para que haja um retorno na aprendizagem da comunicação. Por outro lado, essa escuta gera uma proximidade maior que permite ao pregador usar uma linguagem positiva que significa falar, não daquilo que se "deve fazer, mas daquilo que podemos fazer melhor" (*EG* 159).

"Não é só a homilia que se deve alimentar da palavra de Deus, mas toda a evangelização está fundada sobre esta Palavra escutada, meditada, vivida, celebrada e testemunhada. A Sagrada Escritura é fonte da evangelização. Por isso, *é preciso formar-se continuamente na escuta da Palavra*. A Igreja não evangeliza, se não se deixa continuamente evangelizar" (*EG* 174). "O estudo da Sagrada Escritura deve ser uma porta aberta para todos os crentes" (*EG* 175). Dessa forma, é mister que "todas as dioceses, paróquias e grupos católicos promovam um estudo sério e perseverante da Bíblia e promovam igualmente sua leitura orante, pessoal e comunitária" (*EG* 175).

Diante dessas exigências do Papa Francisco, cabem algumas perguntas práticas:

- Qual é a consciência do clero sobre o seu grau de formação e conhecimento da Palavra? Como as escolas ensinam exegese bíblica?
- Qual a consciência do clero para investimentos na formação de leigos?

Fundamentos bíblicos da Evangelii Gaudium

- Qual é o percentual de investimentos das receitas paroquiais para financiar a formação de leigos?

A DIMENSÃO SOCIOLÓGICA DA ESCRITURA

Na dimensão sociológica da evangelização, o Papa Francisco insiste em três grandes linhas bíblicas: *a justiça, a misericórdia e o perdão*. O Evangelho deve inserir-se no mundo, o outro é a imagem e semelhança de Jesus Cristo: "tudo o que fizeste a um desses pequeninos, foi a mim que o fizeste" (Mt 25,40). "Sede misericordiosos como vosso Pai é misericordioso (...) com a medida que medirdes, sereis medidos" (Lc 6,36-38). "Se a vossa justiça não superar a dos escribas e fariseus, não entrareis no reino dos céus" (Mt 5,20).

Assim como toda a pregação é feita no mundo e para o mundo, a dimensão da Igreja está, inalienavelmente, voltada para o social (*EG* 180-185). E, na perspectiva sociológica, a vocação cristã tem como prioridade os pobres (Ex 3,7-8.10; cf. *EG* 187). O documento recorre à exortação da carta de Tiago: "Olhai que o salário que não pagastes aos trabalhadores que ceifaram os vossos campos está clamando; e os clamores dos ceifeiros chegaram aos ouvidos do Senhor do universo" (Tg 5,4).

Os cuidados devem ser sempre muito acurados a fim de não correr em vão (Gl 2,2). Quando se perde o horizonte do Evangelho, pode-se estar correndo fora da raia. Sem a solidariedade e sem a compaixão, nos tornamos duros de coração e mente (*EG* 196).

O LUGAR DOS POBRES NO POVO DE DEUS

Jesus, depois de fazer a leitura do profeta Isaías (Is 61,1-2), interpretou e aplicou para si a própria profecia: "O Espírito do Senhor está sobre mim, pois me ungiu para anunciar a Boa-Nova aos pobres" (Lc 4,18). E na bem-aventurança de Lucas aparecem eles de modo explícito: "Bem aventurados sois vós, os pobres, porque vosso é o Reino de Deus" (Lc 6,20). Nessa dimensão, faz-se mister identificar os múltiplos tipos e formas de pobreza: a pobreza econômica, afetiva, espiritual... Diante de categorias muito sofridas, especialmente das pessoas vítimas do tráfico humano (*EG* 211), das mulheres marginalizadas (*EG* 212), dos nascituros e as tendências ao aborto e outras classes de criaturas cuja dignidade está sendo negada (*EG* 213-215), o Papa Francisco refaz a pergunta de Deus a Caim: "Onde está o teu irmão"? (Gn 4,9). Nesse contexto emerge outro imperativo cristão: envolver-se nas questões sociopolíticas dos povos.

O EVANGELHO E A PAZ COMO UM BEM COMUM

A paz não pode ser entendida como mera ausência da violência, e quando os valores são afetados faz-se necessária a voz profética que brade com vigor (*EG* 218). A paz é a presença do Cristo vivificado e ressuscitado que "pacificou o mundo no sangue de sua cruz" (Cl 1,20). Jesus Cristo é a medida da paz: "Deixo-vos a paz, a minha paz vos dou e não a dou como o mundo a dá! Não se perturbe o vosso coração!" (Jo 14,27). Essa paz é fruto da justiça e da solidariedade cristã. A Igreja tem a missão de dialogar com as culturas, com as ciências e com os povos na missão da paz verdadeira (*EG* 245-247).

EVANGELIZADORES COM ESPÍRITO

A posse do Espírito Santo é uma condição inerente à verdadeira espiritualidade. Os primeiros cristãos, transformados e iluminados em Pentecostes (At 2,1-12), transmitiam aquilo que eles próprios tinham experimentado. As palavras traduziam sentimentos, conhecimentos e vivências profundas da comunhão com Jesus Cristo ressuscitado: "O que vimos, ouvimos e nossas mãos tocaram, isso vos anunciamos" (1Jo 1,3).

É nessa busca da paz que o Cristo vivo deve ser anunciado a exemplo do apóstolo Paulo aos filósofos estoicos e epicureus no areópago de Atenas: "Esse Deus desconhecido, que vós adorais sem conhecer, esse venho eu vos anunciar" (At 17,23).

IMPRESSÕES PESSOAIS SOBRE O DOCUMENTO

1. O evangelizador não tem o direito de perder a alegria – as dificuldades são inerentes à missão e não podem sobrepor-se às características e forças de quem anuncia o Evangelho (2Cor 11,12-33). "As raposas têm tocas e as aves do céu ninhos, mas o Filho do Homem não tem

Fundamentos bíblicos da Evangelii Gaudium

onde reclinar a cabeça" (Lc 9,58). "Se alguém quer vir atrás de mim, renuncie-se a si mesmo, tome a sua cruz cada dia e siga-me" (Lc 9,23). "Coragem, eu venci o mundo" (Jo 16,33);

2. O evangelizador é um administrador do Evangelho e não o proprietário, por isso não pode haver confusão entre o que ele anuncia e sua pessoa (cf. 1Cor 1,10-16);

3. Deus é o dono da messe e Ele escolhe e envia mensageiros: "(...) foi a ti que Yahweh teu Deus escolheu para que pertenças a ele como seu povo (...)" (Dt 7,6); "Não fostes vós que me escolhestes, mas eu que vos escolhi e vos designei para irdes e produzirdes fruto e o vosso fruto permaneça (...)" (Jo 15,16);

4. Cristo é o conteúdo da missão e não pode haver distorções ou desvios. Ele é que deve ser anunciado de forma clara, inconfundível, pois não há dois Cristos e não há dois Evangelhos (Gl 1,6-10). Assim, não basta anunciar a primeira parte que é a paixão, mas, acima de tudo, a ressurreição (1Cor 15);

5. Não cabe aos evangelizadores escolher o lugar e a forma da missão, mas devem obedecer ao Espírito Santo e deixar-se por ele conduzir (cf. At 20,22);

6. Os evangelizadores são arautos das Boas-Novas e, para tal, devem ter boa e adequada formação científica, equilíbrio afetivo e maturidade antropológica. Não podem ser indivíduos frustrados, imaturos, magoados ou deprimidos;

7. Uma das principais qualidades de que necessitam os evangelizadores é a compaixão com os fracos, com os que têm medo, com os ignorantes e com os que estão sob o prisma da violência ou opressão psíquica (Rm 14,1-23);

8. Os evangelizadores necessitam de grande espiritualidade, ser pessoas de oração profunda e constante (cf. Rm 12,3-21);

9. Os evangelizadores estão comissionados a serem portadores da novidade, do interessante e do persuasivo;

10. Os evangelizadores precisam ser possuidores da paz, da serenidade de espírito, da tranquilidade da consciência e anunciadores de Jesus Cristo, vivo;

11. Os evangelizadores não podem ter a cabeça e o pescoço voltados para cima, para o cargo e o poder (carreirismo), mas voltados para baixo, onde está o seu rebanho, isto é, missionários, evangelizadores e pastores.

OS POBRES COMO "CRITÉRIO-CHAVE DE AUTENTICIDADE" ECLESIAL (*EG* 195)

Waldecir Gonzaga

INTRODUÇÃO

Ao lermos a *Evangelii Gaudium,* nos impressiona a simplicidade e o carinho do Papa Francisco ao tratar do tema da Evangelização a partir da alegria de servir a Deus e aos irmãos em geral, mas, privilegiando "sobretudo os pobres e os doentes" (*EG* 48), como "critério-chave de autenticidade" de pertença à Igreja de Cristo (*EG* 195); pedido este que foi feito a Paulo e aos demais irmãos da Igreja da gentilidade, por parte de Pedro e aos demais irmãos da Igreja Mãe de Jerusalém (Gl 1–10). Este carinho para com os pobres o Papa Francisco demonstrou vivencial e concretamente quando esteve no Brasil, por ocasião da JMJ Rio 2013, e alargou seu programa fazendo questão de visitar várias realidades mais pobres de nosso Rio de Janeiro, bem como deu testemunho de simplicidade, desapego, humildade e pobreza entre todos, além de nos deixar seus discursos, que são verdadeiras catequeses.[1]

O parágrafo 195 da *EG* está inserido na subdivisão que trata justamente da *Fidelidade ao Evangelho, para não correr em vão* (*EG* 193-196), na qual o Papa Francisco, ao tratar do "imperativo de ouvir o clamor dos pobres" (*EG* 193) nos coloca: "para que complicar o que é tão simples?... Para que ofuscar o que é tão claro? Não nos preocupemos só com não cair em erros doutrinais, mas também com ser fiéis a este caminho luminoso de vida e sabedoria" (*EG* 194), que é o campo da fidelidade ao Evangelho, que nos pede para "ouvir o clamor dos pobres" (*EG* 193).

---

[1] Para tanto, basta conferir os vários discursos e homilias presentes em *Pronunciamentos do Papa Francisco no Brasil*. São Paulo: Paulus/Loyola, 2013.

Os pobres como "critério-chave de autenticidade" eclesial (EG 195)

A *EG* é um texto no qual o Papa Francisco procura valorizar as afirmações dos vários episcopados do Mundo,[2] citando-os pelo nome, *coisa jamais vista nesta dimensão antes*, fazendo ecoar, assim, as várias vozes dos irmãos bispos do mundo todo. Basta correr os olhos na Exortação e se constatará as alusões feitas pelo Papa Francisco: Bispos latino-americanos (*EG* 15), bispos da África (*EG* 62), bispos da Ásia (*EG* 62), bispos dos Estados Unidos da América (*EG* 64), bispos franceses (*EG* 66), bispos da Oceania (*EG* 118), novamente o CELAM com o DAp (*EG* 124), bispos do Brasil (*EG* 190), bispos das Filipinas (*EG* 125), bispos da República Democrática do Congo (*EG* 230), bispos da Índia (*EG* 250).

A *Evangelii Gaudium* abrange vários temas, mas seu assunto principal é a *evangelização*, não como cristãos que parecem ter escolhido "viver um Quaresma sem Páscoa" (*EG* 6), ou ainda, vivendo com "cara de funeral" (*EG* 10), a partir de "uma psicologia do túmulo" (*EG* 83) ou "lamurientos e mal-humorados" (*EG* 85), mas a partir da *Alegria do Evangelho* que "enche o coração e a vida inteira daqueles que se encontram com Jesus" (*EG* 1).

E como não poderia deixar de ser, as Sagradas Escrituras constituem a fonte principal das citações em todo o texto desta *EG*, que faz poucas referências aos padres da Igreja ou aos dois grandes pilares da filosofia e da teologia no cristianismo, que são Agostinho de Hipona e Tomás de Aquino, mas cita sobretudo o Concílio Vaticano II e os Papas João Paulo II, Paulo VI e Bento XVI (para tanto, basta conferir as notas de rodapé do texto da *EG*),[3] além de que a *EG* realmente tem um forte cunho pastoral-missionário-litúrgico, como que num *link* entre as três

---

[2]   Cremos que o Papa Francisco realmente esteja querendo valorizar as várias vozes dos diversos episcopados do Mundo Católico, como forma de descentralização. Ele mesmo afirma: "penso, aliás, que não se deve esperar do magistério papal uma palavra definitiva ou completa sobre todas as questões que dizem respeito à Igreja e ao mundo. Não convém que o Papa substitua os episcopados locais no discernimento de todas as problemáticas que sobressaem nos seus territórios. Neste sentido, sinto a necessidade de proceder a uma salutar 'descentralização'" (*EG* 16), naquilo que ele mesmo chama de "uma conversão do papado, seguindo a linha de João Paulo II, iniciada em 1988" (*EG* 33), bem como admitindo não ser "função do papa oferecer uma análise detalhada e completa da realidade" (*EG* 51); além de também recordar que "nem o papa nem a Igreja possui o monopólio da interpretação da realidade social ou da apresentação de soluções para os problemas contemporâneos" (*EG* 184).

[3]   Conferir, por exemplo, *Padres da Igreja*, em *EG* 193; *Irineu*, *EG* 11; *Ambrósio* e *Cirilo* de Alexandria, *EG* 47, nota de rodapé 51; *João Crisóstomo*, *EG* 57; *Agostinho* de Hipona (cf. *EG* 43, 167, 193) e *Tomás* de Aquino (cf. *EG* 37, 40, 43, 117, 124, 171, 199, 242). Para as demais citações indicamos correr os olhos por todo o texto da *EG*, inclusive em suas notas de rodapé.

áreas, fora da *Bíblia* e *carregadas* da *Palavra de Deus*, e que valeria a pena explorar. Agora, chama-nos a atenção o fato de que existe uma diferença muito grande entre o uso dos textos da Bíblia: os veterotestamentários e os neotestamentários, com um peso muito maior do NT neste documento do Papa Francisco.

Vários autores deverão tratar da temática da *Perspectiva Bíblica* da *Evangelii Gaudium*. Nossa opção e delimitação de campo vão na direção de se constatar o uso dos textos bíblicos nesta Exortação, tanto do AT como do NT, quantitativamente falando, e o enfoque que é dado, num dos livros do conjunto do *Corpus Paulinum*, no que diz respeito ao texto de Gl 2,2.10, que o Papa Francisco cita na *EG* 195, para afirmar que o "critério-chave" que indicaram a Paulo para ver se ele "estava ou não correndo em vão" (Gl 2,2) foi justamente que ele "não se esquecesse dos pobres" (Gl 2,10). Aqui vale a pena lembrar a revelação que nos fez o Papa, após sua eleição, acerca da escolha do nome Francisco para si, pensando em São Francisco de Assis, dizendo que ao seu lado estava o seu amigo brasileiro, Cardeal Cláudio Hummes, que, vendo o andamento dos votos, lhe disse: "não te esqueças dos pobres". A partir disso é que o então, na época, cardeal Bergoglio pensou: "pobres" – "Francisco", e escolheu o nome *Francisco* para si como *papa*, pensando em ambas as realidades (Vidal-Bastante, 2013: 17-18).

Por fim, visto o valor deste texto bíblico, queremos fazer um exame exegético dele e indicar seus aspectos teológicos-bíblicos-pastorais, na esperança de poder colaborar nesta direção do discernimento daquele critério ("não esquecer-se dos pobres": Gl 2,10) que a *Igreja Primitiva* indicou a Paulo para manter-se na autêntica comunhão ("não correr em vão": Gl 2,2), e que o Papa Francisco chama de "critério-chave de autenticidade" para saber se estamos ou não agindo em "fidelidade ao Evangelho, para não correr em vão" (*EG* 193-196) em nosso agir eclesial também hoje, visto que "a própria beleza do Evangelho nem sempre a conseguimos manifestar adequadamente, mas há um sinal que nunca deve faltar: a opção pelos últimos, por aqueles que a sociedade descarta e lança fora" (*EG* 195). Alertamos para o fato de que, em nossas notas bibliográficas referenciais, a tradução dos textos citados, das outras línguas para o português, é obra nossa.

Os pobres como "critério-chave de autenticidade" eclesial (EG 195)

AS BASES BÍBLICAS DA *EVANGELII GAUDIUM*

O mais comum era de se esperar que o Papa Francisco iniciasse a Exortação Apostólica Pós-Sinodal *Evangelii Gaudium* com uma citação bíblica ligada à sua temática, até porque ela é fruto de um Sínodo que tratou justamente da Evangelização, e esta se dá pela palavra e pela práxis. Mas não, o Papa Francisco inicia falando da *alegria do Evangelho* e discorre bem dois parágrafos para, tão somente depois, fazer a sua primeira citação bíblica. Mais surpreendente ainda é que o Papa Francisco faz sua primeira citação bíblica para falar de Deus que é misericordioso, a partir de Mt 18,22, ou seja, que é preciso perdoar "setenta vezes sete" (*EG* 3), e não sobre a alegria de se anunciar ou de se ouvir o anúncio do Evangelho. Pode ser que o Papa Francisco também tenha tido em mente que a grande alegria que podemos receber de Deus é justamente a sua misericórdia e o seu perdão, e que tudo mais vem por acréscimo. Depois disso, somente no parágrafo seguinte, é que o Papa Francisco vai fazer suas primeiras citações para falar da alegria, e então usa o profeta Isaías, como lemos no texto da *EG*, que reproduzimos a seguir:

> Os livros do *Antigo Testamento* preanunciaram a alegria da salvação, que havia de tornar-se superabundante nos tempos messiânicos. O profeta *Isaías* dirige-se ao Messias esperado, saudando-O com regozijo: "Multiplicaste a alegria, aumentaste o júbilo" (9,2). E anima os habitantes de Sião a recebê-Lo com cânticos: "Exultai de alegria!" (12,6). A quem já O avistara no horizonte, o profeta convida-o a tornar-se mensageiro para os outros: "Sobe a um alto monte, arauto de Sião! Grita com voz forte, arauto de Jerusalém" (40,9). A criação inteira participa nesta alegria da salvação: "Cantai, ó céus! Exulta de alegria, ó terra! Rompei em exclamações, ó montes! Na verdade, o Senhor consola o seu povo e se compadece dos desamparados" (49,13) (*EG* 4).

Era de se esperar, já que o Papa Francisco retoma o que preanunciam "os livros do *Antigo Testamento*" (*EG* 4), que ele também falasse dos livros do *Novo Testamento*. Mas não, imediatamente após ter introduzido a temática no AT, o Papa Francisco caminha em direção àquele conjunto de textos bíblicos que ele utilizará mais largamente em todo o texto da *EG*, ou seja, os *Evangelhos*, embora cite o substantivo no singular, e, depois, caminha na direção dos *Atos dos Apóstolos*, como podemos ver no texto da *EG* que reportamos a seguir:

> O *Evangelho*, onde resplandece gloriosa a Cruz de Cristo, convida insistentemente à alegria. Apenas alguns exemplos: "Alegra-te" é a saudação

do anjo a Maria (Lc 1,28). A visita de Maria a Isabel faz com que João salte de alegria no ventre de sua mãe (cf. Lc 1,41). No seu cântico, Maria proclama: "O meu espírito se alegra em Deus, meu Salvador" (Lc 1,47). E, quando Jesus começa o seu ministério, João exclama: "Esta é a minha alegria! E tornou-se completa!" (Jo 3,29). O próprio Jesus "estremeceu de alegria sob a ação do Espírito Santo" (Lc 10,21). A sua mensagem é fonte de alegria: "Manifestei-vos estas coisas, para que esteja em vós a minha alegria, e a vossa alegria seja completa" (Jo 15,11). A nossa alegria cristã brota da fonte do seu coração transbordante. Ele promete aos seus discípulos: "Vós haveis de estar tristes, mas a vossa tristeza há de converter-se em alegria" (Jo 16,20). E insiste: "Eu hei de ver-vos de novo! Então, o vosso coração há de alegrar-se e ninguém vos poderá tirar a vossa alegria" (Jo 16,22). Depois, ao verem-No ressuscitado, "encheram-se de alegria" (Jo 20,20). O livro dos *Atos dos Apóstolos* conta que, na primitiva comunidade, "tomavam o alimento com alegria" (2,46). Por onde passaram os discípulos, "houve grande alegria" (8,8); e eles, no meio da perseguição, "estavam cheios de alegria" (13,52). Um eunuco, recém-batizado, "seguiu o seu caminho cheio de alegria" (8,39); e o carcereiro "entregou-se, com a família, à alegria de ter acreditado em Deus" (16,34). Por que não havemos de entrar, também nós, nesta torrente de alegria? (*EG* 5).

Ao ler a Exortação, chama-nos a atenção, como algo que salta aos olhos, o fato de que o uso do NT é, de longe, muito superior ao emprego do AT. Talvez porque o Papa Francisco esteja interessado em indicar o caminho a ser seguido pelos cristãos hoje, como que em forte continuidade *com o Cristo*, Senhor e Mestre (*sequela Christi*), a partir dos *Evangelhos*, conjunto mais citado em toda a Exortação, *e com os cristãos da primeira hora*, a partir dos *Atos dos Apóstolos*, das *Cartas* e do *Apocalipse*, segundo bloco mais citado em toda a *Evangelii Gaudium*.

Para tanto, tomamos a liberdade de apresentar um *gráfico ilustrativo das citações bíblicas* encontradas ao longo de todo o corpo da *EG* que, a nosso ver, poderá nos ajudar neste sentido, para depois fazermos uma análise exegética do texto de Gl 2,10, que o Papa Francisco aponta como sendo o "critério-chave de autenticidade" (*EG* 195) para se permanecer na comunhão da Igreja. No quadro adiante, veremos as citações segundo os dois grandes blocos das Sagradas Escrituras (AT e NT) e suas disposições dentro de cada um dos capítulos da *EG*, que nos revela o enfoque da temática abordada. Para que possamos entender a metodologia seguida no gráfico, basta ter em mente a seguinte organização: a citação bíblica, a indicação do preâmbulo (indicado apenas pelos seus números: do 1 ao 18) ou do capítulo, para os cinco capítulos da *EG* (indicado por algarismos romanos: I, II, III, IV e V) e o respectivo número de cada parágrafo da *EG*.

Os pobres como "critério-chave de autenticidade" eclesial (EG 195)

BASE VETEROTESTAMENTÁRIA, O PAPA FRANCISCO CITA 15 DOS 46 DO AT (TANAK E LXX)			
Pentateuco (4)	**Históricos (4)**	**Sapienciais (1)**	**Profetas (6)**
Gênesis: 4,9, IV EG 211; 12,1-3, I EG 20. Êxodo: 3,5, III EG 169; 3,10.17, I EG 20; 3,7-8.9, IV EG 187; 32, II EG 55. Levítico: 5,7 IV EG 197. Deuteronômio: 15,9 IV EG 187.	Juízes: 3,15 IV EG 187. 1 Samuel: 3,9, III EG 146. Tobias: 12,9 IV EG 193. 2 Macabeus: 7,21.27, III EG 139.	Eclesiástico: 3,30 IV EG 193; 4,6 IV EG 187; Eclo 14,11.14, EG 4.	Isaías: 2,4 IV EG 244; 9,2; Is 12,6; 40,9 EG 4; 40,31, III EG 116; 49,13 EG 4; 40,31, EG 11; 61,10, III EG 116. Jeremias: 1,7, I EG 20. Daniel: 4,24 IV EG 193. Zacarias: 9,9, EG 4. Lamentações: 3,17.21-23. 26, EG 6. Sofonias: 3,17, EG 4.

BASE NEOTESTAMENTÁRIA, O PAPA FRANCISCO CITA 20 DOS 27 LIVROS DO NT						
Evangelhos (4)	**Atos**	**Paulo (7)**	**Pastorais (3)**	**Hebreus**	**Católicas (3)**	**Apocalipse**

Mateus: 5,7 IV EG 193; 5,9 IV EG 227, EG 244; 5,13-16, II EG 92; 6,33 IV EG 180; 7,1 III EG 172; 7,2 IV EG 179; 9,6 III EG 172; 10,7 IV EG 180; 11,19, V EG 269; 12,34 III EG 149; 13,24-30 IV EG 225; 13,31-32, V EG 278; 13,33, V EG 278; 13,24-30, V EG 278; 18,15, III EG 172; 18,22, EG 3; 23,4, III EG 150; 25,34-40 IV EG 197; 25,40 IV EG 179, 209; 28,19, III EG 113, 120, 162; 28,19-20, I EG 19; 28,20, III EG 160.

Marcos: 1,27, III EG 136; 1,38, I EG 21; 1,45, III EG 136; 2,16, V EG 269; 3,14, III EG 136; 4,26-29, I EG 22; 6,2, III EG 136; 6,37, I EG 49; 6,37 IV EG 188; 10,21, V EG 269; 10,46-52, V EG 269; 12,34, III EG 149; 16,15 IV EG 181; 16,15.20, III EG 136; 16,20, V EG 275.

Lucas: 1,28, EG 5; 1,39, V EG 288; 1,41, EG 5; 1,47, EG 5; 1,52.53, V EG 288; 2,10, I EG 23; 2,19, V EG 288; 2,24 IV EG 197; 4,18 IV EG 197; 4,43 IV EG 180; 6,20 IV EG 197; 6,36-38 IV EG 179; 7,36-50, V EG 269; 6,37, III EG 172; 10,17.21, I EG 21; 10,21, EG 5; 12,32, II EG 92; 12,32, III EG 141; 14,14, I EG 48; 15,7, EG 15; 22,19, EG 13.

João: 1,18, V EG 267; 1,39, EG 13; 1,41, III EG 120; 1,48, V EG 264; 3,1-21, V EG 269; 3,29, EG 5; 4,7-26, II EG 72; 4,39, III EG 120; 5,44, EG II 93; 13,17, I EG 25; 13,35, II EG 99; 15,5, V EG 279; 15,8, V EG 267; 15,11, EG 5; 15,12, III EG 161; 16,12-14, IV EG 225; 16,20, EG 5; 16,22, EG 5; 16,22, II EG 84; 17,21, II EG 99; 17,21 IV EG 244; 19,26-27, V EG 285; 19,28, V EG 285; 20,20, EG 5. Atos dos Apóstolos: 14, V EG 284; 2,6, I EG 21; 2,46, EG 5; 2,47, V EG 270; 3,6, III EG 151; 4,21.33, V EG 271; 4,32, EG I 31; 5,13, V EG 271; 8,39, EG 5; 9,20, III EG 120; 12,47, V EG 271; 13,52; EG 5; 16,34, EG 5; 17,23, V EG 265.

Romanos: 1,8, V EG 282; 5,5, III EG 125; 5,20, II EG 84; 8,5, III EG 162; 8,19 IV EG 181; 8,26, V EG 280; 10,14-17, III EG 136; 10,17, III EG 142; 11,16-18 IV EG 247; 11,29 IV EG 247; 11,33, EG 11; 12,1, III EG 145; 12,18, V EG 271; 12,21, II EG 101; 12,21, V EG 271; 13,8.10, III EG 161; 11,16-18, IV EG 247.
1 Coríntios: 1,4, V EG 282; 3,7, EG 12; 4,7, III EG 162; 9,16, EG 9; 9,22, I EG 45; 15,14, V EG 275.
2 Coríntios: 4,5, III EG 143; 4,7, V EG 279; 5,14, EG 9; 8,9 IV EG 197; 11,14, III EG 152; 12,9, II EG 85.
Gálatas: 2,2.10 IV EG 195; 2,20, III EG 160; 3,28, III EG 113; 5,6, I EG 37; 5,14, III EG 161; 5,22 IV EG 217; 6,9, II EG 101; 6,9, V EG 271.
Efésios: 1,6, V EG 267; 1,10 IV EG 181; 2,8-9, III EG 162; 2,14 IV EG 229; 2,14 IV EG 239; 5,27, I EG 26; 6,15 IV EG 239.
Filipenses: 1,3, V EG 282; 1,4.7, V EG 281; 2,3, V EG 270; 2,5 IV EG 198; 2,21, II EG 93; 3,11-13, III EG 121; 4,4, EG 17.
Colossenses: 1,20, IV EG 229.
1 Tessalonicenses: 1,9 IV EG 247; 2,4, III EG 149; 3,12, III EG 161.
1 Timóteo: 1,5 III EG 173; 6,17 IV EG 182.
2 Timóteo: 1,5, EG 13.
Tito: 1,5 III EG 173.
Hebreus: 4,12, III EG 150; 12,1, EG 13); 13,7, EG 13; 13,8, EG 11.
Tiago: 2,8, III EG 161; 2,12-13 IV EG 193; 3,1, III EG 150; 5,4 IV EG 187.
1 Pedro: 2,10, V EG 268; 3,16, V EG 271; 4,8 IV EG 193.
1 João: 1,3, V EG 264; 2,11, V EG 272; 3,14, V EG 272; 3,17 IV EG 187; 4,2 IV EG 233; 4,8, V EG 272; 4,10, I EG 24; 4,19, EG 12.
Apocalipse: 12,17, V EG 285; 14,6, EG 11; 14,6, I EG 23; 17,14, V EG 278; 21,2-4, II EG 71; 21,5, V EG 288.

OS POBRES COMO "CRITÉRIO-CHAVE" NA *EG* 195 E EM GL 2,10

Quando lemos a *EG*, percebemos que após ter discorrido bastante sobre o especial carinho de Deus para com os pobres e os doentes, o Papa Francisco afirma que a ação da Igreja deverá *chegar a todos, sem distinção*; mas, haverá que se *privilegiar, sobretudo, os pobres e os doentes*, pois, na afirmação dele, "há que afirmar sem rodeios que existe um vínculo indissolúvel entre a nossa fé e os pobres. Não os deixemos jamais sozinhos" (*EG* 48).

Poderíamos ler todo o texto da *EG* e iríamos perceber, ao longo de toda esta Exortação, que realmente os pobres contam com um especial carinho da parte de Deus. E como não fazer uma *pausa salutar e meditativa* quando o Papa Francisco nos recorda que "no coração de Deus, ocupam lugar preferencial os pobres, tanto que até Ele mesmo 'Se fez pobre' (2 Cor 8,9). Todo o caminho da nossa redenção está assinalado pelos pobres" (*EG* 197). Mais ainda, o Papa Francisco afirma que "para a Igreja, a opção pelos pobres é mais uma *categoria teológica* que cultural, sociológica, política ou filosófica... Por isso, desejo uma Igreja pobre para os pobres" (*EG* 198).

Mas a nosso ver, o texto em que, de forma mais contundente, o Papa Francisco afirma o valor dos pobres no coração de Deus, na vida da Igreja e na Teologia é justamente o número 195, visto ser o parágrafo em que encontramos a afirmação de que "o *critério-chave* de autenticidade que lhe indicaram foi que não se esquecesse dos pobres (cf. Gl 2,10)". Para tanto, cremos ser importante ler todo este número e não apenas uma parte, extraída do documento:

> Quando São Paulo foi ter com os Apóstolos a Jerusalém para discernir "se estava a correr ou tinha corrido em vão" (Gl 2,2), o *critério-chave de autenticidade* que lhe indicaram foi que não se esquecesse dos pobres (cf. Gl 2,10). Este critério importante para que as comunidades paulinas não se deixassem arrastar pelo estilo de vida individualista dos pagãos, tem uma grande atualidade no contexto atual em que tende a desenvolver-se um novo paganismo individualista. A própria beleza do Evangelho nem sempre a conseguimos manifestar adequadamente, mas há um sinal que nunca deve faltar: a opção pelos últimos, por aqueles que a sociedade descarta e lança fora (*EG* 195).

Ora, o que o Papa Francisco viu nestes dois versículos (Gl 2,2.10) para indicá-los com o peso que ele dá a eles, mas, sobretudo, no v. 10, que vem apontado como "critério-chave de autenticidade" para permanecer na Comunhão da Igreja? Estes dois versículos (Gl 2,2.10), citados pelo Santo Padre na *EG* 195, fazem parte da perícope Gl 2,1-10,[4] cujo tema central é salvaguardar a "verdade do Evangelho" (Gl 2,5), diante da obrigatoriedade da circuncisão como condição para seguir a Cristo e ser salvo, que os judaizantes estavam impondo aos neoconvertidos

---

[4] Aceitamos com sendo realmente uma das sete cartas autenticamente paulinas, escrita por Paulo, desde Éfeso, provavelmente pelos anos 54-57 d.C., após a Conferência de Jerusalém (49 d.C.), destinada aos gálatas étnicos (Norte) e não aos gálatas políticos (Província, Sul).

vindos do paganismo. A fim de que possamos melhor entender a razão da escolha e o que ela tem de especial, queremos fazer uma análise exegética de Gl 2,10, e, com isso, individualizar a temática enfocada por Paulo no documento, para que depois possamos entender o porquê de o Papa Francisco ter tomado Gl 2,10 para falar justamente do "critério--chave de autenticidade" para se pertencer à unidade da Igreja (*EG* 195).

Talvez uma das dicas que possamos entrever no texto, e que o papa Francisco coloca no primeiro capítulo da *EG*, é que, embora todas as verdades sejam importantes, é preciso ter presente que a Igreja tem uma "hierarquia das verdades da doutrina católica", valendo tanto para os *dogmas da fé* como para a *doutrina moral* (*EG* 36); e, logo em seguida, citando Santo Tomás de Aquino, o Papa Francisco insiste que também há uma *hierarquia nas virtudes e ações que procedem desse conjunto*, e destaca o *amor ao próximo e a misericórdia* como a maior de todas as virtudes (*EG* 37). Ora, entre aqueles que mais necessitam de ações concretas de amor e misericórdia, encontram-se os pobres, que não podem ser ignorados ou esquecidos em nosso agir pastoral, e de toda a Igreja e não apenas de alguns serviços, pastorais ou movimentos. O não esquecer-se dos pobres não pode ser negligenciado e não pode ser uma ação ou função delegada a outros. É uma ação que a Igreja, em primeira pessoa, tem que abraçar, para que os pobres sintam o abraço do Pai misericordioso, que não os abandona, pelo contrário, do Pai que, embora amando a todos os seus filhos, tem uma especial preocupação para com os mais pobres e necessitados. É preciso que a Igreja seja capaz de *"primeirear"* neste campo, como nos demais, sempre acompanhando suas ovelhas, tendo o cheiro delas pelo próprio integrar-se no meio delas e envolver-se com elas, a partir de seus evangelizadores (*EG* 24).

A perícope de Gl 2,1-10, que pertence ao conjunto de Gl 2,1-21, é subdividida em três partes menores[5] (Gl 2,1-10.11-14.15-21). Além de que a divisão estrutural de todo o segundo capítulo de Gl 2,1-21, já aceita pela maioria dos estudiosos do NT, se baseia nos dois momentos importantes para a vida de Paulo e da Igreja: *segunda subida de Paulo a Jerusalém*, a fim de participar da *Conferência de Jerusalém* (2,1-10), e o assim chamado *incidente de Antioquia* (2,11-14.15-21), tendo como ponto

---

[5] Uma melhor visão da divisão estrutural de Gl 2, bem como de toda a carta, pode ser vista nos vários comentários sobre a Carta aos Gálatas, citados em nossas referências bibliográficas, no final deste texto. E um estudo exegético de toda esta perícope pode ser visto em nosso texto *A verdade do Evangelho (Gl 2,5.14) e a autoridade na Igreja*, indicado em nossas referências bibliográficas finais.

principal a defesa da "verdade do Evangelho", reportada em Gl 2,5.14 (Buscemi, 2004: 151).

Ao ler o texto bíblico, o que podemos afirmar, de imediato, é que Paulo não pode admitir que seus adversários revertam todo o processo de evangelização por ele já realizado, toda a caminhada conquistada até então, sobretudo de liberdade do seguimento de Cristo sem as exigências judaicas como *conditio sine qua non* para o seguimento de Cristo Jesus, visto que isso seria, como ele mesmo diz, "ter corrido em vão" (Gl 2,2). Outra coisa que se nota ao ler o texto é que, ao que tudo indica, inicialmente, as forças mais conservadoras da Igreja nascente teriam saído derrotadas[6] da *Conferência de Jerusalém* (Barbaglio, 1999: 51), onde se teria concordado, para o bem do cristianismo de matriz gentílica e, consequentemente, para todo o cristianismo nascente, que os gentio-cristãos não estavam obrigados a observar as prescrições judaicas. Mas os judaizantes, em vista de todo o patrimônio mosaico que sempre observaram, e que viam como necessário e essencial a sua obrigatoriedade (Beyer, 1980: 13 e 36; Kuss, 1976: 414; Bover, 1967: 479), começaram a acusar Paulo de impostor e de faltar com a verdade, visto que Paulo "afirmava a fé em Cristo como único fator necessário e suficiente para todos" (Barbaglio, 1999: 442).

Na prática, os judaizantes afirmavam que a lei continuava sendo necessária para a salvação em Cristo Jesus e que Paulo não era um apóstolo verdadeiro, como os demais, e que, por consequência, não tinha a *autoridade* para anunciar o Evangelho de Cristo como os Doze, que foram escolhidos diretamente pelo Cristo histórico, e foram, portanto, testemunhas oculares dos feitos do Verbo Encarnado, que, inclusive, afirmara que não veio para abolir a lei mas sim para dar-lhe pleno cumprimento (cf. Mt 5,17). Paulo, por sua vez, anunciava aos seus evangelizados um evangelho sem a necessidade da lei como condição de salvação, mas também não "promovia a desobediência à lei" e, como nos afirma Bartolomé, não parece que este apóstolo "tenha visto *a verdade do evangelho* como liberdade da lei, em exclusiva" (Bartolomé, 1988: 104).

---

[6]   Segundo G. Barbaglio, e tantos outros, o incidente de Antioquia teria acontecido após a *Conferência de Jerusalém*. Esta posição faz concordar a narração de Gl 2 com a de At 15. Isto é o que nós também defendemos. Assim sendo, Paulo teria recorrido às decisões da *Conferência* para combater seus adversários, que tentavam novamente impor-lhes a lei como sendo necessária para a salvação de Cristo. De tal forma que a lei seria obrigatória para todos os que quisessem seguir a Cristo. Isso causa sérios problemas, não apenas práticos, mas, sobretudo, dogmáticos, visto que toca naquilo que é essencial para a fé em Cristo.

O importante é ver que Paulo, por sua vez, não tem dúvidas de seu apostolado e muito menos da autenticidade do Evangelho que anuncia, e menos ainda de que a liberdade da lei já tinha sido aprovada pelos apóstolos na *Conferência de Jerusalém*, pelo menos "no plano doutrinário" (Barbaglio, 1991: 52). Por isso mesmo, o Apóstolo não poupa esforços e nem mede palavras para defender "a verdade do Evangelho", sendo até mesmo intransigente e usando um "tom irônico com as autoridades da Igreja" (Richard, 1995: 101). Apesar de seu nervosismo, Paulo é capaz de coordenar todo o raciocínio e combater os argumentos de seus adversários de forma muito precisa e correta e, "mesmo com sinais de impetuosidade, seu autocontrole é superior" (Ebeling, 1989: 101). Eis que está em jogo toda a obra por ele realizada, a liberdade do cristão, "a verdade do Evangelho" e a *unidade-comunhão da Igreja* (Bligh, 1972: 345; Cousar, 2003: 60; Burgos Nuñez, 1999: 202-203; Ramazzotti, 1976: 296; Losada, 1987: 134; Ródenas, 1977: 328). Diante disso, não se pode brincar e nem fraquejar, e muito menos "correr em vão" (Gl 2,2). É preciso acordar enquanto é tempo para se corrigir os possíveis erros. Depois será tarde demais. Paulo é firme e seguro, e defende ardorosamente que a única via de salvação é a fé em Cristo Jesus e que "confiar nas obras da lei é ilusório" (Barbaglio, 1999: 61; Cipriani, 1991: 357; Fernandez Ramos, 1999: 582-584; Ródenas, 1977: 318). E a Igreja Mãe não tem dúvidas de dar-lhe as mãos (Gl 2,6-9), confirmar seu ministério junto aos convertidos do paganismo a Cristo e de lhe deixar claro que há algo, porém, que não pode ser deixado de lado, pois toca no coração de Deus mesmo, a saber, podiam abrir mão de muitas leis e normas, mas não podiam se esquecer dos pobres (Gl 2,10) como "critério-chave de autenticidade" (*EG* 195) para pertença ao novo povo de Deus, em Cristo Jesus. E isto o Papa Francisco soube "repescar" de forma brilhante e chamando a nossa atenção para aquilo que não podemos abrir mão e muito menos deixar de fazer: "lembrar-se sempre dos pobres" (Gl 2,10; *EG* 195).

ANÁLISE EXEGÉTICA DE GL 2,10

O texto bíblico, apontado pelo Papa Francisco como sendo o "critério--chave de autenticidade" para não se correr em vão e para se pertencer à Comunhão da Igreja, é Gl 2,10, que afirma: "somente nos recomendaram que nos lembrássemos dos pobres, o que eu mesmo procurei fazer com muita solicitude" (μόνον τῶν πτωχῶν ἵνα μνημονεύωμεν, ὃ καὶ ἐσπούδασα αὐτὸ τοῦτο ποιῆσαι). Este é, como já afirmamos acima, o último versículo da subdivisão de Gl 2,1-10 e é muito importante não apenas pelo seu conteúdo, mas também por causa dos reflexos de sua interpretação presente nos vv.6-9.

Paulo começa afirmando que "somente" (μόνον: um acusativo adverbial muito usado na Carta aos Gálatas: 1,23; 2,10; 3,2; 4,18; 5,13; 6,4.12) lhe pediram que se recordassem (μνημονεύωμεν) "dos pobres" (τῶν πτωχῶν), que, aliás, fazia parte da doutrina farisaica como uma das três grandes obras do mundo espiritual: esmola, serviço no templo e estudo da Torá (Champlin, 1986: 454).

Em meio a tantos discursos teóricos sobre o que era mais ou o que era menos importante no seguimento de Cristo e sem diminuir o valor da lei, a Igreja-Mãe de Jerusalém indica, como caminho seguro e como "critério-chave de autenticidade", que Paulo e os demais deveriam "lembrar-se sempre dos pobres" (Gl 2,10), ao que Paulo afirma que já fazia e deu continuidade, pois ele mesmo percebeu o real valor disso para o seguimento de Cristo e a pertença a seus seguidores na Igreja de Cristo (Vanni, 1995: 40). O próprio verbo μνημονεύωμεν, um subjuntivo presente ativo de μνημονεύω (lembrar-se/recordar-se), já denota uma ação duradoura e contínua, como se fosse uma ação *ingressiva* (Mateos, 1977: 128-129; Witherington, 1998: 146; Burton, 1988: 99). Basicamente, este μόνον ("somente") explica o sentido da tão sonhada e obtida κοινωνία ("comunhão") (Bartolomé, 1988: 129), mas não se limita a explicar o precedente, e sim toda a ligação com a Igreja-Mãe de Jerusalém, enquanto este ἵνα ("que"), um imperativo (Bruce, 1982: 126), está em paralelo com o ἵνα ("que") do versículo precedente (2,9b) (Zerwick, 1966: 410; Burton, 1988: 99). Com isso, Paulo também quer dizer que não lhe impuseram nada (Vanni, 1995: 40) e que cada um estava livre para agir em seu campo, mantendo assim a *unidade-comunhão* da Igreja, em sua rica *diversidade*. Ou seja, não tinham que observar nenhuma lei. Pelo contrário, estavam livres das observâncias judaicas (Mussner, 1987: 211; Borse, 2000: 141). Para Paulo nem sequer a ajuda aos pobres vinha como algo imposto, visto que ele já o praticava no passado. Ele usa o verbo no singular, talvez para indicar o seu empenho pessoal na questão material de seus irmãos judeus que estavam passando por momentos de dificuldades. Portanto, Paulo já tinha essa prática e apenas deverá continuar agindo como tal. Esta observação de Paulo nos faz pensar que esse desejo das "colunas" da Igreja foi realizado na coleta organizada por ele, junto às Igrejas gentílicas, em favor dos pobres de Jerusalém. Basta conferir Rm 15,26-28, qualificada como κοινωνία em prol "dos pobres dos santos" de Jerusalém; 1Cor 16,1-4, 2Cor 8-9 e At 11,29s, como διακονία; At 24,17, ελενμοσύνας.

Esse "somente lembrar-se dos pobres" (μόνον τῶν πτωχῶν ἵνα μνημονεύωμεν) não era, de forma alguma, uma taxa ou imposto que ele deveria pagar à Comunidade de Jerusalém, visto que lá estavam os mais pobres naquele momento, e que Paulo realiza uma coleta para eles. Seria quase como que uma obrigatoriedade moral, mas nunca como um imposto a ser pago a Jerusalém,[7] como os tributos que os judeus pagavam ao Templo (Mussner, 1987: 214; Pitta, 1996: 261; Betz, 1979: 103).[8] E muito menos colocaria em risco o conteúdo do Evangelho, que não dependia disso e que já havia sido selado com o "aperto de mãos" do v. 9. Por outro lado, Paulo sabia que o amor era o mandamento maior a ser vivenciado pelo cristão (Bligh, 1972: 347), seja em relação a Deus seja em relação aos irmãos, especialmente com os mais necessitados e empobrecidos.

Os pobres em questão são os judeu-cristãos de Jerusalém,[9] que em Rm 15,26 são chamados de "os pobres, os santos que estão em

---

[7] H. Schlier, *Galati*, 83: "O acordo de enviar a Jerusalém coletas de comunidades cristãs não judaicas não tem, porém, um caráter jurídico-eclesial. A comunidade originária não arrogou para si, da própria 'santidade', alguma pretensão jurídica. Característico deste pedido da parte dos Jerusalemitanos é, muito mais, o seu caráter de obrigação religioso-moral"; confira, igualmente, A. Pitta, *Galati*, 125; A. M. Buscemi, *Galati*, 179, nota 187; J. M. González Ruiz, *Gálatas*, 105; R. Y. K. Fung, *Galatians*, 102; F. F. Bruce, *Galatians*, 127; R. Fabris, *Paulo*, 247-248.

[8] Se bem que J. M. Torrents (*La Sinagoga Cristiana*, 96) afirma que, em relação à coleta em prol dos santos de Jerusalém, além de representar uma união entre as Igrejas e um gesto de solidariedade das Igrejas da gentilidade com a Igreja-Mãe de Jerusalém, "havia uma razão teológica que Paulo não indica, porque era, quem sabe, a fundamental: a coleta para os 'santos' de Jerusalém substituía a coleta do templo que se realizava em todo o mundo judeu. O paralelismo simbólico era perfeito: nova aliança, nova comunidade, nova coleta".

[9] A. Pitta, *Galati*, 124: "Somente em Gl 2,9 se fala de 'pobres', enquanto que em Rm 15,26 se encontra a expressão 'pobres dos santos'. A estreita conexão, nestes contextos, entre 'pobres' e 'santos' nos leva a pensar que os 'pobres' em questão não constituíam uma parte, mas a inteira comunidade de Jerusalém que se encontrava numa situação de indigência. Em tal caso fica difícil estabelecer as motivações pelas quais a comunidade mãe, para sobreviver, do ponto de vista econômico, tivesse necessidade das coletas provenientes das comunidades paulinas. Pode ser que seus componentes fossem de origem pobre, como uma parte da comunidade de Corinto (cf. 1Cor 1,26-31), ou que as perseguições provenientes do judaísmo ortodoxo a tivessem prostrada até uma situação de indigência. Não se exclui que esta condição represente o perdurar-se da carestia que, sob Cláudio, entre 46 e 48 d.C., atingiu a Judeia"; H. Schilier, *Galati*, 83: "Os πτωχοι

Jerusalém" (εἰς πτωχὺς τῶν ἁγίων τῶν ἐν Ἰερουσαλήμ) e que poderiam ser comparados aos *anawim* piedosos do mundo judaico (Betz, 1979: 102), ou com o título messiânico *'ebjônîm* (Bruce, 1982: 126). Não é uma genérica atenção aos últimos, como que a dizer: recordem-se dos pobres que existem nessa cidade. A comunidade gentio-cristã, fundada por Paulo, é convidada a ajudar os judeu-cristãos pobres da Igreja-Mãe de Jerusalém. Paulo realizará essa atenção para com os pobres de Jerusalém, colocando em prática o sistema de coletas, como um sinal de comunhão. O problema da coleta para Jerusalém é afrontado por Paulo com grande afinco. É atestado inclusive por outras cartas: 1Cor 16,1-4; 2Cor 8,1-9; Rm 15,25-31 e Fl 4,10-20. Segundo Betz, esse sistema de coleta deve ter acontecido antes nas Igrejas da Galácia e depois em Corinto (Betz, 1979: 103).

Diante disso, Paulo não podia fazer outra colocação, senão: "coisa que procurei fazer com muita solicitude" (ὅ καὶ ἐσπούδασα αὐτὸ τοῦτο ποιῆσαι). O indicativo aoristo ἐσπούδασα ("esforçar-se"), de 1º pessoa do singular, reforçado pelo pronome αὐτὸ ("eu mesmo") sem o artigo, que funciona como predicativo (Cignelli-Pierri, 2003: § 25,1, 61-62; Cignelli--Bottini, 1990: 156-159), se refere à própria pessoa de Paulo, e não a uma ação dele e de Barnabé, visto que a esse ponto eles já tinham tomado estradas diferentes, ainda que sempre em missão junto aos gentios. Ao mesmo tempo, Paulo não deixa dúvidas de que ele sempre teve especial preocupação, carinho e cuidado para com os pobres, não apenas por palavras, mas também com ações concretas, presença e socorro, como foram as coletas por ele realizadas em favor dos pobres de Jerusalém. Assim agira Paulo também em favor dos próprios irmãos mais pobres de suas comunidades. Aliás, essa parecia ser uma preocupação concreta e vivencial da Igreja Primitiva, quase como que seu *modus vivendi* e o seu *modus operandi*, como lemos em At 2,42-46 e 4,32-35.

Ao concluir a análise de Gl 2,10, versículo pertencente à perícope de Gl 2,1-10, que nos fala da *Conferência de Jerusalém* (qual Conferência seja, aqui não é o espaço para discutirmos diante da temática, até porque concordamos com a maioria dos autores, que seja a mesma referida em At 15) (Mancebo, 1963: 331), podemos constatar que Paulo realiza uma defesa estupenda de seu ministério, como sendo de origem divina (Barbaglio, 1999: 424-429; Lambrecht, 1995: 133; Mancebo, 1963: 320) e não humana ou eclesiástica. Mas também vimos que a Igreja

---

("pobres") não são os pobres de toda a Igreja, mas sim os membros da Igreja local de Jerusalemitana"; confira também J. Bligh, *Galati*, 306-311.

Primitiva tinha uma preocupação e uma ação concretas em relação aos mais pobres, indistintamente, uma vez que lhes é pedido que "não se esqueçam dos pobres" (Gl 2,10), e não apenas dos pobres da comunidade. Esse reducionismo nós não temos aqui em nosso texto. Pelo contrário, o texto tem uma abertura muito grande em direção a todos os pobres que possam existir em qualquer canto e recanto de nosso planeta. Neste sentido, nos é pedido ações concretas em favor de todos os pobres e não que cuidemos apenas de nosso "estreito curral".

Paulo, por sua vez, consegue demonstrar e assegurar, diante de todos, a origem divina de seu Evangelho e a legitimidade do seu ministério de apóstolo de Jesus Cristo. De forma alguma ele queria a independência absoluta dos apóstolos de Jerusalém (Buscemi, 2004: 180). Por isso, ao final da *Conferência de Jerusalém*, ele obtém o parecer favorável e a confirmação positiva dos "notáveis" (v. 9). Mas o pedido para que "não se esquecessem dos pobres" (Gl 2.10) realmente entra como "critério-chave" de fidelidade ao Evangelho. Com isso, o Apóstolo vence seus "opositores" que desejavam difamá-lo diante dos gálatas e impor-lhes a lei como sendo obrigatória e essencial para abraçar a fé cristã (Barbaglio, 1991: 57; Shelkle, 1990: 107; Fabris, 2003: 446-447). Deste momento em diante, para se tornar cristão, um gentio não tinha mais que passar primeiro pelo judaísmo para depois se tornar seguidor de Cristo. Pelo contrário, qualquer gentio podia ser cristão e continuar sendo gentio, como o judeu podia ser cristão e continuar sendo judeu; assim, com todos os povos que queiram entrar na Igreja de Cristo. O fundamental é "a fé em Cristo Jesus" e não a observância das "obras da lei". Como bem nos recorda Bartolomé, com isso fica provado que "a comunhão era possível, sem que devesse sacrificar-se a diversidade" (Bartolomé, 1988: 131). Mais ainda, existia e existe algo que não é possível renunciar, o apoio aos pobres (Gl 2,10), sob pena de perder-se ao longo do caminho e ficar de fora da comunhão da Igreja de Cristo. De fato, este é o "critério-chave de autenticidade" (*EG* 195) e fidelidade ao Evangelho de Cristo.

Com essa vitória estava assegurada e aberta a via missionária entre os gentios. Teoricamente, Paulo estava livre e autorizado a anunciar o seu Evangelho aos gentios, texto de Gl 2 nos relata o "caso" e exemplo de Tito que não precisou ser circuncidado para seguir o Cristo (Mussner, 1987: 215). Com isso, basicamente se tinha esclarecido e garantido: a unidade do Evangelho e o Evangelho como fundamento das duas missões e da unidade da Igreja. Mas lhe tinha sido dado um "critério-chave de autenticidade" (*EG* 195) para não correr e fatigar-se em vão (Gl 2,2)

Os pobres como "critério-chave de autenticidade" eclesial (EG 195)

e para permanecer na unidade-comunhão da Igreja: que todos os que seguissem o caminho de Cristo sem a obrigatoriedade da lei, como *conditio sine qual non* para pertencer ao povo de Deus, nunca se esquecem dos pobres (Gl 2,10). Eis que a preocupação e o cuidado concretos em relação aos pobres entram como critério para permanecer ou para estar fora da *sequela Christi*. Aqui é que percebemos que o Papa Francisco foi genial em retomar este texto de Gl 2,10, que muitas vezes nos passa despercebido, e indicar-nos o seu valor como critério no agir pastoral em favor dos mais pobres, como seguimento do agir de Cristo, o Bom Pastor. Cremos que, realmente, o Papa Francisco tenha nos ajudado a ver o alcance disso na questão da real e verdadeira opção pelos pobres, não com palavras, mas, sim, com gestos concretos.

Esse mútuo e comum reconhecimento da centralidade do Evangelho na atividade missionária abriu as portas da Igreja para o mundo da missão em direção a todos os povos, sem exigir desses a observância das prescrições da Lei Mosaica como condição para a salvação em Cristo Jesus. Essa foi, a nosso ver, a maior colaboração dessa *Conferência de Jerusalém* para o futuro da Igreja; uma Igreja que serve a Cristo nos irmãos mais pobres e necessitados e sem os condicionamentos da lei, na alegria do Evangelho. Um passo importante para o futuro da evangelização de todos os povos (Nuñez Regodón, 2002: 91), e que Paulo e os gentios-cristãos souberam aproveitar e muito bem "para justificar o seguimento da prática antioquena" (Corsani, 1990: 146). Como bem nos lembra Corsani, existe uma dialética entre a unidade do cristianismo e a diversidade da missão, e é preciso muito bom senso para manter o equilíbrio entre as partes (Corsani, 1990: 146). Todo conflito e tensão, quando enfrentados e vividos com reta intenção, humildade, simplicidade e caridade são produtivos e nos ajudam a crescer (Lasada, 1987: 133-134 e 139-141), inclusive no confronto com a autoridade. Mas existe algo que nos ajuda a superar todos os conflitos e tensões, ou seja, o serviço aos pobres, comum a todos. E é isto o que a Igreja-Mãe de Jerusalém pede a Paulo e aos demais irmãos da Igreja da gentilidade. E é isso que o Papa Francisco pede de nós ao nos recordar este "critério-chave de autenticidade" e ao nos dizer que podemos até não conseguir expressar toda a beleza do Evangelho, mas "a opção pelos últimos, por aqueles que a sociedade descarta e lança fora" é um sinal que nunca pode faltar (*EG* 195).

CONCLUSÃO

Após termos lido e analisado o texto da *EG* 195 e termos feito a análise exegética do texto de Gl 2,10, que o Papa Francisco cita para falar do "critério-chave de autenticidade" e de fidelidade ao Evangelho e de pertença à comunhão da Igreja, para que não nos aconteça de "correr em vão" (Gl 2,2) em nossa caminhada eclesial, nós podemos afirmar que o Papa Francisco realmente foi muito feliz na escolha do texto bíblico de Gl 2,10, pertencente ao *Corpus Paulinum*, e igualmente feliz no termo, por ele cunhado na *EG*, "critério-chave de autenticidade" (*EG* 195).

Ora, todos nós sabemos que um *critério* nos possibilita uma norma de confronto, de avaliação, de discernimento, pois ele é aquilo que ajuda a discernir e identificar a verdade ou decidir sobre algo, de avaliar coisas ou situações etc., enfim, sendo um princípio sobre o qual nos fundamentamos para decidir e avaliar, um *critério* que vai nos dar a base para decidir sobre aquilo que estamos avaliando. Também sabemos que a *chave* indica algo que serve para abrir qualquer coisa e facilitar, ou melhor, dar acesso a algo ou algum lugar, como o caso da porta de casa. Mais ainda, sendo um "critério-chave", de acordo com o que nos apresenta o Papa Francisco (*EG* 195), ele se torna primordial como o meio ou aquilo que possibilita o acesso, assim como no caso do ingresso de algum lugar. Olha, o Papa Francisco vê que o "não esquecer-se dos pobres" (Gl 2,10) já era, desde os tempos da Igreja Primitiva, um elemento essencial de fidelidade ao Evangelho e de pertença à comunhão da Igreja toda, sem o qual todo cristão "correria em vão" (Gl 2,2) e não seria fiel a Cristo, Mestre e Senhor, não tendo realmente entrado plenamente na Igreja de Cristo e, uma vez dentro, não praticando este critério, permaneceria fora. Toda liberdade era dada a todo aquele que resolvesse abraçar a fé em Cristo, inclusive conservando especificidades de cada cultura, mas há algo que ia e vai além e que não podia e nem pode ser transcurado, por estar no coração da opção e do agir de Cristo em favor dos últimos, que a sociedade sempre tende a descartar: "não esquecer-se dos pobres" (Gl 2,10), como fez o Cristo e como fizeram os que o seguiram.

Vemos, com alegria, que o Papa Francisco realmente tem a "opção pelos pobres" como algo que brota do coração de Cristo, sendo "mais uma categoria teológica que cultural, sociológica, política ou filosófica" (*EG* 198), e é a partir disso que ele também afirma: "por isso, desejo uma Igreja pobre para os pobres" (*EG* 198), sendo ele o primeiro a "*primeirear*" esta forma de ser e agir (*EG* 24). É óbvio que querendo uma

Os pobres como "critério-chave de autenticidade" eclesial (EG 195)

"Igreja pobre para os pobres" o Papa Francisco vai buscar no próprio agir de Cristo esta opção e este agir de Deus em favor dos pobres, que são os privilegiados do Reino do Pai. Mas o Papa Francisco não para no Mestre. Ele vai além. Ele busca também nos discípulos de Cristo, ou seja, nos primeiros cristãos, para ver como é que os discípulos da primeira hora entenderam o chamado e a mensagem de Jesus Cristo em relação aos mais necessitados. Eis que aí, entre os vários textos do NT, o Papa Francisco, tomando Gl 2,2.10, faz esta importante colocação acerca do "critério-chave de fidelidade" ao Evangelho e de pertença à comunhão dos seguidores de Cristo, a Igreja.

Analisar exegeticamente o texto de Gl 2,10 é, então, muito importante para se constatar o que ele tem de especial no contexto de toda a problemática da *Conferência de Jerusalém* e na aceitação dos irmãos vindos da gentilidade e que eram chamados a abraçar a fé em Cristo, mas sem a obrigatoriedade da Lei Mosaica, própria do mundo judaico. Mas eis "algo" que os irmãos da Igreja-Mãe, de Jerusalém, não podem abrir mão, ou seja, eles não podem deixar de pedir a todos os que desejam seguir Cristo que "não se esqueçam dos pobres" (Gl 2,10), sob pena de "correr em vão", sendo infiéis ao Evangelho e ficando fora da comunhão da Igreja de Cristo. Oxalá nossas comunidades paroquiais, religiosas, pastorais e movimentos nunca se esqueçam dos pobres, amados de Deus e "critério-chave" no seguimento de Cristo e na pertença à Igreja. Oxalá também nunca nos esqueçamos dos pobres e muito menos nos contentemos com uma "teologia de gabinete" (*EG* 133) em nosso serviço acadêmico, junto a qualquer escola, faculdade ou universidade. Não podemos, tampouco, pretender continuar como "mestres" de espiritualidade que apenas indicam ao povo "o que se deveria fazer", caindo naquele pecado que o Papa Francisco indica com o nome de *deveriaqueísmo* (*EG* 96). Pelo contrário, é preciso entrar "na lama da estrada" (*EG* 45) e ajudar a Igreja a continuar sua função profética, visto que "a dignidade da pessoa humana e o bem comum estão por cima da tranquilidade de alguns que não querem renunciar aos seus privilégios. Quando estes valores são afetados, é necessária uma voz profética" (*EG* 218).

O alerta nos foi dado, o recado foi transmitido. *Alea iacta est!* Agora é trabalhar nesta direção, seguindo os passos de Cristo e dos primeiros cristãos, especialmente em nossas muitas "comunidades" mais carentes, nas periferias geográficas e existenciais que temos em nossas grandes e pequenas cidades, pois é preciso "sair da própria comodidade e ter a coragem de alcançar todas as periferias que precisam da luz do Evangelho" (*EG* 20; cf. *EG* 46 e 288).

REFERÊNCIAS BIBLIOGRÁFICAS

BARBAGLIO, G. Gálatas. In: *As Cartas de Paulo*. II. São Paulo: Loyola, 1991, pp. 9-114.

_____. La verità del Vangelo della Libertà. In: G. BARBAGLIO. *La Teologia di Paolo, Abbozzi in forma di epistolare*. Bologna: Dheoniane, 1999, pp. 423-437.

BARTOLOMÉ, J. J. *El evangelio y su verdad, la justificación por la fe y su vivencia en común. Un estudio exegético de Gal 2,5.14*. Roma: Pontificia Università Gregoriana, 1988.

BEYER, H. W.; ALTHAUS, P. *Lettere minori di Paolo*. Brescia: Paideia, 1980.

BETZ, H. D. *Galatians: a commentary on Paul's Letter to the Churches in Galatia*. Philadelphia: Fortress Press, 1979.

Bíblia de Jerusalém. São Paulo: Paulus, 2012.

BLIGH, J. *La Lettera ai Galati. Una discussione su un'epistola di S. Paolo*. Roma: Paoline, 1972.

BORSE, U. *La Lettera ai Galati*. Vago di Lavagno. Morcelliana, 2000.

BOVER, J. M. *Teología de San Pablo*. Madrid: BAC, 1967.

BRUCE, F. F. *The Epistle to the Galatians*. Michigan: The Paternoster Press, 1982.

BURGOS NÚÑEZ, M., *Pablo, Predicador del Evangelio*. Madrid: Salesianos, 1999.

BUSCEMI, A. M. *Lettera ai Galati, Commentario esegetico*. Studium Biblicum Franciscanum Analecta 63. Jerusalem: Franciscan Printing Press, 2004.

BURTON, E. de W. *The Epistle to the Galatians*. Edinburgh: T&T Clark, 1988.

CIGNELLI, L.; PIERRI, R. *Sintassi di greco biblico. Jerusalém*. Franciscan Printing Press, 2003.

_____; BOTTINI, G. C. La concordanza del pronome relativo nel Greco Biblico, *Liber Annus* 40 (1990) pp. 47-69.

CIPRIANI, S. *Le Lettere di Paolo*. Assisi: Cittadella, 1991.

CHAMPLIN, R. N. Gálatas. In: *O Novo Testamento interpretado versículo por versículo*. Cidade Dutra: Milenium, 1986, p. 429-524.

CORSANI, B. *Lettera ai Galati*. Genova: Marietti, 1990.

COUSAR, C. *Galati*. Gravellona Toce: Claudiana, 2003.

EBELING, G. *La verità dell'evangelo, Commento alla lettera ai Galati*. Genova: Marietti, 1989.

FABRIS, R. *Paulo, Apóstolo dos gentios*. São Paulo: Paulinas, 2003.

FERNANDEZ RAMOS, F. Gálatas (carta a los). In: *Diccionario San Pablo*. Burgos: Monte Carmelo, 1999, p. 569-787.

FRANCISCO. *Exortação Apostólica Pós-Sinodal Evangelii Gaudium*. São Paulo: Paulinas, 2013.

_____. *Pronunciamentos do Papa Francisco no Brasil*. São Paulo: Paulus-Loyola, 2013.

FUNG, R. Y. K. *The Epistle to the Galatians*. Michigan: Grand Rapids, 1988.

GONZÁLEZ RUIZ, J. M. *Epístola de San Pablo a los Gálatas, Texto y comentario*. Madrid: Instituto Español de Estudios Eclesiásticos, 1971.

GONZAGA, W. *"A verdade do Evangelho" (Gl 2,5.14) e a Autoridade na Igreja*. Tese Gregoriana, Serie Teologia 145. Roma: Editrice Pontificia Università Gregoriana, 2007.

KUSS, O. *Carta a los Romanos, Carta a los Corintios, Carta a los Gálatas*. Barcelona: Herder, 1976.

LAMBRECHT, J. La voluntad universal de Dios, el verdadero evangelio de la Carta a los Gálatas. *Revista Biblica* 57 (1995), p. 131-142.

LOSADA, J. Pedro y Pablo: una confrontación eclesial permanente. *Misión Abierta* (1987) pp. 133-142.

LYONNET, S. *A caridade, plenitude da Lei segundo São Paulo*. São Paulo: Loyola, 1974.

MANCEBO, V. Gal. II,1-10 y Act XV. Estado actual de la cuestión. *Estudios Bíblicos* 22 (3-4, 1963), p. 315-50.

MATEOS, J. *El aspecto verbal en el Nuevo Testamento*. I. Madrid: Cristiandad, 1977.

MUSSNER, F. *La Lettera ai Galati*. Brescia: Paideia, 1987.

NESTLE-ALAND. *Novum Testamentum Graece*. Stuttgart: Deutche Bibelgesellschaft, 2012.

NUÑEZ REGODÓN, J. *El Evangelio en Antioquia, Gál 2,15-21 entre el incidente antioqueno y la crisis gálata*. Barcelona, Universidad Pontificia de Salamanca, 2002.

PITTA, A. *Disposizione e Messaggio della Lettera ai Galati*. Analecta Biblica 131. Roma: Pontificio Instituto Biblico, 1992.

_____. *Lettera ai Galati*. Bologna: Dheoniane, 1996.

_____. Paolo, i gentili e la legge: percorso genetico a partire della lettera ai Galati. *Ricerche Storico-Bibliche* 8 (1996), p. 251-276.

RAMAZZOTTI, B. *La lettera ai Galati*. In: G. CANFORA (Ed.). *Il Messaggio della Salvezza*, VII. Torino: Marietti, 1976, p. 253-357.

_____. "La genuinità del Vangelo e dell'apostolato di Paolo ebbe conferma nel Concilio di Gerusalemme (2,1-10)" e "L'autenticità del Vangelo e dell'a-postolato di Paolo fu messa in evidenza della controversia di Antiochia (2,11-21)". In: *Il Messaggio della Salvezza*. VII. Leumann: Marietti, 1976, pp. 287-304.

RICHARD, P. A prática de Paulo, suas opções fundamentais. *Revista de Interpretação Bíblica Latino-Americana* (1995), p. 92-104.

RÓDENAS, A. El coloquio privado de Pablo con las autoridades de la comunidad de Jerusalén (Gal 2,2). *Naturaleza y Gracia* 24 (1977) pp. 309-328.

SCHLIER, H. *Lettera ai Galati*. Brescia: Paideia, 1965.

SCHELKLE, K. L. *Paolo. Vita, lettere, teologia*. Brescia: Paideia, 1990.

SODING, T. *A tríade fé, esperança e amor em Paulo*. Cadernos Bíblicos 34. São Paulo: Loyola, 2003.

TORRENTS, J. M. *La Sinagoga Cristiana*. Madrid: Trotta, 2005.

VANNI, U. Lettera ai Galati. In: *Lettere di San Paolo*. Roma: Paoline, 1995, pp. 5-68.

_____. Galati (Lettera ai). In: *Dizionario Biblico*. Cinisello Balsamo: San Paolo, 1988, p 561-565.

VIDAL, M. J.; BASTANTE, J. *Francisco, o novo João XXIII*. Petrópolis: Vozes, 2013.

WITHERINGTON, B. *Grace in Galatia*. A Commentary on St. Paul's Letter to the Galatians. Edinburgh: T&T Clark, 1998.

ZERWICK, M. *Graecitas Biblica, Novi Testamenti Exemplis Illustratur*. Romae: Pontificio Instituto Biblico, 1966.

"O CULTO DA VERDADE...
AO REDOR DA PALAVRA DE DEUS"

Leonardo Agostini Fernandes

INTRODUÇÃO

O sentido do conteúdo da *Evangelii Gaudium* permite ser parafraseado: "Sobre o Anúncio de Jesus Cristo para o Ser Humano Contemporâneo" ou "Sobre o Anúncio da Alegria para o Ser Humano desejoso de Alegria". Percebe-se, então, que Evangelho e Mundo não são tidos como realidades abstratas, mas como realidades pessoais que podem se relacionar, porque são sujeitos do amor e sujeitos ao amor que visa a uma união estável.

Por um lado, a pessoa, a vida e a obra de Jesus Cristo, que primeiro tornou-se arauto da Boa-Nova da Alegria para o ser humano, que morreu e ressuscitou por essa causa, e que se entregou como conteúdo da missão da sua Igreja para o mundo do seu tempo e de todas as épocas: "Indo, fazei discípulos em todas as nações, batizando-os em nome do Pai e do Filho e do Espírito Santo" (Mt 28,19); "Indo por todo o mundo, pregai o Evangelho a toda criatura" (Mc 16,15).

Por outro lado, o mundo do ontem, do hoje e do amanhã, que é chamado a receber e a acolher a Boa-Nova da Alegria de Jesus e a encontrar nela o verdadeiro sentido da vida. Pessoas em relação e em intercâmbio de naturezas e de propriedades. Realidades e dinamismos pessoais que em nada se excluem, mas que se comunicam e interagem, porque o mundo foi, é e continuará sendo uma razão para que Deus sempre manifeste o seu grande amor: "Deus, de fato, amou tanto o mundo, que deu o seu Filho único, para que o que nele crê não pereça, mas tenha a vida eterna" (Jo 3,16).

Para que isso aconteça, nos nossos dias, é preciso, como outrora, provocar o encontro do ser humano com Jesus Cristo, "que é o mesmo

"O culto da verdade... ao redor da Palavra de Deus"

ontem, hoje e em eterno" (Hb 13,8). Este encontro produz salvação de tudo que desumaniza e que esvazia o mundo de seu real sentido, porque é a verdade, conhecida e aceita, que liberta: "e conhecereis a verdade e a verdade vos libertará" (Jo 8,32).

A *EG* possui uma lógica própria que corresponde à linguagem amiga e fraterna do Papa Francisco. Pela perspectiva da alegria e da verdade, ele lança um olhar realista e otimista para o mundo atual a partir da certeza de que o anúncio de Jesus Cristo foi, é e será sempre um dom de Deus que renova e infunde novas esperanças em cada ser humano.

Que é o ser humano? Como está? Como tem caminhado? De que necessita? Quais são as suas aspirações? Qual o papel da Igreja? Estas perguntas, antigas e sempre novas,[1] permeiam a *EG* e caracterizam o objetivo ao qual se propôs o Papa Francisco ao recolher as contribuições do último Sínodo dos Bispos, celebrado de 7 a 28 de outubro de 2012, sobre *a nova evangelização para a transmissão da fé cristã*: "Quero, com esta Exortação, dirigir-me aos fiéis cristãos a fim de convidá-los para uma nova etapa evangelizadora marcada por esta alegria e indicar caminhos para o percurso da Igreja nos próximos anos" (*EG* 1).

Muitos são os aspectos, as perspectivas e as interpelações contemplados nessa Exortação. Todos, porém, estão vistos e analisados através do viés da alegria, tanto de quem comunica o Evangelho como de quem se abre para recebê-lo, porque este Evangelho é alegria salvífica.

A evangelização, missão de toda a Igreja, é essencialmente uma obra de Deus (*EG* 12). Ela começou com o próprio Jesus Cristo, Boa-Nova do Pai na força do Espírito Santo, que contagiou os discípulos e os provocou à adesão livre e pessoal a ele e ao seu amor, porque veio ao encontro dos seus anseios mais profundos de bem, de justiça e de verdade (*EG* 71). Jesus, em tudo, lhes falava ao coração[2] e os aquecia, renovando-lhes a esperança (cf. Lc 24,13-35).

---

[1] Esta afirmação encontra-se no documento da Congregação para a Doutrina da Fé (1990: 1): "O homem não pode ser verdadeiramente livre se não é iluminado quanto às questões centrais da sua existência, em particular sobre a questão de saber de onde vem e para onde vai. Torna-se livre quando Deus a ele se doa como um amigo, segundo a palavra do Senhor: 'não vos chamo mais de servos, porque o servo não sabe o que o seu senhor faz; mas eu vos chamo amigos, porque tudo o que ouvi do Pai eu vos dei a conhecer' (Jo 15,15). A libertação da alienação do pecado e da morte se realiza para o homem quando Cristo, que é a verdade, se torna para ele também o 'caminho' (cf. Jo 14,6)".

[2] O coração, "na Bíblia, é o centro do homem, onde se entrecruzam todas as suas dimensões: o corpo e o espírito, a interioridade da pessoa e a sua abertura para o mundo e aos outros, a inteligência, a vontade, a afetividade. O coração pode manter unidas estas

Se a Igreja quer ser uma voz ouvida pelo mundo hodierno, como os primeiros discípulos ouviram e seguiram o exemplo e os passos de Jesus Cristo, ela precisa sair de si mesma e se deixar transformar através da sua vocação missionária. No movimento exodal, saindo ao encontro do outro para comunicar a Boa-Nova de Jesus Cristo, cada batizado, em particular os ministros ordenados, encontra a razão do seu ser e do seu existir no mundo: "vós sois o sal da terra", "vós sois a luz do mundo" (Mt 5,13-16; *EG* 92).

No presente artigo, procura-se refletir sobre a questão da verdade, tomando inspiração no conteúdo de vários tópicos da *EG*, mas, particularmente, em dois tópicos do capítulo III: "O culto da verdade" (*EG* 146-148) e "ao redor da Palavra de Deus" (*EG* 174-175). Por estes, percebe-se que a verdade, proposta de Deus e resposta do ser humano, é um compromisso que brota da profunda união com Jesus Cristo e com a sua Igreja. Ela deve transparecer em todos os âmbitos da sua vida e da sua ação evangelizadora, em especial, no serviço que teólogos, sejam clérigos, religiosos ou leigos, proporcionam, pelo saber que produzem, "como parte da missão salvífica da Igreja" (*EG* 133).

A REVELAÇÃO DA VERDADE SALVÍFICA

O SER HUMANO É FILHO DA VERDADE QUE ACOLHEU E QUE DEVE CONTINUAMENTE PROCURAR

A busca da verdade é uma ação presente na natureza e no íntimo do ser humano, que percebe em si o profundo desejo de realização pessoal.[3] Ele quer ser feliz e não se sente satisfeito quando passa a existir em meio a situações fragmentadas e vazias, principalmente quando se depara com o falso testemunho e a incoerência naquele em quem acreditou.

A verdade não é só o objeto da inteligência, é, igualmente, a força que impulsiona o desejo de conhecer, de ser conhecido e de se rela-

---

dimensões, porque é o lugar onde nos abrimos à verdade e ao amor, deixando que nos toquem e transformem profundamente" (*LF* 26).

[3] A "busca da verdade é uma questão de memória, de memória profunda, porque visa a algo que nos precede e, dessa forma, pode conseguir unir-nos para além do nosso 'eu' pequeno e limitado; é uma questão relativa à origem de tudo, a cuja luz se pode ver a meta e também o sentido da estrada comum" (*LF* 25).

"O culto da verdade... ao redor da Palavra de Deus"

cionar com o próximo de forma livre e altruísta, porque a verdade é a razão de tudo o que existe no mundo.

Se, por um lado, para os que creem, a inteligência é a faculdade com a qual Deus dotou o ser humano em função da verdade; por outro lado, ela o inquieta, ao mesmo tempo em que compromete toda a sua existência, pois sem a verdade e o amor, o ser humano não é capaz de viver de forma plena e autêntica as dimensões da sua natureza que, nele, apelam, continuamente, por plenitude e felicidade.[4] A inteligência que deseja a verdade exige que o seu entendimento seja iluminado pelo amor que dá sentido à realidade.

Deus, verdade eterna, autor e origem de tudo o que existe, dotou todas as coisas de verdade, isto é, carregou-as do seu próprio ser, na medida e em proporção da natureza própria de cada uma das criaturas. Ao ser humano, sua máxima criatura, visando estabelecer uma comunhão dialogal, capacitou-o sobremaneira, para que o buscasse acima de tudo e o amasse sobre todas as coisas.

Em tudo o que existe reside uma verdade ontológica, mas a verdade que liberta ultrapassa o mundo criado, que não é senão um sinal do Mistério de Deus, seu fundamento, que por puro amor se fez inteligível pela história da salvação contida na Sagrada Escritura e que retrata a experiência salvífica em forma de comunhão de vida de Deus com o seu povo.[5]

A revelação divina, porém, respeitando os limites da natureza e da psicologia humana, mostra que Deus usou de uma pedagogia à altura do ser humano,[6] isto é, deu-se por meio de fatos e palavras conexos entre si, permitindo que a verdade pudesse ser percebida e procurada

---

[4] O Papa Francisco, ao falar da verdade, insiste no vínculo inseparável que existe dela com a beleza e a bondade (*EG* 9; 142; 167; 257). A verdade que a Igreja propõe na sua ação evangelizadora não vai acolhida como algo meramente conceitual, como acontece em uma hierarquia de noções. Por isso, afirma que é "preciso passar do nominalismo formal à objetividade harmoniosa. Caso contrário, manipula-se a verdade, do mesmo modo que se substitui a ginástica pela cosmética" (*EG* 232).

[5] Deus, que se revela ao longo da história, é verdade fidedigna. Nele, o ser humano pode depositar a sua confiança, mas para que isso ocorra, de forma autêntica, precisa experimentá-lo, a fim de conhecê-lo como comprometido com a sua vida e existência. Professar a fé em Deus é, por assim dizer, manifestar conhecimento de Deus, que conduz a história e firma os passos do ser humano no exercício do bem, da justiça e da verdade (*LF* 23-25).

[6] A dinâmica da evangelização, rumo à maturidade da fé e do compromisso comunitário, exige "uma pedagogia que introduza a pessoa passo a passo até chegar à plena apropriação do mistério" (*EG* 171).

100

no mundo que o circunda e nas vicissitudes que envolvem a sua vida, nada dispensando da sua história individual e comunitária. Na medida em que Deus se revelou, chamou e comissionou o povo que escolheu e no qual fez nascer o seu Filho único e salvador, Jesus Cristo.

O tema da criação do mundo, com o qual tem início a Sagrada Escritura, atesta que ela provoca a razão humana a reconhecer uma verdade: o mundo não é obra das mãos humanas, lhe antecede, mas foi colocado em suas mãos.[7] Criado à imagem e semelhança de Deus, o ser humano recebeu a missão de governar a criação, pelo serviço, numa trajetória capaz de refletir a sublimidade do seu ser, que advém da sua íntima relação com o Criador, consigo mesmo, com o próximo e com a natureza (cf. Gn 1,1-2,25). Ele foi dotado de capacidades para ser reflexo de Deus que é verdade absoluta e comunhão de vida. Então, a criação e tudo o que nela existe, em particular o ser humano, estão ordenados e finalizados para uma realização que corresponde à intenção do Criador, que também se revela como atento às suas necessidades porque é Divina Providência (*EG* 84).

O compromisso do ser humano com a criação está bem expresso na *EG* 215:

> Há outros seres frágeis e indefesos, que muitas vezes ficam à mercê dos interesses econômicos ou dum uso indiscriminado. Refiro-me ao conjunto da criação. Nós, os seres humanos, não somos meramente beneficiários, mas guardiões das outras criaturas. Pela nossa realidade corpórea, Deus uniu-nos tão estreitamente ao mundo que nos rodeia, que a desertificação do solo é como uma doença para cada um, e podemos lamentar a extinção de uma espécie como se fosse uma mutilação.

O ser humano, conhecendo a queda original,[8] conheceu a perda da sua liberdade, pois optou por um caminho que o afastou da verdade e o

---

[7]   O tema da criação aparece pela primeira vez na Exortação no contexto da alegria do anúncio (*EG* 4) e se recorda que a criação, estendida a todos os aspectos da existência humana, continua ansiosa aguardando a manifestação dos filhos de Deus (*EG* 181), porque chama os fiéis ao compromisso com a ecologia e com a defesa das criaturas mais frágeis e em risco de extinção (*EG* 215). Esse compromisso permite o diálogo com os não crentes que buscam sinceramente a verdade, a bondade e a beleza (*EG* 257). A hora da cruz foi a suprema hora da nova criação (*EG* 285).

[8]   O tema do pecado aparece logo no início da Exortação, no contexto da salvação em Jesus Cristo (*EG* 4), e afirma-se que a moral cristã não é um catálogo de pecados (*EG* 39). Contudo, o Papa não deixa de alertar que o processo de secularização deformou a ética, enfraqueceu o sentido do pecado individual e social, aumentando o relativismo (*EG* 64). Traz a questão do contratestemunho, quando admite que os pecados de alguns membros da Igreja causam tristeza e grande vergonha (*EG* 76), mas lembra, diante do

"O culto da verdade... ao redor da Palavra de Deus"

inclinou para a rebeldia, isto é, aceitou uma mentira como proposta de verdade: "sereis como deuses" (Gn 3,5). Encontrou-se, a partir do pecado, sob o "domínio" desta farsa e provou, em sua natureza, o fruto da contradição, gerado pela desobediência que lhe causou a morte, drama da sua existência e que marca o desequilíbrio em todas as suas formas de relacionamento. A descoberta da sua nudez (cf. Gn 3,7.10-11) revela a perda da harmonia *ad intra* e *ad extra* do seu ser e que vinha da vida de comunhão com Deus pela graça original.

Deus, contudo, rico em misericórdia não abandonou a sublime criatura no mal gerado pela sua desobediência. Concebeu o plano divino da salvação capaz de reencaminhar o ser humano para a verdade e para a reconciliação: "Porei inimizade entre ti e a mulher, entre a tua descendência e a descendência dela. Esta te esmagará a cabeça e tu lhe ferirás o calcanhar" (Gn 3,15).

Este plano adquiriu consistência através da história do antigo Israel, propícia mediação, pela qual Deus manifestou que não ficou indiferente à condição do ser humano.

Dos Patriarcas ao êxodo e deste à posse da terra prometida, o antigo Israel experimentou Deus a favor da vida. A Aliança e o Decálogo,[9]

---

pessimismo, a frase de São Paulo aos Romanos (5,20): "onde abundou o pecado, superabundou a graça" (*EG* 84). Com isso, alerta para os perigos e os riscos que o mundanismo espiritual, pela busca dos próprios interesses, pode causar e chegar a ser pior que o mundanismo moral (*EG* 93). Acusa, também, os pecados de uma pastoral de grandes planos, que somente impõe o que deve ser feito, sem levar em conta a realidade (*EG* 96) de quem olha de cima para baixo e "não aprende com os próprios pecados nem está verdadeiramente aberto ao perdão" (*EG* 97). Lembra que a prática da justiça e da caridade, quando salvíficas, expia pecados (*EG* 193) e, de forma inovadora, alerta que na atividade sociopolítica reside um pecado: "privilegiar os espaços de poder em vez dos tempos dos processos" (*EG* 223). Parece que, quanto ao tema do pecado, o Papa quis terminar como começou: a libertação do pecado é uma ânsia provocada pela ação do Espírito Santo que precede a ação do missionário (*EG* 265). O que não pode ser esquecido é que Jesus Cristo não fazia acepção de pessoas e não se importou de estar perto e fazer refeição com os pecadores, pois são os doentes que precisam do médico (*EG* 269). Jesus Cristo triunfou sobre o pecado (*EG* 275) no seu dramático encontro com a misericórdia divina feita dom na cruz (*EG* 285).

[9] O tema da Aliança aparece, primeiramente, no contexto litúrgico da proclamação da Palavra, no qual são anunciadas as maravilhas de Deus e as exigências da Aliança (*EG* 137). Ainda neste contexto, o Papa recorda que o pregador deve mediar o diálogo de Deus com o povo, reforçando a aliança e estreitando o vínculo da caridade (*EG* 143). Além disso, não deixa de reforçar que a Aliança estabelecida por Deus com o antigo Israel nunca foi revogada e é o que permite à Igreja estreitar, ainda mais, as suas relações com o judaísmo (*EG* 247), porque Deus continua a operar no povo da Primeira Aliança (*EG* 249).

selados por meio de Moisés, são a terna expressão do amor de Deus, pois convidam e provocam o ser humano a viver na prática do bem, da justiça e da verdade, virtudes geradoras de comunhão e paz no mundo ferido por tantas injustiças e maldades.

Da posse da terra prometida até o surgimento da compreensão e anúncio da vinda do Messias, a revelação teceu uma rica história salvífica. Os acontecimentos demonstraram que o povo eleito esteve profundamente marcado por inúmeras infidelidades à Aliança, que geraram os seus grandes males, visto que seus representantes e mediadores, principalmente os reis, não deram ouvidos à verdade e à fidelidade de Deus, proclamadas insistentemente pelos profetas.

Esses homens e mulheres, arautos da Palavra de Deus transmitida em forma de oráculos de condenação e de salvação, foram os grandes responsáveis por instaurar e assegurar o monoteísmo ético no antigo Israel, promovendo o culto da verdade ao Deus único e verdadeiro para incitá-lo à adesão e à prática da justiça social.[10] Tudo isso, porém, não impediu a propagação das infidelidades, das injustiças e das maldades que culminaram no exílio em Babilônia. Contudo e de modo muito particular, Deus, através dos profetas, permitiu que o seu povo vivesse essa situação, para realizar a renovação espiritual (cf. Jr 31,31-34; Ez 36,16-36), pela qual o culto do coração ganharia espaço para restaurar a unidade religiosa e nacional em torno do esperado Messias, que inauguraria uma nova era de paz e de fidelidade (cf. Is 2,1-5; 7,10-17; 9,1-6; 11,1-9).

Zacarias e Isabel, Simeão e Ana, José e Maria, bem como João Batista, são os protagonistas do Evangelho da infância segundo Lucas. Eles testemunharam, vivamente, o que representou a paciente espera pela realização das promessas de Deus ao seu povo sobre a vinda do Messias. Graças a esta fé e paciente espera, Deus irrompeu na história como ser humano em Jesus Cristo.[11] Uma ação inédita, pela qual convida o ser humano à vida de comunhão através do seu Filho Único.

---

[10] A ação dos profetas é lembrada logo no início da Exortação, citando passagens messiânicas de Isaías, Zacarias e Sofonias que prenunciavam a alegria da salvação (*EG* 4). O termo recorre, ainda, outras duas vezes, nas quais se recorda o discurso do Papa João XXIII, e adverte-se contra os falsos profetas que só sabem anunciar desgraças para enganar o povo (*EG* 84; 151).

[11] Toda a exortação gira em torno da pessoa e da obra de Jesus Cristo. Não há como resumir, aqui, a sua cristologia, mas percebe-se, claramente, o esforço do Papa Francisco no que diz respeito a propor a nova evangelização como a ocasião para provocar o encontro do ser humano com Jesus Cristo. Sobressai, sem dúvida, o que caracteriza esta Exortação: Jesus Cristo é a razão da Igreja, da sua vocação e da sua missão no mundo: o anúncio da alegria que recria, salva e liberta o ser humano. Ele é o Messias

"O culto da verdade... ao redor da Palavra de Deus"

Assim, por Cristo, com Cristo, em Cristo e para Cristo, a existência humana pode ser reorientada por uma aliança nova e definitiva, feita dom no dom do Filho feito homem. Ele é a plenitude da verdade proposta de Deus, mas é também a plenitude da resposta dada a Deus pelo ser humano. Ele tornou-se, por sua vez, o protótipo de toda e qualquer resposta que o ser humano deva ou consiga dar ao chamado à vida de comunhão com Deus.

A fé na encarnação do Verbo Divino é, então, a condição *sine qua non* e o sinal distintivo na vida de todo aquele que aderiu a Jesus Cristo, verdadeiro *Deus e verdadeiro Homem* (Catecismo da Igreja Católica, 464-478). Pela encarnação, forma inédita de Deus compartilhar integralmente a nossa humanidade, abriu-se o definitivo acesso ao conhecimento da fé, do amor e da verdade.[12]

Em razão disso, a Igreja, que existe para evangelizar e continuamente ser evangelizada (*EG* 174), afirma que a verdade sobre o ser humano só se esclarece no mistério do Verbo encarnado (*LG* 22). Por palavras e ações, em Jesus Cristo manifestou-se a verdade de Deus ao ser humano, a fim de que fosse impelido a responder-lhe por uma adesão livre, visto que encontra na sua Pessoa e na sua mensagem de fé e de amor a resposta para todos os seus anseios mais profundos de felicidade.

Afirma-se, assim, que a palavra de Jesus Cristo é palavra da verdade, que exprime o desígnio amoroso de Deus, ao mesmo tempo em que realiza, plenamente, a sua realidade de Verbo encarnado. Em relação a Deus, a quem chamou de *Abba*, Jesus Cristo manifestou a sua radical disponibilidade para acolher, obedecer a sua vontade e aceitar a sua soberania de forma livre e incondicional. Por isso, ao aderir a Jesus Cristo, o ser humano adere à verdade que liberta de todo o comprometimento com as formas de injustiça, que, na sociedade, oprimem e denigrem o seu ser imagem e semelhança de Deus.

Jesus Cristo, em sua pregação, falou abertamente do Espírito Santo como Pessoa divina distinta dele e do Pai e que, no seio da Trindade,

---

anunciado, esperado (*EG* 4) e encontrado pelos futuros discípulos (*EG* 120). Uma verdade que a Igreja não abre mão de anunciar (*EG* 249), porque ele é o verdadeiro Filho de Deus feito carne (*EG* 88; 120). Esta é a verdade de fé que exige compromisso social, porque nele a dignidade humana foi restaurada (*EG* 178).

[12] É neste sentido que o Papa Francisco recorda que: "Todas as verdades reveladas procedem da mesma fonte divina e são acreditadas com a mesma fé, mas algumas delas são mais importantes por exprimir mais diretamente o coração do Evangelho. Neste núcleo fundamental, o que sobressai é *a beleza do amor salvífico de Deus manifestado em Jesus Cristo morto e ressuscitado*" (*EG* 36).

procede do Pai e por ele é enviado ao mundo como aquele que vem completar a sua obra redentora (cf. Jo 16,13-15).[13] Ele é o agente que torna eficaz a mensagem evangélica e que capacita o ser humano para a verdade. Permanecer na verdade e "fazer a verdade" foi, sem dúvida alguma, a missão essencial dos apóstolos e continua sendo o desafio dos seguidores de Cristo, que são chamados a imitá-lo em palavras e obras. Os problemas do contratestemunho e da incoerência entre o que se prega e o que se vive encontram eficaz solução na abertura ao Espírito da verdade que conduz à verdade plena, glorificando Jesus, pois anuncia o que dele recebeu. Assim, tudo que se origina no Pai, é plenamente revelado e realizado no Filho, e conclui-se na força e unção do Espírito, para o louvor e glória de Deus Uno e Trino.

Jesus Cristo, aceitando passar pela morte redentora, revelou, precisamente, toda a grandeza e o valor da verdade libertadora, enquanto fazia da sua própria vida uma total doação ao Pai em favor dos seus irmãos. A morte de Jesus, neste contexto, está entre a tentativa de Satanás de desviar o ser humano da verdade e do divino em Jesus, e a permissão do Pai, que deixa seu Filho morrer, para, através da sua morte, manifestar a força da vida, que é ele mesmo, destruindo os planos do inimigo.

---

[13] A verdade doutrinal sobre o Espírito Santo e o seu agir na Igreja e no mundo aparece, também, ao longo de toda a Exortação, dela se faz referência explícita na *EG* 117. Ele é o protagonista da ação evangelizadora pela qual acontece a inculturação da fé (*EG* 122) e a razão para a valorização da piedade popular (*EG* 124), como vida teologal, particularmente dos pobres (*EG* 125-126). É o Espírito Santo que enriquece a vida e a ação da Igreja com a multiplicidade de dons e de carismas (*EG* 130), exatamente porque a sua ação é diversificada e diversificadora no momento de gerar a unidade entre os cristãos (*EG* 131). Confiar nele não isenta a preparação para a pregação, porque a sua ação não é passiva, mas ativa e criativa (*EG* 145). Invocar a sua ação é o passo fundamental, acima de qualquer método científico, para que se possa compreender o sentido pleno de um texto bíblico (*EG* 146), pois ele inspirou a Bíblia inteira (*EG* 148) e continua agindo no pregador, inspirando-lhes as palavras (*EG* 151). A sua ação em todas as esferas da sociedade é uma ação libertadora (*EG* 178), principalmente através da ação evangelizadora, não obstante sofra as consequências das ações contrárias e inimigas (*EG* 225). Assim, a experiência de Pentecostes continua acontecendo, manifestando publicamente a Igreja, infundindo coragem, audácia e força necessárias para evangelizar e tornar Jesus Cristo conhecido, crido e amado pelo ser humano desejoso de libertação (*EG* 259). O Espírito Santo é alma da Igreja evangelizadora que não deve temer sair de si mesma para anunciar a Boa-Nova da Alegria (*EG* 261), aceitando que ele trabalha onde quer, quando quer e como quer na vida de todo aquele que se entrega à sua ação sem pretender resultados espetaculares (*EG* 279). É essencial confiar na presença e na ação do Espírito Santo, pois ele "vem em auxílio de nossa fraqueza" (Rm 8,26) e não permite que o cansaço e o desânimo esmoreçam o ardor missionário, porque ele sabe o que cada época e momento necessitam (*EG* 280).

"O culto da verdade... ao redor da Palavra de Deus"

Prova disso é a ressurreição, que é a manifestação não só do poder de Deus, mas da vitória da vida sobre a morte e da verdade sobre as trevas da mentira e da ignorância. Se a ressurreição confirma a divindade de Jesus Cristo e constitui o fato central da fé dos apóstolos e de toda a Igreja, ela também retira e afasta todas as sombras de um fracasso humanamente constatado na cruz. É a verdade que liberta!

Jesus Cristo, ao instaurar o reino escatológico de Deus por sua vida, morte e ressurreição, enxertou na história da humanidade um novo princípio interno, operante e salvífico. Visto que todo ser humano tem que comparecer, após a morte, perante o juízo divino, denominado juízo particular, pelo Espírito Santo é capacitado a realizar e a ser, em Cristo, o protagonista da sua morte. A norma desse juízo é o amor encarnado em Jesus Cristo e infundido no ser humano.

A Igreja ensina que a parusia de Jesus Cristo e a ressurreição da carne estão associados a um julgamento da humanidade chamado "juízo universal". Neste, cada pessoa será julgada segundo a verdade conhecida e praticada, isto é, no confronto com Jesus Cristo e não segundo as aparências. Assim, o mal será punido pelo bem, realizando toda a justiça. A vida de Maria Santíssima sempre esteve associada à vida de seu Filho. Tudo nela aconteceu em virtude dos méritos dele. Deste modo, a sua Assunção antecipa a ressurreição que acontecerá a todos os membros do Corpo Místico. Por isso, a Igreja contempla a si mesma em Maria,[14] pois peregrina nesta terra, encaminha-se à pátria definitiva, para entrar no gozo do seu Esposo, a fim de viver eternamente na glória de Deus.

A verdade e o objetivo último do juízo final é a sujeição de toda a criação a Jesus Cristo, a revelação do seu domínio universal pela entrega da criação redimida ao Pai, na força do Espírito Santo, que adquire, definitivamente, a sua perfeição. Isto significa ao mesmo tempo a vitória

---

[14] Na *Evangelii Nuntiandi*, o Papa Paulo VI dedicou o último tópico a Maria, estrela da evangelização (*EN* 82). Já o Papa Francisco, seguindo talvez a inspiração da *LG* 52-69, dedicou amplo espaço à presença e à ação da Mãe de Jesus e da Igreja, denominando-a Mãe da evangelização e estrela da nova evangelização (*EG* 284; 287). Antes disso, porém, fez afirmações importantes sobre Maria: evoca, quanto à alegria, o seu papel na anunciação e na visitação a Isabel (*EG* 5); reconhece que a piedade popular inclui uma relação pessoal com Maria (*EG* 90); tem a coragem de dizer que Maria, na hierarquia das funções que derivam do múnus sacerdotal, é mais importante que os bispos (*EG* 104); lembra que Maria é invocada pelas mães que recorrem a ela implorando auxílio (*EG* 125); serve de exemplo para que o povo fiel tenha e cultive a memória de Maria diante das maravilhas operadas por Deus (*EG* 142), sem esquecer que nos seus braços cada ser humano é considerado um filho predileto (*EG* 144); e evoca a importância e o respeito que Maria recebe no Islão (*EG* 252).

absoluta sobre Satanás e o ponto para o qual convergem as aspirações da história e da civilização; o centro do gênero humano, júbilo de todos os corações e plenitude de todos os seus mais profundos e vivos desejos de bem, de justiça, de verdade e de felicidade (João Paulo II, 1998: 15).

CONHECEREIS A VERDADE, E A VERDADE VOS LIBERTARÁ (JO 8,32)

Conhecimento, verdade e liberdade são três realidades interligadas dentro da iniciativa salvífica, isto é, da autocomunicação de Deus e do seu amor pelo ser humano (*DV* 2). Por sua própria natureza relacional e dialógica, o ser humano que ama e que quer ser amado, para se realizar em plenitude, deve procurar a verdade a respeito de Deus, do mundo e de si mesmo. Uma vez encontrada e conhecida, deve caminhar de acordo com ela, ordenando e orientando toda a sua vida segundo as suas exigências (*DH* 1 e 2).[15]

Deus, que se revelou e se doou livremente, da mesma forma espera uma resposta livre do ser humano, a fim de que se instaure um diálogo, que "é muito mais do que a comunicação de uma verdade" (*EG* 142), porque o seu desejo é "um parceiro idôneo para o diálogo" (*LF* 32), que torna visível a finalidade da ação divina: a relação pessoal que Deus quer estabelecer com o ser humano, visando que a sua intimidade de vida seja conhecida e amada por ele. Isto exige, porém, que cada um se disponha a se abrir para o diálogo com Deus. Sem abandonar a sua condição criatural, o ser humano necessitará ser elevado na sua própria natureza. Apesar disso, permanece sempre o sério risco do ser humano negar a Deus a devida resposta, visto que a palavra de Deus não lhe é imposta sem o seu consentimento voluntário e livre (Schmaus, 1986: 35-37).

---

[15] Pode-se evocar, aqui, a título de exemplo, a busca incessante de Santo Agostinho, antes mesmo da sua conversão, pela verdade. Ele, fruto do seu tempo, desejava imensamente obter uma correta compreensão da realidade interior e exterior ao seu ser. Passou por diversas correntes filosóficas e religiosas, mas encontrou-se, finalmente, na fé cristã, pela qual experimentou a bondade de Deus no momento em que se abriu e respondeu, livremente, aos apelos do seu coração. A sua atração pela verdade o conduziu à beleza que é o Filho de Deus feito homem, sumamente amável porque amou por primeiro a sua criatura. A sua conversão aconteceu como iluminação, isto é, como imersão na luz da fé e do amor que conduz à verdade que liberta porque não violenta o ser humano. Aconteceu nele um passo decisivo: foi possuído pela verdade que desejava possuir (*EG* 167).

"O culto da verdade... ao redor da Palavra de Deus"

Deus, por sua vez, assegura ao homem a possibilidade de encontrá-lo a partir do dado revelado, quer de maneira natural, quer de maneira sobrenatural pela revelação normativa. Todavia, a manifestação de Deus na natureza aponta para a possibilidade de ele ser conhecido através da criação; este conhecimento, porém, não deve ser percebido somente de maneira superficial, mas, sim, como um sinal do mistério e eco da verdade que vem de Deus como fonte de vida.

Ao ser humano é apresentado, então, um caminho[16] rumo a uma grande vitória ou a um grande fracasso; isto dependerá do reconhecimento e da adesão de fé que dará à revelação de Deus, sem nada dispensar da sua capacidade racional, que pede ela mesma por um fim condizente com a sua natureza. Pela fé e pela razão almejará alcançar a objetivação da sua própria existência, o amor, realizando-se como pessoa orientada para a verdade, que não só o enobrece, mas que o aperfeiçoa; eleva-o como criatura destinada ao plano sobrenatural. "Sem a verdade, o amor não pode oferecer um vínculo sólido, não consegue arrancar o 'eu' para fora do seu isolamento, nem libertá-lo do instante fugidio para edificar a vida e produzir fruto" (*LF* 27).

A Igreja tem a sua origem no imperscrutável desígnio da Santíssima Trindade. É um projeto gerado e nascido no coração do Pai, prefigurada desde a fundação do mundo e preparada no antigo Israel, povo da aliança, para ser instituída em e por Jesus Cristo. Foi visivelmente manifestada em Pentecostes, para continuar o ministério da verdade, a fim de levar os homens à vida na graça, isto é, uma vida de comunhão com Deus e entre si. A sua existência manifesta visivelmente que o Reino de Deus se expande e opera o estado de comunhão do ser humano com Jesus Cristo, pois onde Jesus Cristo está presente, o Reino está presente, e onde o Reino está presente, Jesus Cristo está presente com a sua Igreja chamada a ser sal da terra e luz do mundo.

Neste sentido, a Igreja, depositária da verdade contida na Divina Revelação, principiada no tempo, no espaço e na história do antigo Israel, testemunha que essa verdade alcançou a sua plenitude no mistério da encarnação, vida, morte e ressurreição de Jesus Cristo.

A verdade que a Igreja procura perceber, conhecer, apreender e divulgar não é somente a verdade histórica ou a verdade humana,

---

[16] A revelação, considerada na sua totalidade cristã, mostra que só Jesus Cristo é caminho capaz de conduzir o homem à realização do seu ser, porquanto disse de si mesmo ser o caminho, a verdade e a vida. Ele é o caminho porque revela o Pai (Jo 12,45; 14,9), faz conhecer o caminho que conduz ao Pai (At 9,2) e é o único acesso ao Pai (Jo 1,18; 14,4-7).

mas é a verdade revelada, a verdade da fé. Ela é o objeto da teologia que procura, por meio da investigação científica, chegar, pelo exercício da sua vocação e do seu compromisso, a realizar a vontade de Deus plenamente revelada em Jesus Cristo e continuamente atualizada pelo Espírito Santo através da vida e da missão eclesial do povo de Deus. "Isso significa que o conhecimento da fé não nos convida a olhar uma verdade puramente interior; a verdade que a fé nos descerra é uma verdade centrada no encontro com Cristo, na contemplação da sua vida, na percepção da sua presença" (*LF* 30).

A Igreja, em suas notas características (Una, Santa, Católica e Apostólica), concretiza no mundo a sua índole missionária como presença e sinal da verdade. Para isso, em primeiro lugar, deve ser ela mesma autoconsciente da sua natureza e vocação: herdou de Jesus Cristo o tríplice múnus de ensinar, santificar e governar o povo a fim de que seja salvo, graças ao ingresso na vida de comunhão com o Pai, pelo Filho no Espírito Santo.

A verdade, comunicada aos homens através do seu tríplice múnus e de modo particular pelo exercício do magistério eclesial, é um serviço teológico que, "por meio de sinais", proporciona que cada ser humano se torne contemporâneo das ações salvíficas de Jesus Cristo: nascimento, vida, morte e ressurreição presentes em todos os sacramentos.

É por causa de Jesus Cristo, verdade e amor, que a Igreja exerce uma autoridade decisiva para a história humana, porque é fruto do compromisso com a sua vocação e missão de levar a salvação a todos os confins do mundo. Em síntese: "A Igreja, que é discípula missionária, tem necessidade de crescer na sua interpretação da Palavra revelada e na sua compreensão da verdade. A tarefa dos exegetas e teólogos ajuda a *amadurecer o juízo da Igreja*" (*EG* 40).

O CULTO DA VERDADE (*EG* 146-148)

A verdade revelada e contida na Sagrada Escritura, objeto do estudo amoroso dos teólogos e da pregação calorosa dos pastores aos fiéis, é salvífica, porque é fruto do amor gratuito de Deus por cada ser humano. "Os livros da Escritura ensinam, com certeza, fielmente e sem erro a verdade que Deus, para a nossa salvação, quis que fosse consignada nas Sagradas Escrituras" (*DV* 11).

"O culto da verdade... ao redor da Palavra de Deus"

A verdade que está registrada na Sagrada Escritura e que, por ela, é comunicada ao mundo, necessariamente, está unida à finalidade da sua inspiração. O Espírito Santo, agindo ao longo de todo o processo de formação, de forma persuasiva, na vida dos autores sagrados, fazia entender que a revelação de Deus e o seu plano visavam a salvação integral do ser humano.

Neste objetivo se considera a dimensão pragmática da Sagrada Escritura, pois não serve para comunicar verdades científicas, mas salvíficas segundo uma trajetória histórica e humana. Isso, porém, não impede que a fé desperte o sentido crítico no ser humano; pelo contrário, o impulsiona a se colocar maravilhado diante da criação, permitindo que a sua razão seja iluminada para melhor compreender, pela ciência e pela fé, o mundo que o envolve (*LF* 34). A vida comunicada a todo aquele que se aproxima da Sagrada Escritura é o fruto eficaz da inspiração.

A verdade, buscada em cada texto bíblico, é encontrada na medida em que a meditação e o estudo são feitos segundo o mesmo Espírito que inspirou todas as palavras e cada uma das páginas da Sagrada Escritura. Visto que o Espírito Santo nada dispensou ou dispensa da percepção e da compreensão do ser humano que a colocou por escrito ou que a deve descobrir, é ele quem continua a iluminar o fiel na aceitação de que essa verdade transcende o seu alcance no tempo e no espaço, o liberta exatamente porque produz a sua salvação. Esta acontece no seguimento e na imitação da sua Palavra transmitida, no passado, aos pais pelos profetas, mas que, nos últimos tempos, foram comunicadas pelo próprio Filho, herdeiro do sentido da vida e da história humana (cf. Hb 1,1). Os efeitos que a Sagrada Escritura produz na vida do fiel, transformam-no não em um simples receptor da verdade, mas em um operador da verdade em cada setor ou veia da sociedade na qual vive.

O fiel, ao reconhecer a transcendência da Palavra de Deus e da verdade impressas na imanência da sua palavra, não determina os critérios ou os métodos subjetivos pelos quais ela deva ser lida e interpretada, mas se coloca diante dela com veneração e grande temor, permitindo que a sua escuta seja uma postura aberta e disponível a Deus que fala com amor (*EG* 146).

O fiel que ouve, lê e analisa os textos da Sagrada Escritura, reconhecendo que ela é uma obra literária antiga e sempre nova, admite que a sua compreensão não esgota o seu sentido que pode ser alcançado em diferentes níveis. Estes irão variar de acordo com a idoneidade do seu interesse e da sua preparação para se colocar diante da Sagrada Escritura com uma postura aberta, própria de quem deseja compreender sem querer esgotar o significado e a profundidade da sua mensagem. Como Maria, deve guardar todas as coisas e as meditar no seu coração para que na hora derradeira da aridez não se feche na sua própria interpretação. Como escriba fiel, aprende a tirar do seu tesouro coisas antigas e sempre novas (cf. Mt 13,52).

O que o escritor sagrado quis comunicar possui um sentido literal que não esgota o sentido espiritual e pleno de cada texto da Sagrada Escritura. Isto não é um obstáculo para o fiel, em particular para o teólogo ou pregador, mas um incentivo para que, respeitando-se os diversos gêneros literários, a mensagem central e principal de cada texto seja percebida, compreendida e transmitida, causando o mesmo impacto vital com a qual foi colocada por escrito (*EG* 147).

O critério fundamental da leitura e do estudo de um texto bíblico é a aceitação do seu papel no conjunto do inteiro desígnio divino da salvação querida e realizada por Deus. Se é possível admitir que cada texto bíblico possua e seja portador de um sentido próprio, é necessário não esquecer que este sentido individual é parte integrante do sentido global da Sagrada Escritura. Por causa disso, não se pode deixar de colocar em prática uma regra fundamental na sua leitura e estudo: o texto bíblico explica o texto bíblico ou, em outras palavras, a Bíblia explica a Bíblia (*EG* 148).

O *culto à verdade* bíblica não será autêntico se não se revestir da condescendência divina pela qual Deus, com grande longanimidade, foi educando o seu povo a falar com palavras humanas a sua Palavra divina, isto é, a proclamar o seu Verbo criador, redentor e santificador em cada vicissitude e circunstância da existência humana. Assim, o ser humano se faz semelhante ao Verbo de Deus, assumindo a divindade do texto bíblico na humanidade de cada uma de suas palavras e ações; sem forçar ou distorcer o seu sentido pleno que qualifica não um único membro, mas o corpo inteiro da Sagrada Escritura, genuinamente divina e genuinamente humana, porque a verdade de cada parte está circunscrita no todo e o todo da verdade está circunscrito em cada parte.

A exemplo de Jesus Cristo, um discípulo missionário, por ser seu seguidor e imitador, pode sempre repetir as palavras do profeta Isaías que ele aplicou a si na sinagoga de Nazaré, revelando o sentido do seu ser messias segundo o desígnio de Deus, isto é, segundo o sentido pleno dessa verdade bíblica: "O Espírito do Senhor está sobre mim, porque ele me consagrou pela unção para evangelizar os pobres; enviou-me para

"O culto da verdade... ao redor da Palavra de Deus"

proclamar a libertação aos presos e aos cegos a recuperação da vista, para restituir a liberdade aos oprimidos e para proclamar um ano da graça do Senhor" (Lc 4,18-19 cf. Is 61,1-2).

AO REDOR DA PALAVRA DE DEUS (*EG* 174-175)

É imprescindível perguntar: Como a Palavra de Deus foi introduzida e recebida em família? Como ela foi apresentada e vivida durante o processo catequético? Com que assiduidade a vida pessoal e familiar foi e continua sendo interpelada e confrontada pela leitura da Sagrada Escritura?

Estas perguntas básicas podem servir de parâmetro para que cada batizado possa se questionar sobre a importância e o papel que atribui à Palavra de Deus na sua vida de fé. Pela praxe pastoral, percebe-se que um grande número de pessoas continua procurando a Igreja em função da recepção dos sacramentos, mas não possui uma afinidade com a Palavra de Deus. A Igreja, apesar de oferecer os cursos de preparação para o Batismo, a Eucaristia e a Confirmação, utilizando inúmeros trechos da Palavra de Deus, esta não é conhecida de forma profunda pela maioria dos fiéis.

O grande desafio está em criar a necessidade de estar diariamente diante da Palavra de Deus, mas não é o que acontece na maioria dos casos e por diversos motivos. Se, em um primeiro momento, a dificuldade residia em ter uma Bíblia, hoje, a maior dificuldade está nos critérios que devem nortear a leitura, a interpretação e a aplicação que dela se faz à vida. Ao lado disso, é indiscutível que a hermenêutica que se faz dos textos bíblicos não está isenta de influxos sociais, culturais, políticos, econômicos e religiosos. Nesse sentido, preconceitos e paradigmas pessoais interferem, mais ou menos, na leitura e interpretação dos textos se estes são acolhidos e lidos no contexto da tradição eclesial que os recebeu, os conservou e os transmitiu com fidelidade.

A Igreja, e nela cada fiel, pelo contato diário com a Sagrada Escritura na liturgia e na *lectio divina*, em uma espécie de causa e efeito, sente renascer, continuamente, as boas exigências no coração que renovam o seu ardor. O Espírito Santo, que moveu os hagiógrafos a escreverem tudo e somente aquilo que era necessário para a salvação, move constantemente os ministros sagrados, aos quais foi confiado o múnus de ensinar, para que, pelo conhecimento da fé e da verdade, iluminem a vida e o caminho do povo de Deus. No dizer de Jesus Cristo, a missão da Igreja consiste em fazer com que todas as nações se tornem discípulas pelo batismo e a elas se ensine a observar (obedecer) tudo o que lhes foi ordenado (cf. Mt 28,19-20).

A renovação pastoral tão desejada na vida da Igreja, gerando comunidades fervorosas e promotoras da caridade fraterna, passa, necessariamente, pela renovação pastoral da vida dos seus ministros. Estes devem assumir o compromisso de alimentar o povo de Deus, principalmente pela homilia, com os saborosos manjares contidos na Sagrada Escritura.

Há tempos que já se fala em nova evangelização ou evangelização dos batizados. Um retorno às fontes foi a grande proposta abraçada pelos bispos no Concílio Vaticano II. Nesse sentido, uma praxe catecumenal se impõe vivamente, pois se constata a necessidade da Iniciação Cristã aplicada a todas as faixas etárias. Desta praxe nascerá uma nova geração marcada pelo conhecimento e valorização da Sagrada Escritura na própria vida. O acesso ao conhecimento bíblico permite que surja um comportamento adequado, pois o conhecimento determina o comportamento.

Pretende-se, assim, passar de uma pastoral meramente sacramental a uma pastoral do envolvimento com a vida, e a dinâmica da Igreja como comunidade eminentemente missionária e comprometida com a promoção da justiça, tanto na vertical, para com Deus, como na horizontal, para com o ser humano e as demais criaturas. A dinâmica pastoral, hoje, possui novas exigências. Se, por um lado, os ministros devem conservar o essencial; por outro lado, devem ser, igualmente, ousados e criativos no modo de apresentar a verdade contida na Sagrada Escritura e na Sagrada Teologia, sem serem arrogantes, pois isso ofuscaria a verdade e enfraqueceria o diálogo.

O percurso catecumenal, devidamente assimilado e projetado, não deverá acontecer somente em vista da recepção sacramental, mas deve objetivar a formação e a edificação de comunidades fecundas em toda a sorte de vocações e ministérios, capazes de sempre gerar novas comunidades de fé que se espalham sem ficar presas ao antigo sentido territorial do modelo paroquial. Seria o caso de obedecer, de forma inovadora, à primeira ordem de Deus: "Sede fecundos, multiplicai-vos, enchei a terra e dominai-a" (Gn 1,28) pela fé, pela esperança e pelo amor à verdade que liberta; pois foi para a liberdade que Jesus Cristo nos libertou (cf. Gl 5,1).

CONCLUSÃO

Sem o Antigo, o Novo Testamento seria indecifrável e privado das suas raízes. O Antigo e o Novo Testamento se completam e colocam em relevo o sapiente desígnio de Deus, pois, para o cristianismo, as "Escrituras efetivamente cumpriram-se na vida de Jesus, na sua paixão e na sua ressurreição, bem como na fundação da Igreja aberta a todas as nações" (PCB, 2001: 84). Na relação entre os dois Testamentos acontece uma continuidade descontínua que se verifica no estudo e análise dos grandes temas pelos quais se enfatiza o projeto de Deus e as relações interpessoais. Estas se realizam na história que progride rumo à sua consumação e plenitude.

O tema da verdade é um pertinente fio condutor para a apresentação e compreensão de todo o desígnio salvífico de Deus contido na Sagrada Escritura. Por ele, trilha-se um caminho que ajuda a solidificar e renovar a fé, tornando o fiel mais apto a penetrar na profundidade do Deus revelado, com lucidez humilde, aberta e sempre dócil à moção do Espírito Santo. É o Paráclito quem capacita o fiel cristão para que, através de Jesus Cristo, chegue ao Pai, fonte e origem da vida, de cada vocação e missão que devem ser pautadas, cotidianamente, na verdade.

A fim de colocar a verdade em prática na própria vida, credenciando a evangelização pelo testemunho, os agentes evangelizadores, movidos pelo Espírito Santo, não se deixam levar somente pelas aparências de suas próprias impressões afetivas ou emocionais, mas se tornam aptos a reconhecer que o agir e o querer de Deus não se limitam aos confins visíveis da ação da Igreja. Por certo, Deus vela sobre a sua Palavra para realizá-la no tempo oportuno, mas deseja que os envolvidos no seu estudo e na sua divulgação estejam também aptos para percebê-la transformando e atuando na realidade (cf. Jr 1,11-12).

Então, o empenho e o trabalho teológico devem ser contemplados a partir da vocação ao serviço de Deus e do próximo. Para tanto, é preciso permanecer fiel à sublime tarefa de colaborar com o Sagrado Magistério, do qual cada teólogo recebe o múnus do ensino, a fim de que o povo de Deus, conquistado pelo sangue derramado do Teólogo por excelência, Jesus Cristo, seja cada vez mais introduzido na percepção, contemplação e conhecimento da vontade de Deus "que quer que todos os homens sejam salvos e cheguem ao conhecimento da verdade" (1Tm 2,4), que liberta nesta vida e para a eternidade.

A Sagrada Escritura é o grande tesouro e a fonte teológica da Igreja, que fundamenta o seu múnus de ensinar. Pode-se dizer que a teologia definida pela Igreja é a teologia que define a Igreja. Por isso, a leitura e a compreensão dos textos bíblicos realmente acontecem quando o teólogo e o exegeta não se afastam da tradição viva e do magistério confiado aos sucessores dos apóstolos.

Em um mundo marcado por profundas e rápidas transformações sociais, que, em vez de comunicar a segurança da verdade ao ser humano, está, cada vez mais, deixando-o desorientado, privado de sentido e perplexo diante do progresso científico e das crises sociais por ele geradas,[17] a *EG*, recolhendo os resultados do Sínodo dos Bispos de 2012, e inspirando-se, basicamente, no rico patrimônio do Concílio do Vaticano II, dos pronunciamentos dos quatro últimos pontífices, no Documento de Aparecida e no jeito próprio de se comunicar do Papa Francisco, propõe que a Igreja, em todos os seus níveis vocacionais, se renove através da sua missão de comunicar a alegria que brota do anúncio do Evangelho.

Se, por um lado, a ação evangelizadora proporciona uma doce e reconfortante alegria, porque o conteúdo do Evangelho foi, é e sempre será uma novidade que renova as estruturas da Igreja e do mundo; por outro lado, a transmissão da fé requer que a evangelização seja uma novidade nas suas formas e nos seus métodos de comunicar o bem, a justiça e a verdade que recria, restaura e liberta o ser humano. Isto acontece pela compreensão da fé que é dom do amor de Deus, o único capaz de transformar a realidade e de conceder, aos evangelizadores, um modo novo de ver a realidade para, nela, agir com a mesma força do seu amor.

Assim, a nova evangelização da Igreja, para alcançar êxito, deve passar, necessariamente, pela experiência do êxodo. Isto brota da sua tomada de consciência de que deve sair de si mesma e do seu *status* de comodidade para se renovar pelo seu envolvimento com o ser humano no seu cotidiano existencial. Nesta tomada de atitude, experimenta a ação do próprio Deus que, deixando o seu trono de glória nos céus, veio ao encontro do ser humano como ser humano, a fim de partilhar a sua existência em todos os sentidos, em particular, para encontrar e vencer a consequência do seu pecado: a morte, pela qual livrou a sua sublime criatura dos seus laços.

---

[17] "Na cultura contemporânea, tende-se frequentemente a aceitar como verdade apenas a da tecnologia: é verdadeiro aquilo que o homem consegue construir e medir com a sua ciência; é verdadeiro porque funciona, e assim torna a vida mais cômoda e aprazível" (*LF* 25).

Como Deus sempre deu o primeiro passo na direção do ser humano, a Igreja, preparando e acompanhando o seu processo existencial, dá um importante passo ao semear a Boa-Nova da Alegria, esperando colher os frutos que a levarão a festejar a prodigiosa ação de Deus em cada fiel: trinta por um, sessenta por um, cem por um (cf. Mt 13,8.23). Da preparação do terreno à colheita dos frutos, transcorre não somente o tempo da espera, mas o tempo que se deve respeitar para perceber e responder às exigências específicas de cada fase.

Para ser fiel a Deus, a Igreja necessita, em cada época, renovar também a sua fidelidade ao ser humano, fazendo-se atenta à realidade, mas sem fazer distinção de pessoas. Isto só acontece se a sua ação estiver fundamentada no amor e este fundamentado na verdade, pois: "apenas à medida que o amor estiver fundado na verdade é que pode perdurar no tempo, superar o instante efêmero e permanecer firme para sustentar um caminho comum" (*LF* 27).

REFERÊNCIAS BIBLIOGRÁFICAS

Catecismo da Igreja Católica. Petrópolis/São Paulo: Vozes/Paulinas/ Loyola/Ave-Maria, 1993.

Compêndio do Vaticano II. Constituições, Decretos e Declarações. Petrópolis: Vozes, 1987.

FRANCISCO. *Carta Encíclica Lumen Fidei*. São Paulo: Paulinas, 2013.

_____. *Exortação Apostólica Evangelii Gaudium*. A Alegria do Evangelho. Sobre o Anúncio do Evangelho no Mundo Atual. Brasília: CNBB, 2013.

JOÃO PAULO II. *Carta Encíclica* Fides et Ratio. Sobre as relações entre Fé e Razão. São Paulo: Paulus, 1998.

Instrução sobre a Vocação Eclesial do Teólogo. Congregação para a Doutrina da Fé. São Paulo: Paulinas, 1990.

PAULO VI. *Exortação Apostólica Evangelii Nuntiandi*. Sobre a Evangelização no Mundo Contemporâneo. São Paulo: Paulinas, 1975.

PONTIFÍCIA COMISSÃO BÍBLICA. *O povo judeu e as suas sagradas Escrituras na Bíblia cristã*. São Paulo: Paulinas, 2005.

SCHMAUS, M. *A Fé da Igreja* [v. I]. Petrópolis: Vozes, 1986.

A HOMILIA À LUZ DA *EVANGELII GAUDIUM*

Luiz Fernando Ribeiro Santana

INTRODUÇÃO

A Exortação Apostólica *Evangelii Gaudium* propõe o tema da homilia no contexto mais amplo do anúncio do Evangelho. Em seu terceiro capítulo, o Documento apresenta o anúncio do Evangelho como uma tarefa de todo o povo de Deus. A partir dessa perspectiva é que se enquadra o tema da homilia. Não é possível haver um autêntico anúncio e testemunho da Boa-Nova de Jesus sem uma experiência eclesial-pessoal da Palavra de Deus, celebrada e comentada nas celebrações litúrgico-sacramentais, mormente na celebração da Eucaristia. Desse modo, enfatiza a *Evangelii Gaudium*, é de fundamental importância o ministério da homilia no âmbito do diálogo de Deus com seu povo. Nesse sentido, "reveste-se de um valor especial a homilia, derivado de seu contexto eucarístico, que supera toda a catequese por ser o momento mais alto do diálogo de Deus e seu povo, antes da comunhão sacramental" (*EG* 137).

É do nosso interesse abordar três aspectos que se encontram entre os números 137 e 144 da Exortação Apostólica *Evangelii Gaudium*, a saber: o contexto litúrgico da homilia; a homilia como forma de encontro com a Palavra, no Espírito Santo; e a homilia como diálogo "cordial" entre Deus e seu povo.

O CONTEXTO LITÚRGICO DA HOMILIA

A Exortação Apostólica *Evangelii Gaudium* recorda-nos que a celebração litúrgica é o *habitat* conatural da homilia, e, acrescento, o seu *locus* genético. Isso porque ela sempre acontece no contexto de uma assembleia cultual que, necessariamente, torna-se o prolongamento e

A homilia à luz da Evangelii Gaudium

atualização da Aliança contraída entre Deus e seus filhos (cf. *EG* 137-138). Da assembleia do Sinai – solene ocasião em que o Senhor e seu povo se abraçam e se comprometem em Aliança – à assembleia de Pentecostes – cumprimento pleno da tipologia de todas as reuniões assembleais da primeira Aliança e profecia eloquente da reunião escatológica que já antegozamos em nossas assembleias litúrgicas –, o ministério da homilia não cessa de ser uma das principais tarefas da Igreja, "até que o Senhor venha" (1Cor 11,26).

A Exortação Apostólica *Verbum Domini* – ainda que não citada nos referidos números da *Evangelii Gaudium* – retoma a teologia da Constituição Litúrgica *Sacrosanctum Concilium* no tocante ao papel fundamental da Palavra de Deus durante o momento celebrativo (e, naturalmente, da homilia): "É enorme a importância da Sagrada Escritura na celebração da Liturgia (...)" e "[o próprio Cristo] está presente na sua palavra, pois é Ele que fala ao ser lida na Igreja a Sagrada Escritura".[1] Se considerarmos a homilia como prolongamento sempre atual da presença de Cristo na Palavra liturgicamente proclamada, necessário também se faz mostrar a amplitude da visão conciliar no tocante a essa mesma presença em suas variadas modalidades. Exemplo típico disso é a clássica afirmação do documento conciliar:

> De fato, para levar a efeito obra tão importante, Cristo está sempre presente em sua Igreja, sobretudo nas ações litúrgicas. Presente está no sacrifício da missa, tanto na pessoa do ministro, pois aquele que agora oferece pelo ministério dos sacerdotes é o mesmo que, outrora, se ofereceu na cruz, quanto, sobretudo, sob as espécies eucarísticas. Presente está pela sua força nos sacramentos, de tal forma que, quando alguém batiza, é Cristo mesmo que batiza. Presente está pela sua Palavra, pois é Ele mesmo que fala quando se leem as Sagradas Escrituras na Igreja. Está presente finalmente quando a Igreja ora e salmodia, Ele que prometeu: "Onde dois ou três estiverem reunidos em meu nome, aí estarei no meio deles" (Mt 18,20).[2]

Ao supor o contexto litúrgico da homilia, bem como a sua dimensão dialogal ("Deus-homem"), na qual "se proclamam as maravilhas da salvação e se propõem continuamente as exigências da Aliança" (*EG* 137), a Exortação do Papa Francisco tem como transfundo a teologia

---

[1] Bento XVI, Exortação Apostólica pós-sinodal *Verbum Domini*, n. 52. (Doravante citado como *VD*). Cf.: *Sacrosanctum Concilium*. Texto e comentário, n. 24 e 7. (Doravante citado como *SC*).

[2] *SC*, n. 7.

bíblico-litúrgica do Concílio Vaticano II. Com efeito, maturado ao longo do Movimento Litúrgico – fortemente marcado pela teologia bíblica e patrística –, o Concílio não só realça a importância vital da Palavra de Deus na vida da Igreja como ainda destaca a presença de Cristo através da Palavra proclamada na liturgia. Ao insistir na noção teológica da presença de Cristo em sua Igreja e no mistério da liturgia, o documento conciliar salienta que tal presença se justifica em virtude da continuidade dinâmica e sempre atual da obra da redenção, de Pentecostes à parusia. Ele menciona explicitamente essa "obra" por duas vezes ao tratar do tema da natureza da liturgia: "Esta obra da redenção humana e da perfeita glorificação de Deus (...)" e "realmente em tão grande obra (...)".[3] Nos dois casos a referida obra (*opus*) tem uma dupla valência e finalidade, a saber: a glorificação de Deus e a santificação dos homens. Trata-se daquilo que poderíamos denominar de "bipolaridade" da liturgia. Ora, é particularmente no momento da homilia que isso se verifica, segundo a fé que impulsiona a Igreja a acolher a Palavra de Deus que nela é semeada. Num fluxo irrefreável e vitalizante, a homilia – parte integrante de cada ato litúrgico (em particular, da celebração eucarística) – "pode ser o momento mais alto do diálogo entre Deus e seu povo" (*EG* 137). Essencialmente, ela brota de uma fonte radical: o amor de Deus que, num *exitus* apaixonado, sai em busca do homem a fim de alcançá-lo, onde quer que esteja, da forma em que se encontre, a fim de mostrar-lhe que é capaz de Deus (*capax Dei*), isto é, está habilitado a responder à proposta primeira do amor. "Renovemos a nossa confiança na pregação, que se funda na convicção de que é Deus que deseja alcançar os outros através do pregador e de que Ele mostra o seu poder através da palavra humana" (*EG* 136).

M. Kunzler nos lembra muito bem que a teologia litúrgica do Concílio Vaticano II está essencialmente baseada naquilo que ele denomina de equilíbrio "catabático-anabático", eixo constitutivo da revelação de Deus e da dinâmica histórico-salvífica: proposta salvífica de Deus e resposta livre do homem. Segundo esse autor, é a "catábase" divina (descida de Deus ao homem em vista de sua salvação) que torna possível a "anábase" humana (atitude responsável do homem, finalizada a glorificação de Deus).[4] A partir desses pressupostos teológicos, somos levados a

---

[3]   Cf. *SC*, n. 5.7.

[4]   Kunzler, M. *La liturgia della Chiesa*, p. 37-247. Com os termos "catábase" e "anábase", Kunzler quer referir-se à descida de Deus ao homem e à subida do homem até Deus. De fato, os termos gregos "katábasis" e "anábasis" significam, respectivamente, descida e subida.

A homilia à luz da Evangelii Gaudium

afirmar que a proclamação litúrgica da Palavra de Deus, principalmente no contexto de uma assembleia litúrgica – cientes de que nosso intento é destacar o momento da homilia –, é um diálogo sempre novo e atual entre os dois parceiros do drama histórico salvífico: Deus e o homem. Nesse diálogo, Deus entrega-se aos seus como oferta de salvação, através de sua Palavra e dos Sacramentos; ao homem, cabe acolher livremente esses dons e ofertá-los a Deus em forma de resposta cultual. Em outros termos, poderíamos falar em dois movimentos intensa e profundamente imbricados entre si: o "catabático-soteriológico" e o "anabático-latrêutico".

Tomando como paradigma a Virgem Maria, a *Evangelii Gaudium* aborda a homilia no contexto bíblico das maravilhas desde sempre realizadas por Deus em favor de seu povo – maravilhas de ontem e de hoje, sempre novas e atuais (*EG* 142). Ao acolher na fé a Palavra de Deus, proclamada e comentada na homilia, é possível a cada crente, como Maria, dizer "sim" ao projeto amoroso de Deus. Trata-se da única e eterna Palavra criadora e salvífica que é entregue à Igreja durante o culto litúrgico e que, de forma responsorial, sobe a Deus, como fruto da livre adesão de cada batizado: "Como a neve e a chuva descem do céu e para lá não voltam, sem terem regado a terra, tornando-a fecunda e fazendo-a germinar (...), tal ocorre com a palavra que sai da minha boca: ela não torna a mim sem fruto" (Is 55,10-11). A homilia, parte integrante da Liturgia da Palavra, quer ser – afirma o magistério pós--conciliar – "uma proclamação das maravilhas realizadas por Deus na história da salvação".[5]

"Nas diferentes celebrações e nas diversas assembleias das quais os fiéis participam de maneira admirável, exprimem-se os múltiplos tesouros da única Palavra de Deus (...)".[6] Essa única Palavra se converte em acontecimento sempre novo, em "hoje" da salvação: Jesus Cristo. Isso nos é ilustrado pela declaração que Jesus fez numa celebração da Palavra, na Sinagoga de Nazaré. Imediatamente após a proclamação de uma passagem do trito-Isaías, ele afirma: "Hoje realizou-se essa Escritura que acabastes de ouvir" (Lc 4,21).

O ato litúrgico congrega os crentes, mas a fé necessita ser despertada continuamente. A ruptura com o mal, ligada ao batismo, jamais é definitiva, e o convite à conversão deve soar sempre de novo. Tomemos da Escritura uma cena que encarna quase plasticamente esta função. Jesus se encontra na sinagoga de Nazaré (Lc 4). Devolve o rolo depois da leitura

---

[5] Aldazábal, J., *Mesa da Palavra*. V. I. Elenco das leituras da Missa, n. 24 (Doravante citado como OLM). Este documento cita precisamente *SC* 35,2.

[6] Id., n. 3.

de Isaias. Todos olham para ele. Seu comentário soa, no silêncio cheio de expectativa, como um som de trombeta: "Hoje cumpriu-se esta Escritura que acabais de ouvir". Um anúncio tem sabor de novidade e atualidade (Magrassi, 1984: 126).

O "hoje" da presença do Ressuscitado, perenemente atualizado na pregação da Palavra anunciada, evoca e torna atual toda a economia da salvação que, em Cristo, tem o seu pleno cumprimento. Sugestivo a esse respeito é o episódio dos "Discípulos de Emaús". Na tarde da Páscoa, o Senhor se coloca entre dois de seus discípulos que se encontravam desolados e incapazes de reconhecê-lo. Em determinada altura do percurso, Lucas diz que Jesus retoma a revelação veterotestamentária e dela se faz um "hermeneuta-homileta" qualificado: "E, começando por Moisés e por todos os profetas, interpretou-lhes em todas as Escrituras o que a ele dizia respeito" (Lc 24,27). Dado importante a se notar é o fato de a economia da primeira Aliança, toda ela, encontrar no Cristo pascal o seu cumprimento, o que fica também bastante marcado no seguimento da perícope: "Era preciso que se cumprisse tudo o que está escrito sobre mim na Lei de Moisés, nos Profetas e nos Salmos" (v. 44).

A proclamação e pregação da Palavra na liturgia nos tornam "contemporâneos" do mistério de Cristo e nos tornam participantes do *hodie* da salvação pascal. Celebrando o memorial da promessa feita a Abraão e levada a cabo na "plenitude dos tempos" (Gl 4,4), a Palavra anunciada na liturgia torna-se epifania da presença definitiva do Emmanuel, o "Deus-conosco" (cf. Mt 1,23; Is 7,14). Ele mesmo é o *euangélion* proclamado, comentado e tornado atual, evento de salvação para todos os que o acolhem na fé.

A nova e última etapa da economia salvífica, iniciada com o evento de Pentecostes e com a manifestação da Igreja, encontra na pregação da Palavra – bem como no seu anúncio e celebração – o seu clímax. Ser portadora da Palavra da salvação e ministra de sua celebração e pregação são traços que caracterizam o mistério da Igreja e de sua vocação no mundo:

> Portanto, assim como Cristo foi enviado pelo Pai, assim também Ele enviou os Apóstolos (...), não só para pregarem o Evangelho a toda criatura, anunciarem que o Filho de Deus, pela sua morte e ressurreição, nos libertou (...) mas ainda para levarem a efeito o que anunciavam: a obra da salvação através do Sacrifício e dos Sacramentos, sobre os quais gira toda a vida litúrgica.[7]

---

[7] *SC*, n. 6.

A Palavra de Deus, "que é proclamada na celebração dos divinos mistérios, não só se refere às circunstâncias atuais, mas também olha para o passado e penetra o futuro, e nos faz ver quão desejáveis são as coisas que esperamos (...)".[8] De fato, o momento proclamativo da Palavra, em cada celebração litúrgica, carrega em si uma dinâmica trifásica: é, ao mesmo tempo, "memória" (anamnese vivificante do mistério pascal do Cristo), "presença" (do Ressuscitado com os seus até o fim dos tempos) e "prognose-profecia" (antecipação e anúncio da plena realização das promessas do Deus fiel, a serem consumadas no *eschaton*). Fundindo passado, presente e futuro, a Liturgia da Palavra se revela como "momento-síntese" de toda a economia salvífica. Sob o dinamismo de uma contínua "tensão escatológica", a Palavra celebrada – o próprio Jesus Cristo, "o mesmo ontem e hoje" e "por toda a eternidade" (Hb 13,8) – projeta o Corpo eclesial de Cristo para a última e definitiva etapa do plano divino da salvação. Essa mesma Palavra – "Corpo de Cristo"[9] – não cessa de alimentar a Igreja, "até que Ele venha" (1Cor 11,26). Sabedores de que a homilia é "parte integrante da Liturgia da Palavra",[10] podemos afirmar, apoiados na *Evangelii Gaudium*, que ela é também uma "proclamação das maravilhas da salvação" na existência da Igreja e de cada batizado (*EG* 137).

A HOMILIA: ENCONTRO COM A PALAVRA, NO ESPÍRITO SANTO

É de fundamental importância destacar que a realidade da presença de Cristo em sua Palavra e na pregação litúrgica está intimamente conexa à missão que o Espírito Santo passa a exercer no seio da comunidade cristã após Pentecostes. Só se pode falar da presença sempre atual de Cristo em sua Palavra, proclamada e comentada no culto litúrgico, graças à virtude operante do Espírito Santo. "Cristo", "Palavra", "Espírito Santo" e "liturgia", desde sempre constituíram, segundo o testemunho da fé cristã, um polinômio indissociável na revelação que Deus faz de si mesmo.

Ao tema da presença de Cristo na sua Palavra, a Exortação Apostólica *Verbum Domini* vincula o da ação do Espírito. "Por isso, constantemente

---

[8]   OLM, n. 7.
[9]   Cf. *VD*, n. 56.
[10] OLM, n. 24.

anunciada na liturgia, a Palavra de Deus permanece viva e eficaz pela força do Espírito Santo (...)". E ainda: "De fato, a Igreja sempre mostrou ter consciência de que, na ação litúrgica, a Palavra de Deus é acompanhada pela ação íntima do Espírito Santo que a torna operante no coração dos fiéis".[11] De igual forma, o Papa Francisco, como que trazendo à baila essa realidade, desde sempre professada e crida pela Igreja, fala da homilia como possibilidade de experiência do Espírito Santo, uma vez que ela mesma é dom do Espírito: "A homilia pode ser, realmente, uma experiência intensa e feliz do Espírito, um consolador encontro com a Palavra, uma fonte constante de renovação e crescimento" (*EG* 135).

É um reconhecido mérito do Concílio Vaticano II trazer ao proscênio da reflexão teológica a dimensão mistérica, tanto do Cristo quanto da Igreja. Ao tratar do tema da obra salvação, prenunciada por Deus, e realizada por Cristo em seu mistério pascal, assim declara o Concílio: "Por este mistério, Cristo, morrendo, destruiu a nossa morte e, ressuscitando, recuperou a nossa vida. Pois do lado de Cristo dormindo na cruz, nasceu o admirável sacramento da Igreja".[12] Um fato, entretanto, devemos registrar, já que é unanimemente admitido por muitos estudiosos: a ausência de uma abordagem pneumática explícita na Constituição Litúrgica capaz de mostrar o Espírito Santo como causa vital e eficiente da relação "Cristo"-"Palavra", no âmbito da celebração litúrgica, também ela, "mistério". Coube à teologia litúrgica pós-conciliar assumir a tarefa de enfrentar tal abordagem, o que, aliás, tem sido feito com seriedade e incansável fôlego.

De qualquer forma, a teologia litúrgica conciliar não hesita em ressaltar o nexo vital existente entre a celebração litúrgica – aqui tomada como paradigma a celebração eucarística – e a Palavra de Deus proclamada e comentada na homilia: "Na celebração litúrgica é máxima a importância da Sagrada Escritura".[13] Tal afirmação conciliar é suficiente para mostrar que, na verdade, a assembleia cúltica é, por excelência, o lugar onde os cristãos são confirmados na sua fé comum em Jesus Cristo e, por meio da ação do Espírito Santo, testemunham ser povo escolhido de Deus e "templo do Espírito" (cf. 1Cor 3,16).

> O Espírito de Jesus Cristo também está na Igreja, enviado por Jesus como cumprimento da promessa do Pai, fazendo da Igreja uma comunidade cúltica com a missão de celebrar o mistério da nossa salvação. O Espíri-

---

[11]   *VD*, n. 52.
[12]   *SC*, n. 5.
[13]   Id., n. 24.

A homilia à luz da Evangelii Gaudium

to é a prova do amor do Pai e a comprovação da presença constante de Jesus no meio do seu povo. Nessa perspectiva, apresentamos o mistério da celebração litúrgica como o culto em espírito e em verdade de que Cristo falava (cf. Jo 4,24), pois a liturgia nasceu do lado de Jesus, morto na cruz, e é celebrada na virtude do Espírito Santo. Jesus Cristo, ao nos fazer partícipes do seu Espírito, capacita-nos a ser celebrantes da liturgia. Quando Jesus se entregou à morte, movido pelo Espírito (cf. Hb 9,14), brotaram do seu lado rios de água viva que alegram a cidade de Deus. Era o Espírito que aqueles que nele creram haviam de receber, uma vez que ele fosse glorificado pela ressurreição (Maldonado & Fernández, 1990: 252).

No dia de Pentecostes, o Espírito Santo manifesta o Corpo de Cristo na fisionomia de uma assembleia profética e sacerdotal, que recebe, como fruto da nova e eterna Aliança, a capacidade de acolher a Palavra de Deus e a ela responder – sempre na força dessa mesma Palavra acolhida. A principal missão do Espírito Santo na vida do Corpo de Cristo é aquela de reeditar – no "aqui" e "agora" de cada assembleia cultual, na variedade de formas e segundo cada lugar e momento – a primigênia assembleia do Cenáculo. Dessa maneira, a assembleia litúrgica sempre será o "lugar no qual se manifesta a ação do Espírito Santo através dos seus dons e carismas, mas, sobretudo, ela é o lugar onde o Espírito Santo, triunfando sobre todas as divisões e desigualdades humanas, unifica os crentes no único Corpo de Cristo (...)" (Rinaudo, 1980: 86).

Uma vez convocada, a reunião litúrgica passa a exercer duas atividades fundamentais: "evocar" (anamnese), mediante a Palavra de Deus, as maravilhas operadas por Deus ao longo de toda a história da salvação; em seguida, deve "invocar" (epiclese) a presença do Espírito Santo a fim de que a epopeia histórico-salvífica evocada seja atualizada no "hoje" da comunidade crente e celebrante, transmutando-se, então, em matéria-prima para o louvor e a glória de Deus: doxologia (cf. *EG* 142). Em outros termos, tendo sido convocada por Deus, a Igreja recebe uma dupla missão: "fazer o memorial" do fato salvífico e invocar o Espírito, agente responsável pela perene atualização da salvação operada por Deus, através de sua Palavra. O escopo desse processo é a glorificação de Deus (a doxologia de nossas orações eucarísticas expressa de forma eloquente essa dinâmica).

A Palavra de Deus não cessa de ser entregue à Igreja em oração (cf. *EG* 137). É na *ecclesia orans*, de fato, que a Palavra de Deus – proclamada e pregada – se revela sempre viva e eficaz, em virtude do poder do Espírito Santo. "Quando Deus comunica a sua palavra, sempre espera uma resposta, que consiste em escutar e adorar 'em Espírito e verdade' (Jo 4,23). O Espírito Santo, com efeito, é quem faz com que esta resposta seja eficaz, para que se manifeste na vida o que se escuta na ação litúrgica (...)".[14] A revelação bíblica apresenta-se numa estrutura dialogal: Deus vem ao encontro de seu povo, esperando dele uma resposta. A mesma estrutura pode ser verificada na celebração litúrgica da Palavra: Deus, na potência do Espírito Santo, vem ao encontro de seus filhos através de sua Palavra; estes, por sua vez, respondem, por meio dessa mesma Palavra, e na força do Espírito, ao seu Deus. Podemos falar em uma dinâmica "descendente-ascendente", cujo artífice é sempre o Espírito Santo.

Prosseguindo a abordagem pneumática da homilia, a *Evangelii Gaudium* fala da pregação e escuta da Palavra como um dom do Espírito Santo, aquele que "inspirou os Evangelhos e atua no povo de Deus". Trata-se, portanto, de Palavra e pregação "inspiradas" (*EG* 139). Esse ensinamento do Papa Francisco poderia ser ainda enriquecido por aquilo que nos foi transmitido pela Constituição Dogmática *Dei Verbum*: "A Sagrada Escritura é a Palavra de Deus enquanto é redigida sob a moção do Espírito Santo". E ainda: "As divinas Escrituras, inspiradas por Deus e consignadas por escrito de uma vez para sempre, comunicam imutavelmente a palavra do próprio Deus e fazem ressoar através das palavras dos profetas e apóstolos a voz do próprio Espírito".[15] Aqui, o Concílio nos remete ao clássico texto paulino que diz serem as Escrituras "inspiradas por Deus" (cf. 2Tm 3,16, onde sublinhamos o termo grego "*theópneustos*"): o Espírito Santo não cessa de inspirar a Palavra sempre que ela é proclamada na assembleia litúrgica. Atuando dinamicamente no plano da revelação, o Espírito, de fato, não somente é a origem da Palavra inspirada – a Escritura encontra no Espírito a sua fonte – como também é nele que a Escritura encontra a sua meta: inspirar e comunicar a presença de Deus.

> Sempre que a Palavra de Deus é proclamada, é o Espírito que (...) fala por meio da voz do leitor e doa o fervor para que a mesma e única Palavra seja interpretada de modos diversos, uma vez que o mesmo Espírito Santo foi quem inspirou a Escritura. Com efeito, a capacidade de vivificar que tem a Palavra de Deus proclamada na assembleia é fruto do dinamismo do Espírito Santo (Triacca, 1999: 86).

---

[14]   OLM, n. 6.
[15]   Concílio Vaticano II, Constituição Dogmática *Dei Verbum*, n. 9 e 21, respectivamente.

A HOMILIA COMO DIÁLOGO "CORDIAL" ENTRE DEUS E SEU POVO

A proclamação da Palavra de Deus, em particular no contexto de nossas assembleias eucarísticas, é uma reedição, sempre nova e atual, do diálogo que Deus desde sempre entabulou com o seu povo (cf. *EG* 137). Segundo as Escrituras, o Deus de Israel entrou na vida de Abraão e de sua descendência, iniciando com eles um diálogo, propondo-lhes assim um caminho de salvação a ser percorrido. Em seu Filho amado, Deus entra de forma plena e definitiva na história e existência dos homens a fim de que participem de sua vida de comunhão e amizade. No mistério do Verbo encarnado, "Deus dá-se-nos a conhecer como mistério de amor infinito, no qual, desde toda a eternidade, o Pai exprime a sua Palavra no Espírito Santo" (*VD* 6). A novidade que caracteriza a revelação bíblica, com efeito, é exatamente o fato de Deus se dar a conhecer como alguém que deseja travar um diálogo conosco, de forma amorosa e gratuita. Explicitando esse fato, a *Dei Verbum* afirma que Deus, "na sua bondade e sabedoria", revelou-se a si mesmo e deu-nos a conhecer o mistério de sua vontade; no seu imenso amor, "fala aos homens como amigos" (*DV* 2).

Tendo como pressuposto a gratuidade da eleição, tanto o antigo como o novo povo de Deus exprimem a sua resposta ao primado da ação divina através do culto litúrgico, de uma ação ritual. O povo, agraciado com o dom da Aliança, sente a necessidade de corresponder ao seu chamado fazendo memória das "maravilhas da salvação", nas quais Deus se revela como Senhor, criador e salvador. Por conseguinte, o culto, na experiência do povo de Deus, é caracterizado por um cunho estritamente histórico e praticado segundo as regras da Aliança. Nesses momentos cultuais torna-se possível fazer a experiência da presença do Deus transcendente e imanente, o qual se revela na medida em que se esconde nas dobras da história e de seus acontecimentos.

"A homilia é um retomar este diálogo que já está estabelecido entre Deus e o seu povo" (*EG* 137). Ao enquadrar a homilia no amplo contexto do diálogo entre Deus e o homem, conforme testemunha toda a revelação bíblica e a Igreja, na práxis da *lex orandi*, a *Evangelii Gaudium* não deixa de traduzir aquilo que fora intuído e expresso tão bem pelo Concílio Vaticano II: na "liturgia Deus fala a seu povo, Cristo ainda anuncia o Evangelho. E o povo responde a Deus, ora com cânticos ora com orações" (*SC* 33). Na economia sacramental da nova aliança, não se pode não reconhecer a que ponto chega o valor da oração dirigida a Deus. A oração cristã, com efeito, participa "da mesma piedade do Unigênito para com o Pai e daquela oração que ele lhe dirigiu durante sua vida terrestre e agora continua, sem interrupção, em toda a Igreja e em cada um de seus membros, em nome e pela salvação de todo o gênero humano" (Sagrada Congregação para o Culto Divino: 1982: 7).

Ao situar a homilia no contexto que lhe é conatural – o litúrgico – e ao realçar a sua natureza dialogal segundo as exigências da Aliança (*EG* 137), a nossa Exortação reconhece o seu *status* de ocasião privilegiada para que o mistério de Cristo sempre seja reproposto no "hoje" da comunidade cristã (cf. *SC* 35,2). "A própria localização da homilia após as leituras bíblicas e antes da profissão de fé e da oração universal atesta que é parte integrante da ação litúrgica. Com todos os direitos, ela faz parte da Liturgia da Palavra e lhe prolonga a eficácia" (CNBB, 1988: 148).

Além de enfatizar a estrutura dialogal da homilia, a *Evangelii Gaudium* mostra-nos que esse diálogo é essencialmente "cordial", uma vez que se dá num "âmbito materno-eclesial" (*EG* 140). Nesse sentido, o Documento retoma a tradição bíblica de um Deus que se revela com entranhas de misericórdia e ternura, não podendo, por isso, se esquecer de seu povo, "uma criancinha de peito" que jamais será abandonada (cf. Is 49,15). Esse mesmo Deus é também apresentado por Jesus como um Pai transbordante de perdão e compaixão. Não mais se contendo em seu ímpeto amoroso, ao ver seu filho que estava retornando à casa, "correu e lançou-se-lhe ao pescoço, cobrindo-o de beijos" (Lc 15,20). O Deus bíblico, entranhadamente "cordial", deve ser, necessariamente, visibilizado e experimentado "na" e "através" da Igreja que anuncia e prega a Palavra da salvação: "a Igreja é mãe e prega ao povo como uma mãe fala ao seu filho, sabendo que o filho tem confiança de que tudo o que se lhe ensina é para o seu bem, porque se sente amado" (*EG* 139).

O significado original de "homilia" (do verbo grego *homilein*, "falar com", "conversar") parece muito bem expresso na *Evangelii Gaudium*, como se a Exortação quisesse, de fato, apresentá-lo como uma das principais tarefas da Igreja nos dias de hoje, como uma das mais urgentes necessidades do homem de nosso tempo: a Igreja prega "como uma mãe fala ao seu filho", e "o filho tem confiança de que tudo o que se lhe ensina é para o seu bem, porque se sente amado"; ela fala aos seus no "idioma materno", numa linguagem com uma "tonalidade que transmite coragem, inspiração, força, impulso" (*EG* 139). A "proximidade cordial" que deve ser cultivada entre o homileta e seus ouvintes, "o tom

A homília à luz da Evangelii Gaudium

caloroso de sua voz, da mansidão do estilo das suas frases, da alegria dos seus gestos" devem ser como um "sacramento" do diálogo amoroso entre o Deus amoroso e materno e o seu povo (*EG* 140). Na verdade, "o pregador tem a belíssima e difícil tarefa de unir os corações que se amam: o do Senhor e o do seu povo" (*EG* 143).

Lucas usa o termo "homília" para falar da conversa amiga que o Ressuscitado teve com seus dois discípulos a caminho de Emaús (cf. Lc 24,13-35), passagem já acenada em nossa exposição. O termo lucano (v. 14) refere-se a um colóquio simples e caloroso que acontece entre aqueles que se amam, a um falar amigo e familiar de quem reparte o pão da Palavra com seus irmãos, a uma conversa de corações que, no final, se fundem num só coração: "Não ardia o nosso coração quando ele nos falava pelo caminho, quando nos explicava as Escrituras?" (v. 32). "Falar com o coração implica mantê-lo não só ardente, mas também iluminado pela integridade da Revelação e pelo caminho que essa Palavra percorreu no coração da Igreja e do nosso povo fiel ao longo da história" (*EG* 144). Aquele misterioso caminho que o Ressuscitado percorreu com aqueles discípulos, na tarde da Páscoa, não deixa de ser uma metáfora e uma imagem do caminho que ele deseja percorrer com cada um de nós, com os homens de todos os tempos; e sempre com a mesma finalidade: revelar-se como amor no "partir" do pão da Palavra e das Escrituras. Isso não tem nada a ver com uma simples exposição exegética ou uma simples aula de teologia. Muito menos se trata de uma pregação moralista ou doutrinadora: "A pregação puramente moralista ou doutrinadora e também a que se transforma numa lição de exegese reduzem a comunicação entre os corações" (*EG* 142). Uma comunicação autêntica supõe aliança, pacto de amizade, laços de amor. Somente assim pode a homília adquirir espontaneamente o tom certo: aquele amoroso e cheio de cordialidade.

A homília se insere em um ato de culto, do qual somente os batizados, como membros da Igreja iniciados já nos "mistérios", têm direito de participar. A Eucaristia não é ponto de partida, mas de chegada. Por isso, a homília não é principalmente apologia que visa convencer, não é só catequese que quer enriquecer o conhecimento da fé, nem instrução moral que quer reformar a vida. Nada disto é excluído da homília, e ela poderá fazê-lo de um certo modo característico que devemos precisar. Mas ela tem uma outra finalidade, que supera a todas as outras: a de introduzir no Mistério (Magrassi, 1984: 120).

Essencialmente mistagógica, a homília brota do querigma pascal, onde "verdade" e "beleza" andam de "mãos dadas". Esse anúncio, feito com calorosa convicção, torna-se, em cada pregação da Palavra, um eco do cântico das maravilhas de Deus que transbordou do coração da Virgem Maria, aquela que, como ninguém, soube ouvir e acolher com fé a Palavra que lhe fora anunciada (cf. *EG* 142). Lembra-nos o Concílio Vaticano II que a homilia, em primeiro lugar, deve "haurir os seus temas da Sagrada Escritura e da liturgia, sendo como que o anúncio das maravilhas divinas na história da salvação ou no mistério de Cristo, que está sempre presente em nós e opera, sobretudo, nas celebrações litúrgicas" (*SC* 35,2).

À Igreja cabe a missão de "falar com o coração", o que "implica mantê-lo não só ardente, mas também iluminado pela integridade da Revelação e pelo caminho que essa Palavra percorreu no coração da Igreja e do nosso povo fiel ao longo da história". A "identidade cristã" se comprova naquele "abraço batismal" que Deus nos deu e naquele "outro abraço", "o do Pai misericordioso que nos espera na glória". A tarefa mais difícil e mais linda de quem proclama e prega o Evangelho é aquela de "fazer com que o nosso povo se sinta, de certo modo, no meio desses dois abraços" (*EG* 144).

CONCLUSÃO

A nossa exposição foi motivada pelo reconhecimento do valor bíblico, litúrgico e pastoral que o tema da homilia ganhou na Exortação Apostólica *Evangelii Gaudium*. Mais do que isso, o que mais motivou a nossa apresentação foi o eloquente, vibrante e estimulante testemunho do próprio Papa Francisco no que diz respeito ao anúncio do Evangelho e à pregação da Palavra de Deus. Já se tornou notório o zelo pastoral do nosso Papa sempre que se trata de anunciar a Boa-Nova a todos, nas mais diversas circunstâncias. Profundamente imbuído do zelo de anunciar a Palavra e tomado de uma alegria semelhante à de Jesus, sempre que anunciava a Palavra do Reino aos pobres e pequeninos (cf. Lc 10,21), o Papa Francisco deixa transparecer na *Evangelii Gaudium* aquilo que é e que testemunha com sua própria vida de homem de Deus e de bispo de Roma. Ao falar da "proximidade cordial" que cada pregador deve cultivar, do "tom caloroso" que deve emanar da voz do pregador, da "mansidão" de um pastor que é enviado a anunciar o Reino de Deus, da alegria e dos gestos de um homileta – sempre movido por entranhas maternas (cf. *EG* 140), parece que estamos diante de uma autobiografia do Papa

Francisco. Na verdade, toda a *Evangelii Gaudium* é uma transparência do nosso Papa, daquilo que transborda de seu coração de pastor, pai, amigo, irmão. É exatamente isso que confere sabor, autoridade e credibilidade a esse Documento pontifício. Estamos todos de acordo com o fato de que, em menos de um ano de pontificado, o Papa Francisco conseguiu conquistar o coração de uma boa parte da humanidade.

Diante de tantas coisas que já foram escritas sobre o tema da homilia, certamente a abordagem feita pela Exortação Apostólica *Evangelii Gaudium* torna-se um diferencial, chegando até mesmo a se constituir num divisor de águas. E isso não por novos argumentos dogmáticos ou por refinadas especulações da academia teológica, mas, e sobretudo, pela densa carga existencial que as páginas desse Documento trazem em si. De igual forma, não se pode ignorar o valor da estrutura integrada que a abordagem do tema da homilia adquire nessa Exortação. Os mais variados enfoques do saber – bíblicos, teológicos, antropológicos, psicológicos, culturais etc. – podem ser tranquilamente identificados na abordagem feita pela *Evangelii Gaudium*. E isso de forma tão densa, profunda e simples, ao mesmo tempo, que, podemos afirmar, o tema passa a ter ressonâncias de longo alcance, constituindo-se até mesmo como um paradigma para futuras pesquisas e aprofundamentos.

REFERÊNCIAS BIBLIOGRÁFICAS

ALDAZÁBAL, J. (Org.). *Mesa da Palavra*. V. I. Elenco das leituras da Missa. São Paulo, Paulinas, 2007.

BENTO XVI. *Exortação Apostólica pós-sinodal Verbum Domini*. São Paulo: Paulinas, 2010.

CNBB. *Por um novo impulso à vida litúrgica*. São Paulo: Paulinas, 1988.

CONCÍLIO VATICANO II. *Constituição Dogmática Dei Verbum*. São Paulo: Paulinas, 2010.

_____. *Constituição Litúrgica Sacrosanctum Concilium*. Texto e comentário.

BECKÄUSER, A. (Org.). São Paulo: Paulinas, 2012.

FRANCISCO. *Exortação Apostólica Evangelii Gaudium*. São Paulo: Paulinas, 2013.

KUNZLER, M. *La liturgia della Chiesa*. Milano: Jaca Book, 1990.

MAGRASSI, M. *Viver a Palavra*. São Paulo: Paulinas, 1984.

MALDONADO, L.; FERNÁNDEZ, P. A celebração litúrgica: Fenome-
nologia e teologia da celebração. In: BOROBIO, D. (Org.) *A
celebração da Igreja*. V. I. São Paulo: Loyola, 1990.
RINAUDO, S. *La liturgia, epifania dello Spirito*. Torino: Elle do Ci, 1980.
SAGRADA CONGREGAÇÃO PARA O CULTO DIVINO. *Texto da Instrução
Geral à Liturgia das Horas*. Rio de Janeiro: Lumen Christi, 1982.
TRIACCA, A. M. La celebrazione liturgica, epifania dello Spirito San-
to. In: AA. VV. *Lo Spirito Santo nella liturgia*. Roma: Edizioni
Liturgiche, 1999.

EVANGELII GAUDIUM EM QUESTÃO

PARTE II
ASPECTOS TEOLÓGICOS

O SER HUMANO, CENTRO DA *EVANGELII GAUDIUM*

Lúcia Pedrosa-Pádua

Na Exortação Apostólica *Evangelii Gaudium*, o Papa Francisco exorta os cristãos a uma nova ação evangelizadora na Igreja. Para isso, deseja mobilizar o cristão a partir de seu dinamismo profundo, que é despertado ao encontrar-se com o Evangelho. Este movimento interior, provocado pelo encontro com Cristo, revela como o Evangelho é força viva, não prioritariamente uma teoria que convence intelectualmente. Deus é vida mobilizadora, é centro que irradia alegria, e assim impele para adiante e faz avançar (*EG* 3-4).

Podemos dizer que a Exortação une o conteúdo – que, neste caso, relaciona-se à intencionalidade convocatória –, à forma de expressão, ou seja, à linguagem. Trata-se de uma linguagem direta, simples, clara; utiliza expressões coloquiais com as quais o leitor se reconhece e nas quais se sente representado. A linguagem escolhida já demonstra uma preocupação antropológica e pedagógica de Papa Francisco: a clara primazia de ser compreendido sobre a apresentação formal conceitual. O documento quer trazer algo relevante para a vida e não quer "correr o risco de falar ao vento" (*EG* 158).

Não temos dúvida: o sujeito humano e histórico, que é movido apenas pela sedução de sua liberdade, é o leitor principal da Exortação. Aquele que sofre e clama por mais vida, em todas as suas dimensões, tem primazia enquanto destinatário último do documento. O humano está no centro da *Evangelii Gaudium*. Neste artigo, apresentamos a dimensão antropológica da Exortação através de três aspectos que nos parecem mais explícitos: a noção de pessoa como intersubjetividade, a primazia do ser humano nos processos socioeconômicos e a visão do ser humano como um ser que se narra e é narrado por Deus.

O ser humano, centro da Evangelii Gaudium

A PESSOA É INTERSUBJETIVIDADE, NÃO UMA "CONSCIÊNCIA ISOLADA" (*EG* 2)

A Exortação é iniciada com uma proposta que atravessará todo o texto: vencer o individualismo que enfraquece todo dinamismo evangelizador e ultrapassar a *consciência isolada*, para deixar-se seduzir pelo dinamismo alegre e transformador do Evangelho vivo de Deus, Jesus Cristo:

> O grande risco do mundo atual, com sua múltipla e avassaladora oferta de consumo, é uma tristeza individualista que brota do coração comodista e mesquinho, da busca desordenada de prazeres superficiais, da consciência isolada (*EG* 2).

O núcleo antropológico desta proposta é o da pessoa como inter-subjetividade. O ser humano é "criado à imagem da comunhão divina", assim "não podemos realizar-nos nem salvar-nos sozinhos" (*EG* 178). Precisamos dos outros para sermos nós mesmos, por isso somos *inter*-subjetividades.

O ser humano constrói-se e realiza-se como pessoa *nas* relações, não apesar das relações. Mas esta intersubjetividade deve ser buscada, construída e cuidada. A consciência sai de sua autorreferencialidade através de encontros humanos verdadeiros e, especialmente, através do encontro com o Deus de Jesus Cristo, uma Transcendência que não destrói o ser humano em sua humanidade, mas, ao contrário, leva-o para além de si mesmo, a ultrapassar-se: "Chegamos a ser plenamente humanos quando somos mais do que humanos, quando permitimos a Deus que nos conduza para além de nós mesmos, a fim de alcançarmos o nosso ser mais verdadeiro" (*EG* 8).

Estamos no núcleo da antropologia cristã e no centro de um dos grandes desafios da evangelização na modernidade e na pós-moderni-dade. A pessoa é chamada a se desenvolver como sujeito autônomo, livre e responsável e, ao mesmo tempo, capaz de afeto e amor. A fé cristã afirma que a subjetividade se desenvolve humanamente quando desenvolve tanto a sua dimensão de *interioridade*, pela qual é chamada a autorrealizar-se em liberdade e responsabilidade, quanto a sua dimen-são de *abertura*, pela qual a pessoa relaciona-se com o mundo, com os outros e, de forma mais fundamental, com Deus. Ambas as dimensões se desenvolvem de forma inter-relacionada, num mesmo e único dina-mismo que não sacrifica ou exclui nem a interioridade nem a abertura. A verdadeira experiência de Deus não anula nem despreza as demais relações e dimensões, ao contrário, ela as exige, impulsiona e qualifica.[1] Mas o ser humano deve *permitir* deixar-se conduzir por ele.

A antropologia atual vê o ser humano como relação, e esta perspectiva permeia o pensamento do Papa em sua Exortação. Não sobrevivemos sem os outros, sem a natureza, sem o cosmos. A própria filosofia da alteridade, hoje, olha o ser humano em sua necessidade da alteridade, constitutiva da identidade. A autonomia se dá por meio do outro (P. Ricouer, Levinás, Julia Kristeva). O outro me convoca, me tira do fechamento em mim mesmo e, precisamente assim, permite um acesso a mim mesmo. O outro não é necessariamente uma agressão, um "inferno" (Sartre), mas graça e salvação. A autonomia não se conquista na recusa do outro, mas na relação.[2]

Papa Francisco pondera, relembra e propõe aos nossos contemporâneos que, assim como a relação com os demais não nos destrói, tampouco é destruidora a relação com o Deus de Jesus Cristo. Não se trata do Deus dos filósofos, contra o qual se voltaram os "mestres de suspeita" que, desejando salvar o humano, proclamaram a morte de Deus. Se muitos pensadores e cientistas contemporâneos veem em Deus uma ameaça às possibilidades humanas, há na Exortação uma indicação clara de que Deus é aquele que devolve o sentido da vida, é fonte de alegria porque é amor de Deus manifestado em Jesus Cristo.[3]

Deus é uma alteridade transcendente, "maior que o nosso coração" (1Jo 3,20), maior que nós mesmos. O Transcendente, na fé cristã, não é apenas aquele transcendente por si mesmo, mas aquele que torna transcendente, que leva o outro a transcender-se, mas sem tirar os pés do chão. Em Jesus Cristo, Deus se tornou ser humano sem mistura e sem divisão. Ele uniu-se à natureza humana de modo pessoal (hipostático) singular e, de modo gratuito, com cada ser humano; mas fez isto de tal maneira que, no processo, o humano não foi absorvido pela divindade nem se misturou com ela; ao contrário, ficou liberado e impulsionado em sua autonomia, capacitado para a liberdade e a responsabilidade nas relações.[4]

Deus é, assim, alguém capaz de nos conduzir para fora e além de nós mesmos, ao mesmo tempo em que nos reconduz para "o nosso ser mais verdadeiro", nas palavras do Papa. Ao dizer SIM à nossa existência,

---

[1] Cf. GARCIA RUBIO, A., *Unidade na pluralidade*, 2006, p. 304-317.
[2] Cf. GESCHÉ, A., *Deus para pensar. A destinação*, 2004, p. 21-44.
[3] Cf. *EG* 7. Cf. Também MOINGT, J., *Dios que viene al hombre*. I, 2007, p. 41-74.
[4] Cf. KASPER, W., *A Igreja católica*. Essência, realidade, missão, 2012, p. 423.

O ser humano, centro da Evangelii Gaudium

Deus nos dá força e confiança para que nós também digamos SIM a nós mesmos. Há aqui um apelo de des-centramento de si mesmo para um re-centramento relacional: redescobrir-nos na relação, ver-nos diante de Deus e, com ele, toda a humanidade. No centramento e isolamento, a vida enfraquece; na doação-relação, a vida se fortalece (cf *EG* 10; cf. *DAp* 360). E uma das experiências mais genuínas da relação com Deus é a alegria, que motiva para uma vida nova.

O HUMANO TEM PRIMAZIA E A NEGAÇÃO DA PRIMAZIA DO HUMANO GERA IDOLATRIAS

Em sua análise do mundo atual, a Exortação oferece a constatação de que o humano não tem a primazia nos processos socioeconômicos: apesar de todo progresso em vários campos, "a maior parte dos homens e mulheres do nosso tempo vive o seu dia a dia precariamente", é necessário "lutar para viver, e muitas vezes viver com pouca dignidade" (*EG* 52). A *exclusão* é uma realidade, gerada por um sistema econômico excludente, em que reina a idolatria do mercado, o fetichismo do dinheiro e a ditadura de uma economia "sem rosto e sem objetivo humano" (*EG* 55). O Documento reconhece ainda um "mal cristalizado nas estruturas sociais" que torna o sistema social e econômico em que vivemos "injusto na sua raiz" (*EG* 59).

Esta economia de exclusão gera e é sustentada por uma *globalização da indiferença*, um estado em que os que podem consumir ficam como que *anestesiados* pelo bem-estar e indiferentes diante dos milhões de vidas que não se desenvolvem.

Aqui, podemos evocar um paralelismo. No século XIX, K. Marx escreveu sua célebre frase, segundo a qual a religião "é o ópio do povo", uma anestesia em "um mundo sem coração", numa situação de alienação que precisa de ilusões. Na Exortação, Papa Francisco nos faz ver como a própria organização econômica e financeira, que gera a ideologia do consumo, já traz em si a sua própria anestesia, ou poderíamos dizer, na linguagem de Marx, o seu próprio "ópio", uma *indiferença* que pode ser vista também como ideologia, pois cega as pessoas. Para o Papa, esta indiferença torna as situações de morte e desalento "um mero espetáculo que não nos incomoda de forma alguma" (*EG* 54).

Na origem da crise financeira há uma *crise antropológica*, afirma a Exortação, a "*negação da primazia do ser humano*" (*EG* 55) como um todo, e a redução do humano a apenas uma de suas necessidades, o consumo. Este sistema excludente, faz ver o Papa, aposta em outra antropologia: a de um humano "inofensivo", "domesticado" por uma "educação" tranquilizadora, "vigiado" por armas, "tranquilizado" para que os beneficiados do sistema possam usufruí-lo sem sobressaltos, "sufocado" em nome de uma paz efêmera para uma minoria feliz (*EG* 60; 218).

No entanto, o ser humano leva dentro de si o grito da dignidade de filhos de Deus (cf. *EG* 60). Deus está em cada ser humano, daí advém sua dignidade e sua primazia. Em consequência, a Exortação convida a uma "fraternidade mística", ou seja, olhar o próximo em sua grandeza e descobrir Deus em cada ser humano (*EG* 92). Quando os valores da dignidade humana e do bem comum são afetados, "é necessária uma voz profética" (*EG* 218). A *Evangelii Gaudium* é uma destas vozes proféticas.

O HUMANO COMO SER QUE SE NARRA E É NARRADO POR DEUS

A antropologia da Exortação não é essencialista, não considera o ser humano como conceito ou abstração. Trata-se do humano existente, concreto, tal como ele se experimenta, que caminha na história, com outros. Para considerar o ser humano, vale o princípio presente na Exortação: "a realidade é mais importante do que a ideia" (*EG* 231). Neste sentido, podemos dizer que a Exortação traz a noção de um humano criado por Deus e assumido por Ele em Jesus Cristo, chamado à liberdade e, por isso, inacabado, aberto, convidado a uma história que não está predeterminada, mas que é convocada a se desenvolver e se realizar no amor, na misericórdia e na doação.

Por isso dizemos que o ser humano se *narra*, ou se desenvolve dinamicamente, sempre com a ajuda da graça de Deus, a partir das relações que estabelece, daquelas que nega ou que lhe são negadas.[5]

---

[5] Na entrevista dada ao Pe. Spadaro, o Papa Francisco é perguntado sobre a Companhia de Jesus, Ordem de que faz parte. A resposta é bem elucidativa, nela é dito que a Companhia só se pode exprimir de forma narrativa e, portanto, em um processo aberto que não finaliza; e o mesmo pode ser dito do jesuíta. Aplicamos esta expressão à noção de ser humano presente na Exortação. Transcrevemos a resposta na entrevista: "Mas é difícil falar da Companhia (...). Quando se explicita demasiado, corremos o risco de nos enganarmos. A Companhia só se pode exprimir em forma narrativa. Somente na narração se pode fazer discernimento, não na explicação filosófica ou teológica, onde,

Destacamos algumas características deste humano que se narra, a partir da *Evangelii Gaudium*.

É HUMANO CRESCER PROCESSUALMENTE

A Exortação apresenta uma clara ênfase na dimensão histórica e processual do ser humano. A palavra "processo" aparece 24 vezes no documento.

Em entrevista dada pouco tempo antes da promulgação do Documento, Papa Francisco havia dito que "Deus encontra-se no tempo, nos processos em curso" (Spadaro, 2013: 27). Na Exortação, apresenta, claramente, como princípio da evangelização e do desenvolvimento dos povos e das pessoas, a prioridade do tempo sobre o espaço: "o tempo é superior ao espaço" (*EG* 222). Isto significa que privilegiar o tempo dos processos é mais importante do que se ater aos espaços de poder e de autoafirmação que cristalizam os processos e pretendem pará-los.

Na evangelização, como no nível antropológico, é necessário "ter presente o horizonte, adotar os processos possíveis e a estrada longa" (*EG* 225). Ao que não se pode compreender, é preciso esperar o Espírito Santo (cf. Jo 16,12-13) e a ambiguidade presente também no Reino (cf. Mt 13,24-30) será desfeita pela eloquência da bondade que se manifesta com o tempo (cf. *EG* 225).

A prioridade dos processos leva a não se ater aos resultados imediatos, antes, a "privilegiar as ações que geram dinâmicas novas" (Spadaro, 2013: 27). Daí a importância, tão presente na Exortação, de acompanhar, esperar, escutar as pessoas em seus processos, sempre condicionados, mas em direção a um crescimento, a um progresso pessoal (cf. *EG* 151) e a uma ação expansiva do serviço evangelizador (cf. *EG* 169-173).

O processo se dá na consciência de limitações. Mas, "não nos é pedido que sejamos imaculados, mas que não cessemos de melhorar, vivamos o desejo profundo de progredir no caminho do Evangelho" (*EG* 151). "Deus convida sempre a dar um passo a mais, mas não exige uma resposta completa se ainda não percorremos o caminho que a torna possível" (*EG* 153).

---

pelo contrário, se pode discutir. O estilo da Companhia não é o da discussão, mas o do discernimento, que obviamente pressupõe a discussão no processo. A aura mística não define nunca os seus limites, não completa o pensamento. O jesuíta deve ser uma pessoa de pensamento incompleto, de pensamento aberto". SPADARO, A. *Entrevista exclusiva do Papa Francisco ao Pe. Antonio Spadaro, SJ*, 2013, p. 12.

SER HUMANO É SER LIMITADO

Há de se ter consciência das limitações humanas e primazia da graça de Deus. Esta consciência humaniza e gera co-humanidade.

Porque consciente de suas limitações, o ser humano é capaz de abrir mão de atitudes farisaicas de autodefesa e autojustificação, sempre rígidas e dispostas a julgar e acusar. É capaz de simplesmente ser humano com outros humanos, e aí está sua grandeza evangélica. Sabe-se relacional, dependente da graça libertadora que liberta para o serviço, para além das "estruturas que dão falsa proteção", das normas que fazem "juízes implacáveis", dos "hábitos em que nos sentimos tranquilos" mas que, na verdade, distanciam-nos do núcleo evangélico do amor e da misericórdia diante de situações urgentes: "lá fora há uma multidão faminta e Jesus repete-nos sem cessar: 'Vós mesmos, dai-lhes de comer' (Mc 6,37)" (*EG* 49).

A consciência da autolimitação cria solidariedade com os demais. "Um coração missionário está consciente destas limitações, fazendo-se fraco 'com os fracos' e tudo 'para todos' (1 Cor 9,22). Nunca se fecha, nunca se refugia nas próprias seguranças, nunca opta pela rigidez autodefensiva. Sabe que ele mesmo deve crescer na compreensão do Evangelho e no discernimento das sendas do Espírito, e assim não renuncia ao bem possível, ainda que corra o risco de sujar-se com a lama da estrada" (*EG* 45).

SER HUMANO É DESENVOLVER LIBERDADE E CRIATIVIDADE

> "O Senhor quer servir-se de nós como seres vivos,
> livres e criativos" (*EG* 151).

Liberdade diante do que podem ser "obsessões e procedimentos" (*EG* 49) secundários na Igreja, indo ao núcleo do Evangelho. Além de ser livre, é preciso permitir e motivar a liberdade dos demais. Lembramos aqui como, durante a Jornada Mundial da Juventude no Rio de Janeiro, papa Francisco conclamou os bispos, sacerdotes, religiosos e seminaristas a animarem os jovens, para que não ficassem "enclausurados nas paróquias", ao contrário, que saíssem, enviados pela comunidade. E isto mesmo que fosse para "fazer bobagens", uma vez que, lembrou o Papa, também "os apóstolos as fizeram antes de nós"![6]

---

[6] Papa Francisco, Homilia da Missa com os Bispos da JMJ, sacerdotes, religiosos e seminaristas. In: *Palavras do Papa Francisco no Brasil*, 2013, p. 73.

O ser humano, centro da Evangelii Gaudium

A liberdade se decide por Deus através da vontade, pela sedução do amor. Não prioritariamente pela formação doutrinal (cf. *EG* 161). Este ponto, repetido na Exortação, pode trazer, de forma subjacente, uma convicção da espiritualidade inaciana ao recolher a antropologia clássica e desenvolver as "faculdades espirituais", a memória, o entendimento e a vontade. Nesta antropologia, o praticante da oração (no caso os Exercícios Espirituais de Santo Inácio) deve chegar a unificar estas faculdades, partindo da memória (a memória de Jesus), que ilumina a vida (entendimento) e conduz ao amor (vontade).[7] A vontade seria o núcleo antropológico mais profundo, pois é a partir de onde se dão as escolhas e decisões pessoais mais genuínas.

Papa Francisco está convencido de que, antropologicamente falando, o anúncio do *querigma* só é forte se for se fazendo carne e se responder ao anseio de infinito que existe no coração humano, se atingir a liberdade que deseja e decide. O *querigma* deve exprimir

> o amor salvífico de Deus como prévio à obrigação moral e religiosa, que não imponha a verdade mas faça apelo à liberdade, que seja pautado pela alegria, pelo estímulo, pela vitalidade e por uma integralidade harmoniosa que não reduza a pregação a poucas doutrinas, por vezes mais filosóficas que evangélicas (*EG* 165).

Pessoas que souberam dizer *sim* à liberdade são capazes de "colaborar com a ação libertadora do Espírito" (*EG* 178). Respondem ao chamado de "ser instrumentos de Deus a serviço da libertação e promoção dos pobres, para que possam integrar-se plenamente na sociedade" (*EG* 187), exigência que "deriva da própria obra libertadora da graça em cada um de nós, pelo que não se trata de uma missão reservada apenas a alguns" (*EG* 188). Trata-se de um amor libertado para amar concretamente até os últimos, os que não contam para nada, os excluídos deste mundo globalizado e sem coração.

SER HUMANO É CAMINHAR COM OUTROS – O NECESSÁRIO DIÁLOGO

O abrir-se ao outro "tem algo de artesanal" (*EG* 244). É esforço, é construção, mas é o único caminho do peregrino, pois todos peregrinam juntos. Afinal, o ser humano é intersubjetividade, constrói-se e realiza-se como pessoa nas relações, não apesar delas. Não é uma "consciência isolada". Na diferença dos povos, das religiões, nas Igrejas cristãs, a

---

[7] Cf. RUIZ DE GOPEGUI, J. A. *Procurar e encontrar Deus no dia a dia por meio dos Exercícios Espirituais de Santo Inácio*, 2005, p. 24-25.

única forma de manifestar a unidade da humanidade é construindo caminhos, olhando no rosto a paz do único Deus e nos concentrando nas convicções que nos unem.

Saber dialogar é próprio do humano que aprende a amadurecer com outros e contribui para o amadurecimento das relações de todo gênero. A Exortação exalta três âmbitos do diálogo para uma verdadeira evangelização: o diálogo com os Estados, com a sociedade – que inclui o diálogo com as culturas e as ciências – e com os outros crentes que não fazem parte da Igreja Católica (*EG* 238).

SER HUMANO É CULTIVAR O ESPAÇO INTERIOR E INTEGRÁ-LO COM O COMPROMISSO

Se o humano tem em si a sede de Deus, esta sede não pode ser saciada com "propostas alienantes ou com um Jesus Cristo sem carne e sem compromisso com o outro". A espiritualidade deve curar, libertar e encher de paz, mas, ao mesmo tempo, chamar à "comunhão solidária e à fecundidade missionária" (cf. *EG* 89). Uma espiritualidade que leve a uma "fraternidade mística", ou seja, a olhar o próximo em sua grandeza e descobrir Deus em cada ser humano (*EG* 92).

O espaço interior, na proposta da Exortação, está intimamente relacionado com as atividades exteriores e o compromisso com a evangelização (cf. *EG* 262). Um cultivo do espaço interior fora do compromisso concreto significa uma busca mística parcial e desagregadora do ser pessoal, pois não gera a integração "de todas as dimensões da pessoa num caminho comunitário de escuta e resposta" (*EG* 166).

Por outro lado, com a ausência do cultivo deste espaço interior, "as tarefas facilmente se esvaziam de significado, quebrantando-nos com o cansaço e as dificuldades, e o ardor se apaga" (*EG* 262).

Assim sendo, a pessoa tem, no espaço interior e no cultivo de um espírito contemplativo, uma riqueza. Ele possibilita "o encontro pessoal com o amor de Jesus, que nos salva" (*EG* 264). Neste espaço, é possível um encontro significativo com o Deus de Jesus Cristo, que nos permite descobrir que "somos depositários de um bem que humaniza" (*EG* 264), que nos ajuda a viver uma vida nova e, portanto, a buscar esta vida nova para os demais.

O evangelizador nunca deixa de ser discípulo. Ele sabe que Jesus caminha, fala, respira e trabalha com ele. Experimenta a importância de caminhar com Jesus, e não ficar tateando. Ele está convicto de que

O ser humano, centro da Evangelii Gaudium

é melhor construir um novo mundo à luz do seu Evangelho. A *experiência do encontro pessoal com Jesus*, sempre renovada, é a única capaz de sustentar a missão. Portanto, a Exortação faz um convite a que se dedique tempo à oração sincera, que leva a saborear a amizade e a mensagem de Jesus (cf. *EG* 266).

Neste encontro, o cristão percebe que é também narrado por Deus, que oferece a sua graça para uma vida nova, na qual não há enredos predeterminados. Deus se compromete com a vida humana, sua Palavra nos trespassa e penetra "como uma espada" (Hb 4,12), e se faz carne em nossa vida concreta (*EG* 150).

CONCLUSÕES

Na Exortação *Evangelii Gaudium* a preocupação com o ser humano concreto ocupa um lugar central. O ser humano é visto como intersubjetividade, mas isto implica a busca da superação de fortes ideologias, como a do consumo e a da indiferença. No isolamento não é possível experimentar a alegria do Evangelho.

A primazia do ser humano é colocada como o critério que deveria dinamizar toda a vida: pessoal, comunitária, e também social, política e econômica. A Exortação questiona os gestores da economia e da política em nível planetário e os convida a inserir a transcendência que salva, em seus critérios de ação. Trata-se de um critério profético que defende os pobres e excluídos.

Esta centralidade do ser humano leva à precedência da vida, ao pragmatismo e ao eficientismo; da pessoa, às grandes massas; do olhar para o futuro, não para o passado em atitude de restauração; do olhar para as periferias, não para os centros satisfeitos do poder; da misericórdia, não do pecado – a Igreja é "uma mãe de coração aberto" e uma "casa aberta do Pai" (*EG* 46-47) à pessoa, antes da função e da honra da função.

Para a conversão da Igreja, a primeira transformação-reforma é de atitude evangélica, não de estruturas nem de moral: "o anúncio do amor salvífico precede a obrigação moral e religiosa".[8]

O ser humano não pode ser definido *a priori*, pois o humano concreto é um ser que se narra em suas relações e opções. Seu desenvolvimento é processual, por isso devem ser priorizadas dinâmicas de vida; ele é limitado e dependente da graça de Deus, por isso toda soberba, acusa-

---

[8]   SPADARO, *Entrevista...*, p. 22.

ções e julgamentos devem ser vistos sob esta ótica – mais vale ater-se ao núcleo do Evangelho e arriscar-se na evangelização que fechar-se em estruturas e normas que geram a ilusão da proteção; o ser humano é liberdade e criatividade, e ambas devem ser cultivadas e alimentadas à luz do Evangelho que envia a não temê-las; ser humano é caminhar com outros, e assim a diferença não deve ser fator de paralisia, mas de diálogo; ser humano é explorar as riquezas do espaço interior num dinamismo integrador entre o interior e as atividades e compromissos, sob o risco de desagregação interna e perda do sentido das atividades.

Muitas dimensões antropológicas não puderam ser trabalhadas neste pequeno estudo, por exemplo, aquelas que advêm das afirmações sobre a misericórdia, a ternura e, especialmente, a alegria. Ficam, no entanto, para o olhar de outro observador.

Concluímos dizendo que o Papa Francisco convida os cristãos a assumirem uma humanidade verdadeira, que se refaz na relação com o Cristo, Evangelho de Deus (Mc 1,1), Verbo feito carne (Jo 1,14). Esta humanidade renovada é o ponto de partida para a renovação eclesial à qual o Papa tão veementemente exorta. Desejar esta humanização para todos é já o início do anúncio do Evangelho sobre bases mais sólidas.

REFERÊNCIAS BIBLIOGRÁFICAS

FRANCISCO. *Exortação Apostólica Evangelii Gaudium. A alegria do Evangelho.* Sobre o anúncio do Evangelho no mundo atual. Brasília: CNBB, 2013.

_____. *Palavras do Papa Francisco no Brasil.* São Paulo: Paulinas, 2013.

GARCIA RUBIO, A. *Unidade na pluralidade.* O ser humano à luz da fé e da reflexão cristãs. 4. ed. São Paulo: Paulus, 2006.

GESCHÉ, A. *Deus para pensar. A destinação.* São Paulo: Paulinas, 2004.

KASPER, W. *A Igreja católica.* Essência, realidade, missão. São Leopoldo: Ed. Unisinos, 2012.

MOINGT, J. *Dios que viene al hombre.* I. Del duelo al desvelamiento de Dios. Salamanca: Sígueme, 2007.

RUIZ DE GOPEGUI, J. A. *Procurar e encontrar Deus no dia a dia por meio dos Exercícios Espirituais de Santo Inácio.* São Paulo: Loyola, 2005.

SPADARO, A. *Entrevista exclusiva do Papa Francisco ao Pe. Antonio Spadaro SJ.* São Paulo: Paulus/Loyola, 2013.

ANUNCIAR COM ALEGRIA:
ASPECTOS ESPIRITUAIS DA *EVANGELII GAUDIUM*

Alfredo Sampaio Costa

Poucas expressões poderiam descrever melhor a figura e a personalidade do Papa Francisco do que a "alegria": visível nas suas atitudes e no rosto expressivo, transparente; suscitada no coração de todo um povo de Deus que vibra pela sua proximidade no trato, pela sua identificação com aquilo em que creem, com o seu jeito de falar e com os problemas reais da vida do povo. Francisco irradia por onde passa "a alegria do Evangelho!". De que alegria se trata? Da alegria que é fruto do Espírito (Gl 5,22), portanto reveladora da sua Presença atuante e criadora na história e na prática da Igreja em sua tarefa evangelizadora. Na nossa pequena contribuição, procuraremos destacar na sensibilidade do Papa Francisco como se dá essa ação do Espírito de Deus, as suas expressões mais determinantes, as "provocações" espirituais que ele nos dirige na sua Exortação.

INTRODUÇÃO: A ESPIRITUALIDADE COMO HORIZONTE DE SENTIDO E NÃO COMO UM ASPECTO DA REALIDADE

É sempre salutar frisar que não tratamos de "aspectos espirituais" como sendo "uma parte de um todo", mas muito mais – como seria próprio de uma genuína teologia da espiritualidade –, de um olhar sintético-global-complexivo que perpassa todo o conjunto do documento do Papa que estamos considerando. Assim, o Papa faz questão de explicar o que ele entende por "evangelizadores *com espírito*":

> Evangelizadores com espírito quer dizer evangelizadores que *se abrem sem medo à ação do Espírito Santo.*[1] (...) O *Espírito Santo infunde a força* para anunciar a novidade do Evangelho com ousadia (parrésia), em voz alta e em todo o tempo e lugar, mesmo contracorrente. (...) Jesus quer evange-

---

[1] As marcações no texto do Papa são da autoria do autor dessa contribuição.

lizadores que anunciem a Boa-Nova, não só com palavras, mas sobretudo com uma vida transfigurada pela presença de Deus (*EG* 259).

Uma "vida no Espírito" corretamente entendida nada deixa de fora na sua consideração, mas assume a totalidade da vida humana nas suas mais diversas expressões e dimensões (Castillo, 2012: 17). O Papa, ao se referir ao Espírito, fala "hebraico" e não "grego": não fala do espírito como algo imaterial, contrário a tudo o que seja carnal e mundano, mas fala do Espírito como força de vida, sopro, fogo, poder irresistível.[2]

> Quando se diz que uma realidade tem "espírito", indica-se habitualmente uma *moção interior que impele, motiva, encoraja e dá sentido à ação pessoal e comunitária*. Uma evangelização com espírito é muito diferente de um conjunto de tarefas vividas como uma obrigação pesada, que quase não se tolera ou se suporta como algo que contradiz as nossas próprias inclinações e desejos. (...) Em suma, uma evangelização com espírito é uma evangelização com o Espírito Santo, já que ele é a alma da Igreja evangelizadora (*EG* 261).

PRIMEIRO PONTO: A ALEGRIA COMO CARACTERÍSTICA DA VIDA CRISTÃ

O Papa Francisco inicia a sua Exortação com uma frase lapidar com a qual se refere ao conteúdo programático do texto: "A *alegria do Evangelho enche o coração e a vida inteira daqueles que se encontram com Jesus*. (...) Quero, com esta Exortação, dirigir-me aos fiéis cristãos a fim de convidá-los a uma nova etapa evangelizadora marcada por esta alegria e indicar caminhos para o percurso da Igreja nos próximos anos" (*EG* 1).

Essa relação entre "alegria" e "encontro com Jesus", que aqui aparece pela primeira vez, marcará todo o documento, indicando uma cumplicidade entre as duas expressões. Quando a alegria deixa a desejar, é indicativo que algo está falhando na nossa vida de encontro pessoal com o Senhor! O Papa Francisco retoma o convite já lançado pelo seu predecessor Paulo VI: "Convido todo cristão (...) a *renovar hoje* mesmo o *seu encontro pessoal* com Jesus Cristo ou, pelo menos, a tomar a decisão de se deixar encontrar por ele, de procurá-lo dia a dia sem cessar. (...)

---

[2] Conforme o conhecido texto do Cardeal Danielou que mostrava a diferença entre as concepções grega e hebraica de "espírito", citado em Y.-M. Congar, *El Espíritu Santo*, Herder, Barcelona, 1983, p. 30.

'Da alegria trazida pelo Senhor ninguém é excluído'" (Paulo VI, 1975: 22; *EG* 3).

Essa experiência de vivenciarmos o amor do Senhor inicia em nós uma nova *experiência de amizade* com ele, que nos abre para o outro: "Somente graças ao encontro – ou reencontro – com o amor de Deus, que se converte em amizade feliz, é que somos resgatados da nossa consciência isolada e da autorreferencialidade" (*EG* 8).

É na oração pessoal que o cristão irá tecendo a sua amizade com o Senhor, que será a fonte da sua alegria, como explica Maria Clara Bingemer:

> *Essa amizade, íntima e profunda, é (...) a única fonte de alegria.* Alegria profunda e descentrada, que tem como sua fonte o Amigo que não tem outro ofício do que consolar. Alegria que não pode permanecer somente em termos de um gozo íntimo e subjetivo, mas que se abre à alteridade ferida e necessitada do irmão, à urgência evangelizadora da missão da Igreja, ao vasto e imenso campo do mundo com suas prioridades e necessidades, no qual é necessário implantar e fazer crescer o projeto do Reino de Deus (Bingemer, 2007: 148).

O Papa nos convida a repercorrer o que os livros da Sagrada Escritura narraram desta história alegre: "Os livros do Antigo Testamento preanunciaram a alegria da salvação, que havia de tornar-se superabundante nos tempos messiânicos" (*EG* 4). De fato, no AT a alegria é apresentada como uma resposta natural da humanidade à presença de Deus e seus atos de salvação: "Senhor Deus, tu me mostras o caminho que leva à vida. A tua presença me enche de alegria e me traz felicidade para sempre" (Sl 16,11); todavia eu me alegrarei no SENHOR; exultarei no Deus da minha salvação (Hb 3,18).

A *alegria* de que se fala aqui *não é somente interior*. Ela tem uma *causa* e encontra a sua *expressão*. Ela anseia por ser partilhada, especialmente como *alegria festiva*. Por essa razão, no AT, a maioria das referências mais características à alegria se encontram em um contexto celebrativo, como por exemplo, o Sl 27,6: "Também agora a minha cabeça será exaltada sobre os meus inimigos que estão em redor de mim; por isso oferecerei sacrifício de júbilo no seu tabernáculo; cantarei, sim, cantarei louvores ao Senhor".

Aparecem enumeradas diversas expressões físicas de alegria, como cantar, gritar, dançar, bater palmas, saltar de alegria. Essa repercussão corporal da alegria é importante, pois denota que ela envolve a pessoa por inteiro, corpo e alma.

Um modo essencial de expressar alegria no AT era declarar os gloriosos e salvadores atos de Deus dando graças por seus dons ("Os justos, porém, exultam e se rejubilam em sua presença, e transbordam de alegria" Sl 67,4); pela Providência e cuidado de Deus ("Bendizei, ó povos, ao nosso Deus, publicai seus louvores. Foi ele quem conservou a vida de nossa alma, e não permitiu resvalassem nossos pés" Sl 65, 8-9) e por ter livrado Israel do Egito e ter continuado a proteger o seu povo (Sl 105,43). Os tempos escatológicos são anunciados como tempos de grande alegria (Is 9,2-3), descritos como uma grande festa (Is 25,6). A alegria da salvação final será completa e total porque, diante dela, todas as coisas que presentemente perturbam a paz se tornarão insignificantes: guerras, ultrajes, pecados, enfermidades, sofrimento e morte.

E sobre os Evangelhos, Boa Notícia, o Papa afirma com uma grande densidade e profundidade que "o Evangelho convida insistentemente à alegria" (*EG* 5). Lucas é conhecido como o evangelista da alegria:

A palavra "alegria" atravessa como um fio condutor toda a obra lucana. O relato dos anúncios do anjo do Evangelho da infância já fazem pressentir isso: "Não temais, porque eu vos anuncio uma grande alegria que será para todo o povo" (Lc 2,10). E, ao final, o Evangelho termina com os discípulos em Jerusalém, que, "com grande alegria" louvam a Deus no templo diariamente (Lc 24,52) (Martín-Moreno, 2003: 54-55).

A alegria que enche o coração do Evangelho de Lucas é somente *o eco da alegria de Deus pela conversão dos pecadores*, expressada nas parábolas mais bonitas do Evangelho: a alegria do pastor que encontrou a sua ovelha perdida (Lc 15,5); a alegria que há no céu por um só pecador que se converte (Lc 15,7.10); a alegria do pai cujo filho volta para casa são e salvo (Lc 15,32). Na realidade, o tema das três parábolas da ovelha, da moeda e do filho perdido não é tanto o perdão, mas a *alegria do encontro*. O Deus que se alegrava na criação com as suas criaturas (Sl 104, 31), alegra-se agora por ver *recriado o homem nesse abraço* de encontro.

Mateus traz as bem-aventuranças (Mt 5) declarando de modo paradoxal como "felizes" aqueles que, para a sociedade, seriam os mais desprezados.

O evangelista João também desenvolve o tema da alegria, e insiste nela exatamente no contexto do discurso de despedida de Jesus (!): a alegria dada por Cristo os conduzirá à alegria completa e definitiva (Jo 15,11 e 17,13). Jesus também promete que os discípulos irão receber tudo o que pedirem em seu nome, e encontrarão alegria perfeita e definitiva (Jo 16,24).

Para o apóstolo Paulo, a alegria é apresentada como fruto do Espírito Santo (Gl 5,22) na sua dimensão escatológica do Reino de Deus, que significa "retidão, paz e alegria no Espírito Santo" (Rm 14,17). Particularmente na Carta aos Filipenses transparece toda a alegria cristã. O fato de Paulo estar na prisão e em perigo de morte no tempo em que ele escreve tal carta é a maior evidência da genuinidade e profundidade desta alegria a qual é por ele descrita como sendo parte integral da vida cristã. A verdadeira alegria é "alegria no Senhor" (Fl 3,1; 4,10).

A ALEGRIA COMO EXPERIÊNCIA DA ALTERIDADE

A alegria tem sempre uma dimensão de extravasamento, de comunicação: quem se alegra quer comunicar de algum modo o motivo profundo da sua felicidade para que também os outros possam se alegrar. Por isso, a alegria pode ser também humilde e modesta, não ruidosa nem invasiva, e tampouco precisa estar identificada com um sorriso exibido forçadamente. A alegria de que falamos aqui é *alegria espiritual*, que abraça psique e sentidos, mas vai além de ambos, pois *atinge e expressa o mistério do homem*. É algo de estável e não de eventual. Como dizia Romano Guardini:

> A alegria vive no íntimo, silenciosa, é profundamente enraizada. Ela é irmã da seriedade: onde está uma está também a outra (...). Ela deve ser também independente das horas boas ou más, dos dias vigorosos ou frágeis (...). A verdadeira fonte da alegria está radicada mais profundamente, isto é, no *coração*, na sua mais remota intimidade. *Ali Deus habita e é a fonte da verdadeira alegria* (Guardini, 1971: 7).

Contemplando a Jesus que vive, atua e faz somente o que recebe do Pai querido, o exercitante se dá conta de que *tudo o que possui é dom e graça* e que ele só terá acesso à vida verdadeira se ele próprio entrar nessa *dinâmica de gratuidade* que sai de si e vai ao encontro do outro. A etapa da contemplação da Paixão confirmará isso, de modo muito exigente, convidando o exercitante a seguir calado o caminho da cruz, sofrendo com Cristo e pedindo a graça da compaixão, que é outro nome da gratuidade. Todo esse caminho de graça e de gratuidade chegará ao seu ponto máximo na contemplação dos mistérios da Ressurreição, no momento de alegrar-se por ele e com ele.[3] A graça que é preciso pedir

---

[3] Na espiritualidade inaciana, a experiência da Ressurreição traz consigo um elemento muito importante: o primado da alteridade. Desde o começo do processo dos Exercícios Espirituais, somos chamados a olhar para nós mesmos como alguém que vem de

não terá como conteúdo a alegria que provém do alívio de sair de uma situação de angústia e morte e entrar em outra de gozo e glória. Será, muito delicada e refinadamente, pedir alegria pela alegria do outro. É puro desprendimento, pura saída de si, pura gratuidade (Sampaio Costa, 2013: 44).

Com enorme senso de realismo, o Papa relembra que a alegria do Evangelho não é uma realidade para muitas pessoas, em meio às crises pelas quais elas estão passando:

> Compreendo as pessoas que se vergam à tristeza por causa das graves dificuldades que têm que suportar, mas aos poucos é preciso permitir que a alegria da fé comece a despertar, como uma secreta mas firme confiança, mesmo no meio das mais piores angústias (*EG* 6).

Essa alegria que vai brotando e contagiando o coração do discípulo e discípula põe em movimento o projeto evangelizador da Igreja: "Na Palavra de Deus aparece constantemente este *dinamismo de 'saída'* que Deus quer provocar nos crentes (...): sair da própria comodidade e ter a coragem de alcançar as periferias que precisam da luz do Evangelho" (*EG* 20).

> A alegria do Evangelho, que enche a vida da comunidade dos discípulos, é uma *alegria missionária*. (...) Contém sempre a dinâmica do êxodo e do dom, de sair de si mesmo, de caminhar e de semear sempre de novo, sempre mais além. O Senhor diz: "Vamos para outra parte, para as aldeias vizinhas, a fim de pregar aí, pois foi para isso que eu vim" (Mc 1,38; *EG* 21).

SEGUNDO PONTO: FONTES DE UMA ALEGRIA SEM FIM

> Aqui está a fonte da ação evangelizadora.
> Porque, se alguém acolheu este amor
> que lhe devolve o sentido da vida,
> como é que pode conter o desejo de comunicá-lo aos outros?
> (*EG* 8)

---

outro, do Criador que nos cria incessantemente para louvar, fazer reverência e servir (todas atitudes que remetem a um outro!). Desde o princípio, portanto, Inácio propõe com clareza e transparência ao exercitante que se coloque humildemente diante dessa verdade: tudo o que tem vem de outro, é devido a outro. É a alteridade que manda na sua vida e só abrindo-se para essa realidade ele pode realizar-se e encontrar a sua felicidade (Bingemer, 2007: 143).

Relendo com atenção o texto sobre as "motivações para um renovado ardor missionário", quase no final do documento (cf. *EG* 262ss), podemos nos encontrar com as fontes de onde provém essa alegria de que o Papa Francisco fala. Em primeiro lugar, retomando o ensinamento de João Paulo II na *Novo Millenio Ineunte*, ele destaca a importância de uma *vida de oração encarnada*:

> Evangelizadores com espírito quer dizer evangelizadores que *rezam* e trabalham. Do ponto de vista da evangelização, não servem as propostas místicas desprovidas de um vigoroso compromisso social e missionário, nem os discursos e ações sociais e pastorais sem uma espiritualidade que transforme o coração. (...) É preciso cultivar sempre um espaço interior que dê sentido cristão ao compromisso e à atividade. *Sem momentos prolongados de adoração, de encontro orante com a Palavra, de diálogo sincero com o Senhor, as tarefas facilmente se esvaziam de significado*, quebrantamo-nos com o cansaço e as dificuldades, e o ardor apaga-se. A Igreja não pode dispensar o pulmão da oração. (...) Ao mesmo tempo, "há que rejeitar a tentação de uma espiritualidade intimista e individualista, que dificilmente se coaduna com as exigências da caridade, com a lógica da encarnação" (João Paulo II, 2001: 52; *EG* 262).

Em seguida, fala do "encontro pessoal com o amor de Jesus que nos salva": "A primeira motivação para evangelizar é o amor que recebemos de Jesus, aquela experiência de sermos salvos por ele que nos impele a amá-lo cada vez mais. Com efeito, um amor que não sentisse a necessidade de falar da pessoa amada, de apresentá-la, de torná-la conhecida, que amor seria? Se não sentimos o desejo intenso de comunicar Jesus, precisamos nos deter em oração para lhe pedir que volte a cativar-nos" (*EG* 264).

Tal encontro salutar exige, por sua vez, uma *atenção contemplativa*: "Por isso é urgente recuperar um espírito contemplativo, que nos permita redescobrir, cada dia, que somos depositários de um bem que humaniza, que ajuda a levar uma vida nova" (*EG* 264).

Esta nos fará *saborear da sua proximidade e presença* na nossa vida: "Esta convicção é sustentada com a experiência pessoal, constantemente renovada, de saborear a sua amizade e a sua mensagem" (*EG* 266).

Quem faz essa experiência contemplativa cria em si uma *convicção da importância* de viver unido a Cristo e da diferença que ele faz na nossa vida:

> Não se pode perseverar numa evangelização cheia de ardor, se não se está convencido, por experiência própria, que não é a mesma coisa ter

Anunciar com alegria: aspectos espirituais da Evangelii Gaudium

conhecido Jesus ou não o conhecer, não é a mesma coisa caminhar com ele ou caminhar tateando, não é a mesma coisa escutá-lo ou ignorar a sua Palavra, não é a mesma coisa poder contemplá-lo, adorá-lo, descansar nele ou não o poder fazer. (...) *A vida com Jesus se torna muito mais plena e, com ele, é mais fácil encontrar o sentido para cada coisa.* (...) O verdadeiro missionário sabe que Jesus caminha com ele, fala com ele, trabalha com ele, sente Jesus vivo com ele, no meio da tarefa missionária (*EG* 266).

O próximo ponto que o Papa desenvolve é sobre *o prazer espiritual de ser povo*:

A Palavra de Deus nos convida também a reconhecer que somos povo: "Vós que outrora não éreis um povo, *agora sois povo de Deus*" (1Pd 2,10). (...) A missão é uma paixão por Jesus e simultaneamente uma paixão pelo seu povo. Quando paramos diante de Jesus crucificado, reconhecemos todo o seu amor que nos dignifica e sustenta, mas lá também, se não formos cegos, começamos a perceber que este olhar de Jesus se alonga e dirige, cheio de afeto e ardor, a todo o seu povo (*EG* 268).

O próprio Jesus é o modelo dessa opção evangelizadora que nos introduz no coração do povo. Como nos faz bem vê-lo perto de todos! Fitava os seus olhos com uma profunda solicitude cheia de amor. (...) Vêmo-lo disponível ao encontro (...) sem se importar que o chamem de glutão e beberrão. Fascinados por esse modelo, queremos inserir-nos a fundo na sociedade, partilhamos a vida com todos, ouvimos as suas preocupações, colaboramos material e espiritualmente com as suas necessidades (...) (*EG* 269).

Jesus Cristo não pode ser separado do seu povo. Ele é a cabeça do corpo, para usar palavras de Paulo, e os fiéis são membros desse corpo. Quando a cabeça sofre ou se alegra, o corpo sofre ou se alegra. Quando o corpo ou qualquer parte dele sofre ou se alegra, a cabeça sofre ou se alegra. *De modo algum podemos separar Jesus do seu povo* (O'leary, 1996: 37). "Creio que o segredo de Jesus esteja escondido naquele seu olhar o povo mais além de suas fraquezas e quedas. O Senhor compraz-se verdadeiramente em dialogar com o seu povo e compete ao pregador fazer sentir esse gosto do Senhor ao seu povo" (*EG* 141).

A alegria que Jesus sente é inseparável dessa vida nova que ele vai trazendo para os seus irmãos e irmãs e que vai se tornando uma parte integral nas suas vidas – à medida que vai curando, ensinando, perdoando, encorajando, chamando, liderando, abençoando (Reiser, 2006: 11). "O pregador tem a belíssima e difícil missão de unir os corações que se amam: o do Senhor e os do seu povo" (*EG* 143).

154

COMUNICAÇÃO DE AMOR

O Papa Francisco insiste no caráter comunicativo do Amor, característico da experiência inaciana (evidenciado na Contemplação para alcançar o amor dos Exercícios Espirituais de Santo Inácio (*EG* 234s): "Um diálogo é muito mais do que a comunicação de uma verdade. Realiza-se pelo poder de falar e pelo bem concreto que se comunica através das palavras entre aqueles que se amam. É um bem que não consiste em coisas, mas nas próprias pessoas que mutuamente se dão no diálogo" (*EG* 142).

MEMÓRIA AGRADECIDA

A alegria de que fala o Papa Francisco é uma alegria agradecida, cheia de reconhecimento pelo bem recebido. É essa experiência que está na base da missão evangelizadora da Igreja, à qual somos exortados a participar: O bem tende sempre a comunicar-se (*EG* 9).

A alegria evangelizadora refulge sempre sobre o horizonte da memória agradecida: é uma graça que precisamos pedir. Os apóstolos nunca mais esqueceram o momento em que Jesus lhes tocou o coração: "Eram as quatro horas da tarde" (Jo 1,39). (...) O crente é "uma pessoa que faz memória" (*EG* 13).

> A memória do povo fiel, como a de Maria, deve ficar transbordante das maravilhas de Deus. O seu coração, esperançado na prática alegre e possível do amor que lhe foi anunciado, sente que toda a palavra na Escritura, antes de ser exigência, é dom (*EG* 142).

> Falar com o coração implica mantê-lo não só ardente, mas também iluminado pela integridade da Revelação e pelo caminho que essa Palavra percorreu no coração da Igreja e do nosso povo fiel ao longo da sua história. A identidade cristã, que é aquele abraço batismal que o Pai nos deu em pequeninos, nos faz anelar, como filhos pródigos – e prediletos em Maria –, pelo outro abraço, aquele do Pai misericordioso que nos espera na glória. Fazer com que o nosso povo se sinta, de certo modo, no meio destes dois abraços é a tarefa difícil, mas bela, de quem prega o Evangelho (*EG* 144).

CHAMADOS A ANUNCIAR O REINO

Em um mundo marcado pelo anonimato e pela indiferença, o fato de nos sentirmos chamados a participar da missão de Cristo enche o nosso coração de alegria. A experiência de ser chamado não é motivo de orgulho e vaidade nem quer dizer que sejamos melhores do que os outros, pois aquele que é chamado sabe e sente que é chamado não por seus méritos, mas por puro amor e bondade do Senhor (*EG* 180-181).

À ESCUTA DO POVO

Para o Papa, não basta uma escuta atenta da palavra escrita de Deus; mas é preciso estar atento da mesma forma aos clamores que chegam até nós do povo sofrido:

O pregador deve também pôr-se à escuta do povo, para descobrir aquilo que os fiéis precisam ouvir. Um pregador é um *contemplativo da Palavra* e também um *contemplativo do povo*. Desta forma, descobre "as aspirações, riquezas e limitações, as maneiras de orar, de amar, de encarar a vida e o mundo, que caracterizam este ou aquele aglomerado humano", prestando atenção "ao povo concreto com os seus sinais e símbolos e respondendo aos problemas que apresenta" (Paulo VI, 1975: 63; *EG* 154).

TERCEIRO PONTO: ALEGRES E SOLÍCITOS

Falar de "alegria", "fé", "evangelização", em um mundo como o nosso, nos põe diante dos desafios decorrentes da Encarnação: a evangelização tem uma dimensão social que lhe é inerente. Nesse ponto da Exortação, o Papa em um tom vibrante toca dois temas que lhe estão muito ao coração e que são como "a resposta" humana a tanto amor e graça recebidos: trata-se da *inclusão social dos pobres* (*EG* 186-201) e do *cuidar da fragilidade humana* (*EG* 209-216):

Jesus quer que toquemos a miséria humana, que toquemos a carne sofredora dos outros. Espera que renunciemos a procurar aqueles abrigos pessoais ou comunitários que permitem manter-nos à distância do nó do drama humano, a fim de aceitarmos verdadeiramente entrar em contato com a vida concreta dos outros e conhecermos a força da ternura. Quando o fazemos, a vida se complica sempre maravilhosamente e vivemos a intensa experiência de pertencer a um povo (*EG* 270).

Como bom jesuíta e apóstolo, o Papa afirma a *centralidade da missão* na sua vida e na de todo cristão:

A missão no coração do povo não é uma parte da minha vida, ou um ornamento que posso pôr de lado; não é um apêndice ou um momento entre tantos outros de minha vida. É algo que não posso arrancar de meu ser, se não me quero destruir. Eu sou uma missão nesta terra, e para isso estou neste mundo. É preciso considerarmo-nos como que marcados a fogo por esta missão de iluminar, abençoar, vivificar, levantar, curar, libertar (*EG* 273).

Toda a sua doutrina social repousa e flui da sua experiência espiritual de sentir e saborear o outro como um irmão que clama por ser ouvido e cuidado, tal como o samaritano caído à beira da estrada (Lc 10): "Cada pessoa é digna de nossa dedicação. E não pelo seu aspecto físico, suas capacidades, sua linguagem, sua mentalidade ou pelas satisfações que nos pode dar, mas porque é obra de Deus, criatura sua" (*EG* 274).

A CONVICÇÃO QUE ANIMA O MISSIONÁRIO

O missionário está convencido de que existe já, nas pessoas e nos povos, pela ação do Espírito, uma ânsia – mesmo se inconsciente – *de conhecer a vontade acerca de Deus, do homem, do caminho que conduz à liberação do pecado e da morte*. O entusiasmo posto no anúncio de Cristo deriva da convicção de responder a tal ânsia (João Paulo II, 1990:45; *EG* 265).

O entusiasmo na evangelização funda-se nesta convicção. Temos à disposição um tesouro de vida e de amor que não pode enganar, a mensagem que não pode manipular nem desiludir. É uma resposta que desce ao mais fundo do ser humano e pode sustentá-lo e elevá-lo. É a verdade que não passa de moda, porque é capaz de penetrar onde mais nada pode chegar. A nossa tristeza infinita só se cura com um amor infinito (*EG* 265).

UM DEUS ENCARNADO

O mistério da encarnação não é a simples manifestação da bondade, da compaixão de Deus "por nós" desde há muito tempo proclamada pelos profetas de Israel, mas a revelação de sua presença conosco, no meio de nós, tal como é em si mesmo. E, porque essa presença se fez em Jesus e por ele, nisso mesmo se mostrou que Deus se deu a nós, entregando-nos seu Filho em Jesus, desde toda a eternidade.

VERDADEIRAMENTE HOMEM

A Encarnação do Verbo parte do amor trinitário. "Se fez homem", tomou sobre si o mistério peculiar da natureza humana que consiste no ilimitado "estar referido a outro" (Rahner, 2002: 145), em ser pobre e em chegar a si mesmo só na medida em que a liberdade se deixa apreender pelo mistério incompreensível da plenitude de Deus.

A MISSÃO QUE SE ENCARNA NAS LIMITAÇÕES HUMANAS

No seu constante discernimento, a Igreja pode chegar também a reconhecer costumes próprios não diretamente ligados ao núcleo do Evangelho, alguns muito radicados no curso da história, que hoje já não são interpretados da mesma maneira e cuja mensagem habitualmente não é percebida de modo adequado (*EG* 43).

UMA IGREJA DE PORTAS ABERTAS: DIALOGANTE

A Igreja "em saída" é uma Igreja com as portas abertas. Sair em direção aos outros para chegar às periferias humanas não significa correr pelo mundo sem direção nem sentido (*EG* 46).

A Igreja é chamada a ser sempre a casa aberta do Pai. (...) Nem sequer as portas dos sacramentos se deveriam fechar por uma razão qualquer. Isto vale, sobretudo, quando se trata daquele sacramento que é a "porta": o Batismo. A Eucaristia (...) não é um prêmio para os perfeitos, mas um remédio generoso e um alimento para os fracos. Estas convicções têm também consequências pastorais, que somos chamados a considerar com prudência e audácia. Muitas vezes, agimos como controladores da graça e não como facilitadores. A Igreja não é uma alfândega; é a casa paterna, onde há lugar para todos com a sua vida fadigosa (*EG* 47).

Como seria o *retrato da Igreja evangelizadora* sonhada pelo Papa? Com palavras inflamadas, ele descreve o seu perfil:

Saiamos, saiamos para oferecer a todos a vida de Jesus Cristo! (...) Prefiro uma Igreja acidentada, ferida e enlameada por ter saído pelas estradas, a uma Igreja enferma pelo fechamento e a comodidade de se agarrar às próprias seguranças. Não quero uma Igreja preocupada em ser o centro, e que acaba presa em um emaranhado de obsessões e procedimentos. Se alguma coisa nos deve santamente inquietar e preocupar a nossa consciência é que haja tantos irmãos nossos que vivem sem a força, a luz e a consolação da amizade com Jesus Cristo, sem uma comunidade de fé que os acolha, sem um horizonte de sentido e de vida. Mais do que o temor de falhar, espero que nos mova o medo de nos encerrarmos nas estruturas que nos dão uma falsa proteção, nas normas que nos transformam em juízes implacáveis, nos hábitos em que nos sentimos tranquilos, enquanto lá fora há uma multidão faminta e Jesus repete-nos sem cessar: "Dai-lhes vós mesmos de comer" (Mc 6,37; *EG* 49).

CONCLUSÃO: COM ALEGRIA ANUNCIAR UMA BOA NOTÍCIA A TODOS

O Papa quer evangelizadores que anunciem com a *vida*: "Jesus quer evangelizadores que anunciem a Boa-Nova não só com palavras, mas sobretudo com uma vida transfigurada pela presença de Deus" (*EG* 205).

Característico do novo missionário evangelizador é o *fervor* com que ele anuncia a Boa-Nova:

Recuperemos e aumentemos o fervor de espírito, "a suave e reconfortante alegria de evangelizar, mesmo quando for preciso semear com lágrimas (...) E que o mundo do nosso tempo (...) possa receber a Boa-Nova dos lábios (...) de ministros do Evangelho cuja vida irradie fervor, pois foram quem receberam primeiro em si a alegria de Cristo" (Paulo VI, 1975: 80; *EG* 10).

Evangelizadores movidos pelo *amor de Deus por nós* que nos precede e torna a nossa ação eficaz: "Deus nos amou primeiro" (1Jo. 4,19), "só Deus que faz crescer" (1 Cor 3,7). "Esta convicção permite-nos manter a alegria no meio de uma tarefa tão exigente e desafiadora que ocupa inteiramente a nossa vida" (*EG* 12).

COM UMA FÉ INABALÁVEL NA AÇÃO MISTERIOSA DO RESSUSCITADO E DO SEU ESPÍRITO

O alcance salvífico do evento da Ressurreição de Jesus torna-se evidente na experiência dos homens, que agora percebem concretamente a possibilidade de serem salvos, ou seja, libertados de todo pecado, de toda ameaça e, sobretudo, de ficarem livres do laço da morte (Ancona, 2013: 245):

A sua ressurreição não é algo do passado; contém uma força de vida que penetrou o mundo. É uma força sem igual. (...) Num campo arrasado, volta a aparecer a vida, tenaz e invencível. Haverá muitas coisas más, mas o bem sempre tende a reaparecer e espalhar-se (*EG* 276).

A fé significa acreditar nele, que nos ama verdadeiramente, que está vivo, que é capaz de intervir misteriosamente, que não nos abandona, que tira bem do mal com seu poder e a sua criatividade infinita (*EG* 278).

MARIA, MÃE E ESTRELA DA EVANGELIZAÇÃO

O Papa conclui seu discurso com uma belíssima apresentação de Maria, que repropõe o modelo contemplativo na ação que o Papa espera dos novos evangelizadores:

Há um *estilo mariano* na atividade evangelizadora da Igreja. Sempre que olhamos para Maria, voltamos a acreditar na força revolucionária da ternura e do afeto. Nela vemos que humildade e ternura não são virtudes dos fracos, mas dos fortes. Fixando-a, descobrimos que aquela que louvava a

Deus porque "derrubou os poderosos de seus tronos" e "aos ricos despediu de mãos vazias" é a mesma que assegura o aconchego de um lar à nossa busca de justiça (*EG* 288).

O cântico do *Magnificat* coloca em evidência algumas expressões mais fortemente ligadas à experiência da mística contemplativa de Maria (Boff, 2007: 91), que o Papa espera encontrar nas feições da Igreja evangelizadora:

> *Maria sabe reconhecer os vestígios do Espírito de Deus* tanto nos grandes acontecimentos como naqueles que parecem imperceptíveis. *É contemplativa* do mistério de Deus no mundo, na história e na vida diária de cada um e de todos. É a *mulher orante e trabalhadora* em Nazaré, mas é também a Nossa Senhora da prontidão, a que sai às pressas da sua povoação para ir ajudar os outros. Esta dinâmica de justiça e ternura, de contemplação e de caminho para os outros faz dela um modelo especial para a evangelização (*EG* 288).

A Virgem do *Magnificat* é uma *mulher realista, de olhos abertos sobre o mundo*. Sabe que existem poderosos e humildes, ricos e pobres, e sabe também como os poderosos oprimem os humildes e os ricos espoliam os pobres. Ela vê as injustiças e as denuncia. No *Magnificat*, Maria anuncia a intervenção de Deus para mudar a situação histórica (Boff, 2009: 360). Ao concluir a sua mensagem com a vigorosa figura de Maria, o Papa Francisco demonstra sua veia mariana e apresenta Maria como o modelo da ação evangelizadora que ele sonha ver realizada pela Igreja.

***

Nestas breves linhas pudemos beber um pouco do Espírito que animou o Papa e segue animando a Igreja na sua missão evangelizadora. Cabe a cada um de nós como membro do Povo de Deus e discípulos e discípulas de Cristo irmos assimilando no nosso coração essas palavras do Santo Padre, tomando a sério a nossa missão de evangelizarmos não com palavras, mas com uma vida movida pela ação dinamizadora do Espírito, colocando-nos plenamente a serviço dos mais necessitados.

REFERÊNCIAS BIBLIOGRÁFICAS

ANCONA, G. *Escatologia cristã*. São Paulo: Loyola, 2013.

BINGEMER, M. C. L. *La cuarta Semana*: El don y el desafío de la alegría. Manresa 79 (2007), p. 139-152.

BOFF, C. Mariologia Social. *O significado da Virgem para a sociedade*. 2. ed. São Paulo: Paulus, 2009.

BOFF, L. *Mariologia*. Interpelações para a vida e para a fé. Petrópolis: Vozes, 2007.

CASTILLO, J.-M. *Espiritualidade para insatisfeitos*. São Paulo: Paulus, 2012.

CONGAR, Y.-M. *El Espíritu Santo*. Barcelona: Herder, 1983.

FRANCISCO. *Exortação Apostólica Evangelii Gaudium*. São Paulo: Paulinas, 2013.

GUARDINI, R. *Lettere sulla autoformazione*. Brescia: Morcelliana, 1971.

JOÃO PAULO II. Carta Exortação *Redemptoris Missio*. *AAS* 83 (1991), p. 249-340.

_____. Carta Apostólica *Novo Millennio Ineunte*. *AAS* 93 (2001), p. 266-309.

MARTÍN-MORENO, J. M. *Alegría y experiencia de Dios en la obra lucana*. Manresa 75 (2003), p. 51-78.

O'LEARY, B. *Del aislamiento a la consolación*: Mistério y mensaje de la Tercera y Cuarta Semanas. CIS 27/2 (1996), p. 35-41.

PAULO VI. Exortação Apostólica *Evangelii Nuntiandi*. *AAS* 68 (1976), p. 5-76.

_____. Exortação Apostólica *Gaudete in Domino*. *AAS* 67 (1975), p. 289-322.

RAHNER, K. Para la teología de la Encarnación. In: *Escritos de Teología IV*. Madrid: Ediciones Cristiandad, 2002, p. 139-158.

REISER, W. Locating the Grace of the Fourth Week. *Studies in the Spirituality of Jesuits 38/3* (2006), p. 1-41.

SAMPAIO COSTA, A. A alegria como graça da quarta semana dos Exercícios. *Itaici* 93 (2013), p. 39-51.

A NOVIDADE DO CRISTIANISMO NA *EVANGELII GAUDIUM*

José Otácio Oliveira Guedes

A NOVIDADE DO CRISTIANISMO

"Onde está a tua síntese, ali está o teu coração" (*EG* 143). Esta afirmação do Papa sobre a pregação dos padres serve como uma porta de entrada para visitarmos a sua primeira Exortação Apostólica. Muitos elementos no texto do documento sugerem que o coração do Papa está voltado para a novidade do Cristianismo, haja em vista o seu constante retorno a este ponto, permitindo que se apresente tal escrito na perspectiva do que é essencial no Cristianismo e suas implicações para o estilo de vida cristão, a relação com o próximo e o anúncio evangelizador. Outras dimensões estão contempladas neste livro.

O Papa propõe uma simplificação, como necessidade de se concentrar no essencial, simplificar a proposta, sem com isso perder "profundidade e verdade". Ao se referir à mensagem do Evangelho, o Papa menciona o "risco de aparecer mutilada e reduzida a alguns dos seus aspectos secundários" (*EG* 34). A moral e a doutrina da Igreja só encontram seu lugar se percebidas a partir do "núcleo essencial do Evangelho".

A hierarquia está em relação às verdades da fé professadas e também da vivência moral. Sobre a fé, o querigma deve ser ressaltado. No que tange à moral, a caridade para com o próximo, no "socorro da miséria alheia", que é o sacrifício que mais agrada a Deus (*EG* 37; cf. Tomás de Aquino, II-II, q. 40, a. IV, ad 1). Isso exige "saída de si próprio para o irmão" (*EG* 179), superando o "novo paganismo individualista" (*EG* 195).

O querigma deve ser o primeiro a ser apresentado, não só em sentido cronológico, mas "é o primeiro em sentido qualitativo, porque é o anúncio principal" (*EG* 163), cujo "centro e a sua essência são sempre o mesmo: o Deus que manifestou o seu amor imenso em Cristo morto e ressuscitado" (*EG* 11).

Uma percepção da moral e da espiritualidade de forma intimista e individualista faz com que se exclua o crescimento pessoal do conjunto das relações, relegando a dimensão da caridade para algumas atividades circunstanciais, e não se coaduna com "a lógica da encarnação" (*EG* 263). Não há exclusão, mas nada mais eficaz para o crescimento pessoal do que a saída de si para amar os caídos do caminho.

O teólogo dominicano Timothy Radcliffe escreveu um livro cujo título é: *Por que ser cristão?* Realmente, hoje, frente às muitas propostas religiosas e caminhos espirituais, é necessário nos perguntarmos: Há algo de único e absolutamente novo no Cristianismo, ou ele é somente uma variante da busca religiosa do ser humano? Se há algo novo, como respondermos a isso vivencialmente? Ora, a alegria que o documento aborda se apoia sobre o anúncio de algo inaudito, algo que o coração humano almeja, mas que não pode dar a si mesmo: esta é a alegria do Evangelho!

Santo Tomás de Aquino afirma que o que qualifica um ser é o seu "elemento principal" (*potissimum*), e que o *potissimum* da Nova Lei é "a graça do Espírito Santo dada pela fé em Cristo" (Tomás de Aquino, I-II. q. CVI, a. 1c.). "A salvação, que Deus nos oferece, é obra da sua misericórdia. Não há ação humana, por melhor que seja, que nos faça merecer tão grande dom" (*EG* 112). Ora, se o elemento principal da Nova Lei – podemos dizer do Cristianismo – é a graça, isso exige uma reflexão sobre nossa práxis de vivência do Cristianismo e da sua proposta evangelizadora. É justamente isso que faz o Papa em toda a encíclica.

"Na sua vinda, [Cristo] trouxe consigo toda a novidade" (Santo Irineu; *EG* 11); "Teu rei vem a ti" (Zc 9,9). A grande Boa-Nova é que fomos visitados por Deus. Esta visita marcou a carne com o Verbo, podendo ser atualizada na história pessoal, pois "quando alguém dá um pequeno passo em direção a Jesus, descobre que ele já aguardava de braços abertos a sua chegada" (*EG* 3). Deus nos antecipa isso de forma gratuita. Ele marca um encontro e lá está incondicionalmente a nos esperar. Nós somos alcançados por Cristo, só então podemos correr para alcançá-lo (cf. Fl 3,12).

O Papa Francisco não se cansa de repetir que "ao início do ser cristão, não há uma decisão ética ou uma grande ideia, mas o encontro com um acontecimento, com uma Pessoa que dá à vida um novo horizonte e, desta forma, o rumo decisivo" (*Deus Caritas Est*, 1; *EG* 7). Bento XVI, no texto citato pelo Papa Francisco, afirma que a essência do discipulado está no encontro com uma pessoa, Jesus Cristo, pois é crendo nele que recebemos o dom, excluindo que esteja esta novidade no "moralismo". O que quer dizer isso? Que o *novum* não é dado pelo nosso fazer, mas pelo dom que nos precede e alcança. Qualquer via espiritual, portanto, que se pretenda cristã, deverá dar contas desta primazia da graça. Nunca é demais afirmarmos que, embora a graça pressuponha a natureza – afirmação também de Santo Tomás –, ela, sem a graça, nada pode fazer de relevante para a salvação e de agradável a Deus. Sim, sem a graça, podemos fazer casas e plantar vinhas, diz Santo Tomás, quase de forma irônica.

Sendo assim, o Cristianismo se define por algo não construído por nós, que não podemos nos dar a nós mesmos. É como uma ponte que todas as religiões, cada uma a seu modo, estivessem a construir entre nós e Deus, e, de repente, de modo não calculado por nós, víssemos uma ponte já construída que nos fosse oferecida. Ponte não construída daqui para o Infinito, mas do Infinito até nós. Esta é a pretensão do Cristianismo; e isso é um dom imerecido!

A NOVIDADE DO EVANGELHO NA VIVÊNCIA CRISTÃ

O Papa pede para salientar mais a graça que a lei, mais Jesus Cristo que a Igreja, mais o dom que o empenho, apresentando o "amor salvífico de Deus como prévio à obrigação moral" (*EG* 165), pois o "caminho de resposta e crescimento aparece sempre precedido pelo dom" (*EG* 162). É sugestivo que as Cartas paulinas tragam a parte parenética, exortativa, depois de apresentarem o que Deus fez pela comunidade: primeiro, o dom; depois, como ele deve ressoar na vida.

"A moral cristã não é uma ética estoica, é mais que uma ascese" (*EG* 39). A vida cristã não é a execução de catálogo de virtudes e fuga dos vícios, mas é a obediência da fé que se concretiza nas escolhas conformes ao Evangelho. A moral cristã exige discernimento, não é um dado pronto para a ele sermos adequados. Mesmo os mandamentos, imperativos claros para a consciência, exigem uma luz evangélica para sua vivência; luz esta expressa no Sermão da Montanha.

Em suma, a moral decorre do diálogo filial que deve sempre ser renovado. O agir evangélico nasce do coração alcançado pela novidade da graça: o homem novo vive como nova criatura. A vida sob a égide da obediência da fé ajuda a não viver um "eticismo sem bondade".

Qual seria a atitude adequada diante da concepção do *potissimum* do Cristianismo – a graça do Espírito Santo dada pela fé em Cristo? Antes de tudo, um realismo profundo da nossa "inconsistência central", da nossa fraqueza e carência fundamentais. Ademais, estarmos cientes de que não sairemos desse estado de falência, de estarmos "sob o pecado" (Rm 3,9), pela observância dos mandamentos, ou de qualquer outra regra. A letra, mesmo a do Evangelho, mata; pois é o Espírito que comunica a vida (cf. 2Cor 3,6).

Paulo nos propõe a sua experiência como regra. Ele, que confiava na carne, nas prerrogativas de nascimento e de aquisição com sua busca para suprir sua inconsistência (cf. Fl 3,1-16), reconheceu que precisava esvaziar-se de tudo para conhecer o poder da ressurreição de Jesus. Ele chegou até a suplicar que Deus lhe tirasse essa sua fraqueza. Deus, porém, lhe deu a graça de não atendê-lo, dando-lhe a compreensão de que é a fraqueza o lugar escolhido por Deus para agir, pois será reconhecida a força da graça em detrimento da presunção de quem a opera. Paulo superou a tentação da ambição espiritual, da "heresia das boas obras", na qual antes se sentia irrepreensível.

O farisaísmo é o estilo de vivência religiosa mais enfrentado por Jesus; mais que os pecadores públicos. Por quê? Porque o farisaísmo tem, na sua raiz, a contradição da novidade do Cristianismo, pois propõe, ele mesmo, construir a ponte até Deus na observância da Lei. Se, de uma parte, não podemos conceber um Cristianismo amoral, a-religioso; de outra parte, reduzi-lo ao elemento moral (Kant), fruto do nosso esforço, é esvaziar o Cristianismo, ou, para dizer com Paulo, "tornar inútil a cruz de Cristo" (1Cor 1,17). Atenção: não vale também usarmos a graça como uma "ajudinha" à própria força de vontade! Isso seria um "moralismo crispado", um semipelagianismo, o qual também é excluído como fator principal do Cristianismo. O Papa sinaliza a existência de um "neopelagianismo autorreferencial e prometeico de quem, no fundo, só confia nas suas próprias forças e se sente superior aos outros por cumprir determinadas normas ou por ser irredutivelmente fiel a certo estilo católico próprio do passado" (*EG* 94), que acaba por consumir as energias ao tentar controlar as outras pessoas.

A dimensão moral é irrenunciável na resposta ao dom da graça, mas não é um pressuposto para a graça. Por outro lado, o agir moral não pode ser um mero apêndice da graça, mas a expressão mesma do homem alcançado por Cristo. O homem novo age de modo novo. Se, de fato, o Cristianismo foi acolhido no seu elemento mais forte por nós, ele terá a força de ir nos transformado, conformando-nos ao homem novo, na estatura de Cristo.

Em suma, a novidade do Cristianismo é que a graça precede nosso agir. Que há um dom fundante com força para renovar a natureza humana. Toda obra cristã nasce como um transbordar da relação com a Fonte de onde emana a energia de vida nova.

O QUE DIZER AINDA?

Precisamos, portanto, como sinaliza o Papa, averiguar se estamos vivendo a essência do Cristianismo, naquela sua pretensão mais aguda, seu elemento mais forte (*potissimum*). Não aconteça que anulemos a cruz de Cristo. Que nosso testemunho de alegria e coragem seja o anúncio de quem, realmente, está convencido de que não há outro caminho por meio do qual possamos ser salvos. Sem a experiência da gratuidade do Evangelho, que na dependência de Deus, se abre para o outro, tornamo-nos "pessoas ressentidas, queixosas, sem vida" (*EG* 2).

COMO VIVER A NOVIDADE?

Há um estilo de vida que mais se adequa à novidade do Cristianismo; é aquela percepção de saber que, gratuitamente, "recebeu primeiro em si a alegria de Cristo" (*EG* 10), tendo a profunda convicção de que não nos bastamos, com a profunda clareza da nossa fraqueza fundamental, e de que a graça é dada gratuitamente a quem abrir mão de bastar-se e buscar na adesão crente e obediente a Jesus Cristo e à sua força de vida e ação. Isso gera uma secreta, mas firme, confiança por sermos infinitamente amados (*EG* 6). Como experimentar isso psicologicamente? Aprendendo a perceber as pequenas coisas, aprender com os simples a não necessitar de tantas coisas, aprender com a alegria daqueles que têm "pouco a que se agarrar" (*EG* 7).

CONSEQUÊNCIAS DA NOVIDADE NA RELAÇÃO COM O PRÓXIMO

A Palavra, que é a novidade do Cristianismo, possui tal força que a faz imprevisível, não controlável, e que foge aos nossos esquemas (*EG* 22). Só aceita viver das surpresas de Deus quem confia nele, quem aprendeu a obedecer, porque confia, não porque tem medo. Aqui, entra a decisão de viver da Providência, abrindo mão de ser providência para si mesmo. Esta é a única possibilidade de viver em ação de graças, naquela atitude gerada pelo espírito filial recebido. Não há espaço para a preocupação pagã que, por viver sem esperança e sem Deus no mundo, se assoberba em cuidados e preocupações com o pão de cada dia, pão que não ganha ativa, mas passivamente. Ele é suplicado a cada dia, com a convicção de que, enquanto dorme, o recebe. A quem vive nesse espírito sobra tempo para pensar no próximo, vivendo "a dinâmica do êxodo e do dom, de sair de si mesmo" (*EG* 21), pois sabe que sobre sua pessoa pairam os cuidados de um Outro.

"Qualquer pessoa que viva uma libertação profunda adquire maior sensibilidade face às necessidades dos outros" (*EG* 9). A tentação da autossuficiência é extremamente forte em nós: ela exerce o fascínio ilusório da emancipação paterna. Na narrativa bíblica do pecado da origem está a percepção do ser humano de que a vida está ali, ao alcance da mão, não precisa aguardar receber em dom o que ele pode agarrar ciosamente.

Ora, a pretensão de que a vida vem daquilo que agarramos e seguramos, portanto, da nossa luta, gera uma relação conflituosa com o outro, que também é percebido como um adversário na luta pela vida. Observamos que, de acordo com a percepção da fonte de vida que se tem, originar-se-á um determinado modo de sentir o próximo: ou como partícipe da mesma fonte, ou como possível atentado ao nosso bocado. Quem não "vive de" julgará um erro de estratégia "viver para"; quem não se refaz à fonte comum de Água viva não perceberá a necessidade de levar outros a participarem da festa da vida.

Quem percebe que temos todos uma Fonte, "vive um desejo inexaurível de oferecer misericórdia, fruto de ter experimentado a misericórdia infinita do Pai e a sua força difusiva" (*EG*, 24); vive o "dinamismo de 'saída'" (*EG* 20). Ademais, quem se sabe cuidado por Deus está disposto a "tolerar as moléstias da convivência" (*EG* 92). Essas são as "pessoas cântaros" que escolhem viver para dar de beber a outros (cf. *EG* 86).

Somos muito zelosos da realização pessoal, essa, porém, não é uma conquista, mas o *plus* de vida que recebemos, quando agimos como aqueles que deixam "a segurança da margem e se apaixonam pela missão de comunicar a vida aos demais" (*EG* 10).

"O crente é, fundamentalmente, 'uma pessoa que faz memória'" (*EG* 13). Ele sabe que depende de outros, ninguém batiza a si mesmo, como ninguém dá a fé a si mesmo. Estamos em um Corpo em que fomos precedidos por outros que nos deram condição de sermos enxertados na Videira verdadeira, de nos ligarmos à Cabeça como membros, pois "se consigo ajudar uma pessoa a viver melhor, isso já justifica o dom da minha vida" (*EG* 274). Esse dado lembra a cada crente que tudo o que possui é graça. Não é porque recebeu que tem, então, de passar a outro, como quase uma paga pelo dom recebido: Como poderia pagar?

A atitude comprometida com o anúncio não nasce de um imperativo extrínseco, mas é uma decorrência naturalmente transbordante da graça que nos alcançou. Ou seja, o verdadeiro evangelizador é aquele que não cabe em si mesmo pela percepção da grandeza do que encontrou, ou melhor, de quem o alcançou no caminho da vida. Que se quer dizer? Que evangelização que não nasce da alegria transbordante presta um desserviço ao Evangelho, pois ela minimiza a força do anúncio no ouvido de quem a escuta, dado que não vê que seja mesmo interessante deixar aquilo em que apostou a vida, mediante uma proposta desfigurada que a face do pregador manifesta: é o que o Papa Francisco chama de "uma cara de funeral" (*EG* 10).

A NOVIDADE DO CRISTIANISMO NA AÇÃO EVANGELIZADORA

"A alegria do Evangelho é para todo o povo, não se pode excluir ninguém; assim ela foi anunciada pelo anjo aos pastores de Belém: 'Não temais, pois anuncio-vos uma grande alegria, que o será para todo o povo' (Lc 2,10)" (*EG* 23). Ora, se este anúncio se referisse a que, se formos "bonzinhos", Deus nos dará a vida eterna, esta não seria uma boa notícia, seria péssima, pois não somos bons! Quem é bom, senão Deus?

Qual é o extraordinário do Cristianismo, sua pretensão mais radical? Que todo homem que vem a este mundo é iluminado por Jesus (cf. Jo 1,9). Com a encarnação, todo homem é já agraciado: a todos é dada a possibilidade de vida plena. Que devemos fazer? Estender a mão para acolhermos a plenitude de vida da qual recebemos "um adiantamento". Esta é alegria para "todo povo"! "É heresia afirmar que o Filho de Deus não tenha morrido por todos os pecadores" (Balthasar, 1966: 103). Ademais "a ressurreição do Senhor já penetrou a trama oculta desta história" (*EG* 278). Essa vida oferecida deverá ser acolhida, não pressupondo a bondade moral, mas a disposição a não procurar vida por si mesmo. Sinais de que aquela vida oferecida gratuitamente foi acolhida é a atitude vivencial de dependência de Deus e a capacidade de sair de si para ser dom para o outro.

Não nos enganemos: de um lado, podemos pretender estar vivendo religiosamente, mas sob um "mundanismo espiritual", onde "sob pretextos éticos, se escolhe uma existência estética" (Balthasar: 1966, 207), onde buscamos a glória humana, bem-estar pessoal, cuidado com a aparência, fascínio do gnosticismo, com espaços e tempos pessoais de autonomia e relaxamento, numa vivência dos deveres como mero apêndice da vida (*EG* 78-81). Essa, sem ressonância na caridade, descamba para o mundanismo espiritual.

Por outro lado, a tentativa de ajudarmos o próximo, mantendo-se autossuficiente, já demonstrou na história que não passa de máscara de filantropia; acabamos por usar o outro em função de uma ideologia ou sistema. O outro só pode ser amado quando a vida com que se nutre quem ama vai além de si e do outro.

"O primado é sempre de Deus" (*EG* 12) – eis o antídoto para os evangelizadores não se tornarem "tristes e descoroçoados, impacientes ou ansiosos" (*EG* 10). Estamos mais próximos do ativismo pelagiano que do sossego quietista. Um e outro são inadequados, mas o nosso momento histórico, devido à necessidade de alcançarmos um lugar ao sol pela autoafirmação egocêntrica, mostra que é salutar ressaltar o primado de Deus, nosso agir como algo importante, mas sempre como sinergia subordinada. O problema não é o excesso de atividades, mas motivações inadequadas, sem uma espiritualidade que impregne a ação (*EG* 82), pois somos cooperadores, e mesmo a nossa cooperação é ainda suscitada e sustentada pelo Espírito; o que fizermos de nós e por nós será um desserviço ao Evangelho. "Nem quem planta nem quem rega é alguma coisa, mas Deus que faz crescer" (1Cor 3,7). Não é uma "heroica tarefa pessoal", pois é, antes de tudo, obra de Deus. Nossa carne, nosso potencial, só mostrará sua relevância se for disponibilidade para que o rio de vida alcance outros.

A exortação de Jesus: "dai-lhes vós mesmos de comer!" (Mt 14,16) nem de longe afirma nossa autonomia na doação; somos distribuidores da Providência, carregadores de pães até os necessitados; o que é extremamente digno. Que serviço mais digno o de podermos encher as talhas de água e depois distribuirmos a alegria do vinho para o mundo que morre na tristeza do tédio! Isso é profundamente libertador: não é nosso suor que nos redime, mas o sangue de Cristo! Sintamos a alegria de podermos trabalhar na vinha. Qual o prêmio de trabalhar na vinha? Poder trabalhar na vinha! Essa gratidão por trabalharmos na vinha, ou como semeador do campo, somada ao princípio de que não somos os donos, mas trabalhadores, quando muito administradores, arrefece as reações lastimosas ou alarmistas, quando vemos surgir o joio no meio do trigo (*EG* 24), pois sabemos que estamos no momento da semeadura, ainda não no da colheita.

A conversão pastoral é a conversão para a leveza do Evangelho, a convicção de que Jesus basta, não precisamos adicionar atrativos, por vez estranhos à novidade do Evangelho, podendo mesmo "condicionar um dinamismo evangelizador" (*EG* 26) – como pode acontecer no retorno a elementos estéticos de um momento do passado da Igreja; da busca cega de visibilidade dos ministros; da luta de espaço no poder e na política. São elementos estranhos à simplicidade do Evangelho. Jesus abriu mão de usar o poder para, livremente, agir de dentro e não no confronto. A pobreza em Jesus não é ascese, é disponibilidade para a vontade do Pai, vivendo da porção que lhe era dada. Mesmo o celibato para Jesus era, ainda, a escolha de total esvaziamento para a fecundidade que não nasce da carne e do sangue, mas do Espírito. A vida de Jesus já indicava a plenitude escatológica.

Citando Paulo VI e referindo-se à Igreja, o Papa Francisco se dirige a uma "necessidade generosa e quase impaciente de renovação" (*EG* 26). Aqui está a percepção que o Concílio assumiu da *Ecclesia semper reformandam*, expressão do Cardeal Newman. A tentação da "autopreservação" se deve à perda da confiança crente e esperança e paciência evangélicas, que causam uma "introversão eclesial" (*EG* 27). Esta busca de segurança, construída pela estratégia de quem quer defender Jesus, sinaliza a tentação de Pedro com sua espada. Jesus precisa de seguidores, testemunhas, não de defensores! Isso faz gastar energia em vão.

"Sempre que procuramos voltar à fonte e recuperar o frescor original do Evangelho, despontam novas estradas, métodos criativos, outras formas de expressão, sinais mais eloquentes, palavras cheias de renovado significado para o mundo atual. Na realidade, toda a ação evangelizadora autêntica é sempre 'nova'" (*EG* 11). O Papa fala de "Igreja com as portas abertas" (*EG* 46), mas também "igrejas com as portas abertas" (*EG* 47), onde os templos de pedras e os que são Pedras Vivas do Edifício espiritual tenham atitudes acolhedoras, que se expressem "numa linguagem que permita reconhecer a sua permanente novidade" (*EG* 41).

A vivência do *potissimum* do Cristianismo permite superar o apego a formulações da fé que não transmitem sua substância (*EG* 41), ou mesmo, superar uma pregação do Evangelho de forma "moralista ou doutrinadora" (*EG* 142), num anúncio "sem obsessão pelos resultados imediatos" (*EG* 223). Os evangelizadores se tornam "mensageiros alegres de propostas altas" (*EG* 168), pois "uma pessoa que não está convencida, entusiasmada, segura, enamorada, não convence ninguém" (*EG* 266).

CONCLUSÃO

O Papa é consciente de que "a Igreja não tem soluções para todas as questões" (*EG* 241), por isso continuará a apontar para Cristo, para a novidade que ele trouxe, sempre capaz de irradiar luz para as situações humanas. Ele sabe que estamos inseridos em uma cultura do bem--estar que nos anestesia (*EG* 54). Atentos aos perigos de fazermos do Cristianismo algo pesado e sem odor pascal, que seria o "pragmatismo cinzento" que descamba para a mesquinhez, temos a missão de experimentar e propor o extraordinário evento da visita de Deus que nos trouxe o sentido. Ele é capaz de abrir o "livro dos sete selos", o livro da história humana, dando-lhe um sentido, um suplemento de sentido. Esta Boa-Nova, porém, é para todos, e quem a experimenta não a conterá dentro de si, sentirá o imperativo interior de envolver a outros na alegria da vida nova e anunciar que o tempo da tristeza passou. Temos à nossa disposição uma medida superabundante de vida, vida que não morre, porque é eterna. Essa vida nos visita aqui e agora. Já podemos usufruir das benesses dela: liberdade, superação do egocentrismo que nos esmaga, saída para o irmão como redenção do individualismo. Mesmo na experiência da Quaresma, a Páscoa já se faz sentir (*EG* 6).

REFERÊNCIAS BIBLIOGRÁFICAS

BALTHASAR, H. U. von. *Chi è il Cristiano?* Brescia: Querianiana, 1966.
BENTO XVI. *Carta Encíclica Deus Caritas Est.* São Paulo: Paulinas, 2005.
RADCLIFFE, T. *Por que ser cristão?* São Paulo: Paulinas, 2011.

DIMENSÃO CRISTOLÓGICA DA *EVANGELII GAUDIUM*

Paulo Cezar Costa

INTRODUÇÃO

Deve-se perceber que o Documento se concentra no tema da Evangelização e Missão. O Papa Francisco quer, neste texto, tratar a questão do anúncio do Evangelho no Mundo atual.

A Exortação Apostólica *Evangelii Gaudium* (*EG*) tem várias referências Cristológicas, pois a teologia é cristocêntrica. Já no início, onde o Papa exorta à alegria, esta se fundamenta na Salvação de Deus preanunciada no Antigo Testamento, realizada no ministério de Jesus de Nazaré, principalmente na sua ressurreição (*EG* 5). Jesus vive a alegria do Evangelho, exulta de alegria no Espírito e louva o Pai, porque a sua revelação chegou aos pobres e pequeninos (cf. Lc 10,21; *EG* 21). Jesus Cristo é uma eterna novidade, ele é o "evangelho eterno" (Ap 14,6), sendo "o mesmo, ontem, hoje e sempre" (Hb 13,8; *EG* 11). Jesus é "o primeiro e o maior evangelizador" (*EG* 12). Falando de uma Igreja "em saída", usa a imagem de Jesus que lavou os pés dos seus:

O Senhor envolveu-se e envolveu os seus, pondo-se de joelhos diante dos outros para lavá-los; mas logo a seguir, diz aos discípulos: "Sereis felizes se o puserdes em prática" (Jo 13,17). Com obras e gestos a comunidade missionária entra na vida diária dos outros, encurta as distâncias, abaixa-se – se for necessário – até à humilhação e assume a vida humana, tocando a carne sofredora de Cristo no povo (*EG* 24).

O Papa, falando da *via pulchritudinis*, apresenta a beleza de Cristo: "... o Filho feito homem, revelação da beleza infinita, é sumamente amável e atrai-nos para si com laços de amor" (*EG* 167).

Porém, deter-me-ei num texto do IV capítulo, onde o Papa está abordando "A dimensão social da Evangelização" (*EG* 180). O Papa já inicia este capítulo afirmando que "Evangelizar é tornar o Reino de Deus presente no mundo" (*EG* 176). A evangelização é implantação do Reino de Deus. Na *EG* 180, ele diz:

Dimensão cristológica da Evangelii Gaudium

Ao lermos as Escrituras, fica bem claro que a proposta do Evangelho não consiste só numa relação pessoal com Deus. E a nossa resposta de amor também não deveria ser entendida como uma mera soma de pequenos gestos pessoais a favor de alguns indivíduos necessitados, o que poderia constituir uma "caridade por receita", uma série de ações destinadas apenas a tranquilizar a própria consciência. A proposta é o Reino de Deus (cf. Lc 4,43); trata-se de amar a Deus, que reina no mundo. Na medida em que ele conseguir reinar entre nós, a vida social será um espaço de fraternidade, de justiça, de paz, de dignidade para todos. Por isso, tanto o anúncio como a experiência cristã tendem a provocar consequências sociais. Procuremos o seu Reino: "Procurai primeiro o Reino de Deus e a sua justiça, e tudo o mais se vos dará por acréscimo" (Mt 6,33). O projeto de Jesus é instaurar o Reino de seu Pai; por isso, pede aos seus discípulos: "Proclamai que o Reino do Céu está perto" (Mt 10,7).

Neste texto, o Papa coloca a dimensão social da Fé na dimensão do Reino, da construção do Reino de Deus e mostra que a nossa resposta não deve ser entendida como a soma de pequenos gestos pessoais a favor de alguns indivíduos necessitados, o que ele chama de "caridade por receita" que seriam séries de ações destinadas a tranquilizar a consciência. Ele coloca a caridade na dimensão da proposta do Reino.

Para entender esta afirmação do Papa, é preciso voltar aos Evangelhos e, neles, perceber como Jesus de Nazaré anunciou e colocou em movimento o Reino de Deus por palavras e ações.

JESUS PROCLAMA O REINO DO PAI

Para entendermos Jesus como proclamador do Reino do Pai, precisamos compreender quem é o Pai para Jesus. Encontramos resposta para esta indagação na Oração de Jesus no Getsêmani, narrada por Marcos. Na sua oração Jesus manifesta uma profunda intimidade com o *Abbá*, com o seu Pai, o Deus-ágape, com o qual ele vivia uma profunda intimidade: "Abbá! Ó Pai! Tudo é possível para ti: afasta de mim este cálice; porém, não o que eu quero, mas o que tu queres" (Mc 14,36; Lc 22,42; Mt 26,39.42; Jo 12,26.28). Jesus emprega uma singular invocação para se dirigir a Deus, chamando-o próprio "Pai". A fórmula de Jesus rezar é única, não só pela sua formulação típica, mas também pela sua frequência que nos é documentada na tradição. Como se vê, Jesus não se refere nunca a Deus chamando-o de *theós*, "Deus", isto acontece somente na citação do Salmo 22,2 na cruz, o qual se trata da citação de um texto bíblico. Ao invés, na parábola do fariseu e do publicano, os dois personagens rezam a Deus invocando-o: *Ho theós...* (Lc 18,11.13). Jesus deve ter sempre usado este apelativo quando rezava. Esta expressão revela a consciência de um relacionamento incomparável, coloquial, único no gênero, entre Jesus e Deus como seu Pai.

Esta invocação, apelativo aramaico usado na oração, distingue seguramente Jesus dos seus contemporâneos, exprimindo uma dimensão de íntima familiaridade com Deus, seu Pai. Pelo fato de ter sido conservado na literatura, não só no contexto da agonia, afirma a dimensão de total abandono confidencial nas mãos de Deus e do seu acolhimento paterno. Pode-se ver o verdadeiro sentido de Abbá somente se colocado no contexto de todos aqueles passos, que testemunham uma consciência filial de Jesus com relação a Deus, como, por exemplo, a parábola dos vinhateiros assassinos. Assim, não se pode ter dúvida que o modo de rezar de Jesus a Deus, chamando-o de Pai, manifesta a consciência de uma particular filiação, que está na origem desta oração. Esta intimidade de Jesus com Deus manifesta que o Deus do Reino que Jesus proclama é o Deus Abbá. A proclamação do Reino nos impõe, então, um novo modo de orar, participando desta mesma intimidade de Jesus com o Abbá. Essa invocação de Jesus passa para a Igreja pós-pascal (Rm 8,15; Gl 4,6). Na oração, manifesta-se a pertença à *basileia* (Jeremias, 2004: 282).

O ANÚNCIO DO REINO DE DEUS, CENTRO DO MINISTÉRIO DE JESUS DE NAZARÉ

O Reino de Deus é o tema central da pregação de Jesus. Jesus "andava por toda a Galileia proclamando o Evangelho do Reino de Deus" (Mt 4,23).[1] Na pregação de Jesus, o tema não é tratado de forma unívoca, mas apresenta conotações diversas. Jesus se apresenta pessoalmente como mensageiro e portador da realeza de Deus, a qual somente

---

[1]   O tema do Reino de Deus já se encontra presente nos textos do Antigo Testamento. O Conceito de Reino (ebr. *Malkût, mamlakâ, melukâ*, aram. *malkúta*) de Deus fundamenta as suas raízes culturais na experiência das monarquias do antigo oriente. O Antigo Testamento está cheio da ideia do reinado de Javé. Ainda que o substantivo impessoal com relação a Deus seja raro (1Cr 28,5: "... é meu filho Salomão que ele escolheu para ocupar o trono da realeza de Iahweh sobre Israel"); a ideia se encontra, sobretudo, nos substantivos pessoais (Sl 9,37; 1Sm 12,12; Sf 3,15; Zc 14,9; Ex 15,18). A palavra rei é aplicada a Javé a partir da experiência que Israel tem da ação de Javé na sua história, este conceito exprime, assim, uma convicção de fé do povo de Israel, que Javé é rei e sua ação domina toda a história e o mundo criado.

Dimensão cristológica da Evangelii Gaudium

a aceitação conduz à salvação. Na pregação de Jesus, o Reino de Deus apresenta duas dimensões fundamentais: *a dimensão de presença e de futuro*. A dimensão de presença corrige e integra a concepção puramente apocalíptica do Reino, como autores tendem a ver. Isto significa que o Reino está intimamente ligado à própria pessoa de Jesus, aos seus gestos, ações e palavras. Analisaremos algumas ações de Jesus que mostram a ligação entre o ministério de Jesus e a presença do Reino. São gestos que mostram a concepção nova e libertadora das coisas que Jesus traz no Anúncio do Reino.

Um primeiro caso se encontra na proibição dada aos discípulos de sepultar o próprio pai (Mt 8,21-22; Lc 9,59-60)[2]: "Outro dos discípulos lhe disse: Senhor, permite-me ir primeiro sepultar o meu pai. Mas Jesus lhe respondeu: Segue-me e deixa que os mortos enterrem seus mortos". Enquanto a obrigação de sepultar é afirmada, seja pela *Torah* (Gn 23,3-4; Tb 6,13-15), seja pela *halakàh*, Jesus pede provocadoramente para renunciar, propondo uma nova ligação estabelecida com ele, em vista de uma dedicação mais livre à causa do Reino de Deus. Também outros *loghion* se inserem neste contexto: Mc 1,20; 3,31-35; Mt 10,37.

Um exemplo se vê na observância do sábado. Os Evangelhos sinóticos e João apresentam Jesus em diversos momentos infligindo o repouso sabático (Mc 1,21-28; 2,23-27; 3,1-6; Lc 13,10-17; 14,1-6; Jo 5,1-11; 7,22-23; 9,14). O trabalho do ceifador era duplamente proibido no dia de sábado. A colheita de espigas era considerada como preparação da comida e, ainda, certa espécie de ceifa. Para o sábado a comida deveria ser preparada antecipadamente, no dia da preparação (Pesch, 1980: 298-299). Era proibido prestar ajuda a um doente se não estivesse em perigo de vida. Até a distância que se podia percorrer era aquela fixada para o sábado (Lohse, 1977: 1069-1070). Pode-se concluir que Jesus adotou com relação ao sábado uma liberdade muito maior do que qualquer outro personagem da época: "O sábado foi feito para o homem, e não o homem para o sábado; de modo que o Filho do Homem é senhor até do sábado" (Mc 2,27-28). Para ele o que estava em primeiro lugar era a liberante soberania de Deus para o ser humano, da qual ele era o portador.

Outro caso de contraposição, ao menos material, é aquele com relação à lei mosaica da concessão do divórcio. A situação de Israel sobre este ponto é complexa. De um lado, a prática normal se coloca sobre esta linha, como atesta as escolas de *Shammai* e de *Hillel*, que diver-

---

[2]   Este *loghion* foi amplamente estudado por H. Hengel (1990: 17-36); E. P. Sanders (1992: 328), o qual teve que afirmar que: "almeno una volta Gesù ebbe la volontà di affermare che il seguirlo ha la precedenza sugli obblighi della pietá e della Toráh".

gem somente sobre a motivação do divórcio (m. *Ghit.* 9,10). De outra, a existência de um matrimônio indissolúvel é atestada em Qumran, não somente uma vez (*CD* 4,20-5,5; 11*Qt* 57,17-18); e em *Ghit* 90b se lerá que "quando um homem repudia a sua primeira mulher, também o altar derrama lágrimas por ela". Jesus se opõe explicitamente à tradição da prática do divórcio (Mc 10,2-12; Mt 19,3-9; Mt 5,31s; Lc 16,18), mas também da confirmação independente de Paulo (1Cor 7,10-11). A posição de Jesus não se trata somente de um rigor maior no interno de um sistema indiscutível, mas de uma verdadeira e própria proibição positiva: a pergunta formulada pelos fariseus (Mc 10,2 *"ei éxestin..."*, "É lícito...?") tem uma conotação jurídica, para a qual a resposta implica uma verdadeira oposição ao texto legal do Deuteronômio. A solução que Jesus anuncia jamais fora considerada por um outro doutor (Grelot, 1975: 78-79). E para agir assim, ocorria uma autocompreensão não comum.

Jesus se opôs também à prática do jejum, como se constata pela sua resposta aos discípulos de João Batista e dos fariseus: "Por que os discípulos de João Batista e os dos fariseus jejuam e os teus discípulos não jejuam? E Jesus lhes disse: poderiam os amigos do esposo jejuar enquanto o esposo está com eles?" (Mc 2,18b-19a). Sobre o jejum no Judaísmo, existem testemunhos bem precisos. O jejum era obrigatório para todos no dia da reconciliação (Lv 16,29ss; 23,27ss; Nm 29,7). Os fariseus, dotados de particular zelo religioso, observavam espontaneamente o jejum duas vezes por semana (Lc 18,12): segunda e quinta-feira (Behm, 1971: 982-990; Pesch, 1980: 284-286). A atitude permissiva de Jesus é motivada em termos originais pela plena participação a um banquete nupcial, no qual Jesus mesmo é ocasião de uma festa. Ele traz o convite para o banquete escatológico, que, por sua natureza, é incompatível com as práticas do velho mundo (Is 25,6-9), qualificado com a sua presença [esposo] e antecipado na comunhão de mesa com os seus seguidores (Pesch, 1980: 287). O tempo da salvação chegou com Jesus, é o momento de se alegrar, alegria e jejum se excluem.

Boa parte da tradição sinótica sobre Jesus fala da sua posição sobre os conceitos judaicos de puro-impuro. Na sociedade em que Jesus viveu, determinados objetos, ações, pessoas, animais, eram tidos como capazes de contaminar o homem que se colocava em contato com eles, impedindo a comunhão com a divindade, por isso, a necessidade de submeter-se a diversos ritos de purificação mediante a água (lavar-se, aspersão, imersão), ou mediante sacrifício. A esfera na qual ele mostra a própria liberdade é primariamente aquela do relacionamento com as pessoas [só indiretamente aquela dos objetos e dos animais].

Dentre estas pessoas, há seis categorias documentadas: os leprosos (Lv 13,45-46); as mulheres com fluxo de sangue (Lv 15,25-27); os cadáveres (Nm 19,11-16); os pagãos (A.Z. 1,1; 4,9); os publicanos e as prostitutas (Lv 19,29; Dt 23,18-19). Para cada um destes casos, os Evangelhos mostram a inobservância de Jesus destas prescrições, que contaminam com a impureza somente no tocar. Os Evangelhos falam de dois encontros de Jesus com leprosos, nos quais ele os toca (Mc 1,40-45; Lc 17,12-14); com uma mulher que sofria fluxo de sangue, tem-se o encontro com a hemorroíssa (Mc 5,25-34; Mt 9,20-22; Lc 8,43-48); para os cadáveres, vê-se ao menos dois casos (a filha de Jairo Mc 5,35-43; Mt 9,18-19.23-25; Lc 8,49-55; e o filho da viúva de Naim em Lc 7,11-15); para os pagãos, há o encontro com a mulher siro-fenícia (Mc 7,24-30; Mt 15,21-28) e aquele com o centurião de Cafarnaum (Mt 8,5-13; Lc 7,1-10; Jo 4,46-53), entre outros. Outros casos lemos ainda em Mt 11,19; Lc 7,34.

A tradição conservou, ainda, outro caso de oposição de Jesus a duas prescrições referentes a coisas materiais. Um diz respeito ao *qorbàn* (aquilo que é oferecido), segundo o qual qualquer coisa oferecida a Deus assumia aspecto de sacralidade e por isso não podia ser usada profanamente. Jesus trata de um caso muito concreto, aquele da omissão dos deveres filiais na assistência aos genitores, cumpridas em nome do *qorbàn* (Mc 7,8-13). Evidentemente, Jesus não se opõe à *Torah*, mas precisamente a *halaká*, porém, esta não era se não uma atualização da *Torah*. O comportamento de Jesus deve ser visto, no mínimo, como perturbador.

Outra prescrição que Jesus contrapõe é a do condicionamento da impuridade do homem a uma série de coisas (também alimentos Lv 11) que se relacionam com o externo. Ele a restringe a uma frase: "Não há nada de fora do homem que entrando neste o possa contaminar, mas são as coisas que saem do homem que o contaminam" (Mc 7,15; Mt 15,11). Jesus reconduz o discurso sobre a pureza para além das prescrições legais e o coloca no interno do homem e nas suas raízes éticas, como que dizendo que só o pecado pode contaminar.

Como se pode constatar, o material é abundante. Jesus se manifesta como um homem livre, que vai contra a corrente e contra o sectarismo. A motivação mais superficial desta incomum atitude de Jesus consiste na vontade de libertar o homem de toda situação e humilhação que mortifique a sua dignidade (Lc 19,9 sobre Zaqueu: "também ele não é Filho de Abraão?"). Porém, a motivação mais profunda está no agir em nome de Deus mesmo e por conta de Deus: a preferência pelos impuros, pecadores em geral, diz que Jesus é portador da generosa misericórdia de Deus e em qualquer modo a encarna em si mesmo para aqueles que são necessitados. Em Jesus Cristo, Deus é da parte, não só dos humildes, mas também dos humilhados. A redação lucana das parábolas da misericórdia (Lc 15,4-32: a ovelha desgarrada, a dracma, o filho pródigo, todos os três perdidos e reencontrados) mostrará esta realidade. Jesus as conta para justificar-se diante dos fariseus e escribas, que murmuram escandalizados ao ver que ele "acolhe os pecadores e come com eles" (15,1-2): mas é próprio no seu comportamento que Deus mesmo se revela como aquele que vai magnanimamente ao encontro de quem é necessitado.

A posição de Jesus diante da lei é daquele que se preocupa mais com o transgressor que com a transgressão, mais com o pecador que com o pecado: "Não vim para chamar os justos, mas os pecadores" (Mc 2,17b; Mt 9,13b; Lc 5,32), reforçado com o paralelo do médico do qual necessita os doentes, é a manifestação do habitual comportamento de Jesus com relação a todos que são assinalados pela sociedade como marcados pela infâmia ritual ou moral. O verdadeiro escândalo suscitado por Jesus é este: "Os fariseus e escribas murmuravam: 'ele recebe os pecadores e come com eles'" (Lc 15,2). O comportamento de Jesus aqui tem um colorido judaico-palestinense típico: a polêmica com os pecadores se refere indubitavelmente ao Jesus terreno.

A novidade e o escândalo causado por Jesus é que, para ele, o que conta não é a pregação do arrependimento aos pecadores, de modo a reintegrá-los no sistema judaico do Pacto, a maneira profética (Jr 2,1–4,4); para ele é decisiva a sua simples admissão à própria comunhão: o condividir de suas mesas significa associá-los indiretamente à mesa escatológica da graça, da qual ele mesmo é o portador. Jesus, assim, redefine o conceito de pecado e de pecador. O pecado não é mais medido com relação à *Torah*, como ruptura do Pacto, mas em relação direta e pessoal com o próprio Deus, sobre a base unicamente da pureza do coração. Segue que o pecador não é mais excluído do âmbito da salvação, mas convidado ao Reino de Deus mediante a oferta antecipada do perdão. Jesus observa como normal muitos costumes que não tem um fundamento bíblico. Um convite a não observância da lei não se encontra nunca na boca de Jesus. Podemos também dizer que ele não considerou a codificação mosaica como definitiva e vinculante.

Não há dúvida de que Jesus se comporta com total liberdade. Jesus reivindica uma autoridade que o coloca acima da lei. Ele sabe ser mensageiro de Deus e do seu designo escatológico, não da lei. Jesus convida Israel a acolher o Reino de Deus. Isto supõe da sua parte uma

Dimensão cristológica da Evangelii Gaudium

especial experiência de Deus e da concepção da sua realeza. A lei era destinada a ser superada mediante uma nova irrupção do senhorio de Deus. A consciência desta inaudita superação (Mc 1,15): "o tempo se cumpriu..."; Mt 21,31: "Os publicanos e as prostitutas vos precederão no Reino de Deus", caracteriza de maneira típica o ministério de Jesus.

CONCLUSÃO

Ler a Dimensão Social da Evangelização na perspectiva do Reino de Deus implica ter uma consciência que o Deus do Reino anunciado por Jesus é o Deus-*Abbá*, aquele ao qual Jesus reza com uma profunda intimidade, como Filho chamando-o de *Abbá*, Pai, paizinho. O discípulo é chamado a participar desta mesma intimidade (Rm 8,15; Gl 4,6), experimentando o Deus do Reino como o Deus Amor, o *Abbá*, Pai de Jesus Cristo. A partir desta experiência profunda com o *Abbá*, o discípulo é chamado a deixar-se plasmar segundo Jesus, a ir tomando as feições de Jesus. Experimentar o amor de Deus como Pai, que Reina no mundo, implica colocar-se na dinâmica do segmento de Jesus e ir tomando as feições de Jesus através das atitudes e palavras. O Papa condena o estar na periferia, quer dizer, realizar ações somente para tranquilizar a consciência, mas que não nascem verdadeiramente de um coração convertido, de um coração que não se tornou discípulo.

REFERÊNCIAS BIBLIOGRÁFICAS

BEHM, J. νηστις. In: G. KITTEL; G. FRIEDRICH. *Grande Lessico del Novo Testamento* [VII]. 1971, pp. 982-990.

GRELOT, P. *O casal humano na Escritura*. São Paulo: Paulinas, 1975.

HENGEL, H. *Sequela e carisma*. Studio esegetico e di storia delle religioni su Mt. 8.21s. e la chiamata di Gesù alla sequela. Brescia: Paideia, 1990.

JEREMIAS, J. *Teologia do Novo Testamento*. São Paulo: Paulus/Teológica, 2004.

LOHSE, E. Σάββατον. In: G. KITTEL; G. FRIEDRICH. *Grande Lessico del Nuovo Testamento* [XI]. Brescia: Paideia, 1977, pp. 1069-1070.

PESCH, R. *Il vangelo di Marco* [*Prima parte*]. Brescia: Paideia Editrice, 1980.

SANDERS, E. P. *Gesù e il giudaismo* (1985). Genova: Marietti, 1992.

LINHAS ECLESIOLÓGICAS DA *EVANGELII GAUDIUM*

Mario de França Miranda

O tema da eclesiologia, mesmo limitado ao texto da Exortação Apostólica *A Alegria do Evangelho*, é mais vasto e complexo do que poderia oferecer esta breve exposição. Deste modo, vamos tratar apenas de algumas linhas eclesiológicas presentes no documento. Iniciaremos com uma introdução de cunho histórico, que nos permitirá entender melhor o esforço de renovação eclesial do papa Francisco. Em seguida, exporemos as características principais da eclesiologia subjacente à Exortação em questão. Os números entre parênteses se referem à mesma.

O QUE NOS ENSINA A HISTÓRIA

A história é fundamental para compreendermos a sociedade e a Igreja em que vivemos. Pois acertos e erros do passado repercutem ainda fortemente em nossos dias. A Igreja é uma realidade humano--divina. Enquanto *divina* existe por iniciativa do próprio Deus e goza de características que definem sua identidade teológica: a fé na pessoa de Jesus Cristo, a proclamação da Palavra de Deus, a celebração dos sacramentos, especialmente do Batismo e da Eucaristia, o ministério ordenado, a comunidade dos fiéis. Porém, ela é também uma *comunidade humana*, encarnada na história, já que seus membros vivem em contextos socioculturais e existenciais concretos. Somente enquanto são filhos da sociedade onde vivem, dispõem de uma linguagem, de instituições sociais, de parâmetros de comportamento que possibilitam tanto se relacionarem entre si como comunidade humana, quanto professarem e viverem sua fé cristã como comunidade eclesial. Só configurando sua identidade teológica no contexto onde se encontra pode a Igreja *ser captada como Igreja*, pode a Igreja realizar sua missão de proclamar a salvação de Jesus Cristo para o mundo. Caso contrário, ela será vista como realidade arcaica, peça de museu, não significativa nem pertinente para nossos contemporâneos.

E a história nos comprova que as sociedades, as mentalidades, as instituições sociais, as linguagens, os parâmetros de comportamento, *se transformam e se sucedem* no curso dos anos. E a Igreja deve poder ser captada, entendida, experimentada pela sociedade como sinal, sacramento da salvação de Jesus Cristo para o mundo. Caso contrário, ela será considerada realidade do passado, que nada tem a dizer para a vida atual. Portanto, ela deve mudar sua *configuração institucional* para manter sua identidade de mediação salvífica, que é, afinal, o sentido de sua existência. Daí se explicam as mudanças históricas ocorridas no culto, nas expressões doutrinais, na organização comunitária, nas linhas pastorais, no serviço da caridade. Daí a afirmação de que a Igreja vive um *processo histórico contínuo* de institucionalizar a si própria. Se temos dificuldade em aceitar as mudanças que urgem é porque uma determinada configuração institucional histórica *condiciona* nossa compreensão da própria Igreja, incapacitando-nos de imaginá-la diferente. Época de mudanças é igualmente época de resistências a mudanças.

As mudanças institucionais já aconteceram nos primeiros séculos devido aos diversos contextos das comunidades cristãs, mas a *era constantiniana* representa um marco decisivo na história da Igreja. Antes tolerado, disperso e perseguido, o Cristianismo é elevado a religião oficial dotada de favores e benefícios, assumindo então do império a sua estrutura organizativa. O clero recebe importantes privilégios, os bispos são equiparados aos senadores e desempenham mesmo funções administrativas civis, o papa adquire posição imperial com as insígnias correspondentes, a liturgia adota um cerimonial com muitos elementos provenientes da corte. Sem negarmos as vantagens desta mudança para a propagação da fé e o fortalecimento institucional da Igreja, devemos observar entretanto que a comunidade dos fiéis passa a ser simplesmente a própria sociedade, sendo então a Igreja como tal considerada como a Igreja dos clérigos. Desaparece a distinção entre Igreja e sociedade e surge uma outra: a distinção de clero e laicato no interior da Igreja. Nesta época se valoriza muito a dimensão institucional plasmada pelo regime feudal estritamente hierarquizado: categorias de pessoas, status e prestígio social que em parte persiste até nossos dias.

A intromissão dos príncipes na nomeação dos bispos e os abusos do clero provocarão como reação a *reforma gregoriana*, alicerçada em princípios jurídicos para poder enfrentar o poder civil, que marcará profundamente a eclesiologia até hoje. Também a tendência ao centralismo papal se deve às mesmas razões, tornando a sede romana o eixo pelo qual Deus realiza seu desígnio salvífico, eixo este sustentado pelas estruturas jurídicas do feudalismo, que diminui bastante o papel dos bispos e das Igrejas Locais. A época posterior à *contrarreforma* fortalece a forma de governo monárquica, reforçando as prerrogativas papais. Igreja significa, cada vez mais, a própria instituição e a hierarquia, sendo uma sociedade perfeita, apta a realizar sua finalidade. O advento da *modernidade* questionará seriamente a posição da Igreja na sociedade, privando-a de sua anterior influência em muitos setores, de seus privilégios, do monopólio da educação e da assistência social. A perda do poder "para fora" é compensada por um aumento do poder "para dentro", seja do papa, das congregações romanas, dos núncios apostólicos. Havia então um clima de hostilidade com relação à modernidade, vista como inimiga da Igreja. Esta concentrava sua ação em se defender da sociedade hostil, em se perpetuar em sua configuração tradicional, em enfatizar o doutrinal e o jurídico, em controlar o espaço de liberdade e de reflexão em seu interior.

João XXIII intuiu bem que esta situação era absurda e que levaria a Igreja a se tornar um gueto na sociedade moderna. Daí proclamar o Concílio Vaticano II que aceita dialogar com a sociedade civil, avaliar a cultura da modernidade, assumindo alguns de seus elementos, atualizar sua pastoral levando a sério o contexto vital dos católicos, promover a inculturação da fé e as Igrejas Locais. O trabalho conjunto de uma plêiade de bispos e teólogos de grande competência recuperou as riquezas da teologia patrística, renovando a noção de revelação da própria Igreja, da sua relação com o mundo, do culto litúrgico, do papel do laicato na missão eclesial, do diálogo com outros cristãos e com outras religiões. Embora muitas conquistas deste Concílio tenham chegado até nossos dias, sabemos que os anos turbulentos que se seguiram deram azo a uma *reação posterior*, que acentuou novamente a centralização romana, o controle da teologia, a hegemonia hierárquica, a uniformização da liturgia e o modesto papel do laicato.

Por outro lado, a atual sociedade se encontra sob o critério supremo da razão que decai facilmente no *racionalismo*. Devido à hegemonia do setor econômico vivemos uma racionalidade de cunho *funcional* voltada para a produtividade e o lucro. Por ser a atual cultura *pluralista*, com abundante oferta de sentidos e de orientações, deve o indivíduo escolher que direção dar à sua vida, que referencias e valores construirão sua autobiografia. Hoje, o imperativo do bem-estar, da felicidade pessoal, do consumismo marcam a vida de muitos contemporâneos. No momento em que os membros da Igreja estão vivendo *nesta sociedade* que os faz experimentar desafios existenciais, pluralidade de discursos, condicionamentos irremovíveis, pressões da cultura ambiente, é somente a partir desta situação concreta que podem viver sua fé. Se a hierarquia continua a insistir numa linguagem inadequada e ininteligível, embora correta e ortodoxa, em defender-se às vezes de questões passadas sem responder às atuais, em elaborar discursos doutrinários e morais sem considerar devidamente as pessoas concretas, em dar mais valor à letra do que ao espírito, então a mensagem evangélica perde seu *fascínio*, sua força atrativa, sua potencialidade de despertar esperança e felicidade, de aliviar sofrimentos e encorajar iniciativas benéficas. As novas gerações se sentem distanciadas desta instituição do passado, pesada, moralista, cujo discurso não é sempre respaldado por seu testemunho de vida. O número de católicos praticantes diminui, outros fiéis vão buscar noutras comunidades cristãs o que não encontram numa Igreja rigidamente institucionalizada. O recurso a eventos de forte carga emotiva, em si positivo, pode enganar se não for seguido por um trabalho de evangelização e de compromisso cristão.

A IGREJA DESEJADA PELO PAPA FRANCISCO

Embora nos limitemos às linhas eclesiológicas presentes na Exortação Apostólica *A Alegria do Evangelho*, observemos que este texto pós-sinodal sobre a Nova Evangelização é apresentado pelo Papa Francisco como um texto que "possui um significado programático e tem consequências importantes" (*EG* 24). De fato, já no início, ele declara que a Exortação quer "indicar caminhos para o percurso da Igreja nos próximos anos" (*EG* 1). Mesmo reconhecendo de antemão que algumas características de seu programa podem se encontrar omitidas, vamos tratar das que nos parecem mais pertinentes.

UMA IGREJA MISSIONÁRIA E DESCENTRADA

Todo o sentido da vida de Jesus Cristo foi proclamar e realizar o *Reino de Deus* na humanidade. Sem este objetivo central sua pessoa se torna ininteligível. Este projeto salvífico de Deus, que já tivera início no Antigo Testamento, atinge a sua plenitude na pessoa de Jesus Cristo, que em suas ações e palavras revela o gesto salvífico do Pai, seu amor e sua misericórdia incondicionada. Este Reino implica assumir o comportamento de Jesus que "passou por este mundo fazendo o bem" (At 10,38), mas conota também uma *dimensão social*, pois o indivíduo só pode ser feliz numa sociedade que reconheça e concretize o amor fraterno e a justiça. Esta tarefa de proclamar e realizar a Boa-Nova constitui o *objetivo da evangelização* e foi confiada por Jesus a seus discípulos e seguidores. Estes, portanto, constituem uma comunidade de fiéis, *constituem a Igreja*. Por outras palavras, todo o sentido da Igreja é estar a serviço da implantação do Reino de Deus; ela não é fim, ela é meio, instrumento de Deus, sinal e sacramento da salvação, pois deve visibilizar pela vida de seus membros que este Reino não é uma utopia, mas uma realidade no interior da história da humanidade pelo testemunho de vida dos cristãos.

Daí a afirmação do Papa Francisco: "a ação missionária é *o paradigma de toda a obra da Igreja*" (*EG* 15). Por outras palavras, o *salvífico é prioritário* de tal modo que o doutrinal, o jurídico e o institucional estão a seu serviço e dele recebem seu sentido último. Esta era a convicção do próprio Jesus de Nazaré na crítica feita à religião de seu tempo. Esta era também a preocupação dos participantes do Concílio Vaticano II. Esta é, ainda, a razão de fundo para os pronunciamentos e decisões deste atual Papa. Palavras como participação, descentralização, diálogo, espírito de serviço, sensibilidade humana, proximidade aos pobres e marginalizados, brotam de sua preocupação central com o Reino de Deus.

O Papa Francisco considera a Igreja como "de saída", que em sua estrutura e em sua atividade se torne "um canal proporcionado mais à evangelização do mundo atual que à sua autopreservação" (*EG* 27), sabendo "sair da própria comodidade e ter a coragem de alcançar todas as periferias que precisam da luz do Evangelho" (*EG* 20). Os evangelizadores devem contrair "o cheiro das ovelhas" (*EG* 24). Daí o apelo à renovação de toda a sua pastoral (*EG* 11), que pressupõe "uma conversão pastoral e missionária" na linha do Documento de Aparecida (*EG* 25). Como não é fácil romper com a inércia do *status quo* bem conhecido e familiar, o Papa convida "todos a serem ousados e criativos" (*EG* 33) nesta tarefa de repensar toda a ação pastoral da Igreja.

UMA IGREJA CONFIGURADA COLEGIALMENTE

Já no Concílio Vaticano II era evidente a preocupação dos bispos em equilibrar a noção do *primado* conforme definida no Vaticano I e que ficara incompleta pela interrupção forçada deste Concílio. Basta que examinemos o número de intervenções sobre este tema. Mesmo sem entrarmos em detalhes e discussões posteriores podemos afirmar que a Constituição Dogmática *Lumen Gentium* fundamenta uma importante revalorização do corpo episcopal. Os bispos recebem o cargo de ensinar, santificar e governar do *próprio Senhor Jesus Cristo*, e não indiretamente do Papa, como se afirmava anteriormente, não podendo ser considerados "vigários do Sumo Pontífice" (*LG* 27), embora só possa ser exercido tal múnus em comunhão com a Cabeça e com os demais membros do colégio episcopal. Esse colégio com o Papa constitui a instância da autoridade suprema na Igreja, embora o Papa conserve seu poder primacial (*LG* 22). Consequentemente, as Igrejas Locais podem ser por si mesmas sujeitos de pleno direito, bem como responsáveis pelas demais, sobretudo de sua região, o que na linha das antigas Igrejas patriarcais irá constituir as Conferências Episcopais (*LG* 23).

O papel da *sede romana* como sinal da unidade da Igreja é de fortalecer a comunhão entre as Igrejas Locais, não assumindo suas funções e competências. No primeiro milênio da Igreja era viva e atuante essa *"eclesiologia de comunhão"*, sendo que a estrutura patriarcal mantinha a diversidade e a unidade da Igreja. O patriarca num regime sinodal, isto é, com os demais bispos, resolvia as questões de cunho litúrgico ou de Direito Canônico. A uniformidade do Direito Eclesiástico, da liturgia e o controle das sedes episcopais por Roma não provêm necessariamente do primado como tal, sendo que o colégio dos bispos junto com o Papa é uma instância superior à Cúria Romana (J. Ratzinger).

Embora a doutrina conciliar tenha produzido mudanças que revalorizaram o episcopado no seio da Igreja (Sínodo dos Bispos, Conferências Episcopais nacionais e regionais), não podemos negar um *retrocesso* para uma centralização indevida. Tal já aparece no Novo Código de Direito Canônico (1983) que teve de completar o que os padres conciliares não fizeram, a saber, a forma jurídica das reformas desejadas, fazendo-o entretanto *de modo unilateral*, prescrevendo estreita dependência dos bispos com relação ao Papa. O Motu Proprio *Apostolos Suos* (1998) retira das Conferências Episcopais seu magistério doutrinal, exigindo unanimidade nas decisões, e privando-as de desempenhar um papel análogo ao dos patriarcados. A fragilidade de certas Igrejas Locais, sua incapacidade para enfrentar problemas doutrinais, o impacto de uma sociedade pluralista, *podem explicar* em parte esta preocupação do governo da Igreja, mas suas *funestas consequências* são experimentadas por todos nós: nomeação de bispos que fortalecessem esta centralização romana, incentivo ao carreirismo eclesiástico, volta a uma Igreja de poder e prestígio, esfriamento de sua dimensão profética, queda em seu compromisso com os mais pobres, ênfase em seu aspecto institucional e jurídico, emergência de um clero mais voltado para o culto e o poder.

Não admira que nos últimos anos tenhamos visto uma crescente desafeição em relação à Igreja por parte de muitos. Há sérias dificuldades em transmitir a fé para as novas gerações. A escassez crônica de clero deixa enormes faixas da população desassistidas, buscando em outras Igrejas um apoio espiritual e comunitário. Naturalmente, este quadro deveria ser completado e equilibrado porque muitos cristãos, leigos ou ordenados, souberam viver coerentemente sua fé. De qualquer modo, as danosas consequências de uma centralização exagerada foram também sentidas pelo antigo arcebispo de Buenos Aires. Daí sua insistência para que as conquistas do Vaticano II sobre a colegialidade e as Igrejas Locais possam realmente valer no interior da Igreja.

Assim ele observa primeiramente que a *reforma das estruturas* brota da própria missão da Igreja. Elas devem ser "mais missionárias" (*EG* 27), pois "há estruturas eclesiais que podem chegar a condicionar um dinamismo evangelizador" (*EG* 26). E afirma incisivamente: "Uma centralização excessiva, em vez de ajudar, complica a vida da Igreja e sua dinâmica missionária" (*EG* 32). Com relação às Conferências Episcopais seu pensamento é claro: "O Concílio Vaticano II afirmou que, à semelhança das antigas Igrejas Patriarcais, as Conferências Episcopais podem 'aportar uma contribuição múltipla e fecunda, para que o sentimento colegial leve a aplicações concretas' (*LG* 23). Mas este desejo não se realizou plenamente, porque ainda não foi suficientemente explicitado um estatuto das Conferências Episcopais que as considere como sujeitos de atribuições concretas, incluindo alguma autêntica autoridade doutrinal" (*EG* 32). E acrescenta noutra parte: "Não convém que o Papa substitua os episcopados locais no discernimento de todas as problemáticas que sobressaem nos seus territórios" (*EG* 16).

UMA IGREJA INCULTURADA

Intimamente relacionada com a Igreja Local está a questão da inculturação da fé. Vejamos: a iniciativa salvífica de Deus só alcança a sua meta quando é *livremente acolhida* pelo ser humano na fé. Só temos propriamente revelação ou Palavra de Deus no interior de uma resposta de fé, ela mesma fruto da ação de Deus em nós. Portanto, o acolhimento na fé é *parte constitutiva da revelação*; sem ela os eventos salvíficos seriam meros fatos históricos, a Palavra de Deus seria palavra humana e a pessoa de Jesus Cristo nos seria desconhecida, como o foi para os fariseus de seu tempo. Porém, o ser humano que professa sua fé vive necessariamente num contexto sociocultural que lhe fornece linguagem, valores, padrões de comportamento, vida social e capacidade de se desenvolver como ser humano. Portanto, *ao captar e acolher a Palavra de Deus* o ser humano o estará fazendo necessariamente dentro de sua cultura própria. Assim, só podemos encontrar a Palavra de Deus ou o Evangelho *já inculturados*.

Sendo a fé o fundamento da comunidade eclesial, como nos ensina Santo Tomás de Aquino, encontra-se a Igreja enquanto comunidade de fiéis inevitavelmente no interior de uma cultura que determinará como seus membros entendem e vivem a fé cristã. Deste modo, a *Igreja Local* implica sempre uma Igreja inculturada. Portanto, se ela quer *ser entendida* como sinal da salvação, deve assumir a linguagem, as categorias mentais, os gestos, os costumes, o saber e as artes da cultura onde se encontra inserida. E como a cultura não é uma grandeza estática, porém mais propriamente um processo, devido aos novos desafios endógenos e exógenos que experimenta, deve a comunidade eclesial saber acolher em si as transformações necessárias para poder levar a cabo sua missão. O Concílio Vaticano II expõe este ensinamento no Decreto *Ad Gentes* sobre a atividade missionária da Igreja (*AG* 15; 22).

Francisco acolhe sem mais a antropologia cultural subjacente ao texto conciliar e termina taxativamente: "A graça supõe a cultura, e o dom de Deus encarna-se na cultura de quem o recebe" (*EG* 115). Deste modo "o Cristianismo não dispõe de um único modelo cultural, mas permanecendo o que é, (...) assumirá também o rosto das diversas culturas e dos vários povos onde for acolhido e se radicar" (*EG* 116). E fazendo suas as afirmações anteriores de João Paulo II sobre esta temática assevera que "cada cultura oferece formas e valores positivos que podem enriquecer o modo como o Evangelho é pregado, compreendido e vivido" e, assim, manifesta a Igreja sua catolicidade (*EG* 116). A fé é transcultural e portanto não devemos sacralizar a própria cultura já que "não faria justiça à lógica da encarnação pensar num Cristianismo monocultural e monocórdico" (*EG* 117). O processo de inculturação é lento e exige das Igrejas Locais criatividade e ousadia (*EG* 129). O Papa observa ainda que mesmo na atual cultura secularizada, em países marcados pelo Cristianismo no passado, permanece um "substrato cristão", a saber, valores de autêntico humanismo cristão, especialmente a cultura popular evangelizada caracterizada pela solidariedade e dotada de uma sabedoria peculiar (*EG* 68), embora reconheça a existência de "algumas fragilidades que precisam ainda ser curadas pelo Evangelho" (*EG* 69).

UMA IGREJA DE DISCÍPULOS MISSIONÁRIOS

Todos os membros da Igreja constituem o Povo de Deus, todos estão, portanto, incumbidos de proclamar a Boa-Nova de Jesus Cristo para a sociedade. Devemos corrigir a imagem de uma Igreja clerical ativa diante de um laicato passivo. Todos na Igreja gozam de igual "dignidade e ação comum" (*LG* 32), todos participam ativamente da ação evangelizadora da Igreja no mundo, sentido último da própria comunidade eclesial que eles próprios constituem. Portanto, todos na Igreja (*LG* 30), pelo fato de serem batizados (*LG* 33), independentemente de sua condição no interior dela, devem anunciar a salvação de Cristo e promover os valores evangélicos na sociedade, sendo assim *sujeitos ativos* na Igreja. Portanto, *todo católico é sujeito eclesial por ser batizado* e não por alguma delegação posterior da autoridade. Daí brota "o direito e o dever" de exercer seus carismas para o bem dos homens e a edificação da Igreja (*AA* 3). A ação pastoral no interior da Igreja vai ser incrementada nos anos posteriores ao Concílio pela renovação dos ministérios, abrindo assim *novos campos* de atuação (catequese, promoção humana, obras de caridade, coordenação pastoral, assessorias das mais diversas, animação litúrgica, ensino teológico).

Observemos que o Documento de Aparecida, no qual o atual Papa teve influência direta como presidente da Comissão de Redação, acolhe o ensinamento conciliar, reconhece os leigos e leigas como "verdadeiros sujeitos eclesiais", interlocutores competentes entre a Igreja e a sociedade (*DAp* 497a), recomendando que os bispos devam "abrir para eles espaços de participação e confiar-lhes ministérios e responsabilidades" (*DAp* 211). Dotados de uma formação adequada (*DAp* 212), devem os fiéis leigos/as "ser parte ativa e criativa na elaboração e execução de projetos pastorais a favor da comunidade" (*DAp* 213), participando "do discernimento, da tomada de decisões, do planejamento e da execução" (*DAp* 371). Naturalmente, o mesmo documento adverte para a necessidade de uma *mudança de mentalidade* de todos na Igreja, especialmente da hierarquia (*DAp* 213).

Francisco em sua Exortação Apostólica deixa bem claro que irá insistir nesta conquista do Concílio Vaticano II enfatizada na Assembleia Episcopal em Aparecida: "Cada um dos batizados, independentemente da própria função na Igreja e do grau de instrução da sua fé, é um sujeito ativo de evangelização" (*EG* 120). A missão não é apenas um ornamento ou um apêndice na pessoa do cristão; é algo que não se pode arrancar de si sem se destruir (*EG* 273). Mesmo mencionando a necessidade de uma melhor formação (*EG* 121), o Papa insiste na evangelização pelo *contato pessoal* (*EG* 127), já que se trata de comunicar aos outros a própria experiência salvífica do encontro com Jesus Cristo, à semelhança dos primeiros discípulos, da samaritana e de Paulo (*EG* 120). Mas também reconhece a dificuldade dos leigos/as por não encontrarem espaço nas Igrejas Locais, em parte devido a um excessivo clericalismo (*EG* 102).

UMA IGREJA DE CRISTÃOS AUTÊNTICOS

Sem desconhecer os exemplos de tantos cristãos que viveram sua fé de modo autêntico e generoso, não podemos deixar de caracterizar a Igreja que *herdamos* como uma realidade na qual o doutrinal dominava o existencial, o jurídico se impunha ao sacramental, o institucional prevalecia sobre o místico, certo tradicionalismo impedia renovações urgentes, o medo da novidade impedia o eclodir de novos caminhos evangelizadores, a mentalidade do poder eclesiástico emudecia a verdade do serviço eclesiástico. Toda renovação eclesial implica um retorno ao mais nuclear da fé cristã, à *vivência cristã das primeiras comunidades*, talvez encobertas pelas doutrinas, normas, regulamentações, tradições que se lhes agregaram ao longo da história, certamente para explicitar e salvaguardar este núcleo evangélico, mas que não deixaram de obscurecê-lo por ocuparem um lugar central que não é o seu. Fala-se hoje que o Cristianismo, ao assumir características da religião romana quando foi declarado religião oficial do império, relegou para segundo plano algumas características essenciais da fé cristã, tal como nos testemunham os primeiros cristãos. Este fato não passou desapercebido ao Papa Francisco, como iremos ver.

Se a Igreja é a comunidade dos que creem em Jesus Cristo, então toda ela está fundamentada na ação do *Espírito Santo*. Pois só podemos confessar Jesus Cristo como Senhor pela ação do Espírito Santo (1Cor 12,3). É a participação de todos no mesmo Espírito que gera a comunhão (2Cor 13,13: genitivo objetivo). O Espírito que esteve presente e atuante na existência de Jesus continua atuando hoje nos cristãos (*LG* 7). Francisco distingue uma evangelização vista como "um conjunto de tarefas vividas como obrigação pesada" da "*evangelização com espírito*", isto é, "com o Espírito Santo, já que ele é a alma da Igreja evangelizadora" (*EG* 261). E completa: "Para manter vivo o ardor missionário, é necessária uma decidida confiança no Espírito Santo", pois "não há maior liberdade do que a de se deixar conduzir pelo Espírito", "permitindo que ele nos ilumine, guie, dirija e impulsione para onde ele quiser" (*EG* 280).

Numa época marcada pela inflação de palavras através dos vários meios de comunicação social e também de certo ceticismo em relação às ideologias e cosmovisões, ganha a *experiência pessoal* um peso enorme para fundamentar as convicções pessoais. Esta realidade atinge também a fé dos cristãos. Esta resulta de uma iniciativa de Deus de vir ao nosso encontro, doando-se a si próprio em Jesus Cristo e no Espírito Santo, iniciativa que se realiza plenamente pelo acolhimento do cristão na fé. Portanto, a fé é um *evento salvífico* na vida da pessoa que é, de certo modo, por ela experimentado. Esta experiência atinge o coração de cada um, não só dando sentido à existência humana, mas também consolando, fortalecendo e iluminando os que a fazem. É a experiência do amor, da bondade e da misericórdia de Deus, realidade prioritária e fundamental em nossa vida. O Papa bate na mesma tecla ao enfatizar a importância da experiência pessoal com Jesus Cristo, do amor de Deus que ele nos revela. Em suas palavras: "O verdadeiro missionário (...) sabe que Jesus caminha com ele, fala com ele, respira com ele, trabalha com ele" (*EG* 266).

Ao iniciar sua vida pública Jesus proclama: "Completou-se o tempo, e o Reino de Deus está próximo. Convertei-vos e crede na Boa-Nova" (Mc 1,15). É uma *conversão* intimamente relacionada com o Reino de Deus, pois significa acolher na fé a salvação definitiva de Deus na pessoa de Jesus Cristo como núcleo da própria existência. Esta conversão deve estar presente na vida do cristão como uma *atitude de fundo* que o acompanha sempre. E também na vida da Igreja, tanto em sua mentalidade quanto em suas instituições. Esta exigência aparece claramente no Documento de Aparecida, tanto em seu aspecto pessoal (*DAp* 366), que inclui uma mudança de mentalidade eclesial por parte de todos, especialmente do clero (*DAp* 213), quanto em sua dimensão institucional (*DAp* 365), acionada pelo que o texto chama de *conversão pastoral*. Francisco demonstra clara consciência do desafio da renovação eclesial e conclama todos a uma "conversão pastoral e missionária" na linha de Aparecida (*EG* 25). Entretanto o Papa *inova* ao apontar bem *concretamente* o que necessita de conversão: mundanismo espiritual dos que buscam a si próprios, a glória humana e o bem-estar pessoal sob as aparências de religiosidade (*EG* 93), uma fé prisioneira de um racionalismo subjetivo ou de "uma suposta segurança doutrinal ou disciplinar que dá lugar a um elitismo narcisista e autoritário, onde, em vez de evangelizar, se analisam e classificam os demais" (*EG* 94). Menciona ainda o exibicionismo na liturgia, na doutrina e no prestígio da Igreja, o fascínio das conquistas pessoais e autorreferenciais, bem como das estatísticas e das avaliações.

Linhas eclesiológicas da Evangelii Gaudium

E termina: "Quem caiu nesse mundanismo, olha de cima e de longe, rejeita a profecia dos irmãos, desqualifica quem o questiona, faz ressaltar constantemente os erros alheios e vive obcecado pela aparência" (*EG* 97). E conclui: "Deus nos livre de uma Igreja mundana sob vestes espirituais e pastorais!" (*EG* 97).

UMA IGREJA DOS POBRES

Conhecemos a tentativa de um grupo de bispos, por ocasião do Concílio Vaticano II, em promover uma maior simplicidade e austeridade na Igreja. Estavam bem conscientes de que muitos símbolos de poder e riquezas foram se agregando ao longo dos séculos à instituição eclesial. Contudo, tais esforços apenas resultaram numa pequena menção, meio perdida no interior de um texto conciliar: "(...) assim como Cristo realizou a obra da redenção na pobreza e na perseguição, assim a Igreja é chamada a seguir pelo mesmo caminho para comunicar aos homens os frutos da redenção" (*LG* 8). Entretanto, sabemos também que os bispos latino-americanos, na linha traçada pela *Gaudium et Spes*, voltaram-se para a sofrida existência da grande população deste subcontinente e, através das Assembleias Gerais do CELAM (Medellin, Puebla, Santo Domingo, Aparecida), enfatizaram a opção pelos pobres, a luta por uma sociedade mais justa, a denúncia de ideologias desumanizantes. Certos exageros de cunho ideológico e certa resistência em abandonar vantagens adquiridas propiciaram uma reação por parte do Vaticano. Bispos e padres mais identificados com a causa dos pobres viram-se olhados com suspeita, criticados e mesmo marginalizados, arrefecendo assim todo um ardor de cunho eminentemente evangélico.

Felizmente, em Aparecida, os bispos participantes reagiram, não se contentando com uma Igreja voltada para os pobres, mas exigindo que o imperativo da pobreza evangélica atingisse também as pastorais e as instituições da Igreja. E a razão dada era sempre a mesma: "A Igreja deve cumprir sua missão seguindo os passos de Jesus e adotando suas atitudes" (*DAp* 31). O texto reconhece que nos afastamos do Evangelho e que devemos adotar "um estilo de vida mais simples, austero e solidário, mais fiel à verdade e à caridade" (*DAp* 100h). Para que essas belas palavras não permaneçam inócuas, sem verdadeira incidência em nossos comportamentos e decisões, é necessário que se manifestem em *opções e gestos concretos*, tais como saber escutar os pobres, dedicar-lhes tempo, acompanhá-los nas horas mais difíceis (*DAp* 397). Não se nega que isto já esteja acontecendo, mas aqui se trata de urgir toda a Igreja, seu modo de vida, sua atividade pastoral e suas estruturas, mesmo reconhecendo que o problema da pobreza no mundo é bastante mais complexo. Quando será a Igreja verdadeiramente a "casa dos pobres de Deus" como afirma o texto de Aparecida (*DAp* 524)?

Ao tratar da dimensão social da evangelização no capítulo IV da Exortação Apostólica, o Papa Francisco inicia com uma afirmação que diz tudo: "Evangelizar é tornar o Reino de Deus presente no mundo" (*EG* 176). Pois o mesmo não é apenas uma realidade espiritual, mas atinge o ser humano em todas as suas dimensões, de tal modo que afirma mais adiante que "Deus, em Cristo, não redime somente a pessoa individual, mas também as relações sociais entre os homens" (*EG* 178), daí que "na medida em que eEle conseguir reinar entre nós, a vida social será um espaço de fraternidade, de justiça, de paz, de dignidade para todos" (*EG* 180). De fato, no Novo Testamento se exprime a absoluta prioridade da "saída de si próprio para o irmão" como um dos fundamentos de toda norma moral e critério de crescimento espiritual (*EG* 179). Daí o Papa poder afirmar: "Uma fé autêntica, que nunca é cômoda ou individualista, comporta sempre um profundo desejo de mudar o mundo, transmitir valores, deixar a Terra um pouco melhor depois da nossa passagem por ela" (*EG* 183).

O Papa lembra que "cada cristão e cada comunidade são chamados a ser instrumentos de Deus a serviço da libertação e promoção dos pobres" (*EG* 187) e insiste na palavra "*solidariedade*" enquanto expressa "uma nova mentalidade que pense em termos de comunidade, de prioridade da vida de todos sobre a apropriação dos bens por parte de alguns" (*EG* 188), sobretudo hoje quando experimentamos na sociedade "um novo paganismo individualista" (*EG* 195). Assim, não nos admira que tenha recebido fortes críticas de certos setores da sociedade. Ele retoma com força a opção pelos pobres ao afirmar sem rodeios: "desejo uma Igreja pobre para os pobres" e reafirma a experiência da Igreja latino-americana de que os pobres nos evangelizam (*EG* 198). Para ele o anúncio do Reino hoje só se torna *significativo e digno de fé* se for acompanhado de uma proximidade real com os pobres (*EG* 199). Termina lamentando o que estes últimos sofrem por falta de cuidado espiritual (*EG* 200).

REFERÊNCIAS BIBLIOGRÁFICAS

CELAM. *Documento de Aparecida*. São Paulo: Paulinas/Paulus/CNBB, 2007.

CONGAR, Y. *L'Église*. De Saint Augustin à l'époque moderne. Paris: Cerf, 1970.

FRANÇA MIRANDA, M. *A Igreja que somos nós*. São Paulo: Paulinas, 2013.

KAUFMANN, F.-X. *A crise na Igreja*. São Paulo: Loyola, 2013.

LAFONT, G. *L'Église en travail de reforme*. Paris: Cerf, 2011.

LEGRAND, H. The Bishop is in the Church and the Church in the Bishop. *The Jurist* 66 (2006) p. 70-92.

_____. Les Évêques, les Églises Locales et l'Église entière. *Rev. Sc. Ph. Th*. 85 (2001) p. 461-509.

LOHFINK, G. *Deus precisa da Igreja?* São Paulo: Loyola, 2008.

CANTAR COM FRANCISCO! PROVOCAÇÕES ECLESIOLÓGICAS A PARTIR DA *EVANGELII GAUDIUM*

Cesar Kuzma

As palavras que seguem neste texto visam oferecer um traço das provocações eclesiológicas que se podem suscitar da Exortação Apostólica *Evangelii Gaudium (EG)*, do Papa Francisco, que legitima, de maneira concreta, a sua intenção para a Igreja e o seu projeto pastoral de Pontificado como perspectiva e na construção do Reino de Deus, do qual a Igreja deve ser sinal e dar testemunho, na Esperança, e, em especial aqui, na Alegria. De maneira alguma estes traços, aqui apresentados, têm a intenção de serem únicos e completos no que tange à intenção de Francisco, bem como no alcance eclesial que se pretende com esta Exortação, mas apenas apontam algumas interpelações e seus possíveis desdobramentos. Não faremos um repetir de elementos já bem claros em si mesmos, e sim um transparecer, um ressoar a mais da proposta de Francisco *na* e *para* a Igreja, como sinal *no* e *para* o mundo que acolhe e vive este momento.

É na Alegria do Evangelho que Francisco propõe uma renovação eclesial e é nesta Alegria que ele convida todos e todas a assumirem esta intenção no lugar onde se encontram e nas atividades que realizam. Isto se dá com um encontro íntimo e pessoal com Jesus Cristo que nos faz experimentar a força da sua ressurreição, tocando-nos com sua ternura e impelindo-nos para a frente na vocação de seu seguimento a que somos chamados, no qual a Alegria transborda. Francisco convida-nos, então, a se "Alegrar no Senhor" (Fl 4,4), e é nesta Alegria que decidimos aqui "cantar" com Francisco esta *nova canção* (cf. Sl 96,1), este novo momento, este novo tempo da Igreja que avança no sopro do Espírito que a conduz.

Canta, Francisco![1]

---

[1]   Esta expressão que estaremos utilizando em nosso texto, "*canta, Francisco*", tem base na música que traz o mesmo nome, de autoria de Luiz A. Passos, e que faz parte do

O "CANTAR" DE FRANCISCO

Como "cantar" com Francisco? É o que ousamos questionar com esta expressão popular e pastoral, mas que em si mesma já implica uma séria provocação eclesiológica. Como sentir e ressoar em nós este novo ritmo eclesial que nos invade e toca tão profundamente, tão leve e tão perspicaz, assim, tão rápido? Como não "cantar" e não se deixar "encantar" por um Papa que vem "do fim do mundo" – maneira como ele se apresentou à multidão na Praça de São Pedro no dia 13 de março de 2013 – trazendo para si o nome de "Francisco", em referência ao *Poverello de Assis*, o santo dos pobres; e, com este nome, propondo à Igreja um novo modo de ser e de agir, um projeto (Boff, 2013), num reconstruir eclesial, próximo ao chamado vocacional de Francisco, o de Assis: "*ripara la mia Chiesa!*".

De fato, é um "encantar" que nos convida a "cantar" com ele esta mesma melodia (que se quer urgente e ousada!), de uma Igreja que se faz aberta e que é a casa dos pobres, que sai em busca de todos os que estão fora; que é casa e que é mãe; e que, como mãe, está disposta a acolher a todos aqueles e aquelas que estão à sua volta, que se encontram perdidos e abandonados nas periferias sociais e existenciais da humanidade; é aquela que se dispõe a curar as feridas e, com isso, aquecer os corações dos fiéis, tornando-se mais próxima. Mesmo antes desta Exortação, na entrevista que concedeu ao Padre Antonio Spadaro, SJ, da revista *La Civiltà Cattolica* (Spadaro, 2013), ele enfatizou que a Igreja é como se fosse um hospital de campanha, e, assim, dispõe-se a acolher, a ir primeiro e estender a mão. É o "cantar" e o "encantar" de uma Igreja que "*primeireia*", como ele mesmo diz na *Evangelii Gaudium* (*EG* 24), que sai na frente, que arrisca e que se torna ousada, não tendo medo do que terá pelo caminho, pois segue na confiança, na esperança e na Alegria do primeiro que percorreu e nos abriu o caminho, Jesus Cristo.

Estamos diante de uma novidade. Em tão pouco tempo as palavras e os gestos de Francisco causaram mudanças significativas e nos interpela-

---

conjunto de canções que compõe o CD "Francisco e Clara – o musical", de Paulinas. Esta música, usada na sua origem para referenciar Francisco de Assis, foi utilizada por muitos durante a JMJ do Rio de Janeiro/2013 para caracterizar o Papa Francisco, trazendo uma identificação de sua pessoa e de sua causa com o "pobre de Assis". Achamos a mesma adequada para a nossa reflexão, pelo "canto novo" (Sl 96,1) que somos convidados a cantar como Igreja na esteira de Francisco.

ram em vários pontos da nossa tradição eclesial (mas não somente) que até então pareciam intocáveis, ou eram vistos com desconfiança e temor. Quantos muros foram se desmontando no decorrer do seu primeiro ano de pontificado? Também no que toca à teologia, que se vê disposta a ajudar e a colaborar nesta intenção que se desperta. Ponto este que se torna visível por seus gestos de inclusão e de entendimento, e também na própria Exortação, quando ele diz que "as diversas linhas de pensamento filosófico, teológico e pastoral, ao se deixarem harmonizar pelo Espírito no respeito e no amor, podem fazer crescer a Igreja" (*EG* 40). Uma doutrina monolítica, diz o Papa, dispersar-se-ia imperfeita, pois não teria uma variedade que ajudaria a desenvolver melhor a riqueza inesgotável do Evangelho (*EG* 40). Em outra passagem da Exortação, ele diz: "A Igreja, comprometida na evangelização, aprecia e encoraja o carisma dos teólogos e o seu esforço na investigação teológica, que promove o diálogo com o mundo da cultura e da ciência" (*EG* 133). E mais, em tom pessoal: "Faço apelo aos teólogos para que cumpram este serviço como parte da missão salvífica da Igreja" (*EG* 133), obviamente, e isso se acentua na Exortação, comprometidos com a finalidade evangelizadora da Igreja e da própria teologia, que tem a sua especificidade própria. Toda esta mudança que nos faz perceber esta novidade é possível de ser notada já na sua apresentação e na sua saudação, principalmente pela valorização do "povo de Deus" que estava ali reunido e que, a pedido dele, o abençoou e o consagrou em sua nova missão, agora como bispo de Roma. Que gesto! Inesquecível!

Depois, na sequência dos dias e meses que se seguiram, as coisas foram se reformulando e se consolidando. Se voltarmos, por exemplo, aos primeiros minutos de seu Pontificado, a postura de Francisco trouxe novas impressões: um Papa que não se chamou de papa, mas que insistiu em se chamar de "bispo de Roma", na intenção, muito provável, de resgatar a colegialidade eclesial, ponto forte do Vaticano II e que não foi posto em prática de maneira concreta até então (ponto já redirecionado na *EG* 16); um Francisco que se apresenta ao povo de modo simples e sem gestos de vitória, mas apenas com a batina branca, usando a estola somente na hora de abençoar os fiéis, tirando-a logo em seguida; um Francisco que antes de qualquer coisa se curva diante do povo que está na Praça de São Pedro e pede a eles a benção, este gesto (talvez de momento) foi de uma riqueza incrível e com grandes consequências, o "povo", o "povo de Deus" é reconhecido, é tratado com dignidade (este será um fato para sempre lembrado; um Francisco que usa sapatos comuns, que usa uma simples cruz de metal, que não usa o anel de ouro,

Cantar com Francisco! Provocações eclesiológicas a partir da Evangelii Gaudium

que paga as suas contas, que se recusa morar no quarto pontifício, mas que vai para um quarto simples na casa ao lado, onde convive, celebra e tomas as suas refeições com outras pessoas; um Francisco que abandona o trono e passa a usar uma simples cadeira; um Francisco que não usa os adornos carregados, mas que se comporta como um bispo, um pastor em meio ao seu rebanho, que abre mão da mitra em certas ocasiões e que se senta muitas vezes ao fundo para observar (Capela Santa Marta), respeitando o andar das coisas; um Francisco que fala dos pobres e conclama uma Igreja dos pobres para os pobres, relembrando aqui muitos bispos latino-americanos que marcaram a nossa história; um Francisco que fala do amor, mas do amor "misericordioso", um amor que se desprende e vai "rebaixado" ao encontro do outro, porque é o seu próximo; um Francisco que se sente bem em caminhar no meio do povo, que prefere tocá-los e deixa que eles o toquem; um Francisco que vai ao povo como quem vai a um amigo, fugindo de protocolos e amarras que o cargo lhe traz e lhe incomoda; um Francisco que foi ao Conclave e apresentou aos demais alguns pontos urgentes de uma Igreja que precisa de reformas e nota-se que ele as quer; um Francisco que com sua atitude afasta certo tradicionalismo pesado, que ele chama de "múmias de museu" (*EG* 83) ou de postura "autorreferencial" (*EG* 94), cujas atitudes em nada contribuem para os desafios da evangelização nos tempos atuais; um Francisco que incomoda alguns, mas que atrai outros, principalmente os mais pobres que viram nele alguém que os entende; um Francisco que também atrai um grande número de teólogos (que estavam excluídos) e que viram nele uma alternativa de pôr em prática as questões do Vaticano II, viram em Francisco um ponto novo e resolveram dar-lhe a confiança; um Francisco que aproxima das decisões da Igreja as congregações religiosas que estavam afastadas e que decide nomear uma Comissão de Cardeais para auxiliá-lo nas decisões e reformas futuras, fato que já incomodou a vários, mas que corresponde à colegialidade por ele apontada; um Francisco que decide perguntar ao "povo", às famílias, o que pensam sobre a Igreja e os interroga sobre os desafios da família, convidando-os a ajudar em uma nova percepção e atitude pastorais. Este é Francisco, aquele que perdoou os cardeais por terem votado nele. Aquele que tem um "cantar" novo que nos "encanta" e nos leva a cantar também.

É este "cantar" que sai da própria pessoa e penetra em toda a Igreja que nos interpela eclesiologicamente, desafiando-nos a repensar as nossas posição e ação.

Francisco tem palavras simples e diretas, palavras que encantam, mas que também assustam alguns. Todavia, elas provocam a Igreja a se abrir ao novo que está despontando; provocam-na a se abrir ao alvorecer de uma primavera eclesial e de novos ventos que fazem a Igreja seguir o sopro do Espírito (Boff, 2013). Neste Espírito, todos são chamados a uma decisão. É assim que ele, na *Evangelii Gaudium*, se dirige a todos os fiéis para "convidá-los para uma nova etapa evangelizadora marcada por essa alegria e indicar caminhos para o percurso da Igreja nos próximos anos" (*EG* 1). Uma "nova etapa evangelizadora", que ele induz e exorta, necessita de uma nova configuração eclesial, de uma *nova eclesiologia* capaz de assimilar os novos desafios e iluminá-los à luz da fé, valendo-se da força de todos os batizados, tendo para isso a proposta do Vaticano II, que Francisco pretende levar adiante. Por isso, ele diz "novos caminhos", que são novos rumos, novos encontros e ações que tenham por base a proposta do Reino e façam que a Igreja seja a *luz dos povos, Lumen gentium* (*LG* 1), assumindo em si as tristezas e as angústias do mundo (*GS* 1), pois desta maneira, ecoando estas novas realidades no coração dos que creem, ela poderá dar ao mundo a razão de sua Esperança, do seu anúncio, repleto de Alegria, *Evangelii Gaudium*.

Esta é uma visão de Igreja que se faz perceber pela própria pessoa de Francisco, que, como vimos, aparece no modo como se apresenta e interage, por sua simplicidade, jeito de viver e vestir, pelo jeito de conviver. Um Papa que não abre mão de sua identidade mãe e latina. Pode-se dizer que um Papa latino-americano levou à Igreja de Roma um jeito latino-americano de *ser* e de se *fazer* Igreja, uma nova forma de governá-la, descentralizando-a, deixando-a mais livre, autônoma, o que vai exigir uma maturidade da mesma. Ele vai ao povo livremente, fala a ele de modo simples e direto, e, por certo, profundo. O povo percebe e o compreende, os seus críticos também. Desde a sua eleição, quase todos os dias somos levados a apreciar uma frase sua, um pensamento, uma nova interpretação dos fatos, uma crítica às estruturas e práticas eclesiais, por vezes desgastadas. Suas palavras diárias tocam e inquietam o nosso ser enquanto Igreja. O seu comportamento provoca a Igreja a agir igualmente, na mesma práxis, na trilha do seguimento aberto e maduro de Jesus Cristo, de quem somos *discípulos missionários*; uma referência ao Documento de Aparecida (2007), o qual ele trabalhou na elaboração, ponto muito enfatizado por ele. Em seus discursos, os pobres são lembrados novamente e voltam legitimados ao centro do discurso teológico e eclesial, o que provoca em todos nós uma práxis coerente com a proposta do Evangelho. Francisco traz o pobre como exemplo de "solidariedade", uma prática de amor que deveria resplandecer mais na vida cotidiana da Igreja e na sociedade, pois, conforme ele falou na Comunidade de Varginha (RJ), "sempre se pode colocar mais água no feijão!". A Igreja é provocada a sair, todos os batizados são chamados a assumirem um papel de responsabilidade (*EG* 121), as mulheres são mencionadas e esperam a sua valorização (*EG* 103-104). Inúmeras são as críticas ao clericalismo e a luta por poder na Igreja, bem como os excessos e luxos desnecessários que camuflam a verdadeira mensagem; uma crítica também à passividade dos leigos (*EG* 102), mas em tudo, e aqui está a grande valia, ressalta-se a comunhão e a fraternidade, o amor e a misericórdia. Diz, Francisco: "Peçamos ao Senhor que nos faça compreender a lei do amor. Que bom é termos esta lei! Como nos faz bem, apesar de tudo amar-nos uns aos outros! Sim, apesar de tudo!" (*EG* 101).

A Exortação Apostólica *Evangelii Gaudium* veio a legitimar o que era discurso e prática de um homem para entrar na ordem de uma práxis que cabe a toda a Igreja. Todos são chamados e a renovação eclesial é inadiável (*EG* 27-33), o que vai trazer ao certo consequências eclesio-lógicas. Não é um modelo de Papa que deve ser seguido. Esta não é a intenção. O que se pretende é o modelo de uma Igreja que se quer fiel ao Evangelho e ao anúncio do seu Reino diante do mundo que a cada dia nos desafia. Um anúncio que deve ser feito na Alegria, na Alegria do Evangelho, na força do Ressuscitado.

Esta é a intenção de Francisco e para este fim que ele nos exorta a "sair" enquanto Igreja. Uma Igreja "em saída" (*EG* 24).

UMA IGREJA "EM SAÍDA"

Na *Evangelii Gaudium* Francisco provoca a Igreja a colocar-se "em saída", a ir ao encontro das novas realidades e de todos aqueles e aquelas que nos são destinados pelo Evangelho. Ter uma Igreja que sai e que vai a frente, já implica uma postura eclesiológica distinta e que não sustenta em si mesma uma pastoral de conservação ou de manutenção. Não se cabe na definição de Francisco e da *Evangelii Gaudium*, que ele nos traz, uma Igreja que seja autorreferencial, que sinalize a si própria, o que vai contra a própria definição de Igreja, muito bem formulada pela redação do Concílio Vaticano II na *Lumen gentium*, como sinal e sacramento (*LG* 1). Esta Igreja "em saída" despertará a necessidade de se ir a novos areópagos e desvendar o contexto onde estamos situados, com todas as suas variantes e interrogações que o tempo hodierno nos traz. Eis uma frase que ele já repetiu inúmeras vezes e a consolidou aqui neste documento: "prefiro uma Igreja acidentada, ferida e enlameada por ter saído pelas estradas, a uma Igreja enferma pelo fechamento e a comodidade de se agarrar às próprias seguranças" (*EG* 49). É preciso sair. É o que caracteriza a Igreja em sua essência, que a faz missionária.

Chama-nos a atenção o objetivo desta saída, que não é a conquista de outro ou de um território, nem mesmo a busca de mais fiéis à Igreja. Sua evangelização não é proselitista (*EG* 14). Esta saída também não se dará por um enfrentamento ao mundo, com uma guerra de valores doutrinários e morais que não deixam transparecer o frescor do Evangelho (*EG* 39). O Vaticano II nos ensinou a *dialogar*, e isto é um exercício de maturidade que deve ser buscado. Esta será, portanto, uma saída de "serviço". Bem dentro daquilo que se definiu para a Igreja no Vaticano II, uma Igreja serva, que só assim é sinal e só assim dá testemunho da luz que carrega, luz que é Cristo. É o serviço de Deus ao mundo que agora acontece pelo concreto e histórico da Igreja. É o momento em que a Igreja se vê obrigada a aprofundar a consciência de si mesma e a meditar sobre o seu próprio mistério, transparecendo nela mesma a imagem de Cristo, do modo como ele a viu, a amou e a quis como Esposa, referenciando Paulo VI (*EG* 26). A Igreja deve ser e estar à altura do modelo de Cristo e de seu Reino, e somente a consciência que terá de si mesma é que vai fazer este espelho (*EG* 26).

Deste modo, a "Igreja toda" é conclamada a sair de seus limites geográficos e situacionais e ir a uma *nova terra*, a um *lugar novo*, *ao outro* e à *cidade outra*, nas suas palavras, *às periferias* (*EG* 20), ao modo de Moisés e dos profetas, e ao modo do discípulo que acolhe de bom grado o envio de Cristo que diz: "Ide..." (cf. Mt 28,19-20), assumindo assim esta perspectiva missionária, própria do ser Igreja (*EG* 19-20). Esta ação e este chamado não se restringem a uma parte da estrutura eclesial, mas à sua totalidade, a todos os fiéis batizados que receberam de Cristo a graça da nova vida e com alegria oferecem ao mundo este Evangelho vivo, em continuidade histórica com a ação do Cristo, como bem acentuou o Concílio Vaticano II (*LG* 17; *AG* 5). Francisco nos diz: "hoje somos todos chamados a esta nova 'saída' missionária" (*EG* 20). E é assim que a Igreja se define, em saída, em missão; uma missão de todos e uma missão de serviço. É preciso discernir, porém, o caminho que Deus está pedindo a cada um e a cada uma, diz ele; mas enfatiza, no entanto, que para este caminho "todos somos convidados a aceitar esta chamada: sair da própria comodidade e ter a coragem de alcançar

Cantar com Francisco! Provocações eclesiológicas a partir da Evangelii Gaudium

todas as periferias que precisam da luz do Evangelho" (*EG* 20). É o que ele propõe como uma Igreja "em saída".

Para se ter uma Igreja nesta condição de "saída", faz-se necessária uma nova postura que abandone qualquer tentativa de retrocesso ou de engessamento no passado, ou ainda que queira ser ou que se entenda ela mesma como autorreferencial. Pode até ser que várias das linguagens que enriquecem e enriqueceram a tradição eclesial tenham sido importantes no percurso do tempo e tenham ajudado a situar uma imagem de Igreja que se fazia atual, em cada época. Todavia, tais imagens e linguagens não se reproduzem com a mesma força hoje em dia, necessitando, agora, de uma nova interpretação, de modo aberto à cultura e às exigências do tempo, a fim de que a Alegria do Evangelho possa chegar a todos e a cada lugar, de maneira leve e disposta, e não carregada e pesada por seu fardo histórico e tradicional (*EG* 41-43). O risco do que acusamos é se criar uma imagem de Igreja que se imponha como totalidade, alicerçada por aspectos históricos, culturais e tradicionais, fechando qualquer movimento de novidade que caminha na direção das comunidades pelo sopro do Espírito, que é livre e sopra aonde quer, fazendo da experiência cristã algo sempre novo e aberto às circunstâncias atuais. Diante destes elementos todos, Francisco nos encoraja: "Não tenhamos medo de os rever!" (*EG* 43).

O grande risco, talvez, é se criar uma imagem de Igreja que se baste por si só, que se torne ela mesma a grande referência e se esqueça, assim, do anúncio do Evangelho e da prática do Reino, vividos seguramente no caminho de Jesus Crucificado e Ressuscitado. Qualquer tentativa de se criar neste mundo, neste tempo e nesta história, uma imagem de "Igreja triunfante" contraria a proposta eclesiológica apresentada pelo Vaticano II que a terá sempre como "peregrina" (*LG* 48), sendo a consumação e a glória apenas em plano escatológico, no futuro de Deus, para o qual caminhamos em resposta a seu chamado. O fato de se entender como "peregrina" vai colocá-la na condição de saída e de seguimento, por certo, nos passos de Jesus Cristo e de sua prática o Reino, que devemos seguir e estender hoje, no prolongar de sua ação. Entender-se como peregrina é situar-se no caminho apresentado por Jesus e no que exige a sua práxis. Faz também com que a Igreja conceba e reflita a sua condição, na qual se evidenciam as provisoriedades de suas relações eclesiais, mantendo-a sempre pobre e serva (Forte, 2005: 65). Ressaltamos também que a Igreja não vive em função do sucesso, como nos alerta o Vaticano II (*LG* 8), mas na humildade e na abnegação, no serviço aos pobres e no aliviar dos corações feridos, assim como Cristo o fez (cf. Lc 4,18-19).

Na mesma linha conciliar, Francisco nos exorta que a história da Igreja se faz gloriosa não por projetos expansionistas e bem traçados, mas ela é gloriosa por sua condição peregrina e militante na história, "por ser história de sacrifícios, de esperança, de luta diária, de vida gasta no serviço, de constância no trabalho fatigoso, porque todo trabalho é 'suor do nosso rosto'" (*EG* 96). É a Igreja que se volta ao ressuscitado que transparece o crucificado, que nas marcas da Paixão nos mostra o caminho trilhado até a cruz, o caminho ao qual somos chamados. Eis a nossa missão! Quando uma tentativa de não peregrinar ocorre, a Igreja "não traz o selo de Cristo encarnado, crucificado e ressuscitado, encerra-se em grupos de elite, não sai realmente à procura dos que andam perdidos nem das imensas multidões sedentas de Cristo" (*EG* 95). Se a Igreja não se coloca "em saída", ao modo de Cristo, em serviço, ela não evidencia o "ardor evangélico, mas o gozo espúrio de uma autocomplacência egocêntrica" (*EG* 95). É preciso sair!

Uma Igreja "em saída" estará aberta aos novos desafios humanos e sociais e não será estranha a estes, pois os conhece de perto e sabe como abordá-los, ou, no mínimo, terá coragem para fazê-los, com humildade e discernimento, na atenção aos que mais precisam, sobretudo os mais pobres, que cada vez mais "sobram" nesta sociedade injusta que cresce desordenadamente e perdeu o valor da centralidade da pessoa. Diante destes fatos, o texto da Exortação nos convida a "ousar", dizendo-nos que precisamos tomar a iniciativa. Para ele, "a Igreja 'em saída' é a comunidade de discípulos missionários que '*primeiream*', que se envolvem, que acompanham, que frutificam e festejam" (*EG* 24). São aqueles que "*primeiream*", que tomam a iniciativa, que estão à frente e se dispõem a abrir caminhos, até porque, como diz Francisco, "o próprio rebanho possui o olfato para encontrar novas estradas" (*EG* 31). Uma comunidade assim vai sem medo, porque sabe que antes dela o próprio Senhor caminhou. Ela segue seus passos.

A Igreja "em saída" também será uma Igreja mãe de portas abertas (*EG* 46). Uma casa paterna/materna, ao modo da casa do "filho pródigo" (cf. Lc 15-11-32), que está aberta para acolher a todos e, na abertura, coloca-se em sinal de espera, de atenção a tudo o que circunda o seu existir. Não se trata de uma espera passiva, mas ativa, inquieta, que se antecipa ao encontro e vai em direção dos que mais precisam e estão fatigados pelo cansaço da vida (cf. Mt 11,28). É a Igreja mãe que sai e se

Cantar com Francisco! Provocações eclesiológicas a partir da Evangelii Gaudium

dispõe a enxugar as lágrimas, a curar as feridas, a dar consolo e abrigo, fazendo da sua casa a casa de todos. A Igreja entendida como mãe não julgará aqueles que dela se aproximam, pois não é a este fim que ela foi enviada, mas para acolher no mesmo amor que a impulsiona, que regenera e que faz novas todas as coisas (cf. Ap 21,5). A Igreja "não é uma alfândega, mas a casa paterna, onde há lugar para todos com a sua vida fatigosa" (*EG* 47).

Ainda sobre esta perspectiva, gostaríamos de destacar um elemento fundamental da dimensão eclesiológica que necessita assumir a sua *kénosis*, tendo ela mesma o mesmo sentimento de Cristo Jesus (cf. Fl 2,5), pondo-se de joelhos, abaixando-se para poder servir mais "tocando a carne sofredora de Cristo no povo" (*EG* 24). É o que fará dos evangelizadores contrair o "cheiro de ovelha", aspecto que ele tem enfatizado demasiadamente. É o amor que nos revela o mistério da própria Igreja e este mesmo amor nos desprende e nos desaloja, fazendo-nos sair na direção do serviço que a nossa vocação nos chama e espera.

Faz-se necessário então, uma compreensão de Igreja que tenha por objetivo a valorização de todos os seus membros, entendendo a Igreja como Povo de Deus; Povo de Deus chamado a uma missão.

A IGREJA É POVO DE DEUS, UM POVO QUE SAI EM MISSÃO

Definir a Igreja como Povo de Deus é uma tarefa tão urgente quanto necessária para os desafios eclesiais e pastorais que nos são apresentados hoje. Se entendermos que toda a Igreja é missionária, neste "toda" está implícita a sua dimensão mais abrangente, capaz de envolver nesta definição todos os fiéis batizados, que pelo Batismo se incorporam a Cristo e assumem o seu papel na ação evangelizadora da Igreja, cada qual à sua maneira e com seu carisma, na qualidade do serviço que lhe foi confiado, mas todos, sem exceção, na mesma dignidade (*LG* 32). Considerar, nas circunstâncias atuais a valorização de todo o Povo de Deus é fazer a Igreja comprometer-se com o que é (ou deveria ser) desde o princípio, "um só coração e uma só alma" (At 4,32), a serviço de Cristo e de seu Reino.

Esta foi uma tarefa empreendida pelo Concílio Vaticano II que na sua Constituição sobre a Igreja, a *Lumen gentium*, tratou por defini-la primeiramente como mistério, porque nasce do coração do Cristo, vem e recebe a sua missão do próprio Deus e é conduzida pela força do Espírito. Em segundo lugar, o Concílio definiu a Igreja como Povo de Deus, fortalecendo a dimensão batismal e o sacerdócio comum de todos os fiéis; fato a ser considerado e que inovou de maneira eficaz a compreensão eclesiológica, não mais piramidal, mas na comunhão de todos os batizados que têm o Cristo como seu centro, e *a ele e por ele* exercem o seu ministério. Para muitos estudiosos do Concílio e para muitos teólogos (e nós aqui nos somamos a eles), esta é a chave interpretativa para se ler a eclesiologia do Concílio, uma chave hermenêutica de primeira grandeza.

A *Evangelii Gaudium*, que quer trazer à Igreja um novo ardor missionário, segue por este viés e esta parece ser uma intenção também que parte de Francisco. Isso se faz notar não apenas pela valorização primeira que ele deu ao povo na Praça de São Pedro no dia de sua eleição, que em si já foi um grande sinal, mas também pela maneira descentralizada que quer conferir à Igreja, pelo respeito para com os diversos ministérios, pela consulta feita às famílias, e por uma série de argumentos do Concílio presentes em seus inúmeros discursos e aqui, agora, consolidados e formalizados por um documento do Magistério. Já na abertura do terceiro capítulo da Exortação, quando se trata do anúncio do Evangelho, ele já diz que:

A evangelização é dever da Igreja. Este sujeito da evangelização, porém, é mais do que uma instituição orgânica e hierárquica; é, antes de tudo, um povo que peregrina para Deus. Trata-se certamente de um *mistério* que mergulha as raízes da Trindade, mas tem a sua concretização histórica num povo peregrino e evangelizador, que sempre transcende toda necessária expressão institucional (*EG* 111).

Notamos aqui que ele coloca em evidência aquilo que já apontamos antes, o aspecto peregrino deste povo que constitui e que é Igreja, e que, portanto, avança para o mistério do Deus que o chama e que vem ao seu encontro. Este povo, como bem diz Walter Kasper, não é um povo qualquer, mas um povo eleito para uma missão, "povo de Deus convocado pelo próprio Deus" (Kasper, 2012: 167). Interessante também o destaque que ele dá ao "transcender" deste Povo, que não se deixa engessar por um aspecto institucional, mas avança além destas prerrogativas, respondendo ao chamado de Deus, na construção do Reino, de modo peregrino e evangelizador.

Mais à frente, Francisco ainda diz:

Ser Igreja significa ser povo de Deus, de acordo com o grande projeto de amor do Pai. Isto implica ser o fermento de Deus no meio da humanidade;

Cantar com Francisco! Provocações eclesiológicas a partir da Evangelii Gaudium

quer dizer anunciar e levar a salvação de Deus a este nosso mundo, que muitas vezes se sente perdido, necessitado de ter respostas que encorajem, deem esperança e novo vigor para o caminho. A Igreja deve ser o lugar da misericórdia gratuita onde todos possam sentir-se acolhidos, amados, perdoados e animados a viverem segundo a vida boa do Evangelho (*EG* 114).

Trata-se, pois, de uma afirmação, uma afirmação teológica que se encontra no projeto amoroso do Pai, que tem um sentido e uma vocação específicos, e que se volta para uma prática que implica o mesmo amor que transforma e anima, que resplandece a Alegria de todo o Evangelho. É um povo que age na sociedade, pois também a constitui, rompendo aí a velha dualidade entre Igreja e mundo, já que a Igreja se constitui como povo pelas pessoas que estão no mundo, pelo seu aspecto histórico, geográfico e cultural, e, desta forma, ela é sinal ao trazer para esta realidade a luz do mistério de Cristo e de seu Reino, sem que para isso se projete para fora desta realidade, o que seria uma fuga e um desvio, jamais uma missão. A missão que é confiada ao povo, e por isso ele é escolhido, é uma missão de anúncio do Reino que vem (futuro) e que já se faz perceber na realidade presente, *no aqui e no agora*. Francisco ainda diz que este "Povo" é um povo para todos (*EG* 112-113), que tem muitos rostos (*EG* 115-118) e que esta condição constitui uma riqueza em vários sentidos, não só antropológicos como também culturais, que se valem pela unidade produzida pela ação do Espírito.

É importante fazer notar também que, já no início do texto da Exortação, quando ele fala deste novo ardor missionário que deve transparecer na Igreja, o que seria o grande objetivo desta Exortação, ele se refere ao povo de Deus enquanto povo de missão. E o que fazemos notar, é que ele se utiliza da passagem bíblica de Lc 10, que trata da missão e envio dos 72 discípulos, que constituem um grupo maior do que os 12 e que são enviados à mesma missão e com as mesmas recomendações. Ou seja, uma Igreja missionária é em sua totalidade, aí ela é sinal da vocação que é chamada e na qual responde pela identidade de seu povo, de Povo de Deus. É diante desta realidade que Francisco convoca a Igreja a sair em sua missionariedade, no compromisso do Reino, na prática da justiça e na promoção da vida, da paz e da dignidade humana. Faz-se valer tudo o que se projetou para a ação da Igreja no período pós-Conciliar, mas se enaltece que para este nosso tempo é de suma importância o anúncio feito na Alegria que nos toca a Boa-Nova. Este tesouro não pode ficar guardado, deve transbordar, deve sair, deve ir além e cumprir a intenção que se propôs. A "quaresma" deve ceder o lugar à Páscoa (*EG* 6) e nela contemplamos a Alegria da ressurreição, como promessa de vida, e vida nova. A Igreja sai em missão como povo, como povo ela é peregrina e trilha o caminho do Reino. Um Reino de justiça, de amor e de paz.

Este anúncio se faz de pessoa para pessoa, de casa em casa, se faz pelo testemunho daquilo que se crê e que se engrandece na Alegria do Evangelho. Este anúncio, que se leva em missão, apresenta-nos "o amor pessoal de Deus que se fez homem, entregou-se a si mesmo por nós e, vivo, oferece a sua salvação e amizade" (*EG* 128). É uma mensagem tão rica e profunda que sempre nos ultrapassa (*EG* 128).

Caracterizar isso, com breves traços eclesiológicos, não é fácil. Implica mudanças. Francisco as propõe e as realiza na sua própria pessoa, convidando toda a Igreja a esta "nova canção". Isso a provoca a sair e para sair, obriga-a a entender-se como povo. Só assim, ela será o sinal do Evangelho que carrega e anuncia na Alegria. Esta é a sua missão!

PARA CONCLUIR: CANTAR COM FRANCISCO!

O breve texto que apresentamos não tem a intenção de ser uma palavra única sobre a *Evangelii Gaudium*, também não se quer isolada, mas um somar, um acrescentar a mais dos impulsos que nos são levantados pelas interpelações propostas. É um momento de mudanças eclesiais, e elas são boas e bem-vindas, são atuais. Se pensarmos na Alegria do Evangelho, como a Exortação nos propõe, sentiremos a necessidade de nos envolver com esta Alegria, de sermos tocados por ela e de caminharmos por ela e para além dela.

A Alegria nos deixa leves e abertos ao que está sendo proposto. Ela nos desarma e nos encoraja, coloca-nos em marcha, para a frente. Diante do novo, é importante se abrir e acolher, acolhendo se discerne sobre o caminho que estamos sendo chamados e de que maneira podemos corresponder melhor.

E, se Francisco nos apresenta uma nova canção, uma melodia harmoniosa que há tempos é tão esperada, por que não ousar, arriscar, sair e cantar com ele? Seria como se disséssemos: Canta, Francisco! Canta porque teu canto nos encanta! Canta, Francisco! Juntos vamos todos cantar esta grande Alegria que nos toca e nos contagia! A Alegria do Evangelho! *Evangelii Gaudium*!

REFERÊNCIAS BIBLIOGRÁFICAS

BERGOGLIO, Jorge Mario. *Palavras do Papa Francisco no Brasil*. São Paulo: Paulinas, 2013.

BOFF, Leonardo. *Francisco de Assis e Francisco de Roma*: uma nova primavera na Igreja? Rio de Janeiro: Mar de Ideias, 2013.

FORTE, Bruno. *A Igreja*: ícone da Trindade. São Paulo: Loyola, 1987.

FRANCISCO. *Evangelii Gaudium*. São Paulo: Loyola, 2013.

KASPER. Walter. *A Igreja Católica*: essência, realidade, missão. São Leopoldo, RS: UNISINOS, 2012.

SPADARO, Antonio. *Entrevista exclusiva do Papa Francisco ao Padre Antonio Spadaro, sj*. São Paulo: Loyola, 2013.

VATICANO II. *Mensagens, discursos e documentos*. São Paulo: Paulinas, 1998.

CONTORNOS ÉTICOS NA *EVANGELII GAUDIUM*: "PRIMEIREAR, ENVOLVER-SE, ACOMPANHAR, FRUTIFICAR E FESTEJAR" (*EG* 24)

Cássia Quelho Tavares

INTRODUÇÃO

Durante a leitura e a meditação sobre as palavras do Papa Francisco na Exortação Apostólica *Evangelii Gaudium*, recordei-me de sua presença entre nós por ocasião da Jornada Mundial da Juventude em 2013 no Rio de Janeiro. Não consegui concentrar-me numa leitura técnica e acadêmica, mas deixei-me levar de forma orante e agradecida a Deus. Em diversos momentos nas "letras" fecundas de um pai que deseja educar seus filhos, tomando-nos pelas mãos, ouvia os ecos de uma voz doce que permanece audível entre nós. O Santo Padre, de maneira terna e firme faz um convite a todos nós, mulheres e homens de fé, para acompanhá-lo, como Igreja missionária para evangelizarmos. O Papa Francisco recorda o que conhecemos e professamos em nosso Batismo, a disposição para o seguimento e o discipulado de Cristo em nossas vidas: "Todos somos convidados a aceitar este chamado: sair da própria comodidade e ter a coragem de alcançar todas as periferias que precisam da luz do Evangelho" (*EG* 20). E o Espírito Santo sempre faz ressoar de maneira nova e propulsora o chamado do Senhor da Messe.

Nossa sociedade está em sofrimento. Predomina a linguagem da guerra, da falta de amor e da violência. A linguagem da paz deveria chegar antes dos conflitos, das divergências, da intolerância e da irredutibilidade entre os povos (Francisco, 2014: 1). A cultura de morte e os mecanismos de contravalores obscurecem os anseios e os projetos de vida. A cena contemporânea retrata esvaziamento, medo, amargura e dor. Urge renovar as esperanças das pessoas, através do anúncio do Evangelho da Vida. A experiência de fé e de salvação exige de nós uma postura ética para o cuidado e para uma reeducação no amor e para o amor.

É missão da Igreja, dos cristãos, dos homens e mulheres de bem, educar para a vida e para o amor, oferecendo condições para que todos, especialmente os mais abatidos, desesperados, pobres e os que tenham sido violados em seus direitos e dignidades voltem a acreditar no infinito amor de Deus. No acolhimento, amoroso e inclusivo, é possível *reumanizar* a pessoa, "ressignificando" sua existência a partir do sinal inquestionável e precioso da graça de Deus e de sua misericórdia.

Continua o Santo Padre: "Fiel ao modelo do Mestre, é vital que hoje a Igreja saia para anunciar o Evangelho a todos, em todos os lugares, em todas as ocasiões, sem demora, sem repugnâncias e sem medo. A alegria do Evangelho é para todo o povo e não pode excluir ninguém..." (*EG* 23).

Refletiremos sobre alguns contornos éticos na Exortação Apostólica *Evangelii Gaudium*, através da proposta do Papa Francisco ao referir-se a uma "Igreja em 'saída" apontando como itinerário o "'Primeirear', envolver-se, acompanhar, frutificar e festejar" (*EG* 20).

UMA IGREJA QUE SE ANTECIPA: "PRIMEIREAR"

Como é difícil dar o primeiro passo, sair da comodidade, do lugar da segurança, enfim da zona de conforto. O Papa Francisco, na *Evangelii Gaudium* (*EG* 24), diz que precisamos "primeirear" vivendo um profundo desejo de oferecermos misericórdia. E afirma: "Com obras e gestos, a comunidade missionária entra na vida diária dos outros, encurta as distâncias, abaixa-se – se for necessário – até a humilhação e assume a vida humana, tocando a carne sofredora de Cristo no povo. Os evangelizadores contraem assim o 'cheiro de ovelha', e as ovelhas escutam sua voz" (*EG* 24).

Todo ser humano, afirma a fé cristã, é único e digno, insubstituível e respeitável, distinto e irrepetível. O projeto de Deus para o homem é de salvação e de esperança, precisando ser anunciado a fim de tocar a pessoa em toda a sua complexidade e integridade. A dignidade humana é uma verdade vinculada à fé cristã. Infelizmente, nem sempre essa dignidade tem sido respeitada e assumida, pois os mecanismos de alienação e de desumanização estão presentes em todas as sociedades e em todos os tempos. No percurso histórico, muitas vezes sombrio, não faltaram "justificativas" para as explorações do homem pelo próprio homem e pelas estruturas socioeconômicas de massificação e de instrumentalização.

Mesmo sob o influxo de estruturas desumanizantes e contrárias à mensagem do Evangelho, o valor da pessoa deve sobressair como uma realidade imperativa, concedida por Deus, como dom e expressão de seu infinito amor. Essa certeza norteia o resgate do que é mais nobre e essencial em todas as pessoas, seu coração "humano" e digno de felicidade em todas as situações em que se encontrem.

Todos os homens e mulheres, na história concreta e imediata, desejosos do amor, são convidados a manifestar os sinais da presença de Deus com sua ternura, beleza e salvação. Acolher e trabalhar sobre essa possibilidade é a via da integração, num percurso dialético com as ambiguidades, em meio a "luzes e sombras", quando se reelabora o caminho e se reconfigura a biografia de cada um. Não temos dúvidas de que somos pessoas "inacabadas" e que nossa vida encontra sentido quando a colocamos em caminhada contínua para a redescoberta do mistério insondável de Deus em nós.

A ética cristã entende o ser humano como inconcluso, devendo despertá-lo em toda a sua grandeza e magnanimidade. Uma consciência bem formada, uma prática de liberdade e um exercício coerente da responsabilidade, são elementos indispensáveis para o desenvolvimento e a descoberta pelo ser humano de suas potencialidades e do dom de Deus em sua existência. Compreendemos que é no seguimento de Cristo que a pessoa humana vai se tornando mais consciente da própria insuficiência e de sua dependência do dom de Deus. "É apenas a liberdade profunda e absoluta do amor de Deus que nos envia Jesus, nossa Paz e nossa Justiça." (Häring, 1979: 29) O Amor misericordioso e justo de Deus conduz a pessoa na compreensão de sua vocação e de sua missão. O Amor impulsiona a pessoa a dar sua resposta na liberdade, pela força do Espírito para um compromisso fiel com a justiça e com a paz.

É no encontro com Jesus, no diálogo com sua Pessoa e sua práxis, que o desafio existencial atrai, encoraja e impulsiona o cristão, levando-o a assumir seu compromisso através de uma ação concreta na história, em comunhão com o Mestre e Senhor Jesus (cf. Jo 15,4-16). O seguimento e o discipulado de Jesus fazem parte da adesão ao Reino de Deus, cuja prioridade foi abraçada por Jesus. O agir de Jesus é sempre em vista da pessoa humana, reflexo do seu amor pelo Pai, do seu *Abbá*. O seguimento de Cristo é processo de busca do finito, do ser humano, por àquele que é Infinitude. Sua vida traz novo sentido a tudo. Seu anúncio é presença e libertação. Seu anúncio é alegria.

Em Jesus Cristo, no seu amor e seguimento, o ser humano é assumido como *pessoa,* desde o primeiro instante da concepção até o último sopro de vida, levando em conta todo o seu desenvolvimento (Paulo VI, 2001: 5-10).

A ética cristã, na sua explicitação, revela uma visão de pessoa na sua integralidade a partir do projeto salvífico de Deus. Para isso a ética cristã fundamenta-se no valor incomparável, inviolável e inalienável de cada ser e aponta para a verdade fundamental de que toda pessoa, sem exceção, em qualquer situação que se encontre deve ser respeitada e acolhida na sua dignidade e sacralidade (João Paulo II, 1995: 6-8).

O seguimento e o discipulado de Cristo concedem maior clareza e consciência à pessoa acerca do sentido da liberdade e de sua opção fundamental. Essas realidades aprofundam-se a cada dia, em cada passo para a conversão e em cada escolha realizadas.

Neste contexto, encontram-se as perguntas fundamentais, de caráter ético, intrínsecas ao ser humano, seladas em seu coração: "*Que devo fazer? Como discernir o bem do mal?*" (João Paulo II, 1995: 6). A resposta já está presente em cada um, no lugar onde habita a "*verdade*", a consciência. A pessoa, ao se deixar interpelar por essas perguntas existenciais coloca-se diante da indispensabilidade do seguimento e do discipulado de Jesus Cristo. Respondê-las não é um caminho fácil de ser empreendido; exige uma disposição interna, implicando a compreensão do que significa viver um agir moral comprometido como testemunha de Cristo e a partir de Cristo.

Bernhard Häring afirma que nenhuma ética autêntica é entendida sem a explicitação do que é ou não é a liberdade. Só é possível falar de decisão livre se a mesma estiver articulada com a responsabilidade do agir humano. Conforme a ética cristã, o ponto de partida está na pessoa de Jesus de Nazaré – o Cristo, ungido pelo poder do Espírito Santo, que dirige sua resposta ao Pai, que o chamou e o enviou. Jesus, modelo de fidelidade e de escuta, soube obedecer ao Pai Misericordioso, conformando sua práxis ao seu chamado.

A liberdade exercida é, portanto, devedora da consciência que cada um traz sobre si mesmo e sobre o outro. Essa liberdade passa pela dinâmica da obediência profunda, ontológica, do homem para com a Lei, a "voz de Deus" em seu interior, tornando-o mais digno e mais livre. (João Paulo II: 89-90). A "voz" de Deus convida o ser humano a sair de si mesmo, a avançar para as águas mais profundas (cf. Lc 5,1-11).

Primeirear parte do sentido primeiro de que "seguir a Jesus é viver o radicalismo do amor, que leva a entregar a vida pelos outros" (Azpitarte, 1995: 251). Acolher sua mensagem e sua existência, como modelo revelado através de sua entrega amorosa e incondicional, descortina para todos nós a possibilidade de segui-lo e de imitá-lo até às últimas consequências. É nessa forma de ser, integrada e humanizada, que todos os cristãos são chamados a viver, e só pode ser "ouvida" e aprendida através de uma adesão livre e responsável ao Evangelho de Jesus Cristo, que transforma todas as dimensões da pessoa e das estruturas sociais. A Igreja em "saída" se revela através de seus filhos e fiéis em "saída", num "êxodo" contínuo em busca do outro.

Urge que a Igreja, com sua riqueza ministerial, dialogue sinceramente com a sociedade. O diálogo é um dos primeiros passos fundamentais para a dinâmica da "saída". Urge que a Igreja auxilie no processo humano de encontro entre liberdade e responsabilidade para um agir ético e solidário. A Igreja tem firmado sua posição favorável à dignidade humana e à vida em plenitude, colaborando decisivamente no processo de construção da alteridade para a humanização e para uma vivência mais intensa do amor e do serviço ao próximo. A Igreja encontra em sua essência e no transbordamento do Espírito Santo todas as condições para tomar a iniciativa (cf. Rm 5,5). O pedido do sumo pontífice seguido de apelo à conversão pastoral é categórico e inadiável, desejoso de que "todas as comunidades se esforcem por usar os meios necessários para avançar no caminho de uma conversão pastoral e missionária (...) não se pode deixar as coisas como estão" (*EG* 25).

Um novo horizonte já é vislumbrado. Modelos anteriores foram esgotados. Na presença "carismática" de Francisco enuncia-se o rompimento de tradições fossilizadas e absolutamente esquecidas do cotidiano e da vida concreta. Conforme Passos, "o novo se instaurou pela força de seu testemunho, sem isolamentos sectários, sem a força do poder eclesial instituído e sem a estética dos nobres. O vigor de Francisco ainda se expande e clama por renovação da Igreja e também do mundo inseparavelmente" (Passos, 2013: 100).

O "mundo" ou as sociedades estão constituídos por histórias cujos autores podem transformá-las ou não. Toda experiência humana é mediação entre o passado e o futuro e entre os homens. O "ser hoje" que é construído deve partir da presença amorosa de Deus; da resposta livre do ser humano ao amor e chamado de Deus. Parte do desejo profundo de encontrar-se com as pessoas. A vida tem maior ou menor valor à medida que se lhe concede uma direção responsável e criativa. Toda pessoa, *a priori*, tem a obrigação moral de denunciar as estruturas alienantes e anunciar as situações que humanizam a pessoa e a sua própria estrutura sócio-histórica. A ética cristã, comprometida com a história, é uma ética de atitude e de responsabilidade (Haring, 1969: 27).

Com isso entendemos que o Papa Francisco anuncia um tempo de evangelização marcado pela saída ao encontro do outro; pela necessária escuta do outro; pelo toque afetuoso que revela o comprometimento; pelo olhar que faz o outro acreditar que está sendo amado. Conscientes desse privilégio de portar o mistério da Igreja de Cristo, de "portar" e de "ser" ao mesmo tempo uma Igreja encarnada num espaço concreto, anunciadora de Jesus Cristo na Alegria e com bom propósito, e que na humildade apresenta seu rosto, passaremos aos outros dois contornos éticos: "envolver-se e acompanhar". E nossa reflexão volta-se para a *Ética do Cuidado*.

ENVOLVER-SE E ACOMPANHAR: PARA UMA "ÉTICA DO CUIDADO"

O Pontifício Conselho "Justiça e Paz" exorta para que tenhamos o cuidado ético e o desvelo necessário, a fim de que a pessoa humana, em toda a sua dignidade e inteireza, não seja instrumentalizada e escravizada por estruturas sociais, econômicas e políticas. O Magistério Eclesiástico, especialmente a partir do Concílio Vaticano II, permanece atento às influências negativas impostas pelas leituras "dualistas" no decorrer da história ocidental e dos riscos e investidas desumanizadoras provenientes do mercado neoliberal.

O Papa João Paulo II acrescenta que a "afirmação da pessoa não é senão acolhimento do dom, que, mediante a reciprocidade, cria a comunhão (...); esta se constrói a partir de dentro, compreendendo (...) a 'exterioridade' do homem (...)" (João Paulo II, 2005: 102).

A pessoa humana é contemplada pelo olhar do Pai, que deseja cuidá-la, curá-la e tomá-la em seus braços. Deus se relaciona em correspondência de apelo e resposta; de amor e entrega.

Segundo Zoboli e Pegoraro, a "ética do cuidado" valoriza na pessoa, naquilo que lhe é mais precioso, no seu cotidiano e no âmbito de sua saúde, "as relações interpessoais, ou seja, a interconexão e interdependência humanas" (Zoboli e Pegoraro, 2007: 216).

Apesar do paradigma hegemônico da ética da justiça ainda estar presente nas sociedades, em suas diversas camadas, não se consegue dar conta dos problemas imensos da contemporaneidade. As questões éticas "ultrapassam a esfera humana e abraçam a reprodução ecológica da vida, partindo das necessidades dos seres viventes e da vulnerabilidade do seu sistema de relações" (Zoboli e Pegoraro, 2007: 216). Resulta a necessidade da afirmação de um novo paradigma ético que atenda as necessidades mais prementes da pessoa, vulnerável, frágil, furtada inúmeras vezes de sua autonomia e dignidade. Não há dúvidas de que a "ética do cuidado" configura-se como um novo paradigma em nosso tempo (Junges, 2006; in: Zoboli e Pegoraro, 2007: 216).

Fundamentadas sob a ótica da "ética do cuidado" sobressaem algumas características importantes, tais como: uma abordagem da pessoa humana de maneira mais contextualizada e engajada; a dispensação de atenção singular e particular; o entrelaçamento e a interdependência entre as pessoas; relacionamentos comunitários ampliados; as emoções e os afetos valorizados e cuidados; investimentos relativos à formação de um bom caráter a partir de disposições internas da pessoa; a "ética da virtude", de atitudes e de responsabilidade; e bem associada ao gênero feminino. Sobressai a presença da mulher, no protagonismo do cuidado (Zoboli e Pegoraro, 2007: 216).

De fato a "ética do cuidado" afina-se aos elementos da ética cristã. Não há dissonâncias quando se trata da pessoa e de sua dignidade. O Papa Francisco ao falar sobre o sofrimento humano e de seu alívio recorda-nos que para chegarmos à dor do outro é necessário tocarmos a carne de Cristo: "(...) tocando a carne sofredora de Cristo no povo" (*EG* 24).

O cuidado implica percepção do mistério de Cristo em sua Vida, Paixão, Morte e Ressurreição. Sempre nos é concedida a possibilidade de fazermos uma experiência redentora junto a Jesus crucificado, na pessoa do irmão mais próximo ou mais distante, do pobre, do estrangeiro, da viúva, do traficado, do violentado, da criança faminta e abandonada, do discriminado, e de todos os vulnerados. São muitos os feridos pela vida, pela indignidade, pela indiferença e pelas injustiças. Não falta messe, não faltam necessitados do amor e do anúncio de Jesus Cristo. Não há tempo para perdermos, em nossas verdades blindadas, nosso orgulho incapaz de pedir perdão, nossas acomodações em gabinetes, nossos moralismos estéreis. *Envolvimento e acompanhamento* é o pedido do Santo Padre. Chama-nos à *responsabilidade.*

"A Igreja 'em saída' é uma Igreja com as portas abertas. Sair em direção aos outros para chegar às periferias humanas não significa correr pelo mundo sem direção nem sentido" (*EG* 46).

A responsabilidade moral não é individualista, é exercida na complexa trama entre o privado e o público, entre o pessoal e o político, entre o pessoal e o interpessoal, entre o pessoal e o coletivo. O outro é implicado no agir pessoal. É impossível separar o ato humano livre e responsável do juízo ético, pois todo ato livre tem um conteúdo e apresenta resultados. Qualquer ato humano ou práxis refere-se a alguma coisa ou a alguém, há um direcionamento, mesmo que seja impreciso ou imperceptível por quem pratica a ação. Esse agir pode ser conforme ou disforme – mas nunca objetivamente indiferente ou nulo, em relação à pessoa que realiza a ação e em relação aos destinatários desta mesma ação (Sgreccia, 1996: 144). Esta responsabilidade moral está no cerne da práxis de amor e de cuidado em relação ao outro.

Podemos pressentir o clamor do Papa Francisco ao reafirmar com ímpeto o chamado de Deus para o nosso "Êxodo":

> Saiamos, saiamos para oferecer a todos a vida de Jesus Cristo. Repito aqui, para toda a Igreja, aquilo que muitas vezes disse aos sacerdotes e aos leigos de Buenos Aires: prefiro uma Igreja acidentada, ferida e enlameada por ter saído pelas estradas a uma Igreja enferma pelo fechamento e pela comodidade de se agarrar às próprias seguranças (...) lá fora há uma multidão faminta e Jesus repete-nos sem cessar: "Dai-lhes vós mesmos de comer (Mt 6,37)" (*EG* 49).

Somente nós, seres humanos, homens e mulheres, seres de abertura e relacionais, somos capazes de levar adiante um projeto ético, realizando a complexa tarefa de transformação do meio onde vivemos e da sociedade em sua extensão. Muitos homens e mulheres passam pela vida "inconscientes", apáticos em relação ao engajamento no mundo em que vivem e subsistem. Não percebem o "poder" que possuem, como capacidade e dom para mudar as situações. Ignoram a si mesmos e aos outros. A lucidez, sobre o fato da existência, do dom de existir é o "passaporte" para o rompimento das aderências que prendem os seres humanos em estagnações e em imobilidades (*EG* 52-60). "Existir é, assim, um modo de vida que é próprio ao ser capaz de transformar, de produzir, de decidir, de criar, de recriar, de comunicar-se" (Freire, 1981: 66).

A fé cristã afirma, através da Eucaristia, que o Corpo permanece entre os homens, dá-se em alimento e salvação. Esta presença-encontro de Deus com o homem/mulher é um convite-exigência para que o seu Reino seja vivido através do amor-serviço, do cuidado, da solidariedade, do testemunho que não se cansa de amar e doar-se aos mais pobres numa sociedade carente e machucada pelas injustiças e indiferenças.

O agir humano é o agir corporal que se reconhece como espaço do encontro com Deus. O cristão não pode separar o amor de Deus da entrega generosa pelo próximo. O cuidado do corpo do outro é um dos sinais de que *Deus é Presença e permanece entre os homens e mulheres – é o "Deus conosco"*.

Segue o questionamento de como esse processo de amor-serviço pode ser facilitado e empreendido. Algumas pistas são apresentadas a partir do dom de *frutificar e festejar*.

EDUCAR NO AMOR, PARA O AMOR E A PAZ: FRUTIFICAR E FESTEJAR

O Papa Francisco recorda que: "Falamos muito sobre a alegria e o amor, mas a Palavra de Deus menciona também o fruto da paz (cf. Gl 5,22)" (*EG* 217).

A dinâmica da paz não se reduz a uma ausência de guerra, mas é construída através de um processo de educação no amor e para o amor. Segue o Papa recordando que a "dignidade da pessoa humana e o bem comum estão por cima da tranquilidade de alguns que não querem renunciar aos seus privilégios". E completa seu pensamento: "Quando esses valores são afetados é necessária uma voz profética" (*EG* 218).

A educação que explicitamos refere-se à construção de uma base sólida a partir da fé cristã. Entendemos que essa dinâmica educacional administra a autoridade que não provém de uma obediência cega, mas busca um discernimento ordenado em vista da maturidade e da humanização da pessoa. É uma educação eficaz e moralmente importante. A sociedade plural em transformação precisa de homens e de mulheres que queiram assumir responsabilidades e sejam capazes de multiplicá--las. Embora seja uma mensagem de caráter universal, porque diz respeito a toda humanidade, sem exclusão, nos reportaremos à realidade eclesial-pastoral. Assim afirmamos que a pastoral precisa de homens e mulheres firmes na fé e integrados na vida.

Todavia, os mecanismos autoritários permanecem entre nós. Sinalizam na maioria das vezes insegurança e falta de conhecimento da parte de quem impõe o jugo. É fundamental, no campo do conhecimento e da ética, resgatar o verdadeiro sentido da autoridade, proposta e apresentada por Jesus Cristo, que em nada se identifica com o autoritarismo desumanizador e controlador.

Em contrapartida, o compromisso, o envolvimento responsável e maduro tende a impedir a neutralidade ou a frieza diante dos problemas, dos dramas e das "dores" humanas. Impede ou minimiza a indiferença acerca dos valores, da história das necessidades de solidariedade suprindo a falta de amor e a desumanização (Freire, 1988: 17-25). Isso se aplica ao contexto de uma educação para o amor e para a paz, pois o amor é compromisso e concretude.

Com isso a alteridade é um valor de grande apreço. Ética e alteridade são dois conceitos com várias interfaces que se entrecruzam. Alteridade refere-se ao rosto, ao corpo dos oprimidos, dos excluídos e maltratados pela negação da dignidade e inacessibilidade à justiça e ao amor. Negar ao outro os seus direitos é feri-lo com egoísmo e com desamor. A alteridade tem face, tem rosto, mas nem sempre encontra eco, não consegue fazer-se ouvir na voz dos pobres, marginalizados, mulheres violentadas e injustiçadas, crianças destinadas à indigência e aos maus tratos, pessoas traficadas, estrangeiros discriminados, pessoas marcadas pelo desprezo e pela ferida do preconceito, enfim, de todas as inaceitáveis condições de injustiça que contrariam o Evangelho de Jesus Cristo, que contrariam o "Coração" do Deus de Jesus Cristo: o *Abbá*.

Como exigência ética para a eficácia da educação está o empenho de cada um de nós, para o desenvolvimento da autonomia da pessoa. Isso inclui a educação da "vontade" e dos atos voluntários que pertencem à área da opção, da decisão, do querer livre, do discernimento, do estar determinado a obter algo, devendo ser orientado pelos aspectos éticos. Autodeterminação e decisão são atos que marcam a história humana pessoal e comunitária e não deveriam ser descartados do processo de aprendizagem voltado para a autonomia e para a libertação da pessoa. Se não valorizamos a autonomia, desacreditamos o outro.

Não acreditar na capacidade que o outro possui de assumir a si mesmo e o que lhe pertence ou subestimá-lo através da negação ou da negligência é uma ação desumana e destituída de postura ética.

Sob a primazia da autonomia, o ser ético prevalece e todo processo educativo em sua essência, direto e político, luta contra os investimentos pelo "desmerecimento" dos projetos e sonhos pessoais. Ao contrário, a educação preserva o respeito e a escuta amorosa conduzindo as pessoas de forma adequada e saudável.

O Papa Francisco recorda com ternura que a "missão no coração do povo não é uma parte da minha vida, ou um ornamento que posso pôr de lado (...). É algo que não posso arrancar do meu ser, se não quero me destruir. Eu sou uma missão, nesta terra, e para isso estou neste mundo" (*EG* 273). Com essa indagação o Santo Padre aguça e desperta em nós as áreas mais profundas de nossa descoberta vocacional.

O serviço pastoral-comunitário é parte integrante da vida do cristão; contribui para o amadurecimento de sua fé e desenvolve sua práxis cristã. A pastoral assessora a pessoa em sua dimensão da fé e assume a pessoa humana na sua integralidade, pois *fé* e *vida* se articulam. A pastoral aponta para o amor, ensina a generosidade a quem se reconhece imperfeito. Ser generoso é um fruto resultante de quem está aprendendo a amar. É possível e necessário que todo ser humano perceba sua necessidade de melhorar e aprender a amar, para dar passos concretos de dignidade e de humanização. É possível ser mais generoso e terno. O homem atinge mais e mais a essência de sua humanidade na medida em que ama, perdoa e serve ao próximo.

Práxis, serviço e testemunho ético são inseparáveis. Refletem a alegria e a esperança presentes na vida cristã. A comunidade eclesial prioriza como expressão do Reino de Deus a dimensão da *diakonia*. Estar comprometido com a vida humana é uma atitude indispensável na vida do *discípulo missionário*. Essa realidade revela sinais de alegria, esperança, entusiasmo, diálogo, aceitação, acolhimento e celebração.

O Papa Francisco convida todo o povo à partilha da alegria e da vida e nos diz que experimentaremos dessa forma a alegria missionária de "partilhar a vida com o povo fiel de Deus, procurando acender o fogo no coração do mundo" (*EG* 271).

O eixo da dinâmica de aprendizado é o discipulado. Precisa-se aprender a aprender; aprender a pensar e a conhecer; aprender a fazer; aprender a ser; aprender a ouvir; aprender a ver; aprender a conviver com os outros, aprender a aceitar e a conviver com o diferente; aprender a continuar aprendendo (Libânio, 2001). A pastoral é um desses lugares privilegiados onde a "pedagogia da pergunta" deve ser exercida porque a "pedagogia da resposta pronta", da considerada educação bancária, não tem correspondido às expectativas de quem busca a convivência pastoral.

A comunidade deve ser o "porto seguro", o lugar do encontro, da descoberta de si mesmo e do outro, o lugar do seguimento de Cristo e seu discipulado. Deve ser o lugar onde se expõem as angústias e os questionamentos sem medos; deve ser o ambiente propício para o aprendizado do "ser mais", encontrando as possibilidades e meios para exercer melhor o "ser mais humano". Não é utopia, é o desejo de todo batizado, é a proposta do Evangelho de Jesus Cristo, e por isso acredita-se de que seja possível caminhar para isso, com lucidez, coragem e ousadias proféticas, perseverança e humildade.

A Igreja, através de seus membros, busca em comunhão e com ousadia profética, corresponder ao apelo de uma educação contínua e adequada a todos os segmentos. A formação sempre aconteceu na vida da Igreja, mas tratam-se de adequar seus métodos, sua linguagem e especialmente maior abertura e misericórdia diante dos "sinais dos tempos" (cf. *GS* 1). Os/as leigos/as, no exercício de sua função, colaboram efetivamente com a hierarquia eclesiástica no ofício dos ministérios que lhes competem, exercendo ativa influência nas mudanças ou conversão necessária das estruturas sociais, econômicas, políticas e culturais.

Nesse sentido, o Papa Francisco reitera que "para partilhar a vida com o povo e dar-nos generosamente, precisamos reconhecer também que cada pessoa é digna de nossa dedicação. E não pelo seu aspecto físico, suas capacidades, sua linguagem, sua mentalidade ou pelas satisfações que nos podem dar, mas porque é obra de Deus, criatura sua" (*EG* 274).

O saber escutar-acolher é um indicativo de que estamos vivendo a orientação de nosso estimado Papa. E implica na prática da construção do conhecimento crítico-emancipador, exigindo de nós missionários, abertura à amorosidade, à ternura e à tolerância. Escutar-acolher é criar vínculos. Conduz a pessoa a uma profunda experiência de alteridade atendendo às demandas do coração humano. As pessoas que participam nas pastorais e nos diversos movimentos, buscam algo além do ensino da doutrina. Firmam-se em seus afetos, em seus sentimentos e desejam ser acolhidas em suas diferenças e dificuldades.

O discípulo missionário é convidado a priorizar, por uma escuta atenta e generosa, as "vozes" menos ouvidas ou "caladas" das mulheres, dos negros, dos mais pobres, e outras pessoas ignoradas em suas angústias, necessidades e realidades existenciais. Perde-se o enorme potencial de generosidade e vida quando não se recupera aqueles que são, por vários motivos, marcados pela sociedade ou por nós mesmos como "menos e incapazes". O Santo Padre por repetidas vezes na *Evangelii Gaudium* chama à missão:

> Todos os cristãos, em qualquer lugar e situação em que se encontrem, estão convidados a renovar hoje mesmo o seu encontro pessoal com Jesus Cristo ou, pelo menos, a tomar a decisão de se deixar encontrar por ele, de procurá-lo dia a dia, sem cessar. Não há motivo para alguém pensar que esse convite não lhe diz respeito, já que "da alegria trazida pelo Senhor ninguém é excluído" (*EG* 3).

Não deveríamos esquecer que nossas atividades eclesiais, sociais, profissionais, e todas as nossas funções são assistidas e iluminadas pela Graça de Deus, através do Dom do seu Espírito e que nada fazemos sozinhos. O Papa Emérito Bento XVI exorta para que sejamos uma *comunidade de amor* (Bento XVI, 2006: 27).

Temos ciência que grande parte do êxito da nova evangelização e da pastoral depende da maneira como as lideranças pastorais se aproximam do coração das pessoas, como as escutam e percebem suas inquietações. São fatores antropológicos: a pessoa humana deve ser acolhida e assumida no que é, na sua integralidade, com seus anseios, suas ambiguidades, seus projetos e limites, no seu contexto sociocultural e em outras situações que a envolvam por mais dramáticas e diferentes que pareçam. A Alegria do Evangelho está na inclusão e no acolhimento incondicional.

O diálogo cria a condição para se comunicar as riquezas da fé, do Evangelho e da doutrina. Não se conquista ninguém com discursos ou imposições moralistas. A fé precisa ser anunciada como a experiência expressa no *Cântico do Magnificat* (cf. Lc 1,46-55) – anúncio de alegria, da libertação, da gratidão e da festa.

CONCLUSÃO

De tudo o que foi apreciado, alguns pontos são fundamentais para a dimensão ética e a práxis cristã.

– A urgência do anúncio da Boa-Nova de Jesus que liberta, transforma, alegra e motiva a pessoa humana a dar passos corajosos para continuar caminhando com os enfrentamentos necessários em seus desafios existenciais.

– A vida de oração que renova a experiência de fé e de compromisso social e comunitário. A fé e o amor a Deus, àquele que nos amou primeiro, resulta em concretude, práxis do amor pelo outro, no tempo e na história, em todos os lugares e cantos, à luz do sol ou em guetos escondidos, em todos os lugares onde estiver uma pessoa que clame pelo cuidado, pelo abraço, pela vida em toda a sua dignidade. A fé em Deus conduz à "fé" nos homens.

– A opção pela solidariedade e alteridade, categorias éticas para o serviço e o testemunho. Buscar um novo olhar e nova percepção assumindo o ponto de vista dos "condenados da terra", dos "pobres do Evangelho", dos empobrecidos das comunidades, dos massificados pela

Contornos éticos na Evangelii Gaudium

instrumentalização alienante imposta por estruturas sociais e políticas perversas, que os impede de conquistar a autonomia. Centenas de crianças, jovens e adultos vulneráveis e frágeis nos aguardam.

– Manter as portas da Igreja abertas, conforme pede o Sumo Pontífice. Colocarmo-nos de plantão; colocarmo-nos em caminho em direção ao outro; arriscarmos nossa vida sem medo e sem reservas. Celebrar em comunhão, na unidade e na alegria, incluindo ao invés de excluirmos, a festa do Senhor da Vida e da Esperança.

REFERÊNCIAS BIBLIOGRÁFICAS

AZPITARTE, E. L. *Fundamentação da ética cristã*. São Paulo: Paulus, 1995, p. 251.

BARCHIFONTAINE, P.; ZOBOLI, E. *Bioética, vulnerabilidade e saúde*. São Paulo: São Camilo, 2007.

BENTO XVI. *Carta Encíclica Deus Caritas Est*. São Paulo: Loyola, 2006.

FRANCISCO. *Exortação Apostólica Evangelii Gaudium*. A alegria do Evangelho. Sobre o anúncio do Evangelho no mundo atual. São Paulo: Paulus & Loyola, 2013.

_____. Homilia do Papa Francisco na Casa Santa Marta. "Francisco: crianças famintas nos campos de refugiados, enquanto fabricantes de armas fazem festa." Rádio Vaticana, em 25 de fevereiro de 2014. Disponível em: http://www.news.va/pt/news/francisco-criancas-famintas-nos-campos-de-refugiados. Acesso em: 25 de fevereiro de 2014.

FREIRE, P. *Ação cultural para a liberdade e outros escritos*. 5. ed. Rio de Janeiro: Paz e Terra, 1981.

_____. *Educação e mudança*. 14. ed. São Paulo: Paz e Terra, 1988.

HÄRING, B. *Livres e fiéis em Cristo*: Teologia Moral para sacerdotes e leigos. V. I. Teologia Moral Geral. São Paulo: Paulinas, 1979.

_____. *Dinâmica da renovação*. Conferência pronunciada em Belo Horizonte e Curitiba de 16 a 19 de agosto de 1967, durante o Encontro Inter-regional de Superiores e Superioras Maiores. São Paulo: Paulinas, 1967.

J. D.-NASIO. *Meu corpo e suas imagens*. Rio de Janeiro: Jorge Zahar, 2009.

JOÃO PAULO II. *Carta Encíclica Veritatis Splendor*. 2. ed. São Paulo: Paulinas, 1993.

_____. *Evangelium Vitae (EV)*. 2. ed. São Paulo: Paulinas, 1995.

_____. *Homem e Mulher o criou*: catequeses sobre o amor humano. São Paulo: EDUSC, 2005.

LIBÂNIO, J. B. *A arte de formar-se*. São Paulo: Loyola, 2001.

PAULO VI. *Carta Encíclica Humanae Vitae (HV)*. 9. ed. São Paulo: Paulinas, 2001.

PASSOS, J. D; SOARES, A. M. L. (Org.). *Francisco*. Renasce a esperança. São Paulo: Paulinas, 2013.

PONTIFÍCIO CONSELHO "JUSTIÇA E PAZ". *Compêndio da Doutrina Social da Igreja*. São Paulo: Paulinas, 2005.

SGRECCIA, E. *Manual de bioética*. V. 1 e 2. São Paulo: Loyola, 1996.

VIER, F. F. (Coord.). *Compêndio do Vaticano II*. Constituições, decretos, declarações. Petrópolis: Vozes, 1989.

ZOBOLI, E; PEGORARO, P. B. Bioética e cuidado: o desafio espiritual. *O Mundo da Saúde,* abr./jun. 31 (2), p. 214-224, 2009.

EVANGELII GAUDIUM EM QUESTÃO

PARTE III
ASPECTOS PASTORAIS

A DIMENSÃO SOCIAL DA *EVANGELII GAUDIUM*

Paulo Fernando Carneiro de Andrade

INTRODUÇÃO

Em outubro de 2012 ocorreu a XIII Assembleia Geral Ordinária do Sínodo dos Bispos sobre a *Nova Evangelização para a Transmissão da Fé Cristã*, e a presente Exortação constitui-se em uma resposta ao convite feito pelos padres sinodais, nas Proposições Finais do Sínodo, para que o Santo Padre "considerasse a oportunidade de promulgar um documento sobre a Transmissão da Fé Cristã através de uma Nova Evangelização" (cf. *Propositio* 1 e *EG* 14). Devemos ter presente que a *Evangelii Gaudium*, de certo modo, retoma a histórica Exortação Apostólica de Paulo VI, *Evangelii Nuntiandi*, de 1975, elaborada também como resposta à solicitação feita por um Sínodo dos Bispos sobre a Evangelização (*EN* 2). Ao mesmo tempo, tendo sido a *Evangelii Gaudium* escrita no decorrer do primeiro ano de seu pontificado, quis nela o Papa Francisco, de modo programático, "indicar caminhos para o percurso da Igreja nos próximos anos" (*EG* 1). São múltiplas as dimensões desta Exortação Apostólica. Destacaremos aqui sua dimensão social e sua contribuição para o desenvolvimento da Doutrina Social da Igreja.

UMA MUDANÇA DE AGENDA

Um dos aspectos mais notáveis do Magistério do Papa Francisco consiste em uma profunda mudança de agenda, isto é, daquilo que é tido como essencial e primordial na tarefa evangelizadora. Isto, ressalte-se, não significa de nenhum modo uma mudança doutrinal ou uma concessão moral laxista. Afirma o Papa:

> Uma pastoral em chave missionária não está obsessionada pela transmissão desarticulada de uma imensidade de doutrinas que se tentam impor

A dimensão social da Evangelii Gaudium

à força de insistir. Quando se assume um objetivo pastoral e um estilo missionário, que chegue realmente a todos sem exceções nem exclusões, o anúncio concentra-se no essencial, no que é mais belo, mais importante, mais atraente e, ao mesmo tempo, mais necessário. A proposta acaba simplificada, sem com isso perder profundidade e verdade, e assim se torna mais convincente e radiosa (*EG* 35).

Para o Papa Francisco, no núcleo fundamental da fé cristã sobressai "a beleza do amor salvífico de Deus manifestado em Jesus Cristo morto e ressuscitado", a Misericórdia de Deus que nunca nos abandona e nos salva (*EG* 36). É esta realidade fundamental que deve ser proclamada primordialmente. Se existe, conforme afirmado no Concílio Vaticano II, uma hierarquia das verdades na Doutrina Católica,[1] esta hierarquia não se restringe aos aspectos dogmáticos, mas também compreende a doutrina moral (*EG* 36).

Neste contexto o Papa recorda o ensinamento tradicional de S. Tomás de Aquino que na Suma Teológica[2] afirma ser a misericórdia a maior das virtudes, e que as obras do amor ao próximo são a manifestação externa mais perfeita da graça interior. Consequentemente, a caridade e a justiça encontram-se no vértice da hierarquia das virtudes, e isto deve se refletir diretamente no anúncio do Evangelho. Para o Papa é necessário que haja uma proporção adequada na pregação e

> (...) esta reconhece-se na frequência com que se mencionam alguns temas e nas acentuações postas na pregação. Por exemplo, se um pároco, durante um ano litúrgico, fala dez vezes sobre a temperança e apenas duas ou três vezes sobre a caridade ou sobre a justiça, gera-se uma desproporção, acabando obscurecidas precisamente aquelas virtudes que deveriam estar mais presentes na pregação e na catequese. E o mesmo acontece quando se fala mais da lei que da graça, mais da Igreja que de Jesus Cristo, mais do Papa que da Palavra de Deus (*EG* 38).

Pode-se dizer que na Exortação Apostólica *Evangelii Gaudium* a perspectiva da Igreja latino-americana que, de Medellin a Aparecida, enfatiza a dimensão da prática da caridade e da justiça recebe plena recepção universal. Este primado da caridade e da justiça faz com que se compreenda que o engajamento social dos cristãos não possa ser considerado mera consequência da evangelização, mas sim deva ser

---

[1]   "(...) já que o nexo delas com o fundamento da fé cristã é diferente". Concílio Ecumênico Vaticano II, Decreto sobre o Ecumenismo *Unitatis Redintegratio*, 11.

[2]   STh, I-II, q. 66, a. 4-6; I-II, q. 108, a. 1; II-II, q. 30, a. 4; II-II, q. 40, a. 4. Todos os textos citados na *EG* 37.

tido como parte integrante e fundamental do querigma. Afirma o Papa: "Evangelizar é tornar o Reino de Deus presente no mundo" (*EG* 176). Sendo assim, "(...) o querigma possui um conteúdo inevitavelmente social: no próprio coração do Evangelho, aparece a vida comunitária e o compromisso com os outros. O conteúdo do primeiro anúncio tem uma repercussão moral imediata, cujo centro é a caridade" (*EG* 177).

O anúncio do Amor Salvífico de Deus não se dirige apenas às pessoas, mas a todo o criado, o que compreende todas as criaturas, a natureza, e, também, a cultura e as estruturas sociais e econômicas. Afirma ainda o Papa:

> (...) a tarefa da evangelização implica e exige uma promoção integral de cada ser humano. Já não se pode afirmar que a religião deve limitar-se ao âmbito privado e serve apenas para preparar as almas para o céu. Sabemos que Deus deseja a felicidade dos seus filhos também nesta terra, embora estejam chamados à plenitude eterna, porque ele criou todas as coisas "para nosso usufruto" (1Tm 6,17), para que todos possam usufruir dela (*EG* 182).

E, por isso,

> todos os cristãos, incluindo os Pastores, são chamados a preocupar-se com a construção dum mundo melhor. É disto mesmo que se trata, pois o pensamento social da Igreja é primariamente positivo e construtivo, orienta uma ação transformadora e, neste sentido, não deixa de ser um sinal de esperança que brota do coração amoroso de Jesus Cristo. Ao mesmo tempo, "une o próprio empenho ao esforço em campo social das demais Igrejas e Comunidades eclesiais, tanto na reflexão doutrinal como na prática" (Pont. Conselho Justiça e Paz, Compêndio da Doutrina Social da Igreja, 12; *EG* 183).

Para transformar a sociedade, os cristãos devem participar da vida política, pois "embora 'a justa ordem da sociedade e do Estado seja dever central da política', a Igreja 'não pode nem deve ficar à margem na luta pela justiça'" (*EG* 183; cf. *DCE* 28). A relação entre fé e política segue o paradigma desenvolvido por Paulo VI na Carta Apostólica *Octogesima Adveniens*, de modo especial em seu parágrafo 4, citado explicitamente pelo Papa Francisco (*EG* 184). Neste parágrafo, Paulo VI afirma serem as Comunidades Cristãs o sujeito do discernimento na política. Devemos também ressaltar outros pontos fundamentais do paradigma de Paulo VI retomado pelo Papa Francisco. Para Paulo VI a relação entre os grandes valores e princípios éticos e as opções concretas que devem ser tomadas em um dado contexto não é direta e nem unívoca, o que supõe o reconhecimento da necessidade de mediações concretas e da

A dimensão social da Evangelii Gaudium

contingência de todo processo histórico ("sem dúvida que são muito diversas as situações nas quais, voluntária ou forçosamente, se encontram comprometidos os cristãos, conforme as regiões, conforme os sistemas sociopolíticos e conforme as culturas", *OA* 3). Enquanto a Verdade é uma, as opções legítimas, em um dado contexto histórico concreto, são múltiplas e simultaneamente limitadas, e nenhuma opção será em si mesma a concretização total da Verdade ("Nas diferentes situações concretas e tendo presentes as solidariedades vividas por cada um, é necessário reconhecer uma variedade legítima de opções possíveis. Uma mesma fé cristã pode levar a assumir compromissos diferentes", *OA* 50). A decisão sobre qual opção tomar dá-se após a análise objetiva da realidade, o exame dessa realidade à luz do Evangelho e do Ensinamento Social da Igreja e de um processo de discernimento feito pela Comunidade em comunhão com seus Pastores e em diálogo com outros cristãos e todos *os homens de boa vontade* (*OA* 4). Tais opções são feitas entre aquelas historicamente possíveis em um determinado contexto e não simplesmente como tentativa de, desprezando as mediações, buscar concretizar na história um ideal absoluto, que, nesse caso, deixa de ser inspiração e referência para ação e transforma-se em ideologia. O Papa Paulo VI afirma a legitimidade dessa pluralidade de opções como uma questão de princípio e não apenas como um fato tolerado, mas indesejável.

E ainda, segundo a *Octogesima Adveniens*, a ação política, por parte dos cristãos, se faz como forma de viver o compromisso cristão, como serviço ao outro, na busca de construir o bem comum e uma sociedade mais justa (*OA* 23-24 e 46) e não para impor, através do Estado, uma particular convicção. Nas palavras da *Octogesima Adveniens*:

> A ação política – será necessário acentuar que se trata prevalentemente de uma ação e não de uma ideologia? – deve ter como base de sustentação um esquema de sociedade, coerente nos meios concretos que escolhe e na sua inspiração, que deve alimentar-se numa concepção plena da vocação do homem e das suas diferentes expressões sociais. *Não compete nem ao Estado, nem sequer aos partidos políticos, que estariam fechados sobre si mesmos, procurar impor uma ideologia, por meios que viessem a redundar em ditadura dos espíritos, a pior de todas. É sim aos grupos culturais e religiosos – salvaguardada a liberdade de adesão que eles pressupõem – que assiste o direito de, pelas suas vias próprias e de maneira desinteressada, desenvolverem no corpo social essas convicções supremas acerca da natureza, da origem e do fim do homem e da sociedade.* Neste ponto, é oportuno recordar o princípio proclamado no recente Concílio Vaticano II: *"A verdade não se impõe de outro modo senão pela sua própria força de verdade, que penetra nos espíritos, ao mesmo tempo suave e fortemente* [Dignitatis Humanae 1]" (*OA* 25, grifos nossos).

UM OLHAR PASTORAL CRÍTICO SOBRE A REALIDADE SOCIAL E ECONÔMICA CONTEMPORÂNEA

Na Exortação Apostólica *Evangelii Gaudium*, o Papa Francisco aborda a realidade econômica e social de nosso tempo com um olhar crítico. Para o Pontífice vivemos uma economia da exclusão e da desigualdade que mata (*EG* 53). Em um severo julgamento da economia contemporânea o Papa afirma:

Hoje, tudo entra no jogo da competitividade e da lei do mais forte, onde o poderoso engole o mais fraco. Em consequência desta situação, grandes massas da população veem-se excluídas e marginalizadas: sem trabalho, sem perspectivas, num beco sem saída. O ser humano é considerado, em si mesmo, como um bem de consumo que se pode usar e depois lançar fora. Assim teve início a cultura do "descartável", que, aliás, chega a ser promovida. Já não se trata simplesmente do fenômeno de exploração e opressão, mas duma realidade nova: com a exclusão, fere-se, na própria raiz, a pertença à sociedade onde se vive, pois quem vive nas favelas, na periferia ou sem poder já não está nela, mas fora. Os excluídos não são "explorados", mas resíduos, "sobras" (*EG* 53).

Retomando um tema importante da Teologia Latino-americana, o Papa condena a idolatria do dinheiro, afirmando que:

(...) criamos novos ídolos. A adoração do antigo bezerro de ouro (cf. Ex 32,1-35) encontrou uma nova e cruel versão no fetichismo do dinheiro e na ditadura duma economia sem rosto e sem um objetivo verdadeiramente humano. A crise mundial, que investe as finanças e a economia, põe a descoberto os seus próprios desequilíbrios e sobretudo a grave carência duma orientação antropológica que reduz o ser humano apenas a uma das suas necessidades: o consumo (*EG* 55).

Já o Papa João Paulo II havia denunciado a impossibilidade de se constituir uma sociedade onde as relações fundamentais fossem reduzidas a relações de mercado (*CA* 34; também *SRS* 14; 28-29). O mercado não pode ser "divinizado, transformado em regra absoluta" (*EG* 56), mas deve ser submetido à ética (*EG* 58).

A desigualdade social gera violência, e isto

(...) não acontece apenas porque a desigualdade social provoca a reação violenta de quantos são excluídos do sistema, mas porque o sistema social e econômico é injusto na sua raiz. Assim como o bem tende a difundir-se, assim também o mal consentido, que é a injustiça, tende a expandir a

A dimensão social da Evangelii Gaudium

sua força nociva e a minar, silenciosamente, as bases de qualquer sistema político e social, por mais sólido que pareça. Se cada ação tem consequências, um mal embrenhado nas estruturas duma sociedade sempre contém um potencial de dissolução e de morte. É o mal cristalizado nas estruturas sociais injustas, a partir do qual não podemos esperar um futuro melhor. Estamos longe do chamado "fim da história", já que as condições dum desenvolvimento sustentável e pacífico ainda não estão adequadamente implantadas e realizadas (*EG* 59).

O conceito teológico do pecado estrutural, desenvolvido na Teologia Latino-americana na década de 1970, gerou inicialmente um forte debate. Já João Paulo II havia incorporado esta categoria teológica em seu Magistério, notadamente na Encíclica *Sollicitudo Rei Socialis* (36-37) e no Catecismo da Igreja Católica (1869). Papa Francisco dá em sua Exortação Apostólica um novo passo ao afirmar o nexo causal entre as estruturas de pecado e a violência. Afirma, ainda nesse contexto, que não existe nenhuma solução possível para esta violência fora das transformações destas estruturas e de uma economia que gera a morte. Nem as armas nem a vigilância repressiva poderão resolver jamais esta situação de violência (*EG* 60). Corajosamente o Pontífice denuncia também a tentativa de domesticar os pobres através de uma educação que os transforme em seres inofensivos submetidos aos mercados e à economia da morte: "alguns comprazem-se simplesmente em culpar, dos próprios males, os pobres e os países pobres, com generalizações indevidas, e pretendem encontrar a solução numa 'educação' que os tranquilize e transforme em seres domesticados e inofensivos" (*EG* 60).

A CENTRALIDADE EVANGÉLICA DA OPÇÃO PELOS POBRES

Na base do Magistério do Papa Francisco, na constituição de sua agenda e das análises que faz sobre a realidade contemporânea, encontra-se a centralidade evangélica dos pobres em profunda sintonia e continuidade com a Tradição Eclesial Latino-Americana de Medellín a Aparecida. Coube ao Papa João Paulo II fazer a recepção no Magistério Pontifício da Opção pelos Pobres. Isto ocorreu tanto na Encíclica *Sollicitudo Rei Socialis* (42) quanto na *Centesimus Annus* (11; 57). O Papa Francisco desde o início de seu pontificado vai além, proclamando uma "Igreja Pobre para os Pobres" (*EG* 198). Na *Evangelii Gaudium* afirma:

Não devem subsistir dúvidas nem explicações que debilitem esta mensagem claríssima. Hoje e sempre, "os pobres são os destinatários privilegiados do Evangelho" e a evangelização dirigida gratuitamente a eles é sinal do Reino que Jesus veio trazer. Há que afirmar sem rodeios que existe um vínculo indissolúvel entre a nossa fé e os pobres. Não os deixemos jamais sozinhos! (*EG* 48).

O chamado para ser instrumento de Deus "a serviço da libertação e promoção dos pobres" é dirigido a todos, sem exclusão, e a falta de solidariedade concreta com os pobres influi diretamente na nossa relação com Deus (*EG* 187). Afirma o Papa:

> Nesta linha, se pode entender o pedido de Jesus aos seus discípulos: "Dai--lhes vós mesmos de comer" (Mc 6,37), que envolve tanto a cooperação para resolver as causas estruturais da pobreza e promover o desenvolvimento integral dos pobres, como os gestos mais simples e diários de solidariedade para com as misérias muito concretas que encontramos. Embora um pouco desgastada e, por vezes, até mal interpretada, a palavra "solidariedade" significa muito mais do que alguns atos esporádicos de generosidade; supõe a criação duma nova mentalidade que pense em termos de comunidade, de prioridade da vida de todos sobre a apropriação dos bens por parte de alguns (*EG* 188).

Na Tradição Latino-americana, a opção pelos pobres possui duas dimensões essenciais. A primeira trata da mudança de lugar social, ou seja, o chamado a identificar-se com o pobre, com seus sofrimentos, sonhos e anseios, traduzida na expressão, *ver o mundo com os olhos dos pobres*. É o que se encontra na *Evangelii Gaudium* 191:

> Animados pelos seus Pastores, os cristãos são chamados, em todo o lugar e circunstância, a ouvir o clamor dos pobres, como bem se expressaram os Bispos do Brasil: "Desejamos assumir, a cada dia, as alegrias e esperanças, as angústias e tristezas do povo brasileiro, especialmente das populações das periferias urbanas e das zonas rurais – sem terra, sem teto, sem pão, sem saúde – lesadas em seus direitos. Vendo a sua miséria, ouvindo os seus clamores e conhecendo o seu sofrimento, escandaliza-nos o fato de saber que existe alimento suficiente para todos e que a fome se deve à má repartição dos bens e da renda. O problema se agrava com a prática generalizada do desperdício".

A segunda dimensão consiste em criar condições que permitam aos pobres tornarem-se sujeitos da evangelização e das transformações sociais necessárias. Esta dimensão também é plenamente afirmada pelo Papa Francisco na *EG* 199, para quem os pobres são sujeitos da evangelização:

> Para a Igreja, a opção pelos pobres é mais uma categoria teológica que cultural, sociológica, política ou filosófica. Deus "manifesta a sua miseri-

A dimensão social da Evangelii Gaudium

córdia antes de mais" a eles... Estes têm muito para nos ensinar. Além de participar do *sensus fidei*, nas suas próprias dores conhecem Cristo sofredor. É necessário que todos nos deixemos evangelizar por eles. A nova evangelização é um convite a reconhecer a força salvífica das suas vidas, e a colocá-los no centro do caminho da Igreja. Somos chamados a descobrir Cristo neles: não só a emprestar-lhes a nossa voz nas suas causas, mas também a ser seus amigos, a escutá-los, a compreendê-los e a acolher a misteriosa sabedoria que Deus nos quer comunicar através deles.

E sujeitos sociais:

(...) o nosso compromisso não consiste exclusivamente em ações ou em programas de promoção e assistência; aquilo que o Espírito põe em movimento não é um excesso de ativismo, mas primariamente uma atenção prestada ao outro "considerando-o como um só consigo mesmo". Esta atenção amiga é o início duma verdadeira preocupação pela sua pessoa e, a partir dela, desejo procurar efetivamente o seu bem. Isto implica apreciar o pobre na sua bondade própria, com o seu modo de ser, com a sua cultura, com a sua forma de viver a fé. O amor autêntico é sempre contemplativo, permitindo-nos servir o outro não por necessidade ou vaidade, mas porque ele é belo, independentemente da sua aparência: "Do amor, pelo qual uma pessoa é agradável a outra, depende que lhe dê algo de graça". Quando amado, o pobre "é estimado como de alto valor", e isto diferencia a autêntica opção pelos pobres de qualquer ideologia, de qualquer tentativa de utilizar os pobres ao serviço de interesses pessoais ou políticos. Unicamente a partir desta proximidade real e cordial é que podemos *acompanhá-los adequadamente no seu caminho de libertação*. Só isto tornará possível que "os pobres se sintam, em cada comunidade cristã, como 'em casa'".

CONCLUSÃO

Procuramos aqui destacar a dimensão social da Exortação Apostólica *Evangelii Gaudium*. Trata-se sem dúvida de um documento de forte impacto. Embora afirme o pontífice não ser este *"um documento social"* (*EG* 184), traz um tal enriquecimento à Doutrina Social da Igreja que doravante deve ser tido como parte integrante desta ao lado da série de Documentos que se iniciam com a Encíclica *Rerum Novarum* e incluem também a Carta Apostólica *Octogesima Adveniens*. Ao estabelecer um nexo profundo e não circunstancial, mas sim estrutural, entre Evangelização, Opção pelos Pobres e exigências ético-sociais, a *Evangelii Gaudium* supera muitas incompreensões do passado frente à Teologia Latino-americana e torna universal o Ensinamento dos Bispos Latino-americanos que de Medellín a Aparecida constituíram um rico Magistério.

"FRAGILIDADE" E GÊNIO:
O LUGAR DA MULHER NA *EVANGELII GAUDIUM*

Maria Clara Lucchetti Bingemer

A Igreja e o mundo se encontram agradável e constantemente surpreendidos pelo pontificado do Papa Francisco. Não apenas os setores eclesiais saúdam o estilo novo e despojado do atual pontífice, como também os setores da sociedade mais secular, que não duvidaram em elegê-lo personalidade do ano, colocando-o em capas de revistas como *Times*, *New Yorker* e *Rolling Stones*.

Suas corajosas e transparentes declarações, assim como sua abordagem direta e francamente pastoral, fazem com que a atenção de todos esteja voltada para seu próximo pronunciamento, sua próxima novidade ou intervenção. Assim a sua recente Exortação Apostólica *Evangelii Gaudium* – primeiro documento pontifício inteiramente de sua autoria, uma vez que o anterior, a Encíclica *Lumen Fidei*, havia sido preparada em sua quase totalidade por Bento XVI –, que versa sobre um tema muito caro ao bispo de Roma, a alegria do anúncio do Evangelho, foi acolhida com reações altamente positivas por toda parte.

Neste artigo, procuraremos examinar o texto da *Evangelii Gaudium (EG)*, sobretudo com relação ao lugar e ao papel da mulher como agente de evangelização. Ninguém ignora quão importante é para Jorge Bergoglio a presença feminina na Igreja e na sociedade. Sobre este tema ele tem feito declarações significativas. Parece-nos, pois, igualmente relevante refletir sobre o lugar que a mulher, como presença social e eclesial, tem neste documento que fala sobre o anúncio do Evangelho.

O USO DA LINGUAGEM INCLUSIVA

Tal como seus antecessores, o Papa Francisco está consciente de se dirigir a uma humanidade e a uma Igreja sexuadas, e que, portanto, têm diferenças no seu tecido e no seu corpo. Para tanto, usa ao longo

"Fragilidade" e gênio: o lugar da mulher na Evangelii Gaudium

de toda a Exortação Apostólica a chamada linguagem inclusiva. Normalmente, em textos acadêmicos ou coloquiais, entende-se por linguagem inclusiva de gênero o uso de vocábulos que designam o gênero feminino em substituição a vocábulos de flexão masculina para se referir ao homem e à mulher.

Para tal, recorrem-se a símbolos, como @, ou a expressões omniabarcantes, como "a pessoa humana", "o ser humano" etc. Coerentemente com os Papas anteriores, Francisco usa a linguagem inclusiva nomeando, quando se trata da humanidade, "homens e mulheres", não deixando dúvidas que se dirige a todos e a todas, independentemente de qualquer diferença de gênero.

No n. 52 do documento, ao falar sobre os desafios contemporâneos, refere-se às grandes dificuldades que o mundo de hoje apresenta para a humanidade, apesar dos notáveis progressos e benefícios que se verificam em vários campos. "Todavia não podemos esquecer que a maior parte dos homens e mulheres do nosso tempo vive o seu dia a dia precariamente, com funestas consequências", diz o pontífice. E enumera as precariedades: doenças, medo, desespero, falta de sentido para a vida, falta de respeito, violência, desigualdade social etc.

A incidência seguinte da expressão linguística inclusiva "homens e mulheres" aparece no n. 86 do documento, quando o papa se inclui ao mencionar a aridez desértica em que muitas vezes se encontram as pessoas, afirmando que o seu reverso pode ser a condição de possibilidade para que a fé brote e floresça. Assim dirá que "é precisamente a partir da experiência deste deserto, deste vazio, que podemos redescobrir a alegria de crer, a sua importância vital para nós, homens e mulheres". Dirá isso citando, por sua vez, Bento XVI, em sua Homilia durante a Santa Missa de abertura do Ano da Fé em 11 de outubro de 2012 (*AAS* 104 [2012] 881).

Assim será até o final do documento, recorrendo sempre ao plural composto "homens e mulheres" para falar da igual dignidade de ambos, dos direitos legítimos das mulheres (*EG* 104), da necessidade de agentes de pastoral que conheçam um modo de proceder prudente e compreensivo (*EG* 171), da necessidade de não serem príncipes, mas pessoas do povo (*EG* 271), reforçando a importância da oração de intercessão (*EG* 283).

Porém, não é tão genérica a contribuição da Exortação Apostólica em relação à mulher na evangelização. O Papa vai mais longe, entrando em questões específicas sobre o papel da mulher no anúncio da Boa Notícia.

DIREITOS E CONTRIBUIÇÃO DAS MULHERES

A referência de Francisco às mulheres é sempre extremamente positiva. No n. 103 do documento reconhece a "indispensável contribuição da mulher na sociedade", implicando toda a Igreja neste reconhecimento. Enumera detalhadamente as capacidades femininas, como "sensibilidade, uma intuição e certas capacidades peculiares, que habitualmente são mais próprias das mulheres que dos homens". Cita, como exemplo, "a especial solicitude feminina pelos outros, que se exprime de modo particular, mas não exclusivamente, na maternidade". Fica claro, aqui, como em outras ocasiões, que o olhar do Papa sobre a mulher não se resume à questão da maternidade e/ou vida consagrada, como acontecia frequentemente em outros documentos eclesiais.

Após dizer que a solicitude feminina aparece sobretudo na maternidade, mas não só, o Papa acrescenta ainda n. 103 que vê com prazer o fato de que "muitas mulheres partilham responsabilidades pastorais juntamente com os sacerdotes, contribuem para o acompanhamento de pessoas, famílias ou grupos, e prestam novas contribuições para a reflexão teológica". Ou seja, reconhece a contribuição da mulher em muitos e valiosos serviços na Igreja.

Isto é dito para, em seguida, empenhar-se em ir mais longe. Apesar desta participação da mulher, Francisco diz que "ainda é preciso ampliar os espaços para uma presença feminina mais incisiva na Igreja" (*EG* 103). E a razão é, segundo a nossa interpretação, o bem da própria Igreja. Se, como diz o Papa, "o gênio feminino é necessário em todas as expressões da vida social...", uma Igreja que não amplie a contribuição das mulheres ficará mais pobre e atrofiada em sua inventividade e criatividade. Da mesma forma ocorre na sociedade secular, e, por isso, o pontífice afirma que "deve ser garantida a presença das mulheres também no âmbito do trabalho".[1] Em suma, não se pode prescindir das mulheres, segundo a *EG*, "nos vários lugares onde se tomam as decisões importantes, tanto na Igreja como nas estruturas sociais".

No parágrafo seguinte (*EG* 104), o tema continua sendo o das mulheres na sociedade e na Igreja. O Papa apoia explicitamente "as reivindicações dos legítimos direitos das mulheres, a partir da firme convicção de que homens e mulheres têm a mesma dignidade". Não se

---

[1] Pont. Conselho "Justiça e Paz", *Compêndio da Doutrina Social da Igreja*, 295, citado na nota 72 da *EG* 103.

"Fragilidade" e gênio: o lugar da mulher na Evangelii Gaudium

limita, no entanto, a constatar o problema, e ressalta o fato de que isso coloca para a Igreja "questões profundas que a desafiam e não se podem iludir superficialmente". A partir deste ponto e até o fim do parágrafo, o Papa Francisco vai tocar em delicadas questões com relação ao papel da mulher na comunidade eclesial. Uma delas é o sacerdócio ministerial e toda a interpelação que este levanta sobre o poder.

O Papa, enquanto reafirma a doutrina do magistério da Igreja sobre o sacerdócio reservado aos homens, chama a atenção – e cremos, dirigindo-se especialmente aos sacerdotes – para o fato de que um ministério que presta serviço pode tornar-se uma questão controversa "se se identifica demasiado a potestade sacramental com o poder". E para não haver dúvidas, acrescenta: "Não se esqueça que, quando falamos da potestade sacerdotal, 'estamos na esfera da *função* e não na da *dignidade* e da santidade'". Para confirmar o que diz, cita a Exortação Pós-Sinodal *Christifedeles Laici*, n. 51, de 1988.

Continuando com sua reflexão aberta e inclusiva, realça a grande dignidade que afirma vir do Batismo, acessível a todos. Assume, portanto, a eclesiologia do Povo de Deus da qual fala a Constituição Dogmática *Lumen Gentium* do Concílio Vaticano II. Todos os membros tem igual dignidade no corpo eclesial. Na Igreja, como esclarece o Papa, as funções "*não dão justificação à superioridade* de uns sobre os outros". E exemplifica com a pessoa de Maria de Nazaré, mãe de Jesus.

Tal como já afirmara em outras ocasiões, como, por exemplo, na entrevista aos jornalistas feita no avião que o levava de volta a Roma, após a JMJ no Rio de Janeiro, e na longa entrevista concedida ao Pe. Antonio Spadaro, SJ publicada na revista *Civilttà Cattolica*, "uma mulher, Maria, é mais importante do que os bispos". A "hierarquia", portanto, segundo a *EG*, "se ordena *integralmente* à santidade dos membros do corpo místico de Cristo".[2] Se há poder, portanto, lembra o Papa Bergoglio, trata-se da potestade de exercer um serviço, administrando o sacramento da Eucaristia, e não de superioridade sobre os demais segmentos do Povo de Deus.

Talvez a parte mais cheia de esperança e de abertura deste importante parágrafo da *EG* esteja em sua última frase. Nela, o pontífice deixa o futuro em aberto, ao desafiar os pastores e teólogos para que continuem refletindo e ajudando a reconhecer melhor todas as implicações deste

---

[2] João Paulo II, Carta Apostólica *Mulieris dignitatem* (15 de agosto de 1988), 27: *AAS* 80 (1988), 1718, citado na nota 75 do *EG* 104.

estado de coisas naquilo "que se refere ao *possível lugar das mulheres* onde se tomam decisões importantes, nos diferentes âmbitos da Igreja".[3]

Onde há possibilidade, há futuro. E, onde há futuro com perspectiva, as coisas podem acontecer ou continuar a acontecer. Parece-nos que, desta maneira, o Papa presta um importante serviço ao futuro da evangelização e à presença da mulher na mesma. Não se pode realizar uma autêntica evangelização com a mulher sendo mantida em posição subalterna. Pelo contrário, a reivindicação de seus direitos em igualdade com os homens deve ser praticada não apenas fora da Igreja, mas igualmente dentro dela.

JESUS, AS MULHERES E O ANÚNCIO DO EVANGELHO

Francisco encarece, neste documento a importância de cada membro do povo de Deus, devido ao Batismo recebido, se tornar discípulo missionário (*EG* 120). Trata-se de um tema caro ao Papa, uma vez que este é o tema central do Documento dos Bispos Latino-americanos na Conferência de Aparecida, em 2007. O então Cardeal Jorge Mario Bergoglio coordenava a redação final do documento. Por isso ele é preciso na terminologia: "não digamos mais que somos 'discípulos' e 'missionários', mas sempre que somos 'discípulos missionários'". O Papa deseja reforçar desta maneira a sua convicção mais profunda de que o encontro com Jesus é que institui uma pessoa como discípula, fazendo com que esta não possa deixar de anunciar com alegria o que viu e ouviu. E apoia essa declaração com dois exemplos tirados do Novo Testamento. O segundo é o do grande Paulo de Tarso, o qual depois do seu encontro com Jesus Cristo, "começou imediatamente a proclamar (...) que Jesus era o Filho de Deus" (At 9,20). "Mas o primeiro é de uma mulher, a Samaritana do poço de Jacó que entreteve um longo diálogo com Jesus." E, lembra Francisco, "logo que terminou o seu diálogo com Jesus, tornou-se missionária, e muitos samaritanos acreditaram em Jesus 'devido às palavras da mulher'" (Jo 4,39).

Em uma cultura machista como a nossa, onde a palavra da mulher ainda não é digna de crédito, onde pesa sobre os ombros da mulher a acusação de leviandade, de frivolidade, de não discrição, o fato de um Papa exemplificar a atitude vital do discípulo-missionário com a mulher

---
[3] O grifo é nosso.

Samaritana – a de sete maridos – como modelo de evangelização, tem um peso certamente grande e digno de nota.

Neste trabalho de evangelização, o pontífice tem clara noção de que, além da experiência do encontro com o Senhor, é necessário um acompanhamento espiritual que pode ocorrer em um prazo mais longo que curto. O evangelizador – homem ou mulher – dirá o Pontífice no n. 171 de sua Exortação Apostólica deverá ter um modo de proceder onde reine "a prudência, a capacidade de compreensão, a arte de esperar, a docilidade ao Espírito, para, no meio de todos, defender as ovelhas, a nós confiadas, dos lobos que tentam desgarrar o rebanho".

Uma maneira de colocar isto em prática acontece através da capacidade de escuta, ou, melhor dito, nas próprias palavras de Francisco, "a arte de escutar, que é mais do que ouvir. Escutar, na comunicação com o outro, é a capacidade do coração que torna possível a proximidade, sem a qual não existe um verdadeiro encontro espiritual". Aí sente-se a experiência e a prática do jesuíta Jorge Mario Bergoglio, que, certamente, em sua vida, como provincial, mestre de noviços e outros ministérios que exerceu, mas também como celebrante em capelas muito simples das periferias de Buenos Aires, como bispo e arcebispo da capital portenha, deve ter praticado diuturnamente essa arte.

E, assim, Francisco continua, no n. 171, a realçar a excelência da escuta, afirmando que "só a partir desta escuta respeitosa e compassiva é que se pode encontrar os caminhos para um crescimento genuíno, despertar o desejo do ideal cristão, o anseio de corresponder plenamente ao amor de Deus e o anelo de desenvolver o melhor de quanto Deus semeou na nossa própria vida". O Papa se dirige, evidentemente, a todos os evangelizadores, homens ou mulheres, clérigos ou leigos. Parece-nos, no entanto, que, em coerência com afirmações por ele feitas em outras ocasiões e a propósito do mesmo tema, tem em sua mente especialmente as mulheres. Elas são as que têm sobretudo essa paciência e essa persistência na arte de escutar e acompanhar. E em sua própria vida, o Papa Francisco experimentou essa proximidade e essa presença de mulheres de escuta e serviço, que foram importantíssimas em sua vida de fé. Começando por sua própria avó, que foi a figura que mais o marcou em sua vida.[4]

---

[4] Cf. suas próprias declarações no livro de entrevista a Sergio Rubin e Francesca Ambrogetta *El jesuíta*.

O parágrafo termina com a sábia afirmação do Papa de que "para se chegar a um estado de maturidade, isto é, para que as pessoas sejam capazes de decisões verdadeiramente livres e responsáveis, é preciso dar tempo ao tempo, com uma paciência imensa". A paciência de todos os que anunciam a Boa-Nova, homens e mulheres, conclamada pelo bispo de Roma – pode-se sentir que essa convocação sai do fundo de seu coração.

A FRAGILIDADE COMO APELO A UMA AUTÊNTICA EVANGELIZAÇÃO

Já se aproximando do final de sua bela Exortação Apostólica, o Papa Francisco se detém diante de um dos mais impressionantes mistérios da vida humana: a fragilidade. E da importância de cuidar desta fragilidade, a qual é um chamado insofismável do Evangelho de Jesus. Na contramão de uma sociedade que só valoriza a força, a beleza, a perfeição, o sucesso, Bergoglio recorda que Jesus se identificou com os mais pequeninos, e que, portanto, "todos os cristãos... somos chamados a cuidar dos mais frágeis da Terra" (*EG* 209). Assim, "os lentos, fracos ou menos dotados" poderão encontrar uma via de acesso para avançar nesta grande aventura que é viver.

A fragilidade e a vulnerabilidade, de qualquer tipo, são estados de pobreza, algo que coloca uma pessoa nos degraus mais baixos da escala social. A *EG* enumera várias dessas fragilidades que, na verdade, são inumeráveis. E exorta seus leitores a prestar atenção nas novas formas de pobreza que aparecem hoje, na medida em que se fazem novas sínteses culturais e se vive uma mudança de época.

Entre essas novas formas de pobreza e fragilidade cita "os sem abrigo, os toxicodependentes, os refugiados, os povos indígenas, os idosos cada vez mais sós e abandonados, ... os migrantes" (*EG* 210). E, em meio a estas, dedica um parágrafo inteiro a uma pobreza e fragilidade que é sempre nova porque antiquíssima: a pobreza das mulheres. "Duplamente pobres são as mulheres que padecem situações de exclusão, maus-tratos e violência, porque frequentemente têm menores possibilidades de defender os seus direitos" (*EG* 212). Porém, de forma alguma, trata-se de uma reafirmação da mulher como "sexo frágil" que precisa ser protegida porque não sabe se defender. Pelo contrário, o Pontífice afirma, com grande sensibilidade, a força inquebrantável da mulher, o outro lado de sua fragilidade: "E todavia, também entre elas, encontramos continua-

"Fragilidade" e gênio: o lugar da mulher na Evangelii Gaudium

mente os mais admiráveis gestos de heroísmo quotidiano na defesa e cuidado da fragilidade das suas famílias".

Podemos identificar nestas palavras a experiência do Pontífice com as mulheres pobres da periferia de Buenos Aires, que tantas vezes ele deve ter visitado, confortado, ajudado. E diversas vezes deve ter ficado boquiaberto de espanto e maravilhamento diante da força e tenacidade dessas mulheres para lidar com problemas sobre-humanos que desanimariam os mais fortes.

No n. 213, o texto aponta outro exemplo de fragilidade presente hoje em nossa sociedade e Igreja: a do nascituro, sobre cujo direito de nascer outros decidem. Depois de reafirmar com força e convicção a sacralidade e inviolabilidade da vida humana "em qualquer situação e em cada etapa do seu desenvolvimento", segue com coerência abrindo todas as perspectivas do problema.

No parágrafo seguinte, n. 214, Francisco recorda que a Igreja não alterara sua posição sobre a questão do aborto. Mas afirma imediatamente que a propósito deste assunto, deseja "ser completamente honesto". Embora assegurando não ser possível resolver problemas eliminando uma vida humana, reconhece que a Igreja, neste particular, tem sido omissa. E sua omissão tem sido precisamente por ter feito pouco "para acompanhar adequadamente as mulheres que estão em situações muito duras, nas quais o aborto lhes aparece como uma solução rápida para as suas profundas angústias, particularmente quando a vida que cresce nelas surgiu como resultado de uma violência ou em um contexto de extrema pobreza". E fecha o parágrafo com uma séria e inquietante pergunta: "Quem pode deixar de compreender estas situações de tamanho sofrimento?".

A nosso ver esta é mais uma importante abertura de futuro para as mulheres que muitas vezes têm de arcar sozinhas com uma terrível decisão sobre a consequência de um ato que foi praticado a dois. A irresponsabilidade dos homens nestes casos foi secularmente respaldada pela sociedade. E a omissão da Igreja, como bem lembra o Papa na *EG*, tem reforçado essa irresponsabilidade que redunda em tremendo sofrimento para inúmeras mulheres sem recursos e sem saída diante de uma situação terrível.

CONCLUSÃO: UMA MULHER QUE ILUMINA A EVANGELIZAÇÃO

A conclusão deste documento que tanto valoriza as mulheres na sociedade e na Igreja é inteiramente preenchida por uma mulher: Maria de Nazaré, mãe de Jesus. Reconhecidamente devoto da Virgem Maria, desde sua Argentina natal, o Papa Francisco expressa essa presença mariana a partir de sua experiência. Descreve Maria como uma mulher próxima, carinhosa, solícita e presente em todas as ocasiões (*EG* 286). Mãe por excelência e sumamente amada em todo o mundo católico, e muito especialmente na América Latina, nos diversos santuários marianos, Maria é aquela que vai lançar luz definitiva à evangelização para a qual convoca o Papa.

O documento termina exaltando "o estilo mariano na atividade evangelizadora da Igreja" (*EG* 288). Esse estilo é feito de força e ternura, de justiça e amor, de sensibilidade, que descobre os mínimos sinais do Evangelho, assim como dos grandes acontecimentos. É o estilo de uma mulher que ora e trabalha, que é contemplativa na ação. E o Papa afirma: "Esta dinâmica de justiça e ternura, de contemplação e de caminho para os outros faz dela um modelo eclesial para a evangelização".

A partir desta mariologia tão real e concreta, que aponta tão claramente para o mistério da mulher e seu papel na evangelização, podemos dizer que a *EG* se tornara, daqui por diante, uma leitura obrigatória para todo aquele ou aquela que deseje aprofundar seu conhecimento sobre o lugar e papel da mulher na Igreja. O pontificado do Papa Francisco parece que varre, definitivamente, para longe o tempo em que as mulheres não tinham voz nem vez, e as convida carinhosamente para assumir a linha de frente do anúncio jubiloso da Boa-Nova, com sua fragilidade e seu gênio insubstituíveis e preciosos.

EVANGELII GAUDIUM: CONTRIBUIÇÕES PARA AS QUESTÕES CONTEMPORÂNEAS

Luís Corrêa Lima

A *Evangelii Gaudium* (*EG*), de certo modo já estava presente, ainda em germe, na intervenção do então Cardeal Begoglio na Congregação dos Cardeais que precedeu o último conclave. Nesta ocasião, ele dizia que evangelizar supõe na Igreja a coragem de sair de si mesma para ir às periferias, não só geográficas mas "existenciais": ao encontro dos pobres e dos que sofrem com as diversas formas de injustiças, conflitos e carências. Quando a Igreja não sai de si mesma torna-se autorreferencial, ensimesmada, e então adoece. Ela dá lugar a um grave mal que é a mundanidade espiritual: o viver para dar-se glória uns aos outros. O próximo Papa, concluía Bergoglio, deve ser um homem que, a partir da contemplação e da adoração de Jesus Cristo, ajude a Igreja a sair de si para as periferias existenciais, que ajude a Igreja a ser a mãe fecunda vivendo da "doce e confortadora alegria de evangelizar" (Bergoglio, 2013).

Os elementos desta intervenção tem se manifestado fortemente no pontificado de Francisco, e agora se encontram na atual Exortação *Evangelii Gaudium*: A Alegria do Evangelho. Inclusive este título vem de uma frase da Exortação *Evangelii Nuntiandi*, de Paulo VI.

Outra questão muito presente na pregação de Francisco, e na sua Exortação Apostólica, é uma contundente refutação do moralismo presente na Igreja. Convém recordar uma declaração de Bento XVI, em 2006, afirmando que o Cristianismo não é um conjunto de proibições, mas uma opção positiva. Ele ainda acrescentou que é muito importante evidenciar isso novamente, porque essa consciência hoje quase desapareceu completamente (Bento XVI, 2006). É muito bom que um Papa tenha reconhecido isto, pois há no Cristianismo uma tradição multissecular de insistência na proibição, no pecado, na culpa, na condenação e no medo. A historiografia fala de uma "pastoral do medo", que com veemência culpabiliza as pessoas e as ameaça de condenação eterna para obter a sua conversão (Delumeau, 2003). Isto não se restringe ao passado.

Evangelii Gaudium: contribuições para as questões contemporâneas

Também hoje, em diversas Igrejas e ambientes cristãos, muitos interpretam a doutrina de maneira extremamente restritiva e condenatória, com obsessão pelo pecado. As proibições ligadas à mensagem cristã frequentemente repercutem mais do que o seu conteúdo positivo, tanto dentro da Igreja, entre os fiéis, quanto fora, entre os que a criticam. Há um foco excessivo na proibição. É fundamental buscar na mensagem cristã o seu componente positivo, para que ela seja Boa-Nova, Evangelho.

Embora Bento XVI tenha percebido e alertado para este problema, quem realmente o enfrenta, sistematicamente, é seu sucessor Francisco. Já antes da *EG*, ele dizia que a novidade trazida por Deus à nossa vida é o que de fato nos realiza e nos dá a verdadeira alegria e serenidade, porque Deus nos ama e quer apenas o nosso bem. E dizia também que "o anúncio do amor salvífico de Deus precede a obrigação moral e religiosa. Hoje, por vezes, parece que prevalece a ordem inversa". Uma pastoral missionária não está obcecada pela transmissão desarticulada de uma multiplicidade de doutrinas a se impor insistentemente. O anúncio deve concentrar-se no essencial, que é também o que mais apaixona e atrai, procurando curar todo tipo de ferida e fazer arder o coração, como o dos discípulos de Emaús. A proposta evangélica deve ser mais simples, profunda, irradiante. É desta proposta que vêm depois as consequências morais.

Nesta perspectiva, o confessionário não é uma sala de tortura, mas lugar de misericórdia, no qual o Senhor nos estimula a fazer o melhor que pudermos. Francisco também defende as mães solteiras que querem batizar seus filhos e enfrentam a "alfândega pastoral" criada por religiosos rigoristas.

O Papa afirmou que o conhecimento da verdade é progressivo. A compreensão do homem muda com o tempo, e sua consciência se aprofunda. Recorde-se o tempo em que a escravatura era aceita e a pena de morte era admitida sem nenhum problema. Os exegetas e os teólogos, como também as outras ciências e a sua evolução, ajudam a Igreja a amadurecer o próprio juízo. Como consequência, há normas e preceitos eclesiais secundários que em outros tempos foram eficazes, mas que hoje perderam valor ou significado. Uma visão da doutrina da Igreja como um bloco monolítico a ser defendido sem matizes é errada (Francisco, 2013b).

Na *EG*, estas ideias foram incorporadas de maneira mais articulada, formando um todo mais abrangente. A salvação também tem uma dimensão imanente, pois evangelizar é tornar o Reino de Deus presente neste mundo. Os que se deixam salvar por Cristo são libertados do pecado, da tristeza, do vazio interior e do isolamento (*EG* 1). O Evangelho convida, antes de tudo, a responder a Deus que nos ama e salva, reconhecendo-o nos outros e saindo de nós mesmos para procurar o bem de todos. A pregação moral cristã não é uma ética estoica, do cumprimento impassível do dever, nem um catálogo de pecados e erros. Ela é mais do que uma ascese e mais do que uma filosofia prática (*EG* 39). Há uma desproporção a ser evitada quando se fala mais da lei do que da graça, mais da Igreja que de Jesus Cristo, mais do Papa que da Palavra de Deus (*EG* 38).

Francisco retoma o ensinamento do Concílio Vaticano II sobre a ordem ou hierarquia de verdades na doutrina católica, segundo o nexo delas com o fundamento da fé cristã. Alguns pontos são mais importantes porque estão estreitamente ligados a este fundamento. Outros, por sua vez, são menos relevantes porque estão menos ligados a ele. Isto é válido, diz o Papa, tanto para os dogmas de fé como para os demais ensinamentos da Igreja, incluindo a doutrina moral. Na mensagem moral da Igreja, há uma *hierarquia* nas virtudes e ações. As obras de amor ao próximo são a manifestação externa mais perfeita da graça interior do Espírito (*EG* 36-37). Os preceitos dados por Cristo e pelos Apóstolos ao povo de Deus são pouquíssimos. E os preceitos adicionados, posteriormente, pela Igreja devem ser exigidos com moderação, para não tornar pesada a vida aos fiéis e nem transformar a religião numa escravidão (*EG* 43).

Nesta moral matizada, que o Papa expõe, tem grande importância o bem possível. Sem diminuir o valor do ideal evangélico, é preciso acompanhar, com misericórdia e paciência, as possíveis etapas de crescimento das pessoas, que se vão construindo dia a dia. Um coração missionário não renuncia ao bem possível, ainda que corra o risco de sujar-se com a lama da estrada (*EG* 44).

Um exemplo da relação entre o ideal evangélico e o bem possível é a família formada pela união exclusiva e indissolúvel entre um homem e uma mulher. Todos os Papas defendem esta instituição. Mas certa vez Francisco fez um interessante elogio à mulher paraguaia, que ele considera "a mais gloriosa da América Latina". Isto porque, após a Guerra do Paraguai (1864-1870), sobraram oito mulheres para cada homem, e essas mulheres fizeram uma escolha difícil e arriscada: ter filhos para salvar a pátria, a cultura, a fé e a língua (Francisco, 2013a). O Papa elogia nada menos do que uma prática extramatrimonial de fecundação, hoje chamada produção independente. Uma prática que foi feita em es-

Evangelii Gaudium: contribuições para as questões contemporâneas

cala nacional em uma circunstância extrema. Estas mulheres são mais gloriosas do que todas as outras, incluindo as que vivem no modelo tradicional de família.

Com isto, Francisco não contraria a moral católica e nem o apreço pelo matrimônio, mas mostra corajosamente o amplo alcance do caminho gradual na aplicação da lei moral. Esta lei da gradualidade, já apresentada por João Paulo II, não é de fato conhecida e deveria ser ensinada de forma mais ampla, como diz o parecer dos bispos franceses sobre as respostas ao questionário do Sínodo sobre a Família (CEF, 2014). Neste questionário, são apresentados muitos temas relevantes e cruciais sobre a Igreja e as novas situações familiares contemporâneas. Os ensinamentos da *EG* podem contribuir muito para uma solução pastoral abrangente e satisfatória. Isto hoje é urgente.

No mesmo questionário, pergunta-se, também, que atenção pastoral pode ser dada às pessoas que escolheram viver em união com outras do mesmo sexo. E, caso adotem crianças, o que fazer em vista da transmissão da fé? A *EG* não ignora estas questões, mas, de maneira discreta, aponta caminhos. Em nota de rodapé (*EG* 66, nota 60) é mencionado um pronunciamento os bispos franceses: "Estender o matrimônio às pessoas do mesmo sexo? Abramos o debate!". É a resposta do episcopado francês ao Projeto de Lei Matrimônio para Todos, o qual equipara totalmente a união homossexual à união heterossexual.

Os bispos reafirmam a doutrina da Igreja sobre este tema, opondo-se ao Projeto. Mas não só. Eles repudiam a homofobia, e felicitam a evolução do direito que hoje condena toda discriminação e incitação ao ódio em razão da orientação sexual. Reconhecem que, muitas vezes, não é fácil para a pessoa homossexual assumir sua condição, pois os preconceitos são duradouros e as mentalidades só mudam lentamente, inclusive nas comunidades e nas famílias católicas. Estas são chamadas a acolher toda a pessoa como filho de Deus, qualquer que seja sua situação. Numa união duradoura entre pessoas do mesmo sexo, para além do aspecto meramente sexual, a Igreja estima o valor da solidariedade, da ligação sincera, da atenção e do cuidado com o outro (CEF, 2012).

Outra importante nota de rodapé (*EG* 59) cita um documento dos bispos norte-americanos: "Ministério junto a pessoas com inclinação homossexual: diretrizes para a assistência pastoral". Os que trabalham pastoralmente neste campo são convidados a ouvir as experiências, as necessidades e as esperanças das pessoas homossexuais. Assim se manifesta o respeito à dignidade inata e à consciência do outro. Os bispos não aprovam a adoção de crianças por casais do mesmo sexo. No entanto, aceitam o Batismo de crianças sob a responsabilidade destes casais, se houver o propósito de que elas sejam educadas na fé da Igreja Católica (USCCB, 2006). Com estas duas notas, a Exortação do Papa ajuda a reflexão sobre questões atuais, que são complexas e conflitivas.

Francisco sabe que o olhar de quem crê é capaz de reconhecer a luz do Espírito Santo sempre irradiando no meio da escuridão. Sabe que a nossa fé é desafiada a entrever o vinho em que a água pode ser transformada, e a descobrir o trigo que cresce no meio do joio (*EG* 84). Assim ele recorda João XXIII, um Papa que ele mesmo canonizou. Na abertura do Concílio Vaticano II, João XXIII fez um alerta contra os profetas da desgraça, que nos tempos atuais só veem prevaricação e ruína, sempre anunciando acontecimentos infelizes, como se o fim do mundo fosse iminente. Ao contrário disso, na ordem presente das coisas, a Providência divina na sua misericórdia nos eleva para uma ordem de relações humanas que, por obra dos homens e muitas vezes para além do que eles esperam, se encaminham para o cumprimento dos inesperados e superiores desígnios divinos; e tudo, mesmo as adversidades humanas, converge para o bem da Igreja (João XXIII, 1962).

Que nunca nos falte este olhar de quem crê, de Francisco e de João XXIII.

REFERÊNCIAS BIBLIOGRÁFICAS

DELUMEAU, Jean. *O pecado e o medo:* a culpabilização no Ocidente (séculos 13-18). 2 v. Bauru: EDUSC, 2003.

BENTO XVI. Entrevista de Bento XVI em previsão de sua viagem à Baviera (I). *Boletim eletrônico Zenit*, 16 ago. 2006. Disponível em: <www.zenit.org>. Acesso em: 31 ago. 2006.

BERGOGLIO, J. Esta é a intervenção magistral do Cardeal Bergoglio no pré-conclave. *Boletim eletrônico IHU*, 27 mar. 2013. Disponível em: <www.ihu.unisinos.br>. Acesso em: 28 mar. 2013.

CEF (CONFÉRENCE DES ÉVÊQUES DE FRANCE). *Elargir le mariage aux personnes de même sexe? Ouvrons le débat!* Paris, 2012. Disponível em: <www.eglise.catholique.fr>. Acesso em: 12 mar. 2014.

_____. *Les défis pastoraux de la famille dans le contexte de l'évangélisation*. Paris, 2014. Disponível em: <www.eglise.catholique.fr>. Acesso em: 12 mar. 2014.

Evangelii Gaudium: contribuições para as questões contemporâneas

FRANCISCO. *Encontro do Santo Padre com os jornalistas durante o voo de regresso*. 28 jul. Disponível em: <www.vatican.va>. Acesso em: 31 jul. 2013.

_____. Entrevista exclusiva do Papa Francisco às revistas dos jesuítas. *Brotéria*, 19 ago. 2013. Disponível em: <www.broteria. pt>. Acesso em: 30 set. 2013.

JOÃO XXIII. *Discurso de Sua Santidade Papa João XXIII na abertura solene do SS. Concílio*. Roma, 11 out. 1962. Disponível em: <www.vatican.va>. Acesso em: 12 mar. 2014.

USCCB (UNITED STATES CONFERENCE OF CATHOLIC BISHOPS). *Ministry to persons with a homosexual inclination: guidelines for pastoral care*. Washington, DC, 2006. Disponível em: <www. usccb.org>. Acesso em: 12 mar. 2014.

ASPECTOS ECUMÊNICOS DA *EVANGELII GAUDIUM*

Maria Teresa de Freitas Cardoso

INTRODUÇÃO

Evangelizar! Comunicar a alegria de Cristo! Praticar o mandamento do amor! Ter uma espiritualidade de contemplação e de ação! No diálogo! A Exortação *Evangelii Gaudium* (*EG*) é uma palavra que jorra do coração do Papa Francisco para falar ao nosso coração, e tanto nos fala! Desejaríamos aprofundar o documento na sua inteireza. Devemos, porém, neste estudo, mostrar tão somente alguns aspectos importantes da *EG* na perspectiva ecumênica.

A questão do ecumenismo tem passado por interrogações, controvérsias, avanços e crises. Está entre as preocupações e as aspirações de nossos tempos. Quando o Papa foi eleito, havia grande interesse sobre seu compromisso ecumênico: logo se noticiou que o Papa estaria aberto ao ecumenismo; que o Papa já praticava o diálogo inter-religioso; que o Papa faria a Igreja Católica avançar nesses caminhos. O Papa, de fato, realiza a dimensão ecumênica na sua solicitude pastoral. Faz isso também na *EG*. Com alma, com clareza, com esperança.

Não são só os parágrafos com título de diálogo ecumênico e inter-religioso que importam para nossa discussão. Todo o documento é dialogal. Tem caráter ecumênico sob vários prismas. Faremos algumas observações dessa sua dimensão ecumênica e depois descreveremos os parágrafos específicos sobre o diálogo ecumênico e inter-religioso.

ALGUMAS PRIMEIRAS OBSERVAÇÕES DE INTERESSE ECUMÊNICO

A Exortação *EG* é toda ela dialogal. Ser dialogal corresponde bem ao modo de ser na Igreja no horizonte do Vaticano II (Wolff, 2011: 409). O Papa mostra na *EG* esse mesmo espírito, e podemos perceber como

Aspectos ecumênicos da Evangelii Gaudium

também nos orienta nesse clima de diálogo com três pontos que valem muito para o ecumenismo: a alegria; a hierarquia de verdades e virtudes; o empenho em renovar-se.

LEVADOS PELA ALEGRIA DO EVANGELHO

Muitas pessoas já esperavam que o Papa dissesse mais sobre ecumenismo e diálogo inter-religioso. Não surpreende que tenha falado sobre isso, porém, é sempre significativo que tenha falado nessa Exortação. Parece interessante que, ao colocar a nova evangelização debaixo da alegria do Evangelho (*EG* 1), nomeada no título da Exortação, e ao incluir a perspectiva ecumênica em suas considerações, de algum modo ele ilumina a perspectiva ecumênica com aquela alegria que intitula e dá forma a todo o documento.

Ou seja, nós haveríamos de ir também ao diálogo ecumênico e inter-religioso somente naquela alegria que brota do Evangelho e que nos motiva a sair de nós mesmos, a nos relacionarmos e a frutificar, junto com os outros. Porque o amor de Deus já se deu, ele nos salva, e isso nos alegra. Alegramo-nos ainda, quando descobrimos que Deus também atua nos nossos irmãos e que eles são assim alcançados pela graça de Deus. Ou quando reconhecemos que cada pessoa tem valor e deve ser estimada. Que todos têm dons e que as diversas tradições religiosas têm as suas riquezas. Dispomo-nos ao encontro e ao diálogo com as pessoas em clima de mais confiança e de mais alegria pela obra de Deus.

Com isso, não nos tornaremos pessimistas com as crises do ecumenismo. A perspectiva ecumênica já não será uma perspectiva só de problemas, temores e ansiedades, embora nela existam, sem dúvida, dificuldades e tensões, mas é uma perspectiva também de possibilidades. Do mesmo modo, um risco que poderia comprometer o nosso empenho seria sucumbir nas preocupações sobre como nos aproximarmos daqueles que não partilham as mesmas confissões de fé; sobre se nos entenderemos; se chegaremos a construir alguma coisa juntos. De não considerar os frutos já obtidos, a fraternidade encontrada. Mas existem frutos já alcançados, como é destacado na Encíclica de João Paulo II sobre o ecumenismo (*UUS* 41-76). Poderíamos prosseguir com W. Kasper (2012: 57), "colhendo os frutos" dos diálogos, como ele os valoriza, e fazendo da alegria do Evangelho um motivo de novas esperanças.

É, assim, o próprio Evangelho e a sua alegria que inspirarão a nossa confiança e consolidarão o nosso clima de fraternidade. Podemos pensar em prosseguir, haverá possibilidades. O amor é acolhedor, humilde e criativo; torna-se promissor. Temos esperança, sobretudo porque acreditamos no amor de Deus e já temos experimentado a sua manifestação. A perspectiva ecumênica é a de viver mais universalmente o amor de Deus. Esse amor que se comunica é motivo de fé e de alegria.

HIERARQUIA DE VERDADES E VIRTUDES: TER EM VISTA O MAIS IMPORTANTE

Observamos que os principais documentos do Magistério que tratam diretamente do ecumenismo (do diálogo dos cristãos), ou seja, o Decreto *Unitatis Redintegratio* (*UR*) do Concílio Vaticano II, e a Encíclica *Ut Unum Sint*, de João Paulo II, são citados na *EG*. É interessante notar que tais documentos não são citados somente nos parágrafos de título de "diálogo ecumênico" e de "diálogo inter-religioso". Eles são tomados já na parte inicial e fundamental da Exortação.

Um exemplo significativo é, como anunciávamos, a indicação da "hierarquia de verdades" (*EG* 36; *UR* 11); e, juntamente, de "hierarquia nas virtudes" (*EG* 37). O Papa retoma essas formulações e explica o que elas significam. Trata-se de "partir do coração do Evangelho", de modo que "o anúncio concentra-se no que é essencial, no que é mais belo, mais importante, mais atraente e, ao mesmo tempo, mais necessário" (*EG* 35). Por isso ele procura o centro da "fé que atua pelo amor", de modo a manifestar a graça do Espírito (*EG* 37).

O decreto *UR* assumiu esse princípio (*UR* 11). Fez ver que se deve privilegiar no diálogo as verdades centrais e as demais verdades seriam vistas na sua relação com o principal. Podemos supor que tudo o que seja apresentado no conjunto da fé e da prática cristã, as afirmações e as ações, deva ser considerado segundo o sentido e o valor que lhe cabe ter em relação com os pontos mais importantes. O diálogo ecumênico aproveita muito disso, pois concentra a atenção principalmente no central e valoriza melhor quando se dá o compartilhamento das coisas mais importantes na fé e na vida cristã. Com proveito disso.

Acontece que o Papa nomeia esse princípio da hierarquia na *EG* e ele aplica esse mesmo princípio na Exortação. Descreve o núcleo da fé "na beleza do amor salvífico de Deus manifestado em Jesus Cristo morto e ressuscitado" (*EG* 36). Parece-nos que é em torno do amor de Deus que nos foi manifestado em Jesus Cristo, que o Papa coloca toda a Exortação. Valorizam-se, com isso, o aspecto de dom, de consolação, bem como a nossa experiência do encontro com Jesus; vê-se que isso

Aspectos ecumênicos da Evangelii Gaudium

nos deve levar ao encontro dos outros, e mostra-se que a exigência fundamental é o mandamento do amor; colocam-se as demais virtudes; a liturgia, a *Lectio Divina*, e tudo o mais. Tudo em torno do amor de Deus que se nos dá em Cristo. Não se eliminam as demais verdades nem o que mais se há de fazer na Igreja, mas tudo se coloca debaixo e a serviço do principal. A aplicação desse princípio que dá um relevo ao principal na Exortação certamente pode ajudar no diálogo dos cristãos.

Junto com a hierarquia de verdades e virtudes, gostaríamos de destacar outro princípio, com ele concatenado: de que "a expressão da verdade pode ser multiforme. E a renovação das formas de expressão torna-se necessária para transmitir ao homem de hoje a mensagem evangélica no seu significado imutável" (*EG* 41; aqui o Papa Francisco cita João Paulo II; *UUS* 19).

O "PRIMEIREAR", TAMBÉM PARA A PERSPECTIVA ECUMÊNICA

Impressiona a ênfase que o Papa Francisco tem dado para que todos nós, na Igreja Católica, venhamos a "sair": sair de nós mesmos; sair da autorreferência; sair dos próprios esquemas espirituais; sair ao encontro das periferias existenciais; sair para o mundo para evangelizar, anunciar; fazer o bem, servir ao Reino. Não podemos deixar de pensar que esse mandato tão urgente deva aplicar-se do mesmo modo em perspectiva ecumênica. Somos chamados a tomar iniciativas na reconfiguração do movimento ecumênico? Para buscar novo impulso ou procurar dar novos passos?

Já o decreto sobre o ecumenismo falara em tomar iniciativa (*UR* 4), em dar os primeiros passos na busca da unidade dos cristãos. Se o Papa acentuou o "primeirear" (*EG* 24) para envolver-se, acompanhar, frutificar e festejar, certamente isso tudo vale de algum modo para o diálogo ecumênico e o inter-religioso. Como cristãos, desejamos levar nossa presença, nossa palavra, nossa ação, nossa contribuição. Desejaremos também colher os dons que o Espírito semeou entre nossos irmãos. De, em meio às diversidades, achar o caminho de uma unidade e de um intercâmbio. De achar e trocar colaborações. Por nossa vez, e no que se espera de nós, o Papa convida a "primeirear", envolver-se, acompanhar, frutificar, festejar com os outros.

Cabe uma atitude aproximativa e acolhedora, solidária e construtiva para esse mundo no qual buscamos que reine o amor de Deus. Deus age também nos outros e certamente que outros já deram passos antes de nós. O movimento ecumênico nasceu entre cristãos não católicos e foi depois, progressivamente, que a Igreja Católica nele se inseriu. O Papa lembra testemunhos recebidos dos outros, como a presença do patriarca ortodoxo e do arcebispo anglicano no Sínodo. Porém, o Papa parece nos chamar a termos de nossa parte uma iniciativa, uma disponibilidade, um acolhimento, um movimento que o Espírito nos inspire.

RENOVAR E DESCENTRALIZAR

Também a renovação da Igreja é tema importante para o Decreto sobre o ecumenismo. Foi já um dos temas fundamentais na Encíclica *Ecclesiam Suam*, de Paulo VI (*ES* 19-33). O Concílio Vaticano II insistiu na renovação da Igreja e igualmente em nossa renovação pessoal. O Decreto *UR* consagrou a importância ecumênica da renovação ao afirmar que a Igreja deve se renovar continuamente. O tema da Igreja a reno-var-se sempre (ou *"ecclesia semper purificanda"*) é tratado por W. Kasper em sua eclesiologia, que é atravessada por questões ecumênicas, e com ela percebemos que a renovação é importante para a própria tradição, dado que é "uma Igreja renovada pelo Espírito da Sagrada Escritura e da tradição" (Kasper, 2012: 229). A renovação faz-se, no espírito do Concí-lio, com o primado do espiritual, marcadamente com a oração, e dá-se como evento pneumatológico, porque é obra do Espírito (Maçaneiro, 2013: 309-310). A Exortação *EG* promove uma renovação na Igreja (*EG* 27-33) e acentua a evangelização com o Espírito.

Sobre essa base encontramos bom lugar para o ecumenismo. A re-novação favorece a vitalidade da Igreja e também que melhor vivamos a unidade de Cristo. Em vista disso, perguntaríamos todos: que parte me cabe na renovação? O Papa fala em renovação nos vários âmbitos eclesiais. Toda a renovação seria importante para a vida e a unidade. Acontece que o Papa faz questão de incluir um ponto especial para a conversação ecumênica: procura o que isso implicaria de renovação no papado, uma forma de "conversão do papado" (*EG* 32) em uma situação nova. Sobre isso, ele recorda que João Paulo II pedira que se refletisse mais sobre o ministério petrino (*UUS* 95), em busca de melhor compreensão e de um exercício mais adequado para a situação atual. O Papa Francisco acha que é importante avançar nesse caminho. Essa vontade de renovação eclesial com as reformas necessárias, tendo em conta inclusive uma melhor compreensão do papado, constitui, sem dúvida, algo de interesse ecumênico atual.

De modo semelhante, o Papa fala em descentralização na Igreja (*EG* 32; 184). Faz ver que não se deve esperar do Papa que decida tudo ou

Aspectos ecumênicos da Evangelii Gaudium

dê, ele mesmo, as soluções para as diversas situações na Igreja. Nem tudo deve depender do Papa e nem tudo deve ser estabelecido pela Cúria que o auxilia. Ao invés, é importante que as Igrejas locais achem também os caminhos do que fazer. E ainda: o Papa valoriza a experiência sinodal das Igrejas ortodoxas. Considera ser algo do qual podemos aprender e com que podemos crescer.

Essas ideias refletem, por um lado, um desejo interno da Igreja Católica de ter uma vida mais consciente, dinâmica e participativa; por outro lado, avançam no diálogo ecumênico sobre a Igreja. Tópicos sobre as Igrejas locais, a sinodalidade e a possibilidade de um ministério universal de unidade estão incluídos no texto eclesiológico preparado pela Comissão Fé e Constituição, do Conselho Mundial de Igrejas, (Fe y Constitución, 2013: 31-32; 51-57), procurando constatar e desenvolver convergências, e convidando as Igrejas para fazerem, até 2015, comentários e sugestões. A *EG* favorece uma aproximação.

NA DIMENSÃO SOCIAL DA EVANGELIZAÇÃO, O DIÁLOGO ECUMÊNICO E INTER-RELIGIOSO

A análise da situação do ser humano no mundo atual, feita pelo Papa na *EG*, mostrou que o ser humano está desvalorizado e excluído. Isso cria a responsabilidade de valorizá-lo e de atender a ele, também com solidariedade ecumênica. Deve-se transformar a realidade do mundo e todos deveriam procurar ajudar.

Ao pensarmos em evangelização, haveremos de lembrar que ela busca o serviço do Reino. É o reino do amor de Deus que se estende a todos, solícito para com todos. Para promover o bem de todos. O Papa fala, em especial, em escutar o clamor dos pobres e em cuidar dos mais frágeis. Que todos possam cooperar. Nesse capítulo da Exortação, acentua que o diálogo pode ser uma contribuição na busca da unidade da família humana. Perante as situações de conflitos, fala em buscar a superação e a solução na amizade e na solidariedade. Vemos o Papa pensar nas diversidades colocadas em cooperação.

O PAPA FRANCISCO PROPÕE A IMAGEM DE UM POLIEDRO

A *EG* propõe uma imagem interessante: a de um poliedro: "aqui o modelo não é a esfera, pois não é superior às partes e, nela, cada ponto é equidistante do centro, não havendo diferenças entre um ponto e o outro. O modelo é o poliedro, que reflete a confluência de todas as partes que nele mantêm a sua originalidade". No poliedro as partes são diversas. Assim todos devem poder contribuir a seu modo. É "a totalidade das pessoas em uma sociedade que procura o bem comum que verdadeiramente incorpore a todos" (*EG* 236).

Achamos que essa imagem do poliedro serve à perspectiva ecumênica. As diversas faces guardam a sua originalidade, ao passo que estão relacionadas umas com as outras, tendendo a uma unidade. Para uma unidade na diversidade.

CHAMADOS AO DIÁLOGO ECUMÊNICO

Nos parágrafos sob o título de diálogo ecumênico, o Papa reporta-se ao desejo de Cristo e à possibilidade de uma melhor realização da catolicidade da Igreja; com uma maior credibilidade do anúncio; a busca comum da paz; o fato de contribuir para a família humana; a valorização do que temos em comum; a possibilidade de aprendermos uns com os outros do que o Espírito tem semeado.

Retomando o desejo de Cristo, o Papa fala que "o compromisso ecumênico corresponde à oração do Senhor Jesus pedindo 'que todos sejam um só'" (Jo 17,21) e que "a credibilidade do anúncio seria muito maior se os cristãos superassem as suas divisões e a Igreja realizasse 'a plenitude da catolicidade que lhe é própria naqueles filhos que, embora incorporados pelo Batismo, estão separados de sua plena comunhão'" (*EG* 244 cita *UR* 4).

Aproximando-se de um tema que Bento XVI levou para o diálogo inter-religioso de Assis, em 2011, o Papa Francisco acentua que "somos peregrinos e que peregrinamos juntos". Convida a "abrir o coração ao companheiro de estrada sem medos".

Considera que isto é o que "procuramos: a paz no rosto do único Deus". Faz ver que "a paz é artesanal" e cita o Evangelho: são "felizes os pacificadores" (*EG* 244). Mostra que "o ecumenismo é uma contribuição para a família humana". Aqui mencionou o testemunho da presença do Patriarca de Constantinopla e do arcebispo de Cantuária no Sínodo (*EG* 245).

A *EG* mostra ser urgente a busca de caminhos de unidade, pois é grave o contratestemunho para as missões. Desta forma ele retoma o princípio da hierarquia de verdades, agora aplicando-o diretamente ao

Aspectos ecumênicos da Evangelii Gaudium

diálogo ecumênico. Isso seria importante para melhor encontrarmos "formas comuns de anúncio, de serviço e de testemunho". Lembra também que não podemos ficar indiferentes perante a multidão sem anúncio de Jesus. Acrescenta que o esforço pela unidade facilitaria a recepção de Jesus.

O Papa retoma uma observação que vem sendo repetida desde João XXIII e que na *EG* se formula com simplicidade e eloquência: "São tantas e tão valiosas as coisas que nos unem!" (*EG* 246). Ele insiste ainda em que podemos aprender muito uns com os outros: "se realmente acreditamos na ação livre e generosa do Espírito, quantas coisas podemos aprender uns dos outros!". Para ele, não se trata apenas de trocarmos informações e conhecimentos, mas de "recolher o que o Espírito semeou neles como um dom também para nós". Nesse ponto ele explicita, como exemplo, que podemos aprender com os ortodoxos de sua experiência de colegialidade episcopal e sinodalidade (*EG* 246).

RELAÇÕES COM O JUDAÍSMO

Para as relações com o Judaísmo, o Papa lança um olhar que quer ser "muito especial". Suas palavras estão no espírito da Declaração *Nostra Aetate* (*NA*) e aproximam-se muito de vários ditos de João Paulo II: ele lembra que a Aliança com Deus nunca foi revogada. Retoma o Novo Testamento, para destacar que "os dons e o chamamento de Deus são irrevogáveis" (Rm 11,29; cf. *EG* 247).

Retomando a Declaração *Nostra Aetate* (*NA* 4), fala das raízes cristãs e do compartilhamento da Escritura com os judeus. O Papa afirma: "A Igreja, que partilha com o Judaísmo uma parte importante das Escrituras Sagradas, considera o povo da aliança e sua fé uma raiz sagrada da própria identidade cristã" (*EG* 247). Então, aproxima-se outra vez dos ditos de João Paulo II ao dizer que o Judaísmo não pode ser considerado uma religião alheia e que os judeus não precisariam converter-se ao verdadeiro Deus, pois eles já o reconhecem, mas considera que, "juntamente com eles, acreditamos no único Deus que atua na história e acolhemos com eles a Palavra revelada comum" (*EG* 247).

O Papa na sua Exortação propõe diálogo e amizade: "o diálogo e a amizade com os filhos de Israel fazem parte da vida dos discípulos de Jesus" (*EG* 248). Ele expressa afeto pelos judeus. Lamenta sincera e amargamente "as perseguições de que foram e são objeto", particularmente quando envolveram ou envolvem cristãos (*EG* 248).

258

A *EG* mostra que Deus continua a operar no povo judeu. Afirma a possibilidade de enriquecimento mútuo, da Igreja com os judeus, e de compartilhamento de convicções e solicitudes sociais. Afirma: "Deus continua a operar no povo da primeira Aliança e faz nascer tesouros de sabedoria que brotam de seu encontro com a Palavra divina". A Igreja se enriquece quando recolhe os valores deles. O Papa reconhece que algumas convicções cristãs não são por eles aceitas, mas pensa no que pode haver de complementar em uma leitura comum e na possibilidade de compartilhar convicções éticas e a preocupação com a justiça e o desenvolvimento dos povos (*EG* 249).

SOBRE O DIÁLOGO INTER-RELIGIOSO

A *EG* fala de empreender o diálogo inter-religioso: "uma atitude de abertura na verdade e no amor deve caracterizar o diálogo com os crentes das religiões não cristãs, apesar dos vários obstáculos e dificuldades". Considera que o diálogo torna-se necessário "para a paz no mundo". Seria "um dever para os cristãos e também para as outras comunidades religiosas" (*EG* 250).

Esse diálogo pode ser "sobre a vida humana [...] compartilhando alegrias e penas". Por esse diálogo cresce a aceitação uns dos outros: "aprendemos a aceitar os outros, na sua maneira diferente de ser, de pensar e de se exprimir". Esse diálogo há de contribuir socialmente: "poderemos assumir juntos o dever de servir a justiça e a paz, que deverá tornar-se um critério". Passa a ser "um compromisso ético que cria novas condições sociais" (*EG* 250).

Dando seguimento a João Paulo II, na *Redemptoris Missio*, e ao Conselho Pontifício para o Diálogo Inter-religioso, em *Diálogo e Anúncio*, o Papa Francisco afirma que também o diálogo inter-religioso enriquece os interlocutores: "num processo em que, escutando o outro, ambas as partes encontrem purificação e enriquecimento" (*EG* 250). Não se trata de uma tentativa de sincretismo conciliador, mas implica "conservar-se firme nas próprias convicções mais profundas, com uma identidade clara e feliz, mas 'disponível para compreender o outro' e 'sabendo que o diálogo pode enriquecer a ambos'"; ele faz ver que "a evangelização e o diálogo inter-religioso apoiam-se e alimentam-se reciprocamente" (*EG* 251).

O Papa Francisco refere-se em especial às relações com o Islão. Lembra como elas são importantes hoje. Como o Concílio, na constituição *Lumen Gentium* e na declaração *Nostra Aetate*, ele destaca vários aspectos espirituais do Islão: fé em Deus único e misericordioso, que julgará a todos; veneração a Jesus e a Maria; oração e ritos religiosos; dedicação a Deus e solicitude com os pobres (*EG* 252). Acentua que os interlocutores para o diálogo devem ser bem formados, radicados em suas identidades e preparados para reconhecer e compreender os valores uns dos outros, as respectivas preocupações e as convicções comuns. O Papa acrescenta o afeto pelos crentes do Islão e considera o desejo de paz (*EG* 253).

O Papa faz-nos apreciar a graça de Deus atuando também nas pessoas de outras religiões. Aproximando-se de novo dos ensinamentos do Concílio (*LG* 16; *GS* 22), a Exortação ensina que "os não cristãos fiéis à sua consciência podem, por gratuita iniciativa divina, 'viver justificados por meio da graça de Deus' e, assim, 'associados ao mistério pascal de Cristo'". Faz ver que os seus ritos não são os dos sacramentos, de modo que não têm a significação e a eficácia específicas dos sacramentos, mas têm também seus significados dentro da ação do Espírito que os suscita. Acrescenta que o Espírito suscita ainda sabedoria prática e vida com mais paz e harmonia. Conclui esse tópico reconhecendo que "nós, cristãos, podemos tirar proveito também desta riqueza consolidada ao longo dos séculos, que nos pode ajudar a viver melhor as nossas próprias convicções" (*EG* 254).

DIÁLOGO SOCIAL EM CONTEXTO DE LIBERDADE RELIGIOSA

O diálogo social, para respeitar e incluir cada um, deve acontecer na abertura e na responsabilidade, e fundamentalmente em contexto de liberdade. Isso inclui a liberdade religiosa, que é um direito humano fundamental. Como declarava a *DH* e agora citando Bento XVI, o Papa Francisco lembra que a liberdade religiosa inclui "a liberdade de escolher a religião que se crê ser verdadeira e de manifestar publicamente a própria crença" (*EG* 255). Desse modo, ninguém deve ser coagido a ter uma opção religiosa ou impedido de ter uma religião segundo sua consciência, nem de praticar, expressar e compartilhar o que crê. A Declaração *Dignitatis humanae* tratou esse tema da liberdade religiosa como direito radicado na dignidade humana, que deve ser reconhecido para se poder viver a própria religião, dentro da responsabilidade e da ordem social.

O Papa comenta que as convicções e práticas religiosas não precisam ficar na obscuridade da consciência ou apenas em ambientes particulares, especificamente religiosos. No mesmo parágrafo ele faz ver que, mesmo que se tenham mostrado defeitos e faltas nas pessoas e nas suas práticas (e aqui lembramos que é necessário buscar uma prática religiosa adequada e autêntica, comprometida com o bem, e que, se existem faltas, a Igreja deve corrigir-se e purificar-se, e renovar-se para que viva com espírito religioso autêntico), permanece também o dado de que as tradições religiosas têm muitas riquezas e significados, e podem falar a todas as épocas; têm valores humanistas; podem abrir horizontes, engrandecer o pensamento e a sensibilidade (*EG* 256).

O diálogo social deve poder ser feito em contexto de liberdade, também de liberdade religiosa, onde as pessoas são chamadas a agir com suas convicções, na liberdade e na responsabilidade, pelo bem e pelo atendimento de todos.

CONCLUSÃO

A *EG* chama-nos ao encontro com Cristo, pelo qual experimentaremos o amor de Deus. A sair, impelidos pelo Espírito, ao encontro dos outros, comunicando alegria e fazendo o bem. A procurarmos a unidade da família humana e o serviço das pessoas, especialmente das mais frágeis.

Na dimensão social da evangelização, o Papa Francisco destaca vários círculos de diálogo, onde deveremos nos relacionar uns com os outros, no respeito às liberdades e às diversidades, na responsabilidade de cooperar para o bem.

Se buscarmos o mais importante da nossa fé e nos deixarmos levar pela alegria do Evangelho, encontraremos inspiração e esperança para nossa renovação e frutificação também em perspectiva ecumênica, e, desse modo, no diálogo, poderemos, certamente, servir mais ao amor de Deus.

REFERÊNCIAS BIBLIOGRÁFICAS

CONCÍLIO VATICANO II. Constituição *Gaudium et Spes*. In: *Compêndio do Vaticano II*: Constituições. Decretos. Declarações. 21. ed. Petrópolis: Vozes, 1991, p. 141-256.

_____. Constituição *Lumen Gentium*. In: *Compêndio do Vaticano II*: Constituições. Decretos. Declarações. 21. ed. Petrópolis: Vozes, 1991, p. 37-113.

Aspectos ecumênicos da Evangelii Gaudium

_____. Declaração *Nostra Aetate*. In: *Compêndio do Vaticano II*: Constituições. Decretos. Declarações. 21. ed. Petrópolis: Vozes, 1991, p. 617-625.

_____. Decreto *Unitatis Redintegratio*. In: *Compêndio do Vaticano II*: Constituições. Decretos. Declarações. 21. ed. Petrópolis: Vozes, 1991, p. 307-332.

FE Y CONSTITUCIÓN – CONSEJO MUNDIAL DE IGLESIAS. *La Iglesia: hacia una visión común* (2013). Documento de Fe y Constitución n. 214. Disponível em: < http://www.oikoumene.org/es/resources/documents/wcc-commissions/faith-and-order-commission/i-unity-the-church-and-its-mission/the-church-towards-a-common-vision>. Acesso em: 15 ago. 2013.

FRANCISCO. *Exortação Apostólica Evangelii Gaudium – A alegria do Evangelho*: sobre o anúncio do Evangelho no mundo atual. São Paulo: Paulus/Loyola, 2013.

JOÃO PAULO II. *Carta Encíclica Ut Unum Sint*. São Paulo: Loyola, 1995.

KASPER, W. *A Igreja Católica*. São Leopoldo (RS): UNISINOS, 2012.

MAÇANEIRO, M. O caminho ecumênico. Teologia e percursos. In: ALMEIDA, J. C.; MANZINI, R.; MAÇANEIRO, M. (Org.). *As janelas do Vaticano II*: a Igreja em diálogo com o mundo. Aparecida: Santuário, 2013, p. 301-328.

PAULO VI. *Carta Encíclica Ecclesiam Suam* (1964). São Paulo: Paulus, 1997.

WOLFF, E. O ecumenismo no horizonte do Concílio Vaticano II. *Atualidade Teológica* 39 (2011), p. 413-428.

A CATEQUESE HOJE:
REFLEXÕES TEOLÓGICO-PASTORAIS
A PARTIR DA *EVANGELII GAUDIUM*

Abimar Oliveira de Moraes

INTRODUÇÃO

O quadro no qual se encontra a atividade pastoral catequética hoje é bastante paradoxal. De um lado, identificamos tantas realizações e promissoras experiências neste campo, de outro, é muito frequente a falta de coragem e um sentimento generalizado de impotência diante da tarefa de transmissão da fé às novas gerações.

Preferimos, contudo, numa leitura mais "kairológica", destacar que a época pós-conciliar é certamente fecunda para a pastoral catequética (apesar de problemática). Em particular, observamos que, depois da conclusão do Concílio Vaticano II, houve um avanço na pesquisa e na prática pastoral catequética.

É bem verdade que, tal avanço, veio acompanhado de desconcerto, de perplexidade e de certa confusão diante das novas ideias e experiências que pouco a pouco estão afirmando-se. Tantas novas perspectivas e exigências têm revolucionado o campo desta tradicional práxis pastoral. A existência de motivos para desconcerto e inquietação, contudo, não devem ser superiores à certeza de que uma transformação positiva esteja em ato.

Por estar em curso, a "conversão pastoral" da atividade catequética encontra-se, ainda, atravessada por tensões, suspeitas e polêmicas (mais ou menos latentes). Sendo-nos possível detectar os sintomas de uma natural nostalgia do passado pastoral pré-conciliar, por parte de uma minoria.

Tudo isto ajuda-nos a levar adiante o questionamento sobre o significado e a validez de todo o processo de renovação da pastoral catequética, iniciado pelo "movimento catequético"[1] do início do

---

[1] Por "movimento catequético" entendemos o trabalho, mais ou menos organizado, de um grande número de agentes de pastoral, pastoralistas, pedagogos e teólogos que, articulados entre si nas práticas e nas reflexões, criaram e difundiram o processo de

século XX (Läpple, 1985: 193-214) e amplamente impulsionado pelo Vaticano II.[2]

De certo modo, podemos dizer que o Concílio Vaticano II marcou o fim de uma longa estação, iniciada no século XVI, caracterizada pela centralidade pedagógica e doutrinal do livro de "catecismo", compêndio da doutrina de fé e instrumento privilegiado de transmissão de conteúdos.[3]

A nova situação mundial (*GS* 4-10) e os novos desafios pastorais apresentados à comunidade eclesial pelo Vaticano II (*GS* 40-45) desencadearam uma revisão global e corajosa de todo o agir pastoral catequético. Essa revisão tornou frequente a invocação das relações entre catequese e o processo de evangelização (DGC, 1997: 60-76). A evangelização torna-se realidade qualificante e catalisadora de toda uma nova "obra sistemática de catequese" (*CfL* 34). Fala-se das relações entre "nova evangelização" e catequese (Kinkupu, 2012: 91-94),[4] da necessária passagem de uma "pastoral de manutenção" para um projeto de pastoral catequética de evangelização ou missionária (Alberich, 2001: 39-60), da necessidade de colocar a catequese num contexto de Cristianismo em estado de conversão (Boulongne, 2012: 165-184).

---

renovação da organização da pastoral catequética. Apesar de ter iniciado a partir do final do século XIX, é no início do século XX que o "movimento" ganha sua força (Gianetto, 1987: 448-450).

[2] Um bom exemplo da influência do "movimento catequético" nos textos conciliares pode ser encontrado no *Decreto sobre a atividade missionária*: "multipliquem-se as escolas diocesanas e regionais em que os futuros catequistas cultivem a doutrina católica, principalmente nas matérias bíblica e litúrgica, e também o método catequético e a praxe pastoral" (*AG* 17).

[3] São conhecidos o uso e a importância que, ao longo da idade moderna, tiveram os tradicionais catecismos, como o do Concílio de Trento (Lanzetti, 1982) até o famoso catecismo de Pio X (1912). A catequese foi concebida por muito tempo como memorização, explicação e aplicação à vida destes sumários ou compêndios da doutrina cristã, redigidos num estilo claro e sintético, geralmente sob a forma de perguntas e respostas, que continham as verdades de fé necessárias para a salvação, os mandamentos ou normas a serem praticadas e os meios ou instrumentos sobrenaturais a serem utilizados (graça e sacramentos). A reflexão nesse campo voltou-se com particular atenção para este instrumento privilegiado de catequese e para o modelo pedagógico e pastoral que o sustentava. A catequese do "catecismo" aparece historicamente ligada a uma época que, ao menos em grande parte, possuía ainda a unidade e a homogeneidade do ambiente da "cristandade". Com o passar do tempo e o avanço do processo de descristianização, a insatisfação e a preocupação tornam-se mais fortes e um número cada vez maior de vozes invocam a necessidade de rever e atualizar os diversos componentes da catequese, fazendo nascer o assim chamado "movimento catequético" pré-conciliar.

[4] Segundo Rino Fisichella, a catequese constitui um dos momentos essenciais da obra da "nova evangelização", pois permite um conhecimento sistemático dos mistérios da fé e uma maior compreensão do valor do testemunho cristão (Fisichella, 2011: 87).

Tal processo de revisão nem sempre está ausente de ambiguidades e, por vezes, expõe-se ao perigo da superficialidade retórica, mas indica um endereço a ser seguido e estimula nosso esforço de aprofundamento e de organização da pastoral catequética.

Neste quadro de referência e profunda transformação, é que gostaríamos de ler as palavras de Francisco acerca da atividade catequética na Exortação Apostólica (*EG* 163-168).[5] Iluminados pelo processo de renovação da pastoral catequética[6] e pelas considerações que o Bispo de Roma julgou oportuno evidenciar (*EG* 163), é-nos possível individuar certos traços característicos que (em meio a diversas antinomias ou tensões dialéticas) a atividade catequética conseguiu já estabelecer em nosso cenário pastoral atual.

No centro da nossa atenção, estará a "identidade" da ação catequética e sua consequente contribuição para a atual práxis evangelizadora da Igreja. Francisco elenca dois traços característicos de seu "rosto" renovado: querigmática e mistagógica. Preocupar-nos-emos, portanto, após refletirmos sobre a identidade da obra catequética, em interpretar qual a relação entre querigma, mistagogia e catequese, a fim de identificarmos que papel a catequese deve desempenhar na missão da Igreja nos próximos anos (*EG* 1).

A IDENTIDADE DA CATEQUESE NA EG

No período pós-conciliar, existem muitas definições para a atividade catequética (Alberich, 1987: 106-107). Algumas estão presentes nos documentos magisteriais e são amplamente citadas e utilizadas.[7] O Diretório

---

[5] Estes seis parágrafos são apresentados sob o subtítulo "Uma catequese querigmática e mistagógica", contudo, é possível estabelecer uma relação entre eles e os parágrafos seguintes dedicados ao "acompanhamento pessoal dos processos de crescimento" (*EG* 169-173) e à Palavra de Deus (*EG* 174-175). Quando necessário, nosso estudo lançará mão destes parágrafos, bem como de outros passos da Exortação que possam deixar mais claro a compreensão que Francisco tem da atividade catequética.

[6] O próprio pontífice faz questão de lembrar o intenso e valioso trabalho de revisão realizado nos últimos decênios: "já temos à disposição vários textos do Magistério e subsídios sobre a catequese, preparados pela Santa Sé e por diversos episcopados. Lembro a Exortação Apostólica *Catechesi tradendae* (1979), o *Diretório Geral para a Catequese* (1997) e outros documentos cujo conteúdo, sempre atual, não é necessário repetir aqui" (*EG* 163).

[7] Por exemplo, a expressão conciliar que fala da *catechetica institutio* "que tem por fim tornar viva, explícita e operosa a fé ilustrada pela doutrina" (*CD* 14). Outro exemplo, a definição do Sínodo de 1977, reproduzida por *Puebla* e pela *Catequese Renovada*: "a catequese que consiste na educação ordenada e progressiva da fé" (*DP* 977; *CR* 72).

A catequese hoje: reflexões teológico-pastorais a partir da Evangelii Gaudium

Geral para a Catequese (1997) fala da catequese em termos de "período em que se estrutura a conversão a Jesus Cristo" (*DGC*, 1997: 63), função que "lança os fundamentos da fé" (*DGC*, 1997: 64), "iniciação ordenada e sistemática à revelação" (*DGC*, 1997: 66). É particularmente descrita a catequese como formação orgânica e sistemática da fé que vai além do tradicional ensinamento:

Esta formação orgânica é mais do que um ensino: é um aprendizado de toda a vida cristã, "uma iniciação cristã integral", que favorece uma autêntica sequela de Cristo, centrada na sua Pessoa. Trata-se, de fato, de educar ao conhecimento e à vida de fé, de tal maneira que o homem no seu todo, nas suas experiências mais profundas, se sinta fecundado pela Palavra de Deus (*DGC*, 1997: 67).

Na variedade das expressões, podemos falar de um consenso na Igreja atual, no individuar a identidade da catequese em torno de três polos essenciais de referência: a *Palavra* de Deus, a *fé* e a *Igreja*.

Na Exortação Apostólica, o Papa Francisco parece colocar-se nessa mesma linha consensual ao afirmar que se faz necessária:

Uma pedagogia que introduza a pessoa passo a passo até chegar à plena apropriação do mistério. Para se chegar a um estado de maturidade, isto é, para que as pessoas sejam capazes de decisões verdadeiramente livres e responsáveis (*EG* 171).

Tal pedagogia catequética deve estar fundamentada na Palavra de Deus que alimenta a fé e as consequentes atitudes de fé de toda comunidade eclesial:

Toda evangelização está fundada sobre esta Palavra escutada, meditada, vivida, celebrada e testemunhada. A Sagrada Escritura é fonte da evangelização. Por isso, é preciso formar-se continuamente na escuta da Palavra. A Igreja não evangeliza, se não se deixa continuamente evangelizar. É indispensável que a Palavra de Deus se torne cada vez mais o coração de toda a atividade eclesial. A Palavra de Deus ouvida e celebrada, sobretudo na Eucaristia, alimenta e reforça interiormente os cristãos e torna-os capazes de um autêntico testemunho evangélico na vida diária (*EG* 174).

Daqui decorre compreender que a atividade catequética é ministério da Palavra, serviço à Evangelização, comunicação da mensagem cristã e anúncio da Boa-Nova festiva de Cristo. É momento de iniciação na vida cristã e de educação desta mesma vida cristã iniciada, mediação eclesial que favorece o amadurecimento da fé nas pessoas através das comunidades eclesiais para o serviço ao mundo. Por isso, a catequese é ação da Igreja, expressão da realidade eclesial e momento essencial da sua missão, elemento fundamental para a renovação da Igreja.

Sendo assim compreendida, podemos chamar de atividade catequética toda forma de serviço eclesial à Palavra de Deus, dirigida ao amadurecimento pessoal da vida cristã mediante e dentro da comunidade eclesial.

Tal identidade da atividade catequética alicerça o pensamento de Francisco. Por isto, ele pode afirmar que a catequese constitui um momento significativo dentro do processo global de evangelização:

> O mandato missionário do Senhor inclui o apelo ao crescimento da fé, quando diz: *"ensinando-os* a cumprir tudo quanto vos tenho mandado" (*Mt* 28,20). Daqui se vê claramente que o primeiro anúncio deve desencadear também um caminho de formação e de amadurecimento (*EG* 160).

Englobando todo o conjunto do anúncio e do testemunho da Igreja, é necessário dizer que a catequese é sempre uma forma de evangelização (*DGC*, 1997: 59). É um momento essencial no dinamismo evangelizador. Ela é anúncio e aprofundamento da mensagem evangélica para o amadurecimento da vida cristã, encontrando-se, portanto, no centro da missão eclesial como instrumento da existência da Igreja e sacramento do Reino de Deus para o mundo (Alberich, 2001: 77-78). Parece ser essa noção da catequese como anúncio e aprofundamento que norteia as duas características que Francisco quer evidenciar: a catequese querigmática e a catequese mistagógica (*EG* 163), como veremos a seguir.

QUERIGMA E CATEQUESE

Nem tudo deve chamar-se "catequese" na vida da Igreja, ainda que possamos dizer que todo o conjunto do agir eclesial possui sempre um aspecto ou dimensão catequética. A catequese, por sua natureza, constitui um momento diverso e sucessivo ao primeiro anúncio ou primeira evangelização (*DGC*, 1997: 61). Ela pressupõe este primeiro momento querigmático, destinado a suscitar a conversão inicial.

Contudo, especialmente em nosso atual contexto pastoral, nem sempre é possível determinar os limites entre os dois momentos e, por isso, em diversos textos magisteriais sobre o tema, especialistas em catequese e propostas pastorais catequéticas incluíram como tarefa

A catequese hoje: reflexões teológico-pastorais a partir da Evangelii Gaudium

da catequese a conversão ou apelo à conversão onde esta não esteja presente (*DGC*, 1997: 62).[8]

Tudo isso contribuiu para que a catequese fortalecesse a sua função missionária, pois, a pertença sociológica não comporta mais a adesão pessoal de fé. É exatamente dentro desta perspectiva que Francisco se coloca:

> A nova evangelização interpela a todos, realizando-se em três âmbitos. Em primeiro lugar, mencionamos o âmbito da *pastoral ordinária* [...]. Em segundo lugar, o âmbito das *"pessoas batizadas que,* porém, *não vivem as exigências do Batismo"*, não sentem uma pertença cordial à Igreja e já não experimentam a consolação da fé [...]. Por fim, frisamos que a evangelização está essencialmente relacionada com a proclamação do Evangelho *àqueles que não conhecem Jesus Cristo ou que sempre o recusaram* (*EG* 14).

Consequentemente, para o romano Pontífice, torna-se importante, no âmbito da atividade de catequese, nas suas diversas formas, a referência ao querigma em sentido qualitativo, isto é, como "Anúncio *principal*, aquele que sempre se tem de voltar a ouvir de diferentes maneiras e aquele que sempre se tem de voltar a anunciar, de uma forma ou de outra, durante a catequese, em todas as suas etapas e momentos" (*EG* 164).

Por entender a atividade catequética como formação orgânica e fundamental da fé (*DGC* 1997: 67), a Exortação preconiza que a catequese,

---

8 A renovação querigmática da catequese teve um papel importantíssimo no "movimento catequético" da década de 1950-60 (Läpple, 1985: 201-204). O trabalho teológico de J. A. Jungmann, em Innsbruck, deu impulso significativo para essa fase de renovação querigmática (Pranjic, 1987: 371-372). Livros, artigos, conferências e convenções sobre esta temática deram início à renovação catequética em muitos países (inclusive sul-americanos). Mas outras exigências e problemas catequéticos evidenciaram os limites dessa impostação querigmática, sobretudo após o Concílio Vaticano II, obrigando-nos a redimensionar as relações entre catequese e querigma e impedindo-nos de pensar que a catequese querigmática possa resolver todos os problemas da atividade catequética. O "movimento catequético" pós-conciliar trouxe consigo uma certa superação da época querigmática, introduzindo diversas instâncias e acentuações: a dimensão antropológica e experiencial; a relevância política e libertadora; a opção evangelizadora; a dimensão comunitária; a catequese como comunicação, dentre outras (Läpple, 1985: 204-214). Com isto, não negamos que a renovação querigmática represente um espírito sempre válido e tenha incorporado, no âmbito da reflexão catequética, uma série de valores: o cristocentrismo; a inspiração bíblica; a visão orgânica e vital da mensagem cristã, dentre tantas. Tais valores pertencem ao patrimônio consolidado da renovação da pastoral catequética em nossos dias. É nesta perspectiva que iremos ler as palavras de Francisco sobre a catequese querigmática (*EG* 164-165). Dissociando-nos, contudo, de reflexões e práticas pastorais, ainda em vigor, que querem identificar completamente querigma e catequese, numa proposta de "iniciação contínua" que não se encerra e não dá espaço a outras fases e modalidades catequéticas.

sustentada pelo querigma, deve assumir uma função insubstituível no processo de evangelização:

> Toda formação cristã é, primariamente, o aprofundamento do *querigma* que se vai, cada vez mais e melhor, fazendo carne, que nunca deixa de iluminar a tarefa catequética, e permite compreender adequadamente o sentido de qualquer tema que se desenvolve na catequese (*EG* 165).

Nesse contexto, parece-nos ser possível identificar nas palavras de Francisco que o interlocutor-tipo do processo catequético seja o adulto ou, melhor ainda, que o escopo de todo processo catequético que se deixa conduzir pelo querigma seja o oferecimento de uma "fé adulta", segundo uma opção consolidada no primeiro período pós-conciliar e confirmada em muitos ambientes.[9]

A função catequética da Igreja é muito vasta e realiza-se em formas muito diversas: privadas e públicas, espontâneas e institucionalizadas, ocasionais e sistemáticas. Assumindo formas várias (ensino, exortação, debate, testemunho, reflexão) é realizada numa grande diversidade de atividades concretas: itinerários catecumenais, preparação aos sacramentos, cursos de formação, reflexão comunitária, pregação litúrgica, comunicação midiática (*DGC*, 1997: 71).

---

[9] A busca por uma "fé adulta" é antiga como a Igreja, nasce nos primeiros séculos cristãos quando a catequese é dirigida preferencialmente aos adultos, sobretudo no contexto do Catecumenato (Läpple, 1985: 53-80). Com a generalização do Batismo infantil e a decadência do Catecumenato (a partir da segunda metade do século IV), há o enfraquecimento da Catequese em geral e, portanto, do referencial da "fé adulta". O grande despertar catequético do século XVI, como resposta à grave situação de ignorância religiosa dos cristãos, traz consigo um novo impulso para a temática. Por isso, Trento tornou obrigatório aos párocos realizar a catequese aos fiéis cristãos, especialmente aos domingos (Resines, 1987: 125-126). Na época moderna, diversas circunstâncias, mas, sobretudo, a secularização da instrução religiosa, conduzem-nos a uma "infantilização" da catequese e a um estado muito precário da "fé adulta". Após o Vaticano II, muitos defendem não só a urgência, mas a centralidade e o primado da "catequese adulta". Tal mudança de cenário, não é só quantitativa, mas qualitativa, pois propõe não só uma catequese *para/com* os adultos, mas uma "catequese adulta", isto é, uma catequese que tome com seriedade as exigências, a cultura e as interrogações religiosas de nossos tempos. A opção prioritária pela "fé adulta" recebe sua importante consagração em 1971, quando no Diretório Catequético Geral a catequese é definida como dirigida a pessoas capazes de uma adesão e de um empenho verdadeiramente responsável e é considerada a forma principal de catequese para qual todas as outras dirigem-se (*DCG*, 1971: 20). Esta compreensão será acolhida, quase unanimemente, nos diversos documentos oficiais sobre a temática (*EN* 44; *CT* 43; *DGC* (1997): 172-176; CR 130; *DAp* 286-294), bem como nos diversos programas pastorais e reflexões teológicas que gravitam em torno do tema central da evangelização e suas relações com a catequese.

A catequese hoje: reflexões teológico-pastorais a partir da Evangelii Gaudium

Tal "dispersão" da atividade de catequese em tantas e diversas formas não deve conduzi-la à perda de sua centralidade querigmática e exige atenção a algumas características fundamentais do anúncio querigmático hodierno:

> A centralidade do *querigma* requer certas características do anúncio que hoje são necessárias em toda a parte: que exprima o amor salvífico de Deus como prévio à obrigação moral e religiosa, que não imponha a verdade mas faça apelo à liberdade, que seja pautado pela alegria, o estímulo, a vitalidade e uma integralidade harmoniosa que não reduza a pregação a poucas doutrinas, por vezes mais filosóficas que evangélicas (*EG* 165).

Dada a sua natureza de serviço querigmático em vista do amadurecimento da vivência cristã, no conjunto das atividades eclesiais, a catequese se especifica pelo seu caráter de resposta, aprofundamento e crescimento da fé inicial que é sempre dom inefável de Deus (*EG* 162).[10] Além desse serviço querigmático, o Papa portenho fala também da catequese como iniciação ou introdução mistagógica, como veremos a seguir.

MISTAGOGIA E CATEQUESE

Chamando em causa a mistagogia como característica constitutiva da atividade catequética, a Exortação Apostólica nos permite afirmar que a catequese é uma instituição eclesial de tipo pastoral-litúrgico, que nasce e se consolida através da experiência cultual desenvolvida dentro da comunidade eclesial, encontrando na liturgia o cume para o qual tende e a fonte donde emana toda a sua força (*SC* 10).

Para Francisco, a iniciação mistagógica significa: "A necessária progressividade da experiência formativa na qual intervém a comunidade e uma renovada valorização dos sinais litúrgicos da iniciação cristã" (*EG* 166).

---

[10] Nestas palavras, o Papa parece querer nos recordar que o conceito teológico "fé" e sua iniciação parecem tornar vão qualquer pretensão de uma intervenção pedagógica externa ao dinamismo interior do que crê. A fé é fruto de um encontro entre a inefável graça de Deus e o mistério da liberdade humana. A "iniciação à vida cristã" significa a ação interior e transformante realizada por Deus, de forma livre e gratuita. E, portanto, a "iniciação" promovida pela atividade catequética somente pode ser entendida em sentido secundário e instrumental, isto é, no âmbito das mediações humanas que podem ajudar no processo de despertar e de crescimento da fé. A catequese (principalmente a de iniciação à vida cristã), portanto, deve estar consciente dos seus limites: é uma mediação educativa puramente instrumental e dispositiva, a serviço do encontro inefável dos seres humanos com a proposta interpeladora de Deus. Sendo, ela mesma, graça para o desenvolvimento da fé e genuína obra de socialização religiosa.

Pela experiência ritual-litúrgica, o percurso catequético é convidado a dar a compreender, através das analogias presentes na atividade litúrgica, a profunda interação existente entre culto e a vida na graça:

O encontro catequético é um anúncio da Palavra e está centrado nela, mas precisa sempre de uma ambientação adequada e de uma motivação atraente, do uso de símbolos eloquentes, da sua inserção num amplo processo de crescimento e da integração de todas as dimensões da pessoa num caminho comunitário de escuta e resposta (*EG* 166).

Deixando-se interpelar pela sua dimensão mistagógica, a catequese torna-se um tirocínio ou "noviciado" de vida cristã, através de uma experiência que compreende e integra o conhecimento (aspectos doutrinários) do mistério com a celebração (liturgia) da fé, em vista de uma experiência comunitária (vivência eclesial) e do exercício do empenho (ética) cristão no mundo.

Na relação dinâmica entre Palavra anunciada e gesto litúrgico, a catequese promove a experiência, dentro de uma igreja local, da eleição e da separação para a morte do "homem velho" e regeneração e revestimento do "homem novo" (Ef 4,22-24; Cl 3,9-10). Pela mistagogia, a catequese é capaz de conduzir progressivamente à experiência, em Cristo e na Igreja, do cumprimento integral da realidade humana do catequizando (*GS* 22), tornando-o pleno, seja do ponto de vista essencial (dimensão ontológica) como existencial (dimensão histórica), da mútua relação entre a singularidade e a universalidade do evento cristão.

A agregação à Igreja local e, mediante esta, à Igreja una, santa, católica e apostólica, parece ser a grande intenção da catequese mistagógica. Movida por uma pertença eclesial histórico-concreta (Igreja local), a catequese mistagógica encontrará a capacidade de se exprimir de forma inculturada e atraente:

É desejável que cada Igreja particular incentive o uso das artes na sua obra evangelizadora, em continuidade com a riqueza do passado, mas também na vastidão das suas múltiplas expressões atuais, a fim de transmitir a fé numa "linguagem parabólica" (*EG* 167).

A experiência da catequese mistagógica, em sua natureza de evento eclesial situado, se propõe a acolher, purificar e elevar toda a humanidade que o catequizando traz consigo:

É preciso ter a coragem de encontrar os novos sinais, os novos símbolos, uma nova carne para a transmissão da Palavra, as diversas formas de beleza que se manifestam em diferentes âmbitos culturais, incluindo aquelas modalidades não convencionais de beleza que podem ser pouco significativas para os evangelizadores, mas tornaram-se particularmente atraentes para os outros (*EG* 167).

Assim compreendida, a catequese mistagógica deve realizar uma verdadeira e singular experiência de inculturação da fé (*SC* 65). Fazendo com que a Igreja leve a termo a universalidade de sua missão salvífica em meio a todos os povos como recapitulação de "toda humanidade com todos os seus bens sob Cristo Cabeça, na unidade de seu Espírito" (*LG* 13).

Este quadro eclesiológico da prática da catequese mistagógica supõe evidentemente como candidato-tipo o adulto a quem é dirigido o chamado à fé e a quem deve ser oferecido um itinerário de acompanhamento. Supõe, também, uma impostação eclesiológica aberta ao diálogo com as culturas segundo o espírito autenticamente católico (universal) da missão evangelizadora da Igreja (*AG* 14-15).

A mistagogia, assim entendida, evidencia a função da catequese na vida da Igreja e do mundo. Evidencia a sua radical e permanente tarefa de gerar consciência, em todos os batizados, de sua participação na tríplice função (sacerdotal, profética e régia) de Cristo (*LG* 31). E a consciência de como tal participação é a fonte da sua vocação à santidade e à santificação do mundo (*AA* 6-7).

Tudo deriva da catequese mistagógica entendida como dinamismo de crescimento da maturidade batismal, fazendo com que a espiritualidade do batizado retire deste itinerário de iniciação a sua peculiar fisionomia, tanto para a sua edificação pessoal como para a edificação da Igreja-testemunha-no-mundo segundo o estilo de Jesus (*LG* 33-36). Nesta perspectiva mistagógica, a espiritualidade batismal se ilumina desde o seu início como uma resposta pessoal de amor ao Pai para a salvação de todo o criado.

A vitalidade desta dimensão oblativa da catequese mistagógica está radicada na ação do Espírito que vai configurando o batizado a Cristo sacerdote-profeta-rei (*AA* 3) e na consciência progressiva de ter sido, pelo Batismo, constituído *filho no Filho* (*EG* 275-279). Este processo catequético traz consigo uma profunda transformação pessoal que ressoa como convite a uma resposta (ao longo de toda a vida e com a ajuda da graça divina) às exigências de fazer acontecer a Boa-Nova do Reino nas diversas realidades na qual o batizado se encontra (*EG* 176-258).

Do ponto de vista pastoral, o grande desafio da catequese mistagógica, nesta nova etapa da ação evangelizadora, na qual nos encontramos, será aquele de "conscientização" nos adultos e nos jovens da raiz batismal, transcurada e quase completamente esquecida (*EN* 56; *EG* 14). Nesse sentido, a catequese mistagógica é desafiada, em muitos ambientes e situações, a ser um paradoxal itinerário de "gestação após o parto", isto é, um itinerário a fim de "completar" a iniciação, seja do ponto de vista sacramental (Confirmação e Eucaristia) ou não.

A mistagogia representa um lugar de esperança onde a catequese é chamada a colocar em ato uma pastoral de acolhida, de diálogo e de proposição amorosa da fé. O recurso ao modelo mistagógico coloca uma série de questões metodológicas e hermenêuticas que não podemos, aqui, enfrentar nesta nossa tentativa de traçar o "perfil" para a atividade catequética a partir da Exortação Apostólica.

Aqui nos limitamos a afirmar que deixar inspirar-se pela mistagogia significa desenvolver um ato catequético preocupado com a entrada no mistério, aberto a uma pluralidade simbólica que estabelece que a catequese é muito mais do que uma atividade racional/intelectual de aprendizagem mental de conteúdos doutrinais. Entendendo-se como mistagógica, a atividade catequética converte-se em desenvolvimento do Mistério Pascal de Cristo que é chamado a atualizar-se na vida pessoal e comunitária do catequizando.

CONCLUSÃO

Ao fim dessa reflexão sobre a identidade da catequese a partir da *Evangelii Gaudium* é conveniente sublinhar o lugar e a abrangência da obra de catequese no contexto atual da vida cristã e eclesial.

Se a evangelização foi redescoberta como a missão essencial da Igreja, "a graça e a vocação própria da Igreja, a sua identidade mais profunda" (*EN* 14), uma "eterna novidade" (*EG* 11-13), a catequese participa da mesma dignidade e importância enquanto momento essencialmente ligado ao dinamismo da evangelização.

Vimos como a catequese, enquanto anúncio do querigma e iniciação mistagógica para o amadurecimento da vivência cristã, encontra-se, por isso, no coração da missão eclesial, tornando-se instrumento da existência da Igreja como sacramento do Reino, como "instrumento da íntima união com Deus e da unidade de todo o gênero humano" (*LG* 1).

É fácil perceber o alcance dessa opção pastoral que proclama a prioridade da catequese, assim como foi solenemente defendida em diversos momentos do magistério eclesial (*CT* 15; *DGC*, 1997: 26) e, novamente, chamada em causa pela Exortação Apostólica (*EG* 164-165).

Pode ser incalculável o efeito benéfico da renovação da atividade catequética, desde que ela não seja concebida dentro de uma pastoral de manutenção (tentação fácil, num momento de perda progressiva da relevância social da Igreja), mas em chave promocional e transformadora, aberta à criação de novas experiências cristãs nos dias atuais. Vista em sua identidade mais profunda, a catequese constitui um momento irrenunciável, fundamental, na vida da Igreja (*DGC*, 1997: 64).

A *Evangelii Gaudium* faz-nos perceber que a nossa atividade catequética encontra-se dentro de uma experiência cristã que está sendo chamada à conversão (*EG* 25-33). A experiência catequética cristã está sendo convidada a deixar-se interrogar pelas transformações culturais que tornaram a fé e sua transmissão problemáticas (*EG* 52-75) e que exigem nossa reflexão profunda e, principalmente, uma nova forma missionária de conceber o perfil da atividade catequética e de sua fundamental importância pastoral na ação evangelizadora atual.[11]

Tal atitude missionária não é uma questão de estratégia circunstancial, mas está indissociavelmente ligada à própria natureza da ação catequética, que é ser como um sacramento, um sinal e um meio de operar a união íntima com Deus e a unidade de todo o gênero humano. A catequese deve fazer muito mais do que *afirmar* que Deus quer a salvação do gênero humano. Ela deve ser um sinal eficaz desta salvação. Em outras palavras, se apresenta não como aquela que *diz* que Deus salva, mas como o sinal em atos da própria salvação de Deus: uma ação catequética que não se separa da diaconia.

---

[11] O Decreto *Ad gentes* pode nos ajudar a compreender o caminho missionário que a catequese na atualidade é chamada a percorrer: "Para que eles possam frutuosamente dar este testemunho de Cristo, liguem-se aos demais homens com estima caridosa. Reconheçam-se como membros do corpo social em que vivem, e tomem parte na vida cultural e social através das várias relações e ocupações da vida humana. Familiarizem-se com suas tradições nacionais e religiosas. Com alegria e respeito descubram as sementes do Verbo aí ocultas. Também atendam à profunda transformação que se realiza entre os povos. E empenhem-se para que os homens desta época, por demais engolfados na ciência e na técnica do mundo moderno, não se alienem das coisas divinas. [...] Cristo mesmo sondou o coração humano [...], da mesma forma seus discípulos [...] conheçam seus concidadãos e relacionem-se com eles, para que esses, mediante um diálogo cheio de sinceridade e paciência, venham a conhecer quantas riquezas o munificente Deus prodigalizou aos povos. Ao mesmo tempo, à luz do Evangelho, procurem iluminar, libertar e submeter essas riquezas ao domínio de Deus Salvador" (*AG* 11).

As atuais discussões pastorais catequéticas dentro da Igreja não deveriam dizer respeito a este novo "perfil" que ela adquiriu processualmente ao longo do tempo (especialmente no do pós-concílio). Do ponto de vista pastoral, não deveríamos desejar um retorno ao pré-concílio e nem uma passagem apressada a um modelo catequético que não beba da fecunda riqueza do Vaticano II.

Do ponto de vista catequético, compete-nos interpretar bem o Vaticano II. Produzir uma hermenêutica acerca da hodierna atividade catequética capaz de nos fazer percebê-la em continuidade com a tradição catequética precedente. De modo a não entender a atual prática catequética como uma "ruptura" ou uma "inovação", mas sim como uma "renovação" do processo de transmissão da fé que deve ser sempre vivo e dinâmico.

Neste sentido de "renovação" do processo de transmissão da fé, a catequese é, para nós, ação fundamental de "conversão pastoral". A evangelização no mundo atual depende em grande parte da nossa capacidade de "repensar" e executar de maneira nova a atividade catequética em nossas comunidades e Igrejas locais.

REFERÊNCIAS BIBLIOGRÁFICAS

ALBERICH, E. Catechesi. In: GEVAERT, J. (Org.). *Dizionario di Catechetica*. Leumann (TO): Elle Di Ci, 1987, pp. 104-108.

_____. *La catechesi oggi*: manuale di catechetica fondamentale. Leumann (TO): Elle Di Ci, 2001.

BOULONGNE, A-M. La catéchèse dans le contexte d'un Christianisme de conversion. In: ROUTHIER, G.; BRESSAN, L.; VACCARO, L. (Org.). *La catechesi e le sfide dell'evangelizzazione oggi*. Brescia: Editrice Morcelliana, 2012, pp. 165-184.

CELAM. *Documento de Aparecida*: texto conclusivo da V Conferência Geral do Episcopado Latino-americano e do Caribe. Brasília/ São Paulo/São Paulo: CNBB/Paulus/Paulinas, 2008.

_____. *Evangelização no presente e no futuro da América Latina*: conclusões da III Conferência Geral do Episcopado Latino-americano. São Paulo: Paulinas, 1998.

CNBB. *Catequese renovada*: orientações e conteúdo. São Paulo: Paulinas, 2011.

CONCÍLIO VATICANO II. Constituição dogmática *Lumen Gentium* sobre a Igreja. In: VIER, F. (Org.). *Compêndio do Vaticano II*. Petrópolis: Vozes, 1998, pp. 37-117.

CONCÍLIO VATICANO II. Constituição pastoral *Gaudium et spes* sobre a Igreja no mundo de hoje. In: VIER, F. (Org.). *Compêndio do Vaticano II*. Petrópolis: Vozes, 1998, pp. 141-256.

_____. Constituição *Sacrosanctum Concilium* sobre a Sagrada Liturgia. In: VIER, F. (Org.). *Compêndio do Vaticano II*. Petrópolis: Vozes, 1998, pp. 257-306.

_____. Decreto *Ad Gentes* sobre a atividade missionária da Igreja. In: VIER, F. (Org.). *Compêndio do Vaticano II*. Petrópolis: Vozes, 1998, pp. 349-399.

CONGREGAÇÃO PARA O CLERO. *Diretório Catequético Geral*. São Paulo: Paulinas, 1971.

_____. *Diretório Geral para a Catequese*. Città del Vaticano: Libreria Editrice Vaticana, 1997.

FISICHELLA, R. *La Nuova Evangelizzazione*: una sfida per uscire dall'indifferenza. Milano: Mondadori, 2011.

FRANCISCO. *Exortação Apostólica Evangelii Gaudium sobre o anúncio do Evangelho no mundo atual*. São Paulo: Paulinas, 2013.

GIANETTO, U. Movimento Catechistico. In: GEVAERT, J. (Org.). *Dizionario di Catechetica*. Leumann (TO): Elle Di Ci, 1987, pp. 448-450.

KINKUPU, L. Nouvelle Évangélisation et Catéchèse dans la perspective de l'Église Famille de Dieu en Afrique. In: ROUTHIER, G.; BRESSAN, L.; VACCARO, L. (Org.). *La catechesi e le sfide dell'evangelizzazione oggi*. Brescia: Editrice Morcelliana, 2012, pp. 91-101.

JOÃO PAULO II. *Exortação Apostólica Catechesi Tradendae sobre a catequese em nosso tempo*. São Paulo: Paulinas, 2004.

_____. *Exortação Apostólica pós-sinodal Christifideles Laici sobre a vocação e missão dos leigos na Igreja e no mundo*. São Paulo: Paulinas, 1989.

LANZETTI, R. *El catecismo romano*: fuentes e historia del texto y de la redación. Pamplona: Eunsa, 1982.

LÄPPLE, A. *Breve storia della catechesi*. Brescia: Queriniana, 1985.

PAULO IV. *Exortação Apostólica Evangelii Nuntiandi sobre a evangelização no mundo contemporâneo*. São Paulo: Paulinas, 1986.

PIO X. *Catechismo della dottrina Cristiana pubblicato per ordine di sua santità Papa Pio X*. Roma: Tipografia Poliglotta Vaticana, 1912.

PRANJIC, M. Jungmann Josef Andreas. In: GEVAERT, J. (Org.). *Dizionario di Catechetica*. Leumann (TO): Elle Di Ci, 1987, pp. 371-372.

RESINES, L. Catechismo Romano. In: GEVAERT, J. (Org.). *Dizionario di Catechetica*. Leumann (TO): Elle Di Ci, 1987, pp. 125-126.

MISSÃO E MISSIOLOGIA A PARTIR DA *EVANGELII GAUDIUM*

Leonardo Agostini Fernandes

INTRODUÇÃO

O anúncio do Evangelho chegou, em muitos locais, junto com os colonizadores europeus. Assim, a missão da Igreja, que promoveu a implantação de novas comunidades, nos outros continentes, aconteceu a partir do modelo do Cristianismo europeu. As linhas de frente da missão da Igreja na América Latina, na África e na Ásia eram formadas por vários institutos religiosos.

Pela missão, a Igreja passou a ser uma presença de Jesus Cristo em todos os continentes. Com responsabilidade, ela procurou responder ao mandado que lhe fora confiado pelo Ressuscitado. Nesta ação evangelizadora, elementos positivos e negativos se verificaram, porque a presença da Igreja estava impregnada, por um lado, pela sua ortodoxia e pela sua ortopraxis, mas, por outro lado, pelos objetivos dos colonizadores. A forte tradição religiosa, tanto dos missionários como dos colonizadores, marcaram as novas terras de missão. Os seus frutos permanecem entre nós, em particular pela piedade popular, que precisa ser valorizada na nova evangelização (*EG* 122-126).

Todavia, diversas e múltiplas mudanças aconteceram nas esferas políticas, culturais e eclesiais em vários países europeus desde o início do processo de libertação e de transformação social que culminou com o fim da época colonial. Estas mudanças foram decisivas para provocar, nos últimos anos, a redefinição da imagem, da consciência, do papel, das estruturas e das exigências da Igreja e da sua atividade missionária, que deveria ser cada vez mais inculturada.

O Concílio Vaticano II, sem dúvida alguma, contribuiu de forma decisiva para que acontecesse a renovação da reflexão teológica sobre a missão da Igreja, pois era necessário redefinir, inicialmente, o seu sentido e a sua praxe missionária. Esta redefinição não aconteceu de forma isolada, mas veio como fruto dos longos e árduos debates das plenárias que culminaram na aprovação dos seus diversos documentos conciliares.

No Decreto *Ad Gentes* encontra-se a renovada consciência missionária da Igreja, fruto da reflexão contextualizada dos trabalhos dos Padres conciliares que devolveram, para todo o âmbito eclesial, a primazia da Palavra de Deus (*Dei Verbum*), no contexto da abertura da Igreja, pelo diálogo, com o Mundo Contemporâneo (*Gaudium et Spes*), insistindo na grande exigência do diálogo ecumênico (*Unitatis Redintegratio*) e no reconhecimento da liberdade religiosa (*Dignitatis Humanae*), que favorece o diálogo com as grandes religiões (*Nostra Aetate*).

Esta consciência permitiu redefinir a imagem da própria Igreja Católica, como Povo de Deus, afirmando, do ponto de vista hierárquico, a imprescindível colegialidade dos bispos e o papel singular da Igreja local no que diz respeito à identidade e à missão da Igreja: ser sacramento universal de salvação, isto é, sinal vivo e eficaz da presença de Jesus Cristo, para manifestar, no mundo, o mistério de comunhão de Deus com o ser humano (*Lumen Gentium*).

Esta reflexão aportou em uma certeza fundamental: a Igreja existe para evangelizar e o faz através da sua missão perene, sem a qual ela não se reconhece diante do seu fundador nem diante de si mesma, pois a missão não é um acessório na sua vida e, tampouco, algo reservado a alguns de seus membros. A missão é o seu cotidiano, é a sua situação normal e é a dimensão que vitaliza cada uma das comunidades cristãs presentes em todo o mundo em função, principalmente, dos locais em que ainda não há uma presença católica. Se a Igreja negar a sua dimensão missionária estará perdendo a sua identidade, pois estaria negando o exemplo e o mandato universal que recebeu de Jesus Cristo (cf. Mt 28,20), missionário por excelência do Pai, que atuou na unção do Espírito Santo.

A renovação que o Concílio do Vaticano II trouxe sobre a missão da Igreja e a sua atividade no mundo aconteceu, particularmente, graças à influência de três grandes tomadas de consciência:

1) A passagem de uma concepção estática de Igreja "eurocêntrica" para a retomada da sua catolicidade dinâmica, que é própria da identidade e da vitalidade de cada Igreja local (Miranda, 2010: 40-58). Esta passagem foi inspirada na abertura que aconteceu na Igreja Primitiva, com a expansão do Cristianismo de matriz judaica para o Paganismo,

graças à conversão de São Paulo que levou a Boa-Nova de Jesus Cristo até os confins do mundo (cf. At 8,15-16; 22,21; 23,11; 27,24).

2) A valorização das Igrejas locais fez retornar o sentido de comunidade cristã em movimento (exodal), que, com empenho, procura expressar a fé a partir da cultura de cada povo e que torna cada vez mais visível a sua catolicidade pela comunhão com e entre todas as Igrejas locais.

3) O despertar das culturas e de suas riquezas que, por séculos, estiveram subjugadas nas colônias, sem que pudessem viver e afirmar a própria identidade. Disso resultou a compreensão de que as Igrejas locais não são meras colônias eclesiásticas da Igreja de Roma.

Some-se a isso, a constatação de que o número dos que ignoram Jesus Cristo não só aumentou, mas praticamente duplicou desde o final do Concílio. Constatação que transformou a redescoberta da missão *ad gentes* em urgência. Esta constatação, porém, não ficou isenta de novos questionamentos. Alguns teólogos, inspirados na liberdade religiosa promovida pelo próprio Concílio, que reconheceu que ela não só existe em cada ser humano, mas que deve ser respeitada, começaram a questionar a necessidade da missão *ad gentes*, admitindo que bastaria a promoção humana e o incremento do diálogo inter-religioso, pelo qual os seres humanos se tornam comuns na sua dimensão religiosa. Na base desses questionamentos estava uma certeza: o Espírito Santo opera a salvação e esta acontece, também, além dos limites visíveis da ação da própria Igreja.

O Concílio completa 50 anos. Ao longo destes, enquanto na Igreja se debatia sobre a necessidade da missão *ad gentes* ser ou não uma urgência, novas questões e desafios vieram à tona, em particular o surgimento do Pentecostalismo, dentro e fora da Igreja Católica, que se proliferou em inúmeras seitas. Estas, por sua vez, deram origem aos seguimentos Neopentecostais, cada vez mais agressivos e proselitistas. Em todas as partes do mundo, em particular, na América Latina, África e, nos últimos 20 anos, na Ásia, o avanço das seitas recrutou mais adeptos entre os que se confessavam católicos do que entre os que se mantiveram nas suas religiosidades locais. Somado a isso, surgiram os movimentos religiosos alternativos e esotéricos, como, por exemplo, a Nova Era (New Age), que também encantou a muitos católicos. O pior, talvez, tenha sido a acomodação por meio de uma pastoral de conservação, que, sem se abrir para a mudança de época que vem acontecendo nos últimos 10 anos, foi perdendo o compromisso com a sua renovação. Diante de tudo isso, cresce cada vez mais o número dos que se professam sem religião.

Missão e missiologia a partir da Evangelii Gaudium

O Concílio, que demonstrou a urgência da retomada da dimensão missionária da Igreja, pois constatou o aumento dos que ignoravam a Jesus Cristo, não obteve os resultados esperados ou não foi compreendido. Além disso, no mundo todo, via-se que a Igreja teve que se ocupar, logo após o término do Concílio, com as numerosas baixas entre o clero e os religiosos. Em contrapartida, constatou-se a expansão das seitas e dos novos movimentos religiosos em chave missionária. O que deveria ser um reflorescer da missão e da expansão da Igreja tornou-se um novo desafio.

Em 1975, com a Exortação Apostólica *Evangelii Nuntiandi* (*EN*), o Papa Paulo VI procurou resgatar as inspirações conciliares sobre o anúncio do Evangelho no mundo. Em 1990, com a Encíclica *Redemptoris Missio* (*RM*), o Papa João Paulo II insistia na validade do mandato missionário, mostrando que a missão da Igreja ainda estava no início. Não obstante o Cristianismo estivesse para completar dois mil anos de existência, quatro bilhões de pessoas ainda não conheciam a Boa-Nova de Jesus Cristo.[1]

Portanto, é lícito perguntar: Por que a Igreja deve anunciar Jesus Cristo? Que tipo de missão a Igreja deve fazer nos nossos dias? Se a primeira questão gira em torno dos fundamentos da missão, a segunda questão deve responder tanto aos apelos do Concílio como deve procurar compreender as relações entre a Igreja e o Mundo. Estes pontos podem ser percebidos na *Evangelii Gaudium*, que procura, no contexto atual, estabelecer as linhas da ação missionária da Igreja para os próximos anos (*EG* 1).

O presente artigo procurará evidenciar alguns aspectos da missão e da missiologia da Igreja, presentes nessa primeira Exortação do Papa Francisco, a fim de perceber como procurou recolher os frutos do último Sínodo dos Bispos e abordar a missão como tarefa do inteiro povo de Deus. Parte-se da centralidade de Jesus Cristo que, na unção do Espírito Santo, realizou o plano salvífico do Pai. Este plano foi confiado à Igreja que, ungida no Espírito Santo, existe para torná-lo presente e acessível ao ser

---

[1] A *Redemptoris Missio* comemora o 25º aniversário da promulgação do Decreto *Ad Gentes* e serviu para o Papa João Paulo II, com um forte apelo, relançar toda a Igreja em um renovado empenho missionário. A *RM* é, por assim dizer, um precioso fruto das viagens que o Papa estava empreendendo em todos os continentes. É o que diz o Papa: "Desde o início do meu pontificado, decidi caminhar até aos confins da terra para manifestar esta solicitude missionária, e este contacto direto com os povos, que ignoram Cristo, convenceu-me ainda mais da urgência de tal atividade [*ad gentes*] a que dedico a presente Encíclica" (*RM* 1).

humano de cada época e lugar. Para realizar a sua missão, a Igreja entra em relação com o mundo e, nele, anuncia o Evangelho da comunhão, do diálogo, do serviço, da inculturação e da inclusão social dos pobres. A caridade é o que torna a Igreja uma presença eficaz no mundo.

JESUS CRISTO: MISSIONÁRIO DO PAI NA FORÇA DO ESPÍRITO SANTO

Deus pode ser conhecido de várias maneiras, pois ele dotou o ser humano com a capacidade para conhecê-lo e para amá-lo. Há, no ser humano, uma atração para Deus, que é tanto a fonte como o objeto dessa atração. Um forte impulso, neste sentido, encontra-se na sua natureza que o inquieta, com o intrínseco e profundo desejo de felicidade. Por este, o ser humano pode se questionar e alcançar Deus através das criaturas, o que constitui o caminho da revelação natural.

A criação, segundo a reflexão bíblica, é o projeto de amizade, de harmonia e de comunhão que Deus quis estabelecer com o ser humano, sua máxima e sublime criatura, revelando o fruto do seu amor-doação. A rejeição desse amor, pelo pecado, gerou a agressividade, a inveja e a violência que desequilibraram a natureza humana. Deus, porém, porque ama, sem medidas, o ser humano, não desiste dele. Para tornar o seu amor visível e experimentável, chamou e elegeu um povo para que se tornasse mediador entre todos os povos através da fidelidade à aliança (*AG* 2; *LG* 2).

O ser humano passou a ter, pela revelação divina, um canal de acesso mais facilitado para o seu pessoal encontro com Deus que quis, livremente, entrar em sua história e partilhar as suas vicissitudes. Esta revelação, iniciada na experiência de fé do antigo Israel, alcançou a sua plenitude no mistério da encarnação do Verbo Divino em Maria: Jesus Cristo. É por meio de Jesus Cristo que o ser humano passa a ter, para além da consciência natural e da experiência de fé do antigo Israel, a possibilidade de alcançar a consciência plena e objetiva de Deus e do seu desígnio salvífico.

O conhecimento de Jesus Cristo e da sua missão constitui, assim, o fundamento e o ponto de partida para a compreensão do mistério do amor de Deus pelo ser humano. Por este amor, a experiência de fé torna-se experiência de redenção e de salvação. O Filho realiza o plano de salvação do Pai que podia, com certeza, salvar com um simples

Missão e missiologia a partir da Evangelii Gaudium

gesto de misericórdia, mas quis que esta fosse experimentada através da missão do seu Filho. Com o envio do Filho, Deus entrou na história humana para transformá-la em história da salvação, pela qual o ser humano participa da sua vida divina mediante a redenção operada em Jesus Cristo e pelo dom do Espírito Santo.

A revelação de Deus, de forma pessoal em Jesus Cristo, manifestou a missão em três fases, que são percebidas como consequência da não aceitação por parte dos primeiros destinatários: "veio para os seus, mas os seus não o receberam" (Jo 1,11). Na primeira, a Boa-Nova é dirigida aos judeus: "Não fui enviado, senão, às ovelhas dispersas da casa de Israel" (Mt 15,24). No envio dos seus primeiros discípulos, exigiu a mesma atitude: "Dirigi-vos antes às ovelhas dispersas da casa de Israel" (Mt 10,6). Na segunda, graças ao ensinamento do Espírito Santo, a Boa-Nova passa a ser anunciada não somente aos judeus, mas também aos gentios que se encontravam na Palestina: "Alguém poderia recusar a água do batismo a estes que, como nós, receberam o Espírito Santo?" (At 10,47). Na terceira, a Boa-Nova é dirigida para além dos limites da Palestina e se torna universal: "Indo, fazei discípulos em todas as nações, batizando-os em nome do Pai e do Filho e do Espírito Santo; ensinando-os a observar tudo aquilo que vos ordenei" (Mt 28,19).[2]

O relato de Mateus termina dessa forma exatamente para evidenciar que a missão de Jesus Cristo foi compreendida pela comunidade como modelo de missão a ser realizada. Por meio de Jesus Cristo, Deus manifestou o seu amor e chamou o ser humano a responder a esse amor. "Nestes versículos, aparece o momento em que o Ressuscitado envia os seus a pregar o Evangelho em todos os tempos e lugares, para que a fé nele se estenda a todos os cantos da terra" (*EG* 19).

Pela encarnação, o Verbo Divino, entrando na história humana como ser humano, revela Deus e a sua face de amor. O ser de Deus é revelado pelo seu agir na história e, em particular, pela forma como assumiu a natureza humana, fazendo-se próximo ao ser humano tanto pela situação como pela linguagem humana com a qual comunica o seu amor.

---

[2] A fé em Jesus Ressuscitado proporciona nova reflexão sobre a sua vida e missão salvíficas. Mateus, neste sentido, relaciona com clareza a cristologia com a eclesiologia. Na compreensão de Barbaglio (1990: 419): "Uma fé cristã restrita a aclamações litúrgicas e a celebrações rituais da glória divina do Ressuscitado, reduzida a experiências carismáticas e a fenômenos pentecostais, entendida unilateralmente na frequência de onda do entusiasmo do espírito, recebe neste texto dura condenação. O Ressuscitado não nos tira da história, não nos faz exilados nos estratos rarefeitos de espiritualidades desencarnadas, mas nos mergulha no presente, colocando-nos perante a exigência de um empenho concreto de obediência e de amor".

Pela evangelização que inaugurou e realizou Jesus Cristo, na unção do Espírito Santo, a sua missão foi dirigida, não aos justos ou aos que se consideravam justos, mas aos pecadores e aos que necessitavam de médico (cf. Mt 9,13; Mc 2,17; Lc 5,32). Jesus Cristo, como missionário do Pai, tornou-se o primeiro evangelizador do Reino de Deus que veio inaugurar, como salvação libertadora, anunciada na força da sua palavra e dos seus atos (cf. Lc 4,14-21).

É o que afirma o Papa Francisco na *EG* 197:

> A quantos sentiam o peso do sofrimento, acabrunhados pela pobreza, assegurou que Deus os tinha no âmago do seu coração: "Felizes vós, os pobres, porque vosso é o Reino de Deus" (Lc 6,20); e com eles se identificou: "Tive fome e destes-me de comer", ensinando que a misericórdia para com eles é a chave do Céu (cf. Mt 25,34-40).

Pelos milagres, que validavam e explicavam as palavras, Jesus Cristo manifestou Deus mais próximo dos necessitados. Por meio dos milagres revelava, visivelmente, o amor de Deus que liberta o ser humano da sua miséria e revela o mundo que ele quer transformar. Curar e perdoar foram os dois gestos que caracterizaram a missão de Jesus Cristo. Por eles, Jesus Cristo convidava à fé e à conversão, enquanto satisfazia o profundo desejo de perdão. Apesar disso, os milagres também provocaram a rejeição em todos os que concebiam as doenças, as enfermidades e a pobreza como sinais dos castigos divinos. O ser e o agir de Jesus Cristo, a favor dos mais necessitados, incomodaram e passaram a constituir a matéria de delito que o levou à sentença de morte.

Durante o seu ministério público, Jesus Cristo instituiu os apóstolos em vista da missão no mundo. Ele abriu a estrada da pobreza, da obediência, do serviço e do sacrifício de si mesmo. Pela sua paixão, morte e ressurreição, a realização da salvação da humanidade aconteceu. Foi este o objetivo da sua missão. Assim, o ser humano pode ser reconduzido à vida nova.

A identidade e a missão de Jesus Cristo passam a ser o conteúdo da missão da Igreja. Tudo o que Jesus Cristo disse e realizou para a salvação do gênero humano deve ser anunciado no mundo inteiro até a plena realização da história humana.[3] A tarefa, a autoridade e o po-

---

[3] De acordo com o Papa Francisco, por causa das desigualdades sociais: "Estamos longe do chamado 'fim da história', já que as condições dum desenvolvimento sustentável e pacífico ainda não estão adequadamente implantadas e realizadas" (*EG* 59).

der, que brotam da Trindade, foram transmitidos por Jesus Cristo aos apóstolos. Nessa dinâmica, a missão conferida ao Filho pelo Pai na força do Espírito Santo insere-se e continua na história através dos apóstolos: "Como o Pai me enviou, também eu vos envio" (Jo 20,21).

O Espírito Santo é quem torna eficaz na história da Igreja, e por ela no mundo, o que Jesus Cristo realizou. É ele quem foi enviado pelo Pai e pelo Filho para continuar a obra salvífica enraizada no sacrifício da cruz. Por meio do Espírito Santo, a ação de Jesus Cristo continua eficaz na história, porque possui a mesma origem: o amor de Deus; o mesmo conteúdo: o universal plano de salvação; e a mesma finalidade: a comunhão de vida de Deus com o ser humano.

Graças à efusão do Espírito Santo, derramado no dia de Pentecostes, todo aquele que invocar o nome do Senhor será salvo (cf. Jl 3,1-5; At 2,17-21). O Espírito Santo passa a ser o protagonista da missão da Igreja, que foi publicamente manifestada nesse dia em prol da comunicação da salvação de toda a carne. Assim, o fundamento trinitário da missão de Jesus Cristo aparece com clareza na missão da Igreja. Esta consiste em manifestar, anunciar e tornar atual o amor salvífico de Deus, realizado por Jesus Cristo, em todo tempo e lugar, deixando-se animar pela ação do Espírito Santo.

A IGREJA: MISSIONÁRIA DE JESUS CRISTO NA FORÇA DO ESPÍRITO SANTO

A missão que empenha a Igreja no mundo não é uma opção sua, mas resulta do mandato que recebeu de Jesus Cristo, que é, por excelência, o missionário do Pai e modelo para toda e qualquer forma de missão. Em Jesus Cristo subsiste, sem confusão, a realidade divina e a realidade humana. Ambas se encontram na Igreja que é uma realidade humana, enquanto formada por homens e mulheres, e é uma realidade divina porque animada pelo Espírito Santo.

A realidade humana da Igreja é visível pela sua constituição e estrutura hierárquica. Já a sua realidade divina é visível pelo exercício dos dons e dos carismas que sinalizam a presença e a ação do Espírito Santo na sua constituição e estrutura hierárquica. A presença e a ação do Espírito Santo na Igreja são as fontes de sua vida e de sua renovação, sem as quais não conseguiria realizar a sua missão no mundo: "O Espírito Santo enriquece toda a Igreja evangelizadora também com diferentes carismas. São dons para renovar e edificar a Igreja." (*EG* 130) A salvação é a realidade que Jesus Cristo instaurou e realizou através da sua dúplice dimensão, divina e humana: o Reino de Deus, que torna a Igreja, por vocação, testemunha qualificada no mundo.

A continuação da missão de Jesus Cristo exige contínua reflexão da Igreja que, vigilante sobre os seus passos, para tornar o testemunho eficaz nos dias atuais, precisa deixar a superioridade ocidental para adotar a humildade evangélica. Se a realidade foi profundamente mudada com o fim da colonização, pelo qual o ocidente europeu era considerado um modelo a se impor no mundo, a Igreja, cada vez mais aberta e inserida no diferentes tipos de contextos sociais, tornará a sua constituição e estrutura hierárquica cada vez mais válida pela valorização da colegialidade eclesial continental em união com o Bispo de Roma.

Essa mesma continuidade da missão exige a aceitação da perda da estabilidade para assumir com coragem a sua dimensão de mobilidade, que o Papa Francisco chama de exodal. "Naquele 'ide' de Jesus, estão presentes os cenários e os desafios sempre novos da missão evangelizadora da Igreja, e hoje todos somos chamados a esta nova 'saída' missionária." (*EG* 20) Isto exige a disponibilidade dos que abraçam a missão em suas necessidades concretas. Não é mais um instituto missionário, masculino ou feminino, que organiza uma missão, mas é a Igreja local que, a pedido do bispo e segundo as necessidades concretas da sua diocese, estabelece as prioridades, planeja as etapas e orienta na busca pela realização dos objetivos.

Neste sentido, ficam claras as palavras do Papa Francisco:

> O Bispo deve favorecer sempre a comunhão missionária na sua Igreja diocesana, seguindo o ideal das primeiras comunidades cristãs, em que os crentes tinham um só coração e uma só alma (cf. At 4,32). Para isso, às vezes por-se-á à frente para indicar a estrada e sustentar a esperança do povo, outras vezes manter-se-á simplesmente no meio de todos com a sua proximidade simples e misericordiosa e, em certas circunstâncias, deverá caminhar atrás do povo, para ajudar aqueles que se atrasaram e sobretudo porque o próprio rebanho possui o olfato para encontrar novas estradas (*EG* 31).

Somado a isso, a revisão da missão e dos seus aspectos exige que haja o justo equilíbrio entre ativismo e vida de oração. A missão não manifesta a Igreja se esta é vista somente como uma organização filantrópica, mas também não a torna visível se vista como pessoas que rezam sem vínculo com a promoção humana. A proposta religiosa da missão está centrada sobre a experiência de Deus e esta é mais ou menos profunda se existe escuta viva da voz do Espírito Santo, que fala continuamente pela Palavra de Deus, mas também pelos sinais dos tempos (*AG* 4; *EN* 75; *RM* 87), porque é ele quem move o mundo. É o Espírito Santo quem suscita a vida cristã contemplativa, mas esta é verdadeiramente cristã se não se fecha à ação missionária pela promoção humana integral.

Se sem Igreja não existe missão, é também verdade que não existe Igreja sem missão e as duas não existem sem a dimensão da cruz redentora de Jesus Cristo. Além dos sofrimentos pessoais dos missionários, a própria missão exprime-se pela cruz. O sucesso da Igreja e da sua atividade missionária mede-se pela prova de amor, gratuito e desinteressado, que é capaz de testemunhar e de levar para as veias da sociedade e do mundo. É esse amor que transforma o mundo.

São fortes as palavras do Papa Francisco a esse respeito:

> A missão é uma paixão por Jesus, e simultaneamente uma paixão pelo seu povo. Quando paramos diante de Jesus crucificado, reconhecemos todo o seu amor que nos dignifica e sustenta, mas lá também, se não formos cegos, começamos a perceber que este olhar de Jesus se alonga e dirige, cheio de afeto e ardor, a todo o seu povo. Lá, descobrimos novamente que ele quer servir-se de nós para chegar cada vez mais perto do seu povo amado (*EG* 268).

Por isso, não se compreende a missão da Igreja se não se aceita a totalidade da experiência de Jesus Cristo e da exigência de permanecer nele para produzir frutos para a glória de Deus (cf. Jo 15,1-18) em um mundo na maioria das vezes hostil aos cristãos (cf. Jo 15,18–16,4a).

A fim de mostrar o sentido da missão e a sua real motivação, o Papa Francisco, como bom jesuíta, afirma:

> Unidos a Jesus, procuramos o que ele procura, amamos o que ele ama. Em última instância, o que procuramos é a glória do Pai, vivemos e agimos "para que seja prestado louvor à glória da sua graça" (Ef 1,6). Se queremos entregar-nos a sério e com perseverança, esta motivação deve superar toda e qualquer outra. O movente definitivo, o mais profundo, o maior, a razão e o sentido último de todo o resto é este: a glória do Pai que Jesus procurou durante toda a sua existência. Ele é o Filho eternamente feliz, com todo o seu ser "no seio do Pai" (Jo 1,18). Se somos missionários, antes de tudo é porque Jesus nos disse: "A glória do meu Pai [consiste] em que deis muito fruto" (Jo 15,8). Independentemente de que nos convenha, interesse, aproveite ou não, para além dos estreitos limites dos nossos desejos, da nossa compreensão e das nossas motivações, evangelizamos para a maior glória do Pai que nos ama (*EG* 267).

Neste mundo, é fundamental o sentido de pertença e de entrega a Jesus Cristo. Este é o sentido do "sem mim nada podeis fazer" (Jo 15,5), que exige, no dizer do Papa Francisco, uma vida de intimidade e de comunhão com Jesus Cristo. Esta comunhão impulsiona a Igreja ao êxodo a favor da missão evangelizadora: "Fiel ao modelo do Mestre, é vital que hoje a Igreja saia para anunciar o Evangelho a todos, em todos os lugares, em todas as ocasiões, sem demora, sem repugnâncias e sem medo" (*EG* 23). A missão da Igreja, em qualquer época, requer a sua compreensão do mundo e isto, para acontecer, requer também a sua disposição para o diálogo.

RELAÇÕES ENTRE IGREJA E MUNDO

Na Idade Média, toda a Europa parecia estar evangelizada. A cristandade era a sua marca característica, porque se considerava que o mundo ocidental era todo cristão, de tal modo que a sociedade era sagrada. Isto, porém, revelou-se falso do ponto de vista interno com a Reforma e do ponto de vista externo com o advento da Modernidade. A palavra de ordem, nos âmbitos da política, da economia e da cultura, era livrar-se do domínio da Igreja. Essa postura foi um solo fértil para que surgisse e se espalhasse pelo mundo ocidental a secularização, que trouxe, nos países de antiga tradição cristã, o fundamentalismo tanto nacional como religioso.

Formaram-se, nitidamente, "dois mundos" em oposição. De um lado, a Igreja representada pelo Papa e pelos Bispos. Do outro lado, a Sociedade representada pelos homens políticos e livres. Cada lado com o seu governo próprio e suas estruturas. Entre elas houve uma contraposição que, para a Igreja, durou até o Concílio Vaticano II, que trouxe, porém, renovação e nova compreensão sobre o seu ser e agir no mundo. A Igreja está presente no mundo e, nele, se distingue pela sua ação missionária, seguindo a ordem de Jesus Cristo: ser *sal* que dá sabor, ser *luz* que ilumina e orienta para a verdade, e ser *fermento* que faz crescer o Reino de Deus, sinal do bem, da justiça e da paz.

Estas três realidades atestam que Jesus não veio para condenar o mundo, mas para salvá-lo (cf. Jo 12,47), porque o preservam e permitem que a Igreja, ao invés de impor-lhe regras morais, recorde os princípios fundamentais que regem e salvaguardam a vida humana.[4] Dessa forma,

---

[4] Basta citar, como exemplos, a Carta Encíclica de Paulo VI, *Humanae Vitae*, de 25 de julho de 1968, sobre a regulação da natalidade, que foi reafirmada pela Carta Encíclica

Missão e missiologia a partir da Evangelii Gaudium

a Igreja mostra porque é sacramento universal de salvação, pois age no mundo como sinal eficaz da graça de Deus que o criou, o redimiu no sangue do seu Filho e o santifica na força vivificadora do seu Espírito. A missão da Igreja, no mundo, define-se como um ir ao encontro do ser humano para comunicar-lhe a salvação. "Através da sua ação evangelizadora, ela [a Igreja] colabora como instrumento da graça divina, que opera incessantemente para além de toda e qualquer possível supervisão" (*EG* 112).

Quanto ao fundamentalismo e ao secularismo, como desafios para a missão, o Papa Francisco lembra que:

> A fé católica de muitos povos encontra-se hoje perante o desafio da proliferação de novos movimentos religiosos, alguns tendentes ao fundamentalismo e outros que parecem propor uma espiritualidade sem Deus. Isto, por um lado, é o resultado duma reação humana contra a sociedade materialista, consumista e individualista e, por outro, um aproveitamento das carências da população que vive nas periferias e zonas pobres, sobrevive no meio de grandes preocupações humanas e procura soluções imediatas para as suas necessidades. Estes movimentos religiosos, que se caracterizam pela sua penetração sutil, vêm colmar, dentro do individualismo reinante, um vazio deixado pelo racionalismo secularista (*EG* 63).

> O processo de secularização tende a reduzir a fé e a Igreja ao âmbito privado e íntimo. Além disso, com a negação de toda a transcendência, produziu-se uma crescente deformação ética, um enfraquecimento do sentido do pecado pessoal e social e um aumento progressivo do relativismo; e tudo isso provoca uma desorientação generalizada, especialmente na fase tão vulnerável às mudanças da adolescência e juventude (*EG* 64).

A Igreja, que nasce do anúncio da Palavra de Deus acolhida na fé, não tem por que temer ser frágil, pobre e pecadora. Se a Igreja vive sob a ação do Espírito Santo, não rejeita o mundo com as suas limitações e hostilidades, mas, inserida em cada realidade local, leva o Evangelho para dentro de cada cultura e deixa que ele aja, operando a transformação. Para evangelizar, todos os batizados são chamados a assumir a vocação missionária da Igreja em contínua missão (Fernandes, 2009: 208-211).

É, por isso, que o Papa Francisco indica a conversão das estruturas paroquiais, como antídoto para o desgosto de muitos batizados em relação à Igreja, para que estas sejam mais acolhedoras, menos burocráticas,

---

de João Paulo II, *Evangelium Vitae*, de 25 de março de 1995, sobre o valor e a inviolabilidade da vida humana.

mais simples e cheias de ardor pastoral (*EG* 63). Uma Igreja que vai ao encontro do ser humano em suas necessidades materiais e espirituais. E, para o secularismo, torna-se central a promoção da educação crítica que ajude o ser humano a amadurecer os valores, aproveitando que a Igreja ainda possui credibilidade perante a opinião pública, graças aos seus inúmeros esforços pela promoção do bem comum no seio da sociedade (*EG* 64).

COMO A IGREJA DEVE DESENVOLVER A MISSÃO NOS DIAS ATUAIS?

A tomada de consciência de que a Igreja não é somente uma realidade europeia, mas mundial, trouxe, como consequência lógica, a redescoberta e a valorização das Igrejas locais, pois, em vários lugares de missão, já se contava com bispo e clero nativo. Com isso, a dependência de missionários europeus foi sendo reduzida, mas não a dependência financeira, visto que esses territórios ainda não tinham alcançado a capacidade de se manter financeiramente.

A consciência de ser Igreja, leva todo batizado a empenhar-se em prol do projeto do amor de Deus. Este empenho caracteriza-se de diversas maneiras, mas, particularmente, pelo testemunho comprometido com a salvação e com a manifestação da misericórdia. Em Deus, o ser humano é amado, acolhido, perdoado (*EG* 114).

"Jesus quer evangelizadores que anunciem a Boa-Nova, não só com palavras, mas, sobretudo, com uma vida transfigurada pela presença de Deus" (*EG* 259). Assim, a missão da Igreja, em qualquer nível e para que seja uma real cooperação com Jesus Cristo, deve, na força do Espírito Santo, promover a comunhão, o diálogo, a inculturação, o serviço e a inclusão dos pobres.

A MISSÃO COMO COMUNHÃO

> Deus é fiel, pelo qual fostes chamados
> à comunhão com o seu Filho Jesus Cristo,
> nosso Senhor (1Cor 1,9).

Conceber a missão simplesmente como o envio de missionários clérigos, religiosos ou leigos é uma mentalidade que precisa ser superada.

A renovação dessa mentalidade passa pela profunda compreensão de que todo cristão, pela força do Batismo, é um discípulo missionário a serviço da vida de comunhão com Jesus Cristo. Isto é uma novidade da eclesiologia trazida pelo Concílio Vaticano II (*AG* 7 confirmado na *RM* 2 e 11) e presente na *EG*, quando o Papa Francisco afirma: "Cada cristão é missionário na medida em que se encontrou com o amor de Deus em Cristo Jesus; não digamos mais que somos 'discípulos' e 'missionários', mas sempre que somos 'discípulos missionários'" (*EG* 120).

Este nível revela uma mudança na concepção de missão, pois integra a exigência do dar e do receber entre as Igrejas particulares. Nestas, a comunhão é a comunicação generosa de todos os seus bens, a fim de que nenhuma comunidade se feche em si mesma, julgando, *a priori*, que não possui nada para dar: missionários, riquezas espirituais e, principalmente, a fé da sua experiência evangélica. Esta comunhão de bens manifesta a solicitude de todos os batizados pela propagação da Boa-Nova de Jesus Cristo (*RM* 85).

At 2,42-47 testemunha a comunhão de bens como resultado da partilha do Evangelho, sinal da união dos discípulos em Jesus Cristo. Esta comunhão permanece como modelo e ideal de vida cristã, pois representa o interesse em favor da Igreja e de suas necessidades. O texto está inserido no contexto da fração do pão, modelando ainda mais a imagem da Igreja como comunhão de vida em Jesus Cristo. A fé e a caridade tornam visível a íntima união entre Jesus Cristo e a sua Igreja, pois na mensagem evangélica elas são inseparáveis. Neste sentido, a comunhão que brota da vida em Jesus Cristo reveste-se de um profundo significado no confronto com as estruturas eclesiais, pois estas existem exclusivamente para tornar a comunhão a concretização do Reino de Deus.

Nos territórios de antiga tradição cristã, nota-se o esfriamento da fé e da caridade pelo pluralismo religioso e pelo secularismo. Nesses locais, a missão recomeçou como nova evangelização, a fim de restabelecer a fé não como mera tradição religiosa, mas como convicção pessoal que se concretiza na vida de comunhão com Jesus Cristo e com a Igreja. Além disso, já se nota a necessidade de uma missão *ad gentes* na Europa, devido à forte imigração de não cristãos ao lado dos que abandonaram a fé, situação gerada pelas posições anticlericais.

Se, por um lado, a ação missionária *ad gentes* almeja produzir frutos: formar o clero local para que, deste, surja o próprio bispo que animará a evangelização na diocese, preparando-a para assumir o compromisso com a missão. Por outro lado, a missão nos países de antiga tradição cristã requer fortemente o testemunho de comunhão fraterna, pela qual a nova evangelização se torne atraente pela prática do amor, sinal dos que se dispõem a seguir a Jesus Cristo e o seu Evangelho: "nisto saberão todos que sois meus discípulos, se tiverdes amor uns pelos outros" (Jo 13,35).

A missão como comunhão e comunicação dos bens torna-se, também, um empenho capaz de operar uma descentralização da Igreja de Roma em favor da colegialidade com as Igrejas locais, pois esta é uma característica essencial do ministério episcopal, em virtude da qual demonstra a sua pertença ao colégio dos bispos.[5] Esta realidade requer a passagem da teologia, da catequese e da liturgia de Roma à teologia, à catequese e à liturgia das Igrejas locais, valorizando a originalidade e a identidade eclesial, em cada uma delas, que é fruto da inculturação do Evangelho.[6]

Com sinceridade, o Papa Francisco, acredita na descentralização para dar mais liberdade de decisão e de ação às conferencias episcopais: "Não convém que o papa substitua os episcopados locais no discernimento de todas as problemáticas que sobressaem nos seus territórios. Neste sentido, sinto a necessidade de proceder a uma salutar *descentralização*" (*EG* 16). E, citando *LG* 23, reassume essa tarefa como urgente e indispensável:

> O Concílio Vaticano II afirmou que, à semelhança das antigas Igrejas patriarcais, as conferências episcopais podem "aportar uma contribuição

---

[5]   A colegialidade na Igreja Primitiva era uma marca característica e representava uma tomada de decisão conjunta a favor de toda a Igreja. A origem da colegialidade encontra-se no ministério dos Doze. Isto foi levado tão a sério que, antes mesmo da efusão do Espírito Santo em Pentecostes, Pedro, tomando a palavra, manifestou a necessidade de que o lugar de Judas Iscariotes fosse ocupado por um que, com eles, fora testemunha da vida pública de Jesus Cristo (cf. At 1,15-26). At 6,1-6 é um testemunho exemplar (cf. 1Cor 15,5; Ap 12,14). A comunhão entre as Igrejas locais, cada uma presidida pelo seu bispo, se fundamenta na Eucaristia e nas relações recíprocas entre os bispos que manifestam, em comum, o zelo pela mesma fé apostólica. Esta é a razão pela qual a validade de uma ordenação episcopal passou a ser representada pela imposição das mãos de no mínimo três bispos sagrantes, indicando que havia entre eles a comunhão. A colegialidade, retomada pelo Concílio Vaticano II (*LG* 22), é um modo para se afirmar a possibilidade de coexistir a multiformidade na unidade da Igreja expressa em Ef 4,4-6: "Há um só Corpo e um só Espírito, assim como é uma só a esperança da vocação a que fostes chamados; há um só Senhor, uma só fé, um só batismo; há um só Deus e Pai de todos, que está acima de todos, por meio de todos e em todos".

[6]   As diferentes liturgias da Igreja atestam como ela soube se adaptar às diversas condições locais, guardando sempre o essencial que pode se expressar através de inúmeras formas culturais, desde que não lhe sejam contrárias.

Missão e missiologia a partir da Evangelii Gaudium

múltipla e fecunda, para que o sentimento colegial leve a aplicações concretas". Mas este desejo não se realizou plenamente, porque ainda não foi suficientemente explicitado um estatuto das conferências episcopais que as considere como sujeitos de atribuições concretas, incluindo alguma autêntica autoridade doutrinal. Uma centralização excessiva, em vez de ajudar, complica a vida da Igreja e a sua dinâmica missionária (*EG* 32).

A certeza dessa passagem brota da convicção de que a Igreja não é uma organização humana bem-sucedida como o caso de uma multinacional, mas é um fruto de Jesus Cristo que, para não permitir que o seu Corpo Místico se feche em si mesmo, suscita a missão em cada comunidade local para tornar cada vez mais claro e transparente o seu sentido católico.

No passado, os bispos se dirigiam a Roma para obter soluções para todo tipo de problemas. A solução, na maioria das vezes, acontecia sem um real conhecimento das situações e condições de cada diocese. Viu-se, com isso, a necessária organização continental da Igreja, a fim de que os bispos pudessem se encontrar e, juntos, discutir os problemas, os desafios e pensar no planejamento conjunto. Nasceram as Conferências Episcopais Continentais: CELAM na América Latina e Caribe; SCEAM na África; FABC na Ásia; CEPAC na Oceania e CCEE na Europa. Cada Conferência passou a influir, diretamente, nas decisões para toda a Igreja, pois cada uma é capaz de obter, na docilidade ao Espírito Santo, as soluções que melhor respondam à realidade dos problemas.

Antes, Roma confiava um território de missão a uma congregação missionária que, na maioria das vezes, era um instituto religioso. Com o tempo, e graças à ação generosa de inúmeros missionários, esses territórios se tornaram dioceses. Os bispos, então, solicitavam à *Propaganda Fide* um auxílio de pessoal e financeiro para corresponder às novas exigências. O envio dos novos missionários passou a ser em forma de mandato, com o objetivo de ajudar a diocese a se desenvolver e conseguir se sustentar quer pessoalmente, quer financeiramente. É preciso não esquecer que a presença da Igreja nesses diversos territórios foi responsável, também, pela promoção social que gerou as lideranças políticas que levaram à liberdade da submissão cultural dos países colonizadores.

A MISSÃO COMO DIÁLOGO

A dimensão dialógica caracteriza a Revelação de Deus. Pelo diálogo, Deus instaurou um novo modo de se comunicar com o ser humano, levando em consideração a sua concreta condição de vida. Assim, o diálogo salvífico é uma iniciativa divina, expressão do seu amor que permite ao ser humano, aderindo à verdade, responder a este amor. A Igreja deve fazer igual (*EG* 143).

O Papa Paulo VI foi quem assumiu e desenvolveu, de modo orgânico, a importância do diálogo no âmbito da missão evangelizadora. No diálogo acontece um modo de ser e de se colocar a Igreja em relação com o ser humano, destinatário do Evangelho para dar razão da sua existência no mundo. O diálogo passa a ser o meio e o estilo da Igreja que sente a necessidade de entrar em relação com o mundo e nele com as outras religiões (*RM* 55), em particular com as pessoas de boa vontade, em prol da busca e da promoção pela verdade que liberta.

Pelo diálogo, a Igreja procura compreender o mundo e os seus anseios, enquanto ajuda o mundo a compreendê-la, a fim de que, juntos, possam desenvolver atividades comuns a favor da integral promoção humana. O pluralismo de opiniões, reconhecido como legítimo, é um fruto do diálogo, pelo qual cada uma das partes manifesta a sua liberdade de expressão em prol da unidade. O diálogo exige que as partes se respeitem, se levem a sério e exercitem a capacidade de escuta.

Este foi o caminho e o grande desafio idealizado pelo Papa João XXIII que, com a convocação do Concílio Vaticano II, quis a renovação da Igreja pela mudança da sua postura em relação ao mundo. A Igreja, que sempre ditou as regras, descobriu-se necessitada de aprender a dialogar para demonstrar a sua identidade com clareza e a sua missão com humildade.

A perspectiva do diálogo, no âmbito da missão evangelizadora, é muito valorizada na *EG* já a partir do espaço paroquial, que forma os seus membros para a ação evangelizadora (*EG* 28). Além da paróquia, mas sem perder o vínculo com ela, as demais instituições eclesiais, pelo ardor na evangelização e na promoção do diálogo com o mundo, renovam a própria Igreja (*EG* 29). O bispo, como animador missionário em sua diocese, pode, pelo diálogo, ouvir a todos (*EG* 31), e pode descobrir os anseios profundos do ser humano, a exemplo do que Jesus fez com a mulher samaritana (*EG* 72), que logo depois do seu diálogo com Jesus Cristo, tornou-se uma missionária, levando aos seus compatriotas a maravilha do encontro revelador que experimentou (*EG* 120).

O diálogo, apesar de difícil, é indispensável na ação evangelizadora da Igreja presente nos grandes centros urbanos, onde o anonimato e os desníveis sociais são mais gritantes (*EG* 74). O que caracteriza o diálogo na ação evangelizadora é a valorização do encontro pessoal. Por meio

Missão e missiologia a partir da Evangelii Gaudium

deste, o evangelizador encontra abertura para anunciar o salvífico amor de Deus (*EG* 128).

A evangelização acontece, igualmente, por uma teologia em diálogo e não por uma teologia de gabinete, nos diversos ambientes culturais, pelo qual os teólogos são chamados a cumprir o seu serviço como parte da missão salvífica da Igreja (*EG* 133).

Forma particular de diálogo é a homilia que brota do anúncio da Palavra de Deus em relação com o seu povo. Por meio dela, evidencia-se o diálogo salvífico de Deus com o seu povo. Neste contexto, o Papa Francisco afirma: "Aquele que prega deve conhecer o coração da sua comunidade para identificar onde está vivo e ardente o desejo de Deus e também onde é que este diálogo de amor foi sufocado ou não pôde dar fruto" (*EG* 137).

A experiência do diálogo, que anima a ação evangelizadora da Igreja, como comunidade de fé, caracteriza-se pela dinâmica que anima a conversa de uma boa mãe com os seus filhos: "O espírito de amor que reina numa família guia tanto a mãe como o filho nos seus diálogos, nos quais se ensina e aprende, se corrige e valoriza o que é bom; assim deve acontecer também na homilia" (*EG* 139). E acrescenta:

> Este âmbito materno-eclesial, onde se desenrola o diálogo do Senhor com o seu povo, deve ser encarecido e cultivado através da proximidade cordial do pregador, do tom caloroso da sua voz, da mansidão do estilo das suas frases, da alegria dos seus gestos. Mesmo que às vezes a homilia seja um pouco maçante, se houver este espírito materno-eclesial, será sempre fecunda, tal como os conselhos maçantes duma mãe, com o passar do tempo, dão fruto no coração dos filhos (*EG* 140).

A base da compreensão da força do diálogo que deve animar a ação missionária da Igreja está na ação do próprio Jesus Cristo que fez do diálogo a razão do seu ministério público (*EG* 141). Por isso, o Papa Francisco chega a uma brilhante conclusão: "Um diálogo é muito mais do que a comunicação duma verdade. Realiza-se pelo prazer de falar e pelo bem concreto que se comunica através das palavras entre aqueles que se amam. É um bem que não consiste em coisas, mas nas próprias pessoas que mutuamente se dão no diálogo" (*EG* 142). O que se espera de uma homilia inculturada é que ela realize a sintonia entre a Palavra de Deus e a vida do fiel, a fim de que se estabeleça o diálogo capaz de reforçar a aliança e estreitar o vínculo da caridade (*EG* 143).

O Papa Francisco avança ao propor a evangelização da Igreja como um caminho de diálogo social na contribuição para a paz:

Neste momento, existem sobretudo três campos de diálogo onde a Igreja deve estar presente, cumprindo um serviço a favor do pleno desenvolvimento do ser humano e procurando o bem comum: o diálogo com os Estados, com a sociedade – que inclui o diálogo com as culturas e as ciências – e com os outros crentes que não fazem parte da Igreja Católica. Em todos os casos, "a Igreja fala a partir da luz que a fé lhe dá", oferece a sua experiência de dois mil anos e conserva sempre na memória as vidas e sofrimentos dos seres humanos. Isto ultrapassa a razão humana, mas também tem um significado que pode enriquecer a quantos não creem e convida a razão a alargar as suas perspectivas (*EG* 238).

A presença da Igreja nos diversos níveis da sociedade não tem como finalidade dar soluções para todos os tipos de problemas, mas, pelo diálogo que estabelece com os Estados de forma solidária, busca salvaguardar a dignidade da pessoa humana e o bem comum. Isto é feito através da promoção dos valores que norteiam a elaboração de ações políticas corretas e justas (*EG* 241).

A MISSÃO COMO SERVIÇO

> O Filho do Homem não veio para ser servido, mas para servir e para dar a própria vida em resgate de muitos (Mc 10,45).

Se o Evangelho é uma força de transformação na sociedade, então a missão evangelizadora só acontece se for um serviço de promoção humana. Esta não se reduz aos ritos sacramentais, nem à solução de todos os problemas materiais da humanidade, mas deve ser total enquanto promove a salvação do ser humano de forma integral. Basta lembrar que o Verbo Divino não se encarnou para solucionar todos os problemas da humanidade, mas, pelo serviço, salvar o ser humano na sua totalidade existencial, corpo e alma.

Por isso, no ensinamento e nos sinais, que Jesus Cristo realizou, estão contempladas todas as dimensões do ser humano. A missão, dessa maneira, não separa o Evangelho da promoção humana, porque manifesta atenção por todas as necessidades materiais e espirituais do ser humano, sem fazer distinção de pessoas e, principalmente, procurando gerar na comunidade cristã, e por ela na sociedade, a igualdade, a solidariedade e a partilha de todos os tipos de dons.

A comunidade cristã é chamada a ser um sinal concreto da manifestação do amor de Deus. Ela oferece um testemunho coerente desse

Missão e missiologia a partir da Evangelii Gaudium

amor quando, não se negando a ir ao encontro de todas as necessidades do ser humano, está sempre atenta a realizar e a ensinar as obras de misericórdia corporais e espirituais que manifestam o Reino de Deus, presente e operante entre nós.

A missão evangelizadora da Igreja acontece, como sinal e presença do Reino de Deus, quando a comunidade cristã se empenha na promoção humana integral, principalmente nos locais onde a vida humana se encontra mais fragilizada e corre risco, como afirma o Papa Francisco:

> É a Igreja encarnada num espaço concreto, dotada de todos os meios de salvação dados por Cristo, mas com um rosto local. A sua alegria de comunicar Jesus Cristo exprime-se tanto na sua preocupação por anunciá-lo noutros lugares mais necessitados, como numa constante saída para as periferias do seu território ou para os novos âmbitos socioculturais (*EG* 30).

A missão como serviço é uma ação inerente e inteligente da Igreja, inspirada no ser e no agir de Jesus Cristo, pela qual ela se posiciona no mundo sempre atenta à situação local, perspicaz no procedimento, certa do seu objetivo e pronta a avaliar e rever as suas próprias ações. É atenta à situação local, quando vai ao encontro de cada pessoa na sua atual e concreta condição de vida, não ignorando ou passando por cima da sua realidade histórica. É perspicaz no procedimento, porque sabe que o Reino de Deus já está se realizando na história e que ela é instrumento de mediação para que o seu gérmen se desenvolva na sociedade, portando frutos de justiça social (base da doutrina social da *Centesimus Annus* e *Solicitudine Rei Socialis*). Está certa do seu objetivo porque é consciente de existir para assegurar e fazer crescer o Reino de Deus que seu fundador implantou no mundo, doando-se inteiramente pela sua salvação. Avalia as próprias ações para sempre perceber se o ser humano está conseguindo viver plenamente em Deus, participando da sua natureza divina que se expressa por uma conduta moral condizente com o Evangelho que abraçou.

Para a Igreja evitar os erros ou corrigi-los, é fundamental a revisão da missão e dos seus passos metodológicos. Os erros mais comuns da missão são: reduzir a missão ao mero espiritualismo, realizando a evangelização somente no nível da comunicação dos conteúdos da fé, com ênfase no ritualismo litúrgico desencarnado, sem que haja um real empenho pela promoção humana na caridade; reduzir a missão ao mero nível sociopolítico, que seria o contrário do anterior, fazendo a opção preferencial pelos pobres sem que haja um verdadeiro anúncio do Evangelho e da transmissão dos conteúdos da fé na valorização da riqueza dos sinais litúrgicos; proporcionar uma visão antropológica dualística do ser humano, separando o Evangelho da promoção humana como se fossem duas coisas distintas.

O grande serviço que a Igreja realiza pela missão é tornar presente, visível e operante o amor gratuito de Deus pelo ser humano. A celebração da Eucaristia é seu grande sinal, pelo qual Jesus Cristo quis permanecer com os seus até o final dos tempos. "Confessar que Jesus deu o seu sangue por nós impede-nos de ter qualquer dúvida acerca do amor sem limites que enobrece o ser humano. A sua redenção tem um sentido social, porque Deus, 'em Cristo, não redime somente a pessoa individual, mas também as relações sociais entre os homens'" (*EG* 178).

A compreensão da história da salvação mostra como Deus veio ao encontro de todas as necessidades da sua sublime criatura. O equilíbrio entre o temporal e o espiritual no exercício da missão é o desafio que permite à Igreja sempre rever como persegue os seus objetivos na evangelização como continuação da missão de Jesus Cristo. A sua caridade é o paradigma, pela qual a Igreja reconhece o prolongamento do mistério da encarnação, doação absoluta de Deus à sua criatura.

Na caridade, Jesus Cristo se reconhece na Igreja e a Igreja se reconhece em Jesus Cristo:

> Por isso mesmo, "também o serviço da caridade é uma dimensão constitutiva da missão da Igreja e expressão irrenunciável da sua própria essência". Assim como a Igreja é missionária por natureza, também brota inevitavelmente dessa natureza a caridade efetiva para com o próximo, a compaixão que compreende, assiste e promove (*EG* 179).

A dinâmica do serviço à caridade, como união a Deus, exige que a Igreja, Corpo Místico de Jesus Cristo, cuide, com particular atenção, dos seus membros mais fragilizados, ouvindo o seu clamor por libertação (*EG* 187). Sobre isso, o Papa Francisco é irredutível:

> É preciso repetir que "os mais favorecidos devem renunciar a alguns dos seus direitos, para poderem colocar, com mais liberalidade, os seus bens ao serviço dos outros". Para falarmos adequadamente dos nossos direitos, é preciso alongar mais o olhar e abrir os ouvidos ao clamor dos outros povos ou de outras regiões do próprio país. Precisamos de crescer numa solidariedade que "permita a todos os povos tornarem-se artífices do seu destino", tal como "cada homem é chamado a desenvolver-se" (*EG* 190).

Tampouco condiz com a caridade de Jesus Cristo que, na Igreja, alguns poucos vivam na opulência, enquanto a grande maioria vive na penúria. As comunidades mais abastadas possuem um dever moral de ajudar as suas irmãs mais necessitadas. As riquezas materiais e espirituais, adquiridas com o tempo nos locais de antiga tradição cristã, devem estar a serviço das novas comunidades, que dependem da sua caridade para sobreviver. É incoerente que a Igreja seja uma voz que clama pela justiça social somente para fora das suas portas, enquanto tantos no seu interior não são tratados com justiça.

Evitar os erros doutrinais e morais é uma obrigação de toda a Igreja, mas isso não deveria ofuscar os apelos que brotam da Palavra de Deus. Assim, se aprende que:

> Isto vale sobretudo para as exortações bíblicas que convidam, com tanta determinação, ao amor fraterno, ao serviço humilde e generoso, à justiça, à misericórdia para com o pobre. Jesus ensinou-nos este caminho de reconhecimento do outro, com as suas palavras e com os seus gestos. Para que ofuscar o que é tão claro? Não nos preocupemos só com não cair em erros doutrinais, mas também com ser fiéis a este caminho luminoso de vida e sabedoria (*EG* 194).

A Igreja sabe que o serviço a ser desempenhado na missão deve se inspirar em Jesus Cristo e em Maria, que se deixou modelar e conduzir pelo Espírito Santo. "Ela deixou-se conduzir pelo Espírito, através dum itinerário de fé, rumo a uma destinação feita de serviço e fecundidade. Hoje fixamos nela o olhar, para que nos ajude a anunciar a todos a mensagem de salvação e para que os novos discípulos se tornem operosos evangelizadores" (*EG* 287). Ela é um auxílio sempre propício, porque inspira confiança na presença e ação do seu Filho. Assim como o provocou a agir a favor de quem necessitava: "eles não têm mais vinho", também provoca a Igreja a fazer igual: "Fazei tudo o que ele vos disser" (Jo 2,3-5).

A MISSÃO COMO INCULTURAÇÃO

> Dizia: "O reino de Deus é como um homem
> que lançou a semente na terra,
> depois dorme e se levanta, dia e noite,
> enquanto a semente germina
> e se desenvolve sem que ele saiba como" (Mc 4,26-27).

O tema da inculturação do Evangelho não é importante, somente, quando se trata da missão *ad gentes*, mas é fundamental para toda a ação missionária que a Igreja desenvolve no mundo. A inculturação se realiza pela presença e ação do Espírito Santo que antecede, acompanha e faz frutificar a presença e ação da Igreja em cada cultura.

A cultura é um fenômeno antropológico, pois representa a totalidade da vida de um grupo humano e de tudo o que ele é capaz de produzir para sobreviver e agir como partícipe desse grupo. Neste, cada membro é enraizado, mas, quando se abre para outras culturas e destas começa a assimilar novos elementos, permite que aconteça uma aculturação e surge a possibilidade de um influxo recíproco.

Um missionário, neste sentido, é um ser humano aculturado. Quando parte para a missão leva consigo a sua cultura, mas, no contato com outras culturas, ela passa por um processo de aculturação. Sem este processo, o missionário não perceberá que, rejeitando a cultura na qual está servindo, começa a impor a sua cultura e a exigir que o povo local passe a pensar, a agir e a se comportar como ele. Se isso acontece, é um verdadeiro desastre!

O termo inculturação é específico da teologia. Por meio dele, se concebe que o Evangelho anunciado e introduzido por um missionário em uma cultura é como a semente lançada no campo. Tudo o que é próprio do Evangelho se mantém, nada se perde, mas dele recebe os nutrientes, passando a ser manifestado e expresso dentro e através da cultura na qual foi introduzido. Pode-se compreender como acontece a inculturação comparando-a com o mistério da Encarnação do Verbo, que passou a expressar toda a sua divindade através da natureza humana assumida na sua totalidade.

Assim, a inculturação não deve ser feita pelo missionário, mas pelo povo que recebe o Evangelho e que possui a sua cultura impregnada na própria vida. É o povo que recebe o Evangelho que deve expressá-lo segundo a sua cultura.

A mensagem do Evangelho, acolhida por um grupo que o recebe segundo a sua cultura, torna-se um fator de transformação pela riqueza com o qual passa a ser expresso. A inculturação do Evangelho atinge um nível diferencial quando acontece, também, a aculturação de quem o anuncia. Lamentavelmente, no passado e ainda hoje muitos missionários encontraram dificuldade no anúncio do Evangelho não devido à inculturação, mas por causa da falta de aculturação quando o anunciavam. Adotava-se, normalmente, o método impositivo de uma cultura considerada superior.

O Evangelho, segundo essa mentalidade e esse método, nunca foi facilmente acolhido, pois, muitas vezes, em nome da fé se destruía a cultura local e suas riquezas, julgando-a inferior à cultura dos missionários. Esquecia-se que a semente do Reino de Deus, para além dos confins visíveis da Igreja, já se encontra presente nas culturas (*RM* 20), em tudo que condiz com o bem, a justiça e a verdade.

A mudança objetivada aconteceria pela força transformadora do Evangelho e pela abertura dos povos ao seu anúncio. A razão teológica para isso encontra-se na aceitação e no reconhecimento de que o Espírito Santo antecede a ação do missionário e na certeza de que na cultura em que o Evangelho será proclamado já existe a semente do Verbo Divino. Em cada cultura existem ideais nobres e iniciativas pelo bem comum. A busca pela verdade sobre Deus, sobre o ser humano e sobre o caminho de libertação é a porta aberta para a ação missionária.

Na medida em que acontece a inculturação, como contribuição concreta das Igrejas locais, a missão universal da Igreja se enriquece com novas formas para expressar o mistério de Jesus Cristo e se renova pelo culto, pela teologia e pela caridade (*RM* 52). Desta forma, a Igreja se torna a casa na qual todos os povos sentem que as próprias culturas, com as suas tradições, são valorizadas e que o Evangelho as purifica de tudo o que é contrário à fé, à esperança e à caridade.

Pela inculturação verifica-se que aconteceu a centralidade da cristologia, pois Jesus Cristo, Verbo Encarnado, é o seu paradigma. Verifica-se, assim, que a eclesiologia conseguiu realizar o seu papel de ser sacramento da íntima comunhão de Deus com os seres humanos. E, enfim, verifica-se que a antropologia foi exaltada, pois aconteceu o respeito pela dignidade do ser humano, criado à imagem e semelhança de Deus. Foi exatamente o que realizou o Verbo Divino ao encarnar-se, pois o que não foi assumido por ele não foi redimido.

Assim, o discipulado testemunha que para seguir a Jesus Cristo, na Igreja e no mundo, não significa negar a humanidade, pois para ser verdadeiro cristão é preciso ser verdadeiro ser humano. O Papa Francisco lembra que:

> Há uma necessidade imperiosa de evangelizar as culturas para inculturar o Evangelho. Nos países de tradição católica, tratar-se-á de acompanhar, cuidar e fortalecer a riqueza que já existe e, nos países de outras tradições religiosas ou profundamente secularizados, há que procurar novos processos de evangelização da cultura, ainda que suponham projetos a longo prazo. Entretanto, não podemos ignorar que há sempre uma chamada ao cresci-

mento: toda a cultura e todo o grupo social necessitam de purificação e amadurecimento (*EG* 69).

Em um mundo marcado pela mudança de época e pela aceleração com que acontece a troca de informações, a inculturação do Evangelho não é somente um tema a ser discutido na teoria, mas principalmente levado na prática. Admite-se que a inculturação é uma urgência na ação missionária da Igreja, que é chamada a responder às exigências sociais e políticas do mundo.

Estas exigências, embora determinantes, tornam-se estímulos para a Igreja que, pela fé e pelo mandato missionário, deve realizar a inculturação do Evangelho em favor de cada cultura humana. O que o Evangelho recebe de cada cultura não o modifica na essência, mas o enriquece com a sua dinâmica. A inculturação é importante porque considera os valores autênticos de cada cultura.

O Papa Francisco, citando a *RM* 52 e *CT* 53, afirma:

Pela inculturação, a Igreja "introduz os povos com as suas culturas na sua própria comunidade", porque "cada cultura oferece formas e valores positivos que podem enriquecer o modo como o Evangelho é pregado, compreendido e vivido". Assim, "a Igreja, assumindo os valores das diversas culturas, torna-se *sponsa ornata monilibus suis*, a noiva que se adorna com suas joias (cf. Is 61,10)" (*EG* 116).

A inculturação compreende pontos essenciais, pelos quais o Evangelho pode ser expresso, devidamente, por cada cultura. Nesta, deve-se descobrir os elementos mais aptos para a transmissão da vida e da mensagem cristã: escolha da linguagem e dos símbolos, sem deixar-se levar por certos prejuízos; valorizar a fé já existente, com valor universal presente em todas as culturas; valorizar a memória dos acontecimentos que se tornaram decisivos e marcantes na vida de cada povo. Uma correta inculturação não prescinde do diálogo, sem o qual a promoção da comunhão é dificultada. Na missão evangelizadora, a inculturação não é uma substituição da cultura local, mas a concretização sempre atual do mistério da encarnação.

A inculturação salvaguarda, duplamente, tanto a essência do Evangelho como a essência de cada cultura, e ambas nada perdem. Isso fica claro quando o Papa Francisco afirma:

Quando o Evangelho se inculturou num povo, no seu processo de transmissão cultural também transmite a fé de maneira sempre nova; daí a importância da evangelização entendida como inculturação. Cada porção do povo de Deus, ao traduzir na vida o dom de Deus segundo a sua índole própria, dá testemunho da fé recebida e enriquece-a com novas expressões que falam por si. Pode dizer-se que "o povo se evangeliza continuamente a si mesmo". Aqui ganha importância a piedade popular, verdadeira expressão da atividade missionária espontânea do povo de Deus. Trata-se de uma realidade em permanente desenvolvimento, cujo protagonista é o Espírito Santo (*EG* 122).

No processo de inculturação, é preciso sabedoria e discernimento para que sejam evitadas todas as formas de exagero. Não se pode esquecer de que neste processo age o Espírito Santo que é fonte criadora de criatividade. Para o Papa Francisco, a piedade popular é fruto do Evangelho inculturado, obra do Espírito Santo e lugar teológico que ajudam a repensar a nova evangelização (*EG* 126).

A MISSÃO COMO INCLUSÃO SOCIAL DOS POBRES

> Zaqueu, porém, levantando-se, disse ao Senhor:
> "Eu dou aos pobres, Senhor,
> a metade dos meus bens e se defraudei a alguém,
> lhe restituo o quádruplo" (Lc 19,8).

A preocupação com os menos favorecidos é uma exigência bíblica (cf. Eclo 4,2; 10,23), pois Deus é o protetor deles (cf. Jd 9,11). Jesus Cristo nasceu pobre (cf. Lc 2,7), quis se identificar com eles (cf. Mt 25,31-46), e afirmou: "pobres, sempre os tereis convosco, mas a mim nem sempre me tereis" (cf. Mt 26,11; Mc 14,7; Jo 12,8) "eis que estarei convosco todos os dias" (cf. Mt 28,20).

Esta compreensão da mensagem revelada leva a Igreja a não dissociar a evangelização de uma justa promoção humana. O seu olhar social não se faz, somente, de dentro para fora de suas portas e estruturas, mas também busca favorecer a solicitude e a solidariedade entre as igrejas locais pela promoção da caridade fraterna, a fim de que a pobreza não seja um obstáculo nas suas estruturas.

O crescimento econômico de alguns não pode acontecer graças ao empobrecimento de muitos. É por isso que o Papa Francisco insiste, lembrando a força das palavras do Papa Paulo VI: "É preciso repetir que 'os mais favorecidos devem renunciar a alguns dos seus direitos, para poderem colocar, com mais liberalidade, os seus bens ao serviço dos outros' (*OA* 23)" (*EG* 190).

O Papa Francisco, bem atento à realidade interna e externa da Igreja, insiste na força da solidariedade e do seu papel social:

> A solidariedade é uma reação espontânea de quem reconhece a função social da propriedade e o destino universal dos bens como realidades anteriores à propriedade privada. A posse privada dos bens justifica-se para cuidar deles e aumentá-los de modo a servirem melhor o bem comum, pelo que a solidariedade deve ser vivida como a decisão de devolver ao pobre o que lhe corresponde. Estas convicções e práticas de solidariedade, quando se fazem carne, abrem caminho a outras transformações estruturais e tornam-nas possíveis. Uma mudança nas estruturas, sem se gerar novas convicções e atitudes, fará com que essas mesmas estruturas, mais cedo ou mais tarde, se tornem corruptas, pesadas e ineficazes (*EG* 189).

Isto é verdade não só para as relações econômicas realizadas no mercado financeiro, mas vale, igualmente, para as relações eclesiais. O clamor dos pobres, por libertação das injustiças materiais, espirituais e intelectuais, sobe tanto de fora como de dentro da Igreja que, para realizar devidamente a missão evangelizadora, deve estar pronta a ouvir os apelos de Deus em seus pobres e promover a justiça tanto em âmbito eclesial como social.

Parafraseando o final da *EG* 190, pode-se dizer que as Igrejas locais mais ricas precisam crescer numa solidariedade que permita a todas as Igrejas, principalmente as mais pobres, a se tornarem artífices de seu destino, tal como cada sociedade é chamada a se desenvolver. Sem esse testemunho, a voz da justiça social que a Igreja proclama para o mundo não será ouvida, pois as injustiças que denuncia fora de suas portas também se encontram dentro das suas estruturas.

O que o Papa Francisco denuncia e ajuda na conversão das estruturas eclesiais e sociais:

> As reivindicações sociais, que têm a ver com a distribuição das entradas, a inclusão social dos pobres e os direitos humanos não podem ser sufocados com o pretexto de construir um consenso de escritório ou uma paz efêmera para uma minoria feliz. A dignidade da pessoa humana e o bem comum estão por cima da tranquilidade de alguns que não querem renunciar aos seus privilégios. Quando estes valores são afetados, é necessária uma voz profética (*EG* 218).

A Igreja, como um todo e, nela, cada comunidade eclesial, para permanecer fiel ao mandato recebido não pode ser indiferente à promoção humana. Se ela não coopera, de forma eficaz, para o reconhecimento e valorização da dignidade humana, não conseguirá propor um justo equilíbrio dos recursos econômicos. A inclusão dos pobres, então, se torna um objetivo comum da sua missão e do seu diálogo com os Estados. Assim, a busca da paz não será uma mera superação dos conflitos armados, mas um empenho conjunto contra toda e qualquer forma de injustiças materiais e espirituais geradoras de conflitos.

CONCLUSÃO

A primeira Exortação Apostólica do Papa Francisco é um consciente impulso para que, na vida da Igreja, se passe da noção de missão à pratica da missão com um renovado ardor. A sua ação evangelizadora deve favorecer o seu crescimento não só do ponto de vista numérico, mas, principalmente, no sentido da entrega a Jesus Cristo em favor do Reino de Deus que anunciou, inaugurou e que torna o mundo, porque renova todas as suas estruturas, mais solidário e fraterno. Neste sentido, a missão da Igreja exige de cada um de seus membros uma total doação, porque reconhece que ela não é um feito humano extraordinário, mas é uma *obra de Deus* (*EG* 12).

A novidade da missão que a Igreja quer e precisa empreender nos dias atuais, para um mundo em contínua transformação, não necessita abrir mão do seu passado e da sua história, mas nutrindo-se da memória (*EG* 13), assume os novos desafios com a certeza da sua identidade e da sua vocação. A ação missionária, não obstante seja um desafio, é *o paradigma de toda a obra da Igreja* que exige que se passe de uma pastoral de conservação a uma pastoral missionária (*EG* 15).

Jesus Cristo deixou para os seus apóstolos e, por eles, para toda a Igreja, uma missão específica: a evangelização de todos os povos, para torná-los discípulos capazes de observar tudo o que lhes fora ensinado e ordenado (cf. Mt 28,19-20). Por certo, não ficam excluídos, neste mandato, as dificuldades, os obstáculos e os desafios que acompanhariam a missão. Fica claro, porém, que o mandato foi para que os apóstolos saíssem em missão e comunicassem, com alegria, a Boa-Nova (*EG* 20-21), certos de poder contar com a presença e assistência do Espírito Santo.

Na experiência da missão, a Igreja prova a eficácia da palavra de Jesus Cristo e a importância de estar em comunhão com ele, na força do Espírito Santo, durante a ação missionária, a fim de que o Pai, em tudo e em todos, seja glorificado. O anúncio do Reino de Deus, acompanhado dos sinais que a Igreja realiza em seu nome, sejam eles sacramentais ou sociais, intensifica a vida em comunidade e não a deixa se acomodar diante das exigências e das motivações que renovam a sua missão evangelizadora.

O amor a Deus e ao próximo é o que torna a missão da Igreja uma exigência e uma urgência. O amor é a força capaz de transformar tudo e todas as estruturas eclesiais e sociais. Sem o amor nenhuma instituição pode permanecer humana e capaz de promover o bem, a justiça e a verdade.

Um premente objetivo da missão evangelizadora é fazer com que todas as ações pastorais se tornem mais missionárias, sem a qual não acontece a renovação na e da Igreja. Isto passa pela docilidade ao Espírito Santo, pela qual acontece a criatividade missionária tanto do pastor como da comunidade, cultivando o constante envio de missionários geradores de vida de comunhão (*EG* 28).

A realização desse objetivo acontece se a missão se realiza e se desenvolve centrada na pessoa e na ação de Jesus Cristo, missionário do Pai, pois ela brota e se fortalece na sua caridade divino-humana. A caridade não permite que a Igreja, missionária de Jesus Cristo, perca o entusiasmo pela missão que conduz não somente ao compromisso eclesial, mas social, pois evangelizar é favorecer a transformação das estruturas injustas em locais de vida digna e fraterna, realizando a promoção humana, sem que ninguém seja excluído.

O mundo atual, para reencontrar o caminho da verdade que conduz à vida, necessita que a Igreja não somente saiba falar, com convicção, de Jesus Cristo dentro de suas estruturas, mas que, também, aprenda a ouvir os apelos de justiça, de solidariedade e de paz que vêm de fora de suas portas. E estes apelos não são diferentes dos que Jesus Cristo veio estabelecer no mundo e que deixou como missão para a sua Igreja. Em outras palavras, o que o mundo anseia, a Igreja tem a obrigação de testemunhar por palavras e ações, seguindo o exemplo de Jesus Cristo que não veio para ser servido, mas para servir e dar a sua vida em resgate do ser humano (cf. Mc 10,45). Não veio para condenar o mundo, mas para salvá-lo (cf. Jo 12,47).

Para ser fiel a Deus, a Igreja tem de ser fiel ao ser humano, sem fazer distinção de pessoas.

A proposta de conversão que a Igreja leva para o mundo precisa refletir a sua própria conversão, pela qual ela se abre para as necessárias mudanças e abandona o comodismo, assumindo o desafiador modelo kenótico de Jesus Cristo evangelizador (cf. Fl 2,5-11), pelo qual a verdade comunicada não foi um conjunto de doutrinas a serem conhecidas e praticadas, mas a oferta do amor misericordioso do Pai. Foi assim que Jesus Cristo resumiu toda a verdade contida na Lei: amar a Deus e ao próximo como a si mesmo (cf. Mc 12,28-34).

Missão e missiologia a partir da Evangelii Gaudium

A tão desejada conversão pastoral exige a inadiável renovação eclesial a partir de uma retomada da missão, segundo os critérios assumidos pelo próprio Deus: encarnar-se no centro das limitações do ser humano para restaurar nele a sua imagem e semelhança.

A Igreja não foi fundada por Jesus Cristo para condenar o mundo, mas para salvá-lo. Ela, para isso, deve continuamente demonstrar a face misericordiosa de Deus pela abertura de coração como faz uma verdadeira mãe com os seus filhos: está sempre pronta e disposta para acolhê-los em todas as suas situações e circunstâncias de vida. Sem fazer acepção, inclina o seu coração para os filhos mais fracos e ajuda os filhos mais fortes a suportar as fraquezas de seus irmãos, com solicitude e amorosa fraternidade, mantendo a unidade da família (cf. Rm 15,1-7). Assim, as crises podem ser superadas e pelo compromisso comunitário as feridas são tratadas.

O mundo atual é, ao mesmo tempo, promissor e desafiador. As conquistas obtidas ao longo do tempo, frutos da utilização da inteligência humana, são inegáveis. Basta uma simples constatação: graças à medicina e aos novos fármacos, o tempo de vida foi prolongado e vitórias foram obtidas sobre inúmeras doenças que, antes, ceifavam vidas, em particular em tenra idade. O ser humano em expansão demográfica tem enchido a face da terra, mas as suas relações, embora busquem afastar os novos riscos de uma guerra mundial, continuam fragilizadas e a inimizade ainda não foi vencida pela fraternidade universal.

Em nome do desenvolvimento social sem freios e do acúmulo de bens materiais, de forma individual ou coletiva, pratica-se, comumente, uma economia de exclusão e de escravidão. Se doenças e guerras deixaram de ceifar vidas, a fome, em diversos locais do mundo, está levando, todos os dias, centenas de milhares de pessoas, em particular crianças e idosos, à morte desumana.

O acúmulo de capital e os gastos excessivos praticados pelos mais abastados e injustos apontam para a idolatria do dinheiro que governa mentes e corações, ao invés de estar a serviço da promoção da igualdade social que dissipa todas as formas de violência. Se houvesse uma justa distribuição dos recursos financeiros, pela luta contra o egoísmo, evitar-se-iam as crises econômicas mundiais e não se permitiria que a dignidade humana continuasse sendo assolada pela falta de trabalho e de recursos que geram os bens necessários à vida.

Neste cenário de grandes perspectivas e de grandes injustiças, a Igreja, pelo seu compromisso com o Evangelho da alegria, gerador de justiça social, encontra-se diante de desafios culturais que não somente deturpam a verdade sobre o ser humano, mas criam e alimentam ideologias que procuram negar a sua dimensão religiosa. Por isso, a voz da Igreja a favor da vida sofre frequentes ataques, é continuamente abafada e, em muitos casos, ridicularizada pelas culturas dominantes promotoras de uma secularização, que querem, até pela força, enjaular a fé e restringir a ação dela ao confinamento privado.

A voz da Igreja, apesar da fraqueza de alguns de seus membros, continua ecoando e sendo ouvida por muitos de forma incômoda porque denuncia a maldade, as injustiças e as mentiras dos poderes e sistemas totalitários, sejam capitalistas ou comunistas, enquanto insiste em pregar a luta pelos direitos humanos, em particular dos menos favorecidos. Talvez nisso esteja a compreensão de uma afirmação de Jesus Cristo diante da mulher que, generosamente, lhe ungia os pés: *pobres, sempre os tereis convosco, mas a mim nem sempre me tereis* (Mc 14,7).

Os desafios que a Igreja encontra na missão evangelizadora não são obstáculos intransponíveis, mas são ocasiões que lhe permitem progredir no seu serviço e compreensão da verdade. A presença e ação da Igreja no mundo, levando a fé em Jesus Cristo, não podem prescindir em hipótese alguma da presença e ação do Espírito Santo. O ser humano de qualquer povo ou cultura possui, em si mesmo, a marca indelével de Deus Criador. Neste sentido, a Igreja, ao evangelizar, não impõe o Cristianismo, mas o apresenta na novidade de vida em Jesus Cristo que fez da obediência a Deus a resposta que sempre esperou receber da humanidade (cf. Hb 5,8-10; Ef 1,3-14).

O que começou com um aldeão de Nazaré da Galileia difundiu-se por toda a terra, conquistou grandes espaços urbanos e se encaminha para uma plenitude de realização: a Jerusalém celestial (cf. Ap 21,2-4). As cidades hodiernas não são somente espaços fechados que procuram salvaguardar uma única cultura, mas são locais de encontro da multiplicidade cultural que não devem ser vistas como inimigas. Se, por um lado, o anonimato em uma cidade é o risco mais comum que o ser humano pode sofrer e nele se perder nas várias formas de vícios que o aprisionam em sua busca por identidade; por outro lado, a cidade gera o surgimento de múltiplas exigências de relações e de apelos humanos que a nova evangelização é chamada a responder ao comunicar a Boa-Nova que devolve a integridade e o sentido da vida proporcionados pela dimensão comunitária da fé.

Os desafios da nova evangelização são múltiplos e diante deles é preciso vencer as tentações do mundo cada vez mais globalizado, gerador de uma nova cultura que não só influencia, mas arrasta inúmeros agentes pastorais. A apatia e o esfriamento da fé, em muitos, têm levado à perda do compromisso social do Evangelho, bem como a uma profunda crise de identidade batismal. O antídoto para isso é o amor pela missão que previne contra as rugas da Igreja, porque a rejuvenesce. A urgência da missão é um clamor de Deus que continua ecoando e aguardando a resposta da cada batizado, chamado a ser, no mundo, um "discípulo missionário".

REFERÊNCIAS BIBLIOGRÁFICAS

BARBAGLIO, G.; FABRIS, R.; MAGGIONI, B. *Os Evangelhos* (I). São Paulo: Loyola, 1990.

Compêndio do Vaticano II. Constituições, Decretos e Declarações. Petrópolis: Vozes, 1987.

FERNANDES, L. A. A Palavra de Deus e a Missão Continental na vida do Sacerdote. *Ateo* 32 (2009), p. 204-221.

FRANCISCO. *Carta Encíclica Lumen Fidei.* São Paulo: Paulinas, 2013.

_____. *Exortação Apostólica Evangelii Gaudium.* A Alegria do Evangelho. Sobre o Anúncio do Evangelho no Mundo Atual. Brasília: CNBB, 2013.

JOÃO PAULO II. *Exortação Apostólica Catechesi Tradendae.* Sobre a catequese do nosso tempo. São Paulo: Paulinas, 1979.

_____. *Carta Encíclica Evangelium Vitae.* Sobre o valor e a inviolabilidade da vida humana. São Paulo: Paulinas, 1995.

MIRANDA, M. F. Igreja Local. *Ateo* 34 (2010), p. 40-58.

PAULO VI. *Exortação Apostólica Humanae Vitae.* Sobre a regulação da natalidade. São Paulo: Paulinas, 1968.

_____. *Exortação Apostólica Evangelii Nuntiandi.* Sobre a Evangelização no Mundo Contemporâneo. São Paulo: Paulinas, 1975.

SOBRE OS AUTORES

ABIMAR OLIVEIRA DE MORAES

Sacerdote diocesano. Doutor em Teologia Pastoral e Catequética pela Pontifícia Universidade Salesiana de Roma. Professor de Teologia Sistemático-Pastoral e Coordenador do Programa de Pós-Graduação do Departamento de Teologia da PUC-Rio.

Currículo *Lattes*: < http://lattes.cnpq.br/1915637980997244 >.

ALFREDO SAMPAIO COSTA

Sacerdote jesuíta. Doutor em Teologia Espiritual pela Pontifícia Universidade Gregoriana de Roma. Professor de Teologia Sistemático-Pastoral do Departamento de Teologia da PUC-Rio.

Currículo *Lattes*: < http://lattes.cnpq.br/1629700742504182 >.

CÁSSIA QUELHO TAVARES

Teóloga leiga. Doutora em Teologia Sistemática pela Pontifícia Universidade Católica do Rio de Janeiro, Professora de Teologia Sistemático-Pastoral do Departamento de Teologia da PUC-Rio; Enfermeira Especialista e Docente do Instituto Nacional de Traumatologia e Ortopedia/MS.

Currículo *Lattes*: < http://lattes.cnpq.br/7800213477782312 >.

CESAR KUZMA

Teólogo leigo. Doutor em Teologia Sistemática pela Pontifícia Universidade Católica do Rio de Janeiro. Professor de Teologia Sistemático-Pastoral do Departamento de Teologia da PUC-Rio.

Currículo *Lattes*: < http://lattes.cnpq.br/6118354378976482 >.

ISIDORO MAZZAROLO

Sacerdote OFMCap. PhD em Sagrada Escritura pela École Biblique et Archéologique de Jerusalém, Professor de Sagrada Escritura do Departamento de Teologia da PUC-Rio e no Instituto Franciscano de Petrópolis/RJ.

Currículo *Lattes*: < http://lattes.cnpq.br/6728608103744343 >.

Site: < mazzarolo.pro.br >.

JOEL PORTELLA AMADO

Sacerdote diocesano. Doutor em Teologia Sistemática pela Pontifícia Universidade Católica do Rio de Janeiro. Professor de Teologia Siste-

Sobre os autores

mático-Pastoral do Departamento de Teologia da PUC-Rio e do Instituto Superior de Teologia da Arquidiocese do Rio de Janeiro.

Currículo *Lattes*: < http://lattes.cnpq.br/0575259808501038 >.

JOSÉ OTÁCIO OLIVEIRA GUEDES

Sacerdote diocesano. Doutor em Teologia Bíblica pela Pontifícia Universidade Católica do Rio de Janeiro e Professor de Sagrada Escritura do Departamento de Teologia da PUC-Rio.

Currículo *Lattes*: < http://lattes.cnpq.br/4577416786974193 >.

LEONARDO AGOSTINI FERNANDES

Sacerdote diocesano. Doutor em Teologia Bíblica pela Pontifícia Universidade Gregoriana de Roma, Diretor e Professor de Sagrada Escritura do Departamento de Teologia da PUC-Rio e do Instituto Superior de Teologia da Arquidiocese do Rio de Janeiro.

Currículo *Lattes*: < http://lattes.cnpq.br/6431968963433274 >.

LÚCIA PEDROSA-PÁDUA

Teóloga leiga. Doutora em Teologia Sistemática pela Pontifícia Universidade Católica do Rio de Janeiro. Professora de Teologia Sistemático-Pastoral do Departamento de Teologia da PUC-Rio.

Currículo *Lattes*: < http://lattes.cnpq.br/0880902785863215 >.

LUÍS CORRÊA LIMA

Padre jesuíta. Doutor em História pela Universidade de Brasília e Professor de História da Igreja do Departamento de Teologia da PUC-Rio.

Currículo *Lattes*: < http://lattes.cnpq.br/0966582253591339 >.

LUIZ FERNANDO RIBEIRO SANTANA

Sacerdote diocesano. Doutor em Teologia Sistemática pela Pontifícia Universidade Católica do Rio de Janeiro, Professor de Teologia Sistemático-Pastoral do Departamento de Teologia da PUC-Rio e do Instituto Superior de Teologia da Arquidiocese do Rio de Janeiro.

Currículo *Lattes*: < http://lattes.cnpq.br/9158821686918422 >.

MARIA CLARA LUCCHETTI BINGEMER

Teóloga leiga. Doutora em Teologia Sistemática pela Pontifícia Universidade Gregoriana de Roma, Professora de Teologia Sistemático-Pastoral da PUC-Rio e Pesquisadora 1A do CNPq.

Currículo *Lattes*: < http://lattes.cnpq.br/8374950313063279 >.

MARIA DE LOURDES CORRÊA LIMA

Pertence à Ordem das Virgens. Doutora em Teologia Bíblica pela Pontifícia Universidade Gregoriana de Roma. Professora de Sagrada Escritura do Departamento de Teologia da PUC-Rio, do Instituto Superior de Teologia da Arquidiocese do Rio de Janeiro e do Instituto Superior de Ciências Religiosas da Arquidiocese do Rio de Janeiro.

Currículo *Lattes*: < http://lattes.cnpq.br/0169981461007918 >.

MARIA TERESA DE FREITAS CARDOSO

Teóloga leiga. Doutora em Teologia pela Pontifícia Universidade Católica do Rio de Janeiro. Professora de Teologia Sistemático-Pastoral do Departamento de Teologia da PUC-Rio.

Currículo *Lattes*: < http://lattes.cnpq.br/8364001674581032 >.

MARIO DE FRANÇA MIRANDA

Sacerdote jesuíta. Doutor em Teologia pela Pontifícia Universidade Gregoriana de Roma. Professor de Teologia Sistemático-Pastoral da PUC-Rio.

Currículo *Lattes*: < http://lattes.cnpq.br/1785242776254374 >.

PAULO CEZAR COSTA

Bispo Auxiliar da Arquidiocese do Rio de Janeiro. Doutor em Teologia pela Pontifícia Universidade Gregoriana de Roma. Professor de Teologia Sistemático-Pastoral da PUC-Rio.

Currículo *Lattes*: < http://lattes.cnpq.br/0427202840169227 >.

PAULO FERNANDO CARNEIRO DE ANDRADE

Teólogo leigo. Doutor em Teologia pela Pontifícia Universidade Gregoriana de Roma. Decano do Centro de Teologia e Ciências Humanas da PUC-Rio e Professor de Teologia Sistemático-Pastoral da PUC-Rio.

Currículo *Lattes*: < http://lattes.cnpq.br/9266153829970164 >.

WALDECIR GONZAGA

Sacerdote diocesano. Doutor em Teologia Bíblica pela Pontifícia Universidade Gregoriana de Roma, Professor de Sagrada Escritura do Departamento de Teologia da PUC-Rio e do Instituto Superior de Ciências Religiosas da Arquidiocese do Rio de Janeiro.

Currículo *Lattes*: < http://lattes.cnpq.br/9171678019364477 >.

Impresso na gráfica da
Pia Sociedade Filhas de São Paulo
Via Raposo Tavares, km 19,145
05577-300 - São Paulo, SP - Brasil - 2014